Zum Autor

Jason Lewis, 1967 in Yorkshire geboren, unternimmt Expeditionen, die er ohne technischen Antrieb bewältigt. Seine 13-jährige Weltumrundung aus eigener Muskelkraft (1994–2007) wurde vom *Guinnessbuch der Rekorde* als erste Reise dieser Art gewürdigt. Der Abenteurer wurde u. a. von *The Times* und *Sport Magazine* als Sportler des Jahres ausgezeichnet und ist Mitglied der »Royal Geographical Society« und des »Explorers Club«. Er unterstützt Bildungsprojekte der UNESCO, besuchte mehr als 900 Schulen in 37 Ländern und schärft mit Vorträgen das Bewusstsein für emissionsfreies Reisen und den Zustand unseres Planeten. Für den grandiosen Bericht über seine Weltumrundung, der jetzt auch auf Deutsch vorliegt, wurde er mit dem »Benjamin Franklin Award« und dem »Eric Hoffer Award« ausgezeichnet. Er lebt in England und den USA. Mehr unter: www.jasonexplorer.com

JASON LEWIS

DIE EXPEDITION
BAND 1

JASON LEWIS 1

DIE EXPEDITION

IN 13 JAHREN UM DIE WELT

Aus dem Englischen von Katharina Förs,
Gabriele Gockel und Thomas Wollermann,
Kollektiv Druck-Reif

Mit 41 farbigen Abbildungen
und sieben Karten

MALIK

Mehr über unsere Autoren und Bücher:
www.malik.de

Die englische Originalausgabe erschien in drei Bänden 2012, 2014 und 2015 unter dem Titel »The Expedition. True Story of the First Human-Powered Circumnavigation of the Earth« bei BillyFish Books, Pueblo West, Colorado.

Das Motto von Robert W. Service auf S. 8 wurde von Christa Schuenke übersetzt.

MIX
Papier aus verantwortungsvollen Quellen
FSC® C083411

ISBN 978-3-89029-458-2

Redaktion: Regina Carstensen, München
Umschlaggestaltung: Birgit Kohlhaas, kohlhaas-buchgestaltung.de
Umschlag- und Bildteilfotos: Expedition 360 Productions LLC
Karten: nach Vorlagen von Rob Antonishen / Cartocopia
Satz: Greiner & Reichel, Köln
Litho: Lorenz & Zeller, Inning am Ammersee
Druck und Bindung: CPI books GmbH, Ulm
Printed in Germany

FÜR MEINEN VATER, SEBERT LEWIS
1931–2011

From Mud, Through Blood to the Green Fields Beyond
DU WARST IMMER AN MEINER SEITE

INHALT

Es gibt Menschen, die passen nirgends dazu,
Sie brechen Herzen, wie's ihnen gefällt,
Sie kommen nimmer und nirgends zur Ruh;
Ziehn kreuz und quer herum in der Welt.
Sie durchstreifen die Flur, fahrn aufs Meer mit der Flut,
Erklimmen die Gipfel. Verfluchte sind sie,
Haben in ihren Adern Zigeunerblut,
Sind rastlos. Ruhe finden sie nie.

– ROBERT W. SERVICE, *The Men That Don't Fit In*

13. MAI 2005, 17.17 UHR,
HALBINSEL CAPE YORK, AUSTRALIEN

Als ich die Südspitze des Lookout Point umrundete, sträubten sich mir die Nackenhaare, so wie wenn man sich beobachtet fühlt.

Ich warf einen Blick über die Schulter.

Zwei starre Augen und eine stumpfe Schnauze glitten hinter meinem Kajak durchs Wasser.

Augenblicklich packte mich die Angst. Nicht diese kribblige Angst, die einen überfällt, wenn man im Badezimmer einer großen Spinne begegnet, sondern die seit Urzeiten tief in uns sitzende Panik, gejagt, als Beute betrachtet zu werden. Die letzten fünfzig Meter bis zur Küste, die ich mir als gemächliches Ausgleiten in stillen Erinnerungen an meine Pazifiküberquerung ausgemalt hatte, wurden auf einmal zu einer adrenalingetriebenen Explosion fliegender Armbewegungen, begleitet von wummerndem Herzschlag.

Wenn mich das Ding ins Wasser zieht, ist es aus …

Ich ruderte wie besessen. Das Raubtier holte spielend auf, wie mir ein gelegentlicher Blick nach hinten bestätigte.

Das Blatt meines Paddels stieß auf Sand. Blitzschnell riss ich die Klettverschlüsse der Spritzdecke auf, sprang aus dem Boot und wirbelte herum, um mich meinem Verfolger zu stellen.

Nichts zu sehen. Das Vieh war verschwunden.

Meine geschwollenen, mit Blasen übersäten Hände zitterten, und ich war nahe daran, mich zu übergeben.

Der Schock. Ja, das muss der Schock sein …

Fünfunddreißig Kilometer in fünfeinhalb Stunden, das war auch eine beachtliche Leistung gewesen, zumal mich ein Leck in der Bespannung des Boots des Öfteren zum Schöpfen gezwungen hatte. Die Sonne, die mir ihre Strahlen erbarmungslos über die Spiegelfläche des Korallenmeers entgegenschickte, hatte das Ihre dazu beigetragen, meinen überanstrengten, rebellierenden Muskeln das letzte Quäntchen Kraft auszusaugen.

Aber jetzt, hier am Strand, war ich erst einmal in Sicherheit. Wenigstens solange es noch hell war.

Die erste Ladung Ausrüstung ließ ich gleich hinter der Flutlinie fallen – das hölzerne Doppelpaddel, die Spritzdecke und ein paar wasserdichte Taschen – und drehte mich um, um mehr zu holen. Wie angewurzelt blieb ich stehen.

Das fünf Meter lange Ding schoss aus der spritzenden Gischt heran, ein pechschwarzer Rammbock, der durch einen unheilvollen Fluch zum Leben erwacht war. Wie in einem billigen Horrorstreifen stapfte das Reptil zielstrebig auf mein noch halb im Wasser liegendes Kajak zu.

Ich ergriff das Paddel und rannte zum Boot. Keine Ahnung, was ich mir dabei dachte. Nur eines wusste ich, dass meine Wasser- und Lebensmittelvorräte sowie mein Satellitentelefon im Begriff waren, ins Meer gezerrt zu werden. Das wäre es dann gewesen. Aus und vorbei.

Ich befand mich an einem abgelegenen Abschnitt der Nordostküste von Queensland, ungefähr 200 Kilometer nördlich von Cooktown, der letzten Küstensiedlung auf der Halbinsel Cape York. 650 Kilometer weiter im Norden, jenseits des Meeres, liegt Papua-Neuguinea. Ich wusste natürlich, dass in diesen Gewässern Salzwasserkrokodile lauern. Es war auch kaum möglich, das nicht zu wissen, denn in jedem zweiten Satz aus dem Mund eines Einheimischen kam das Wort »Krokodil« vor.

»Da draußen sind ein paar wirklich große Echsen unterwegs, mein Freund«, hatte mich noch am Morgen Russell Butler gewarnt, ein Aborigine-Führer, als ich am Strand vor dem Lizard Island Research Centre aufgebrochen war. »Pass auf dich auf, ja?«

Das schien mir nun schon eine Ewigkeit her zu sein. Als ich losrannte, ging in meinem Kopf die Melodie eines Disco-Schlagers los, den ich den ganzen Nachmittag über vor mich hingesummt hatte.

Last night a deejay saved my life …

Last night a deejay saved my life from a broken heart.

Solche Streiche spielte mir mein Hirn oft, wenn es richtig dicke kam. Es versuchte mir dann mit rabenschwarzem Humor vorzugaukeln, alles wäre in bester Ordnung. Ein Abwehrmechanismus, der mir die Handlungsfähigkeit erhält.

Nun war ich fast beim Boot. Das Krokodil befand sich auf der anderen Seite, nur ein paar Meter entfernt. Ein riesiges Vieh. Es war gar nicht einmal so lang, aber sehr kräftig, mit schwarzen, länglichen Schuppen, die auf dem Rücken einen mit Zacken besetzten Panzer bildeten. Der Bauch war glatt und milchig-hell.

Aus der Deckung des Kajaks heraus hieb ich dem Tier mit dem Paddel auf die Schnauze.

»Gsch, hau ab, verpiss dich …«

Das Reptil klappte zur Antwort sein Maul auf und enthüllte Reihen porzellanweißer, spitzer Zähne und eine tiefe Rachenhöhle. Leise zischte es mich an.

Bisher hatte es sich nur für mein Kajak interessiert. Nun machte es mit erhobenem Schwanz und weit aufgerissener Schnauze einen Satz in meine Richtung. Im selben Augenblick stieß ich zu. Das Fangeisen seiner Kiefer schnappte über dem Blatt des Paddels zu.*

Es begann eine Art Tauziehen. Je mehr ich zerrte, desto fester verbiss es sich. Mit seinen gut und gerne 750 Kilo Gewicht hätte das Tier nur einmal den Kopf schütteln müssen, um mir das Paddel aus den Händen zu reißen. In meiner Verzweiflung stieß ich es vorwärts, tiefer in seinen Rachen hinein. Auf einmal kam das Paddel frei. Sofort schlug ich zu, so fest ich nur konnte. Das trockene Geräusch von splitterndem Holz. Ich stand mit einem halben Paddel da.

Verdammt!

Vielleicht hatte ich tatsächlich das Auge getroffen, auf das ich gezielt hatte. Vielleicht hatten nach mehr als 10 000 kräftezehrenden Seemeilen in aufgewühlter See und bei peitschenden Winden, einer Blutvergiftung, Wahnvorstellungen und Gegenströmungen, die mich im Handumdrehen um Wochen zurückwarfen, die Meeresgötter ein Einsehen und Erbarmen mit mir.

---

* Seit die Jagd auf die Tiere 1974 verboten wurde, hat sich der Bestand der Salzwasserkrokodile in Australien gut erholt, besonders im dünn besiedelten Norden des Landes. Entsprechend haben auch Revierkämpfe zugenommen, und mein Kajak, das ungefähr die Größe und Form eines jungen Männchens hatte, konnte von einem dominanten Tier leicht für einen Eindringling gehalten werden.

Das Krokodil machte kehrt und glitt ins Wasser zurück.

Mein Adrenalinpegel schoss in die Höhe, mein Magen hob sich.

Ich kotzte im hohen Bogen.

»Weg vom Strand, *sofort*!«, befahl mir eine gebieterische Stimme. Ich hatte mein Satellitentelefon aus dem hinteren Stauraum des Kajaks gefischt und meinen australischen Outback-Spezialisten John Andrews in Cairns angerufen. »Diese Viecher sind teuflisch schlau. Nur klettern können sie nicht. Am besten suchst du dir eine höher gelegene Stelle. Wenn du am Strand kampierst, wartet es, bis du eingeschlafen bist, und dann holt es dich.«

Das war keine übertriebene Warnung. Ein paar Monate zuvor war der vierunddreißigjährige Andrew Kerr, der mit seiner Familie 150 Kilometer weiter im Nordwesten in der Bathurst Bay zeltete, am frühen Morgen aufgewacht, weil ihn ein mehr als vier Meter großes Salzwasserkrokodil ins ungefähr zehn Meter entfernte Meer zu schleifen versuchte. Alicia Sorohan, eine sechzigjährige Großmutter, war dem Tier beherzt auf den Rücken gesprungen, woraufhin es sein Opfer losgelassen hatte. Zum Glück war in diesem Augenblick ihr Sohn herbeigelaufen und hatte es mit einem Revolver erledigt – ich hatte natürlich keinen dabei.

Es war schon dunkel, als ich mit den letzten Ausrüstungsgegenständen den steilen, schmalen Pfad bis zum höchsten Punkt der Landspitze hinaufhumpelte. Meine Füße waren geschwollen. Wie dumm von mir, meine Sandalen auf der Veranda von Bob und Tanya Lamb vergessen zu haben. Völlig ausgelaugt ließ ich mich in das vom Wind platt gedrückte Gras fallen. Mein Kopf sank auf ein Grasbüschel. Der nachlassende Südostpassat war nur noch als Flüstern zu vernehmen, dafür summten nun Scharen von Moskitos in meinen Ohren, die von wer weiß wo heranschwirrten. Na schön. Ich wollte sowieso nicht einschlafen. In einiger Entfernung unter mir leuchteten im Schein meiner Stirnlampe ein paar schlaflose, orangefarbene Augen auf, die suchend auf- und abwanderten.

Ich tastete nach meinem Ozeanring. Er saß fest an meinem linken Ringfinger. Ich dachte an den Tag, an dem ich ihn mir kurz hinter der Golden Gate Bridge angesteckt und meinen Eid auf das Meer geleistet hatte: *Von nun an sind wir eins* … Hatte es geholfen? Vielleicht. Jedenfalls hatte mich der Pazifik von einem Ende zum anderen getragen.

Ich ließ meine Gedanken weiter zurückschweifen und blinzelte in den Nachthimmel der Südhalbkugel, versuchte mich zu erinnern … Wie war ich hier gelandet, 14 300 Kilometer von der Heimat entfernt, zerstochen von Moskitos, auf dieser gottverlassenen Klippe, an deren Fuß ein Raubtier auf seine Gelegenheit lauerte, mich aufzufressen?

PARIS

GROSSE PLÄNE

Die meisten Menschen … haben sich mit einem Leben in Mittelmäßigkeit abgefunden, mit Tagen voller Verzweiflung und Nächten voller Tränen. Sie sind nichts als lebende Tote, die aus ihrem selbst gewählten Friedhof nicht herausfinden.

– OG MANDINO, *The Greatest Miracle in the World*

DREIZEHN JAHRE ZUVOR,
PARIS, AUGUST 1992

»Unglaublich, was?«, rief Steve. »Dass da noch niemand drauf gekommen ist!« Wie er mir gerade erläutert hatte, war die Welt schon mit praktisch allem umrundet worden, mit dem Segelschiff, dem Flugzeug oder einem Heißluftballon. Doch die einfachste, ökologischste Methode, die schon zu allen Zeiten möglich gewesen wäre, ohne Einsatz von fossilem Treibstoff, war noch unversucht geblieben. »Das wird eine echte Premiere, bestimmt!«, stellte er aufgekratzt fest.

Mein alter Studienfreund Steve Smith und ich hockten um zwei Uhr morgens in der Küche seiner Pariser Wohnung auf dem Fußboden über einer Weltkarte und tranken Kronenbourg 1664. Der Schatten eines dekorativen Deckenventilators, der einen Hauch von französischem Kolonialstil verbreitete, wischte langsam über die Karte hinweg.

»Und du bist dir wirklich sicher, dass alle anderen Möglichkeiten, echte Abenteuer zu erleben und etwas ganz Neues zu entdecken, ausgeschöpft sind?«, fragte ich.

Steve hatte seine Hausaufgaben gemacht. Er spulte einige der Großtaten des vergangenen Jahrhunderts herunter: Amundsen, der 1911 gegen Scott das Rennen zum Südpol gewann; Hillary und Norgay, die 1953 den Mount Everest bezwangen; Armstrong, der 1969 als erster Mensch einen Fuß auf den Mond setzte. Jetzt, 1992, waren nicht mehr viele Rekorde zu brechen, wenn man von der Tiefsee und dem Weltraum absah. Über nahezu jeden Quadratmeter der Erdoberfläche war schon mal jemand gelatscht, gesegelt, geflogen oder gefahren. Entdecker und Abenteurer waren eine vom Aussterben bedrohte Zunft. Kein Wunder, dass sie sich zunehmend mithilfe von fantasievollen Erklärungen abmühten, irgendeinen Schnickschnack oder die Variante eines abgenudelten Themas zur Erstleistung hochzujubeln.

»Früher oder später werden wir vom ersten Transsexuellen im Tanga hören, der mit verbundenen Augen auf einem Snowboard den Mount Everest runtergesaust ist.«

Ich lachte. »Na, das ist doch bestimmt auch schon abgehakt.«

»Aber nicht auf einem Mülltonnendeckel!«

Ich war am Nachmittag aus London eingeflogen. Steve hatte mich eingeladen, »mal wieder richtig einen draufzumachen – so wie in der guten alten Zeit«. Wieso hatte ich nicht gleich Lunte gerochen? Wir hatten kaum Kontakt gehabt, seit wir die Uni abgeschlossen hatten. Warum ausgerechnet jetzt ein Treffen, so ganz ohne Anlass?

Doch schon kurz nachdem er mich am Flughafen Charles de Gaulle eingesammelt hatte und wir langsam mit der Métro Richtung Innenstadt zuckelten, kam die Erklärung. Steve, die Haltestange fest umklammert, verkündete mir über die rumpelnden Räder hinweg den genialsten, hirnrissigsten, aufregendsten und unverantwortlichsten Plan, der je einer Mutter einen Herzinfarkt beschert hat:

Eine Reise rund um den Globus nur mit der eigenen Muskelkraft …

Diese Worte schwebten wie ein Zauberspruch eine Weile im U-Bahn-Waggon und machten mir Gänsehaut. Das hieß … die denkbar weiteste Reise, über Land und über Meer, zu allen Winkeln der Erde, und das nur aus eigener Kraft. Keine Motoren, keine Segel. Einmal rundherum, ohne anderen Antrieb als die eigenen Muskeln. Die ultimative Herausforderung schlechthin.

Während mir Steve diesen Plan noch erläuterte, stiegen in meinem Kopf bereits wildromantische Bilder auf: mit dem Fahrrad die kargen Steppen Zentralasiens durchqueren, mit dem Rucksack über die eisigen Einöden des Himalaja wandern, nach einem harten Tag, an dem ich mir mit der Machete meinen Weg durch den Regenwald am Amazonas gebahnt hatte, an einem flackernden Lagerfeuer sitzen. Aber die Ozeane?, fragte ich mich. Rudern? Schwimmen? Auf einem Bodyboard paddeln? Und wie war Steve ausgerechnet auf mich als Begleiter verfallen?

Ich hatte absolut keine Erfahrung als sogenannter Abenteurer. Sicher, ich hatte ein paar Reisen gemacht, aber nichts, das aus dem Rahmen fiel: drei Monate Kenia nach der Schule, Zypern während meiner Collegezeit und danach noch ein bisschen USA. Seit meinem sechzehnten Lebensjahr war ich hauptsächlich Sänger einer Grunge Band, die durch die üblichen Londoner Spelunken tingelte: das Falcon in Camden, das Half Moon in Putney, das Bull and Gate in Kentish Town. Daran hatten wir in der Anfangszeit, als wir uns noch nicht ganz so ernst nahmen, Spaß gehabt. Unsere erste Formation, Dougal Goes to Norway, war eine reine Coverband gewesen. Von den zahllosen anderen unterschieden wir uns lediglich durch Wikingerhelme und Kilts – unter denen wir natürlich nichts trugen. Später wurden wir etwas ehrgeiziger und brachten eine eigene EP heraus. Aber irgendwann – die ganze Band, fünf Leute, dazu zwei Hunde und drei Katzen, hauste in einer Zweizimmer-Doppelhaushälfte in Staines, die weithin nur als »das Scheißhaus« bekannt war – ließ der Reiz der Sache nach.

Ich finanzierte meine Musiksucht mit »Ballistic Cleaning Services Inc.«, einer Fensterputzfirma, deren Auftraggeber hauptsächlich Restaurants und Hotels im Londoner Westen waren. Wenn wir nicht auf einer Leiter standen und Fensterscheiben wienerten, waren mein Partner Graham und ich üblicherweise auf der Autobahn zwischen Egham und Bracknell in einem klapprigen Kombi Marke Morris Marina unterwegs, den wir für 50 Pfund auf einem Schrottplatz an der Old Kent Road erstanden hatten. Dieses Firmenvehikel war mit dem Spraydosenslogan *»Get Realistic! Go Ballistic!«* verziert, aber weder zugelassen noch versichert. Immerhin lief es zuverlässig. Nur einmal löste sich ein Hinterrad und überholte uns auf der Ascot High Street, sonst hat es uns nie im Stich gelassen.

Aber das war doch sicherlich keine einschlägige Qualifikation für ein solches Unterfangen?

»Bist du dir sicher, dass du *mich* als Partner für diese Expedition haben willst?«, fragte ich Steve mit einem Seitenblick.

Er nickte.

»Und es wird ungefähr drei Jahren dauern, meinst du?«

»Wenn wir einen Sponsor finden.«

Ich nahm einen Schluck und musterte meinen alten Freund kritisch. Wie die meisten aus unserem Abschlussjahrgang, die nun ihre Tage an einem Schreibtisch verbrachten, sah er ziemlich blass aus. Etwas Sonne hätte ihm nicht geschadet. Aber während andere langsam ihren Bauchansatz entwickelten, war Steve immer noch schlank und sportlich. Kein Gramm Fett zu viel. Und er hatte immer noch seine strahlend blauen Augen und einen festen Blick.

Bei unserer ersten Begegnung lag ich auf dem Rücken in einem fremden Bett im Studentenwohnheim, einen Arm um ein Mädchen geschlungen, in der freien Hand eine Flasche Wodka. Die Party war in vollem Gang, und ich hatte eine vage Ahnung, dass der Typ, der mich von der Tür aus wütend anstarrte, der Besitzer des Betts war. Steve, wie ich dann erfahren sollte.

Ihm war der »Bauerntölpel ohne Manieren«, der seine Matratze mit Wodka tränkte, auf den ersten Blick unsympathisch. Trotzdem wurden wir später in gemeinsam besuchten Biologie- und Geografieseminaren dicke Freunde. Nach einem Wochenende beim Forellenfischen in Dartmoor, das wir eigentlich mit tödlich langweiligen Vorträgen über die Entstehung der dortigen Tors – flacher Wiesenhügel mit Granitfelsen – hätten zubringen sollen, unternahmen wir öfter Ausflüge in die Umgebung von London. Einmal brachen wir zu einer dreitägigen Wanderung durch die Chiltern Hills im Süden von Oxfordshire auf. Als wir in Princes Risborough aus dem Zug stiegen, stellten wir fest, dass wir beide weder Schlafsack noch Zelt mitgenommen hatten. Es war Mitte Januar, die Temperaturen lagen unterhalb des Gefrierpunkts. Die erste Nacht verbrachten wir auf dem Fußboden einer Kneipe, in die wir durch ein heimlich geöffnetes Klofenster eingestiegen waren, nachdem man uns rausgeschmissen hatte. In der zweiten Nacht hatten wir pures Glück und fanden einen Heuschober. Andernfalls wären wir vermutlich einfach erfroren.

Solche jugendlich-ungestümen Kamikazeaktionen, je unüberlegter, desto besser, in denen wir dem Schicksal immer wieder ein Schnippchen schlugen, festigten unsere Freundschaft.

Gefördert wurde sie außerdem durch unsere Neigung zu Bier, Unfug und Respektlosigkeit, ein Trio, das uns zu einer ganzen Reihe pubertärer Collegestreiche anstiftete. Der Höhepunkt war ein fünf Meter großer Penis aus Pappe, Luftballons und einem rosafarbenen Bettlaken, den wir vom Giebeltürmchen eines Unigebäudes baumeln ließen. Dieser jämmerlich schlaffe Protest, zu dem ein leichter Nieselregen das Seine beitrug, richtete sich gegen den Besuch eines Politikers und war zu dieser Zeit der Gipfel dessen, was uns gegen das Establishment einfiel.

Schließlich gingen wir beide unserer Wege: Steve startete eine Karriere als Ökologe, ich als Fensterputzer und Sänger in schummrigen Spelunken.

»Wie bist du eigentlich auf die Idee gekommen?«, fragte ich.

Steve schürzte die Lippen und schüttelte den Kopf. »Ich habe eine Weile für die Organisation für wirtschaftliche Zusammenarbeit und Entwicklung gearbeitet, die OECD. Anfangs dachte ich, jetzt kann ich endlich etwas bewirken, indem ich Studien für Politiker ausarbeite, die sie zu mehr Umweltschutz und Nachhaltigkeit in ihrer Wirtschafts- und Entwicklungspolitik bewegen.«

Wie viele seiner Kollegen machte sich Steve Sorgen wegen der wachsenden Weltbevölkerung. Für das Jahr 2050 gehen die Prognosen von zehn Milliarden Menschen aus, die alle den Wohlstand westlicher Prägung anstreben, wie er ihnen im Fernsehen vorgeführt wird. Vorsichtigen Schätzungen zufolge wären acht weitere Erdplaneten nötig, um diese Konsumansprüche zu befriedigen und dabei den Ressourcenverbrauch und die biologische Vielfalt auch nur auf dem Stand von 1994 zu halten.

»Aber all unsere Studien trafen auf taube Ohren«, fuhr er fort. »Die Bewohnbarkeit des Planeten für künftige Generationen zu erhalten ist eine noble Idee, sagten uns die Ökonomen, aber wir können uns das einfach nicht leisten.«

Anstatt sich damit abzufinden, die Stufen der Karriereleiter zu erklimmen und einen immer höheren Gehaltsscheck einzustreichen, entschloss sich Steve dazu, ein Zeichen zu setzen.

»Am liebsten hätte ich eine dieser Pfeifen, die noch nicht mal bis übermorgen denken können, am Schlips gepackt und ihm ins Gesicht gebrüllt: ›Hast du denn die Daten über die Klimaentwicklung und das Artensterben nicht gesehen? Wenn wir uns was nicht leisten können, dann ist es Nichtstun. Wir sind die Nächsten, die es erwischt!‹«

Kein Wunder, dass man bald ein anderes Betätigungsfeld für ihn fand: die Untersuchung der Umweltauswirkungen von kreosothaltigen Holzschutzmitteln in Leitplanken. Der Plan ging auf. Steve verlor seine Illusionen, starrte nur noch aus dem Fenster, träumte vor sich hin …

»Da dachte ich: Wie wäre es, wenn ich mal tun und lassen könnte, was ich will, was würde ich dann mit meinem Leben anfangen?«

Klar, dass es nur etwas sein konnte, das mit Reisen und Abenteuer im ganz großen Stil zu tun hatte.

»Und was könnte großartiger sein als eine Weltreise?«

Stellte sich nur die Frage nach der Fortbewegungsart. Sie durfte weder teuer sein noch die Umwelt belasten.

»Motoren und ich stehen miteinander auf Kriegsfuß. Und Tiere würden den ersten Monat nicht überleben.«

Da kam ihm die rettende Idee. Sein Heureka! Die billigste, technisch anspruchsloseste, umweltfreundlichste Fortbewegungsart überhaupt: die eigene Muskelkraft!

»Also, was hältst du davon, Jase? Bist du dabei?«

Ich ließ den Blick aus dem Küchenfenster über das schmiedeeiserne Balkongitter hinweg in die Pariser Nacht schweifen. Die Stellen auf den Karten, auf denen weit und breit keine Straßen und Städte zu sehen waren, übten einen starken Reiz auf mich aus. Und eine kreative Auszeit würde mir sicher ein paar neue Songs bescheren. Wenn wir bald aufbrachen, dann entging ich vielleicht sogar dem Gerichtsverfahren, das mir drohte, weil ich den Ballistic-Lieferwagen der Fensterputzfirma auf der Fulham Road in einen Rolls-Royce geknallt und anschließend Fahrerflucht begangen hatte.

Aber da war noch etwas.

Ich ließ meine Gedanken zurückschweifen und sah mich als Sechzehnjährigen in dem verstaubten, überheizten Büro des Berufsberaters.

»Für welche Berufe interessiert du dich denn so?«, hatte er mich gefragt.

»Wozu?«, hatte ich zurückgefragt.

»Wozu? Was meinst du damit?«

»Wozu einen Beruf?«

Der Berater hatte mich ungläubig angestarrt. »Jeder ergreift einen Beruf. Um seinen Lebensunterhalt zu verdienen.«

»Schön. Aber wozu das alles? Was ist der Sinn?«

Ich hätte ihn auch fragen können, ob es denn nichts auf der Welt gäbe als »Job, Familie, pervers großer Fernseher, Waschmaschine, Auto, CD und elektrischer Dosenöffner, Gesundheit, niedriger Cholesterinspiegel, Krankenversicherung, Eigenheimfinanzierung …«* Hatte das Leben denn sonst nichts zu bieten?

Offensichtlich nicht, denn der Berufsberater hatte nur geseufzt und mich ins Leben hinausgeschickt.

Ich hatte einfach Angst, in die Mühlen der zunehmend materialistischen Gesellschaft zu geraten, Angst vor all der Mittelmäßigkeit und dem leeren Luxus, deren einziger Sinn und Zweck der Konsum von irgendwelchem Krempel war. Ich wollte nicht bloß ein menschliches Batteriehuhn sein.

Die industrielle Revolution hat uns Menschen – insbesondere im Westen – einen enormen technischen Fortschritt beschert. Die medizinische Versorgung, der Wohlstand, die Bildung, all das hat ohne Zweifel die Lebensqualität massiv erhöht. Aber wo blieb der entsprechende moralische Fortschritt? Wo blieb die Philosophie, die all den Verbesserungen Bedeutung und Wert verschaffte? Mit unseren einzigartig großen Gehirnen haben wir Systeme und Maschinen erdacht, die unser Leben sicherer und bequemer machen, aber das ist auch schon alles. Die menschliche Existenz, all diese Technik, scheint auf nichts anderes hinauszulaufen, als sich immer mehr Macht und Ressourcen anzueignen. Und der Schlüssel zum Erfolg für den Einzelnen liegt in der Manipulation und Ausbeutung seiner Mitmenschen, mit denen er im endlosen darwinistischen Wettstreit steht und gegen die er genau jene Fähigkeiten einsetzt, die uns gegenüber der Natur in die Poleposition brachten.

Aber wenn Darwin richtiglag und die natürliche Auslese der blinde Chauffeur am Lenkrad der Evolution ist, der die menschliche Existenz auch ohne Plan und Ziel voranbrachte, warum su-

* Aus dem Film *Trainspotting* (1996) von Regisseur Danny Boyle.

chen die Menschen dann ständig nach etwas »anderem«, um ihrem Leben Sinn zu geben? Nach einem Gott oder einer verborgenen Kraft, die nach einem klugen Plan die Fäden zieht und uns mit einem moralischen Kompass und einer höheren Aufgabe versieht?

Leben. Aber wie?

Jahre nach meinem Gespräch mit dem Berufsberater schien mir das immer noch die drängendste aller Fragen zu sein, jedenfalls drängender als die, welchen ausgetretenen Berufsweg ich mir aus dem Karriereautomaten der Wirtschaft ziehen sollte. Dagegen schien es mir alle Gefahren und Mühen wert zu sein, in diesem unserem 21. Jahrhundert, in dem die Menschen so achtlos der Katastrophe entgegentaumeln, nach der großen, alles umfassenden Philosophie des Lebens zu suchen, einer, die die Perspektive dafür öffnet, wie es sich auf diesem überfüllten Planeten nachhaltig leben lässt.

»Okay, ich bin dabei.«

Steve grinste. »Prima!«

»Bloß noch eine Frage, bevor ich meine Unterschrift unters Kleingedruckte setze.« Ich tippte mit dem Finger auf die Karte, wo der Atlantik und der Pazifik eingezeichnet waren.

»Diese blauen Flecken da …«

»Ja! Ja! Die großen Pfützen!«, unterbrach mich Steve.

»Ja, genau, ähm … die großen Pfützen. Wie kommen wir da rüber?«

»Ganz einfach. Mit dem Kajak von Schottland nach Grönland, dann quer durch Kanada und dann …«

»Du spinnst. Keiner von uns hat je in einem Kajak gesessen!«

»Herrgott, Jase. Was soll daran so schwer sein? Du machst einfach so, und irgendwann bist du da.« Mit diesen vertrauenerweckenden Worten sprang er auf und fuchtelte mit den Armen herum, als würde er ein Paddel durchs Wasser ziehen.

Ich lachte schallend. »Ich habe mich geirrt. Du spinnst nicht. Du bist total irre!«

Um die Wahrheit zu sagen, wir beide hatten nicht die geringste Ahnung, worauf wir uns da einließen. Aber wie wir noch oft Gelegenheit haben sollten festzustellen, Mangel an Erfahrung ist kein Grund, etwas nicht zu versuchen. Und hatte Hägar der Schreckliche, der weise Wikinger aus dem Comic, nicht einst gesagt: »Ahnungslosigkeit ist die Mutter aller Abenteuer«? Trotzdem, hätte ich gewusst, was auf mich zukommt, ich hätte vermutlich niemals Ja gesagt.

ENGLAND

EIN TRAUM REIFT HERAN

Nichts wird jemals versucht werden, wenn immer
erst alle möglichen Einwände widerlegt werden müssen.

– SAMUEL JOHNSON

EIN JAHR SPÄTER …
ARDLEIGH RESERVOIR, SUFFOLK

Es war ein klarer Morgen. Ein steifer Nordostwind blies von der Nordsee ungehindert über die Broads, die Landschaft aus Flüsschen, Sümpfen, Schilf und Seen in Norfolk, und ließ uns in unseren dünnen Wollpullovern bibbern. Wir waren im Morgengrauen am See eingetroffen und warteten nun auf die Bootsbauer, die mit dem gerade fertig gewordenen Rumpf kommen wollten. Es war ein großer Tag. Am Ende hofften wir, um zwei Erkenntnisse reicher zu sein: ob die seltsame Konstruktion überhaupt wassertauglich war und ob unsere Spezialschraube tatsächlich für Vortrieb sorgte.

Chris hatte mich am Abend zuvor angerufen, um mir zu sagen, dass es ein paar technische Probleme gebe. Die Lichter des Anhängers waren mitten in Bridport erloschen, gerade als sie gemerkt hatten, dass sie mit den acht Pfund, die sie für Sprit zusammengekratzt hatten, die 450 Kilometer bis Suffolk nicht schaffen würden. Hugos Ungetüm von einem Land Rover schluckte mit dem Anhänger plus Bootsrumpf gut und gerne seine fünfunddreißig Liter pro hundert Kilometer.

»Zum Glück sind wir direkt vor dem Toll House Pub stehen geblieben«, kicherte Chris, den das Malheur in beste Laune versetzt zu haben schien. »Die Sperrstunde ist schon durch, der Wirt hat die Kneipe abgeschlossen, und das Bitter kostet nur 88 Pence! Ach ja, und wir versuchen jemanden aufzutreiben, der Mitglied im Automobilklub ist …«

Das Gespräch brach ab. Ob der billige Alkohol oder der Automobilklub eine Lösung gebracht hatten, würde ein Geheimnis bleiben, bis sie auftauchten – falls sie jemals auftauchten.

Seit unserem Wiedersehen in Paris, das nun ein Jahr zurücklag, hatten wir alle Hände voll zu tun gehabt. Vier Monate später machte ich Nägel mit Köpfen und löste Ballistic Cleaning Services Inc. nach fast einem Jahrzehnt erstklassiger Reinigungsdienstleistung auf. Zur großen Erleichterung unserer Familien nahmen wir schon bald davon Abstand, mit dem Kajak von Schottland nach

Kanada fahren zu wollen. Ein Anruf im Bootsmuseum in Exeter mit der Frage, ob ihnen ein ozeantaugliches Ruderboot bekannt sei, brachte uns auf eine viel sinnvollere Idee zur Überwindung der großen Pfützen.

Der Kurator, von Beruf Schiffbauingenieur, hörte aufmerksam zu, als Steve ihm seinen ehrgeizigen Weltumrundungsplan erläuterte, und bot an, für uns ein ganz neues mit Muskelkraft betriebenes Boot zu entwickeln. Unter Rückgriff auf seine umfangreichen Kenntnisse über die ungefähr zwanzig Ruderbote, mit denen seit 1896 eine Atlantiküberquerung gelungen war und von denen einige in dem Museum ausgestellt waren, entwarf Alan Boswell den Plan für ein acht Meter langes, von einer Schraube angetriebenes Boot mit genügend Platz für zwei Personen und Stauraum für Proviant sowie alles, was man sonst noch brauchte, um 150 Tage auf dem Meer autark zu sein.

»Ein weiterer Vorteil eines pedalgetriebenen Boots«, schrieb Alan in einem der folgenden Briefe, »besteht darin, dass ihr nach einer Überquerung des Kontinents per Fahrrad bestens im Training seid, was bei einem Ruderboot nicht möglich wäre.«

Alan erwies sich als Glücksgriff. Mit seiner Hilfe schaffte es eine Idee, die den Hirnen zweier Besoffener entsprungen war, immerhin aufs Reißbrett. David Goddard, der Gründer und Direktor des Museums, stellte großzügig eine Lagerhalle für den Bau des Boots zur Verfügung.

Das Sahnehäubchen war, dass ich wieder mit Hugo Burnham zusammentraf, einem Freund aus Kindertagen, der gerade am prestigeträchtigen Lowestoft Boatbuilding College seinen Abschluss als Bootsbauer gemacht hatte. Zusammen mit seinem Freund Chris Tripper, ebenfalls frischgebackener Schiffsbauer, verfügten wir nun über eine relativ preiswerte Möglichkeit, uns etwas zu bauen, wofür uns kommerzielle Bootswerften Angebote ab 26 000 Pfund gemacht hatten.

Nachdem uns die Ecological Trading Company, eine der wenigen Firmen des Landes, die Holz nur aus nachhaltig bewirtschaftetem Anbau importierten, ziemlich teures Material gestiftet hatte, ging es mit dem Bau los. Vier Monate später stand ein im

Kaltumformverfahren hergestellter Rumpf aus Zedernbohlen, die mit Epoxidharz abgedichtet und mit Hartholzfurnier überzogen waren, in der Werkstatt.

Zeit, es mal zu Wasser zu lassen.

Die *Times* und der *Daily Telegraph* wollten Fotografen schicken und damit unsere Pläne zum ersten Mal einem breiteren Publikum bekannt machen. Publicity war jetzt sehr wichtig, um an Sponsoren zu kommen, damit die Expedition auch wirklich starten konnte.

*

Um zehn Uhr war weit und breit immer noch nichts von Chris und Hugo zu sehen. Die beiden Fotografen warfen einander verunsicherte Blicke zu. Vielleicht fragten sie sich, ob sie auf einen Streich der Redaktion hereingefallen waren: »Ihr zwei fahrt raus zum Arsch der Welt und macht mir eine schöne Fotoreportage von den zwei Spinnern, die mit einem Tretboot um die Welt wollen. So ein Dings, mit dem man für fünf Pfund die Stunde auf dem Serpentine Lake im Hyde Park herumschippert. Was steht ihr hier noch herum? Abmarsch!«

Das sah wirklich schwer nach einem Kollegenscherz aus. Sie waren drauf und dran, abzuziehen.

In diesem Augenblick rumpelte ein Tieflader mit orangefarbenen Warnleuchten durch die Einfahrt der Marina, darauf ein klappriger Land Rover. Auf einem ebenso abgehalfterten Anhänger stand etwas Weißes, das wie ein zu groß geratenes Kanu aussah. Hätte auf der Fahrerkabine nicht das Logo des Automobilklubs geprangt, man hätte denken können, der Zirkus kommt in die Stadt.

Kaum war die altersschwache Prozession zum Stillstand gekommen, sprang die Fahrertür auf und entließ eine Rauchwolke in das klare Licht der Morgensonne. Dann kam der Fahrer, der ziemlich übernächtigt aussah und wild um sich blickte, bevor er eilig in Richtung der öffentlichen Toiletten davonstapfte. Als Nächstes erschienen drei Typen, die direkt aus einem Comic mit den Fabulous Furry Freak Brothers entsprungen schienen.* Der Anführer war ein Doppelgänger von Freewheelin' Franklin, ein ungezähmter Typ mit einem Pferdeschwanz, der ihm über den Rücken baumelte, und einem zweigeteilten Ziegenbart, der wie die Barteln eines Welses an seinem Kinn saß. Ihm folgte ein sommersprossiger Fat Freddy mit einem fuchsroten Afro. Der Letzte, Phineas Freakers, war groß und schlank und mit einem mächtigen Zinken im Gesicht. Schwarze Locken umrahmten seinen Kopf wie die Quasten eines Lampenschirms.

Als das Trio Steve und mich am Ufer erspähte, änderte es die Richtung und schwebte, wie von einer Wolke getragen, auf uns zu. Alle drei grinsten wie die Katze in *Alice im Wunderland.*

»Hallo, ihr räudigen Köter!«, dröhnte der Pirat.

»Dachte schon, ihr schafft es nie«, brummte Steve.

»Aber klar doch haben wir das geschafft!«, erwiderte Hugo. »Dank unserem guten alten Eddie und seiner Mitgliedskarte vom Automobilklub!«

Der rote Afroschopf nickte und ließ eine Lachsalve los. »*Hehehehe!* Chris hat mich gestern nach Mitternacht angerufen, und ruck, zuck saßen wir alle im Toll House – geschlossene Gesellschaft, *hehehehehe!* – und warteten auf den Abschleppwagen.«

»Das haben wir sauber gedeichselt«, sagte Chris alias Phineas und vergewisserte sich mit einem verstohlenen Blick über die Schulter, dass der Fahrer außer Hörweite war. »Der Typ vom Autoklub hat natürlich gleich geschnallt, dass wir bloß kein Geld für Benzin mehr hatten, aber wir haben ein bisschen Zucker um den Tankverschluss verteilt und ihm was von ein paar Skins erzählt, mit denen wir in der Kneipe Stress hatten. *Die Dreckskerle müssen uns Zucker in den Tank geschüttet haben, nachdem sie rausgeworfen wurden.* Was hätte er tun sollen?«

»Hat bestens funktioniert!«, krähte Hugo. »Er konnte ja kaum den Motor anwerfen, oder? Der wär ihm schön um die Ohren geflogen. Also hat er einen Tieflader gerufen.«

---

* Comicserie über Hippies aus San Francisco, bekannt vor allem für ihre Aufmüpfigkeit und ihren Marihuanakonsum.

Jetzt musste Steve doch lächeln. Dieses Gaunerstückchen, das die klamme Kasse der Expedition schonte, war nach seinem Geschmack.

Eine Stunde später glitt der Bootsrumpf vom Hänger zu seiner Jungfernfahrt in den See. Chris stand bis zur Hüfte im Wasser und mühte sich ab, die Schraubenwelle durch die hochseetaugliche Dichtung zu drücken. Nachdem das geschafft war, befestigte er die zweiflüglige Aluminiumschraube, deren Durchmesser knapp vierzig Zentimeter betrug.

Steve und ich kletterten vorsichtig an Bord. Der Rumpf wackelte bedenklich. Eine Schiebekanzel mit Plexiglasfenstern, ähnlich der eines Kampfflugzeugs, diente als Schutz, ein Porenbetonstein als Sitz. Das Antriebssystem bestand zum Teil aus einem zerlegten Fahrradrahmen, der kopfüber am Kiel befestigt war. Die Kurbelarme und das vordere Zahnrad waren erhalten geblieben, aber die Kette führte nicht zu einem Hinterrad, sondern zu einem Industriegetriebe, das den Antrieb um neunzig Grad umlenkte und auf die Schraubenwelle übertrug.

Die Steuerung funktionierte in etwa wie bei einem Sportdrachen. Zwei Seile führten von der Oberseite des Ruders zu zwei Rollen an der Kabinenseite, wo sie um 180 Grad umgelenkt wurden. So konnte der Pedaleur das Boot über zwei Griffe, die von ausgedienten Winkelschleifern stammten, nach Backbord oder Steuerbord lenken.

Der Fotograf der *Times* kauerte sich auf das Dach und hielt krampfhaft seine Kamera fest, und Steve ließ sich vorsichtig auf dem Betonblock nieder und drückte seine Füße gegen die Pedale. Irgendetwas quietschte kläglich. Dann bewegte sich das Boot etwas widerwillig vorwärts. Nur ein paar Meter, aber es bewegte sich. Und es hielt sich über Wasser.

Wir waren bereit für das Meer.

*

Chris und Hugo arbeiteten in Exeter und schlugen sich mit Arbeitslosenunterstützung und dem bisschen Kleingeld durch, das die Leute in eine Spendenbüchse vor ihrer Werkstatt warfen, während Steve und ich unser Hauptquartier in London aufschlugen. Auch wir hielten uns mit Stütze über Wasser, wofür wir im Pub Hohn und Spott ernteten.

»Was denkt ihr zwei euch eigentlich dabei?« Lofty, eins fünfundneunzig, unser Freund aus Yorkshire, lachte aus vollem Hals über seinem Bier im Dove in Hammersmith. Die Tränen liefen ihm über die Wangen. »Also mit 35 Pfund die Woche kommt ihr mit so 'nem Schaukelboot nicht rund um die Welt. Wenn ihr meinen Rat wollt: Vergesst es, die ganze Idee ist ein Hirngespinst!«

Und um diesen Punkt zu unterstreichen, beugte er sich vor und zischte uns in die Ohren, als würde er uns ein Geheimnis anvertrauen: »Kommt, gebt's doch zu, ihr zwei Rohrkrepierer, weiter als bis in diese Kneipe hier reist ihr nie im Leben. Noch eine Runde!«

Aber welchen Sinn hatte es auch, mit Lofty über Weltreisen zu reden? Er war Autohändler, der auf Auktionen Schrottkarren für einen Appel und ein Ei erstand, die er dann zu Fantasiepreisen über Annoncen in kostenlosen Anzeigenblättchen wieder an den Mann oder die Frau brachte.

Seine Haltung war typisch für das, was man in Großbritannien das »Tall Poppy Syndrome« nennt – jeder, der aus der Reihe tanzt und etwas Ungewöhnliches versucht, wird als Verräter betrachtet und zusammengestaucht, so wie man Mohnblumen stutzt, die ihre Blüte über andere zu erheben wagen. Und wehe, es gesellt sich auch noch Erfolg hinzu. Die allgemeine Sitte erfordert, dass alle mit gesenktem Kopf in der Spur laufen. Versucht jemand auszubrechen, verwandelt sich die Schafsherde in ein Rudel Wölfe und hängt sich an seine Fersen, bis er wieder wie die anderen im gewohnten Schlamassel feststeckt.

Das spornte uns natürlich nur umso mehr an, es allen zu zeigen.

Es gab aber auch Leute, die unsere Pläne ernst nahmen. Zu ihnen gehörte Steves Vater Stuart, ein Kerl von der Energie eines Fünfjährigen, gefangen im Körper eines Fünfundfünfzigjährigen. Bis zum Alter von fünfzehn Jahren war er in Bristol im George-

Muller-Waisenhaus aufgewachsen. Er hatte den bärbeißigen Habitus eines Menschen, der viel durchgemacht hat. Seinen Charakter hatten raue Lebensumstände und regelmäßige Kopfnüsse mit der Bibel geformt. Bald war er der unermüdliche Förderer und Mentor unserer Expedition.

Keine Ahnung, ob es ein unbewusster Ausdruck seiner verwundeten Seele war, aber Stuart verfügte über ein bemerkenswertes Talent, anderen Menschen das Gefühl zu geben, dass sie wirklich gebraucht wurden, besonders dann, wenn es galt, ihnen Geld aus der Tasche zu leiern. Seine Stammkneipe, The Prince Alfred in Queensway, war einer unserer ersten Jagdgründe. Stuart tippte an seinen *Crocodile-Dundee*-Hut und stellte sich mit gewinnendem Lächeln einer Gruppe wildfremder Leute vor. Im Handumdrehen überwand er ihre Skepsis – manchmal ihre unverblümte Feindseligkeit –, schon nach fünf Minuten fraßen sie ihm aus der Hand. Selbst in dem embryonalen Stadium, in dem die Weltumrundung kaum mehr als eine bloße Fantasie war, schaffte er es mit seiner ansteckenden Begeisterung regelmäßig, dass Gäste ihm zehn Pfund zusteckten, damit ihr Name auf ein Boot gepinselt wurde, das noch nicht einmal existierte.

Das war das Startkapital, mit dem wir unser erstes Material für den Bau des Boots kauften. Dann fuhr Steve mit dem Fahrrad die 2750 Kilometer von London nach Marrakesch in sagenhaften siebzehn Tagen, was uns weitere 3250 Pfund Spenden eintrug. Eine gleichzeitig laufende konzertierte Briefkampagne, in der wir Bootsausrüster anschrieben, trug uns jede Menge Farben, Beschichtungsharze, Seile, Plexiglasscheiben, Bilgepumpen, wasserdichte Schotten, einen Kompass und dergleichen ein. Dafür versprachen wir einen Produkttest unter Extrembedingungen und Fotos der Ausrüstung im Einsatz. Mars UK spendete uns 4000 Schokoriegel. Mein Vater quatschte der British Army 250 Feldrationen ab.

Was die Ausrüstung betraf, ein schöner Anfangserfolg. Blieb nur noch das kleine Problem, die 150 000 Pfund für die Gesamtfinanzierung des Projekts aufzutreiben. In den folgenden drei Monaten verschickten wir mehr als 300 individuelle Bettelbriefe an die verschiedensten potenziellen Sponsoren. Natürlich folgte jedem Brief zuverlässig auch ein Anruf. Ebenso zuverlässig trudelten die Absagen ein:

»Das ist eine wunderbare Idee … ein sehr spannendes Projekt«, antwortete uns ein bekannter Batteriehersteller. »Ausdauer ist genau das Thema unserer Marke. Allerdings sind die drei Jahre, die Sie vorgesehen haben, selbst für unsere Batterien eine etwas zu große Herausforderung!«

Im Klartext: *Mann, Leute, bis ihr wieder da sei, begucken wir uns hier alle die Radieschen von unten …*

Ein anderes Beispiel, von einem bekannten Versicherungsunternehmen:

»Die Verbindung unserer Gesellschaft mit Ihrer gewagten Abenteuerreise passt derzeit leider nicht ganz ins Konzept unserer Sponsoringstrategie.«

Will heißen: *Wenn in den Abendnachrichten gezeigt wird, wie euer Boot ein paar Kilometer vor der Küste absäuft, und ihr dazu T-Shirts mit unserem Logo tragt, fördert das nicht gerade das Kundenvertrauen …*

Doch meistens kam nur eine formlose Absage:

»Nach reiflicher Überlegung müssen wir Ihnen zu unserem Bedauern mitteilen …«

Anders ausgedrückt: *Lasst uns in Ruhe, ihr Schnorrer, sucht euch eine anständige Arbeit …*

Auch Richard Branson, der Milliardär und Ballonfahrer, ließ sich nicht erweichen. Seine PR-Leute begründeten die Absage so: »Richard würde es gern selbst tun.«

Womit gemeint war: *Verpisst euch.*

Doch Anfang Februar schien es, als seien unsere Gebete endlich erhört worden. Der Bananenimporteur Fyffes bot an, sich als Sponsor mit 30 000 Pfund zu beteiligen. Mit einer solchen Zusage sollte es ein Leichtes sein, weitere Unterstützer an Bord zu holen.

Leider hatte die Sache einen kleinen Haken. Bedingung war, dass wir das Boot zu einer riesigen, gelb angepinselten Banane umgestalteten und wir unsere Ozeanüberquerung als die »Banana Boys« absolvierten.

Das war einfach zu demütigend, um es ernsthaft in Erwägung zu ziehen.

*

Die britische Geschäftswelt ignorierte uns mit grandioser Gleichgültigkeit. In unserer Naivität waren wir davon ausgegangen, dass sie uns bei unserem Alleinstellungsmerkmal die Türen einrennen würde. Schon traten deswegen die ersten Risse in unserem Verhältnis zu den Bootsbauern zutage. Steve schickte ihnen so viel Geld, wie er nur auftreiben konnte. Doch Weihnachten rückte näher, und die angemessene Honorierung ihrer Bemühungen lag noch in ebenso weiter Ferne wie ein Jahr zuvor. Verständlich, dass Hugo und Chris allmählich die Geduld verloren. Die Stimmung war auf dem Nullpunkt.

Da half es wenig, dass wir ab und zu in der Bootswerft auftauchten und unsere Hilfe anboten. Nicht nur, dass wir im Umgang mit Werkzeugen vier linke Hände bewiesen, wir nötigten die Mitarbeiter dadurch, auch noch an den Wochenenden zu arbeiten, die sie viel lieber geruhsam im Pub verbracht hätten.

Wie die stolzen Eltern eines verhätschelten Kindes, das alle anderen als nervige Landplage betrachten, erlagen Steve und ich der Illusion, dass sämtliche Mitarbeiter des Projekts – das bereits die Züge eines Frankenstein-Monsters annahm – mit derselben Begeisterung wie wir selbst bereit waren, endlose Arbeitsstunden zu investieren, und sich nicht daran störten, Leib und Seele unterdessen mit nichts als Arbeitslosenunterstützung zusammenzuhalten.

Zu den Geldproblemen kam noch hinzu, dass Steve im Januar entschied, Hugo solle doch nicht Leiter der Begleitmannschaft werden. Ursprünglich hätte er dafür sorgen sollen, das Kamerateam und die Vorräte durch Sibirien zu bringen. Der Bootsbauer hatte mithin einfach eine zu große Neigung zur Eigenständigkeit, und er misstraute Autoritäten gleich welcher Art. Sein oft beißender Spott und seine Schlagfertigkeit konnten sehr unterhaltsam sein, aber in Situationen, in denen es darauf ankommt, dass alle an einem Strang ziehen, waren sie eher kontraproduktiv.

Steve und ich fuhren nach Marshwood Vale, wo wir uns mit Hugo im Bottle Inn treffen wollten. Dort wird alljährlich der weltberühmte Wettbewerb im Brennnesselessen abgehalten – für den beabsichtigten Zweck also ein sehr passend gewähltes Lokal. Da ich Hugo schon seit seinem fünften Lebensjahr kannte, erbot ich mich als Überbringer der schlechten Nachricht. Außerdem wusste ich, dass Hugo eine spezielle Abneigung gegen Steves etwas selbstherrlichen Führungsstil hegte, und ich hatte schon mehrfach die heikle Situation gemeistert, Bandmitgliedern den Laufpass zu geben; ich wusste, das Beste war, jemandem ohne Umschweife mit der Tatsache zu konfrontieren und sie dann zu begründen.

Doch Steve lehnte mein Angebot ab, er wollte das als Expeditionsleiter selbst erledigen.

Als wir dort ankamen, war es bereits dunkel. Die Bar mit der niedrigen Decke aus Eichenbalken und den vom Zigarettenqualm vergilbten Wänden war fast leer. Wir bestellten eine Runde Palmers Ale und ließen uns auf Hockern am flackernden Kaminfeuer nieder. Zehn Minuten später kam Hugo herein, bestellte sich ein Glas und pflanzte sich auf einen Hocker uns gegenüber. Die Atmosphäre knisterte vor Anspannung. Er wusste, dass etwas im Busch war.

Steve machte den Anfang: »Also, Hugo, findest du nicht, es müsste sich etwas ändern an der Art, wie du deinen Job als Leiter der Begleitmannschaft auffasst und ausfüllst?«

Herrje, dachte ich, bitte keine Fangfragen! Sag ihm einfach, dass er gefeuert ist!

Hugo legte den Kopf schief und zwirbelte an seinem geölten Schnurrbart. »Ähm … nö.« Er wirkte verdutzt. »Fällt mir nix ein.«

Eine halbe Stunde später war das Treffen zu Ende, und alle waren schlechter Laune. Der arme Hugo stürmte in die Nacht hinaus, ohne richtig verstanden zu haben, was wir eigentlich von ihm wollten. Steve war stinksauer, dass Hugo sich so hartnäckig jeder Selbstkritik verweigerte. Und ich war wütend auf Steve, weil er eigentlich nur versucht hatte, Hugo dazu zu bringen, von sich aus hinzuschmeißen.

Wäre es besser gewesen, offener zu sein? Wer weiß. Das Endergebnis war jedenfalls gleich, die negativen Konsequenzen verheerend. Die seit Kindertagen bestehende Freundschaft zwischen Hugo und mir zerbrach. Unsere Eltern, die seit Jahrzehnten miteinander bekannt waren, sahen sich gezwungen, Partei zu ergreifen. Und zu alledem wurde auch das Verhältnis zwischen mir und Steve stark strapaziert. Unter der Asche glomm eine Wut, die jederzeit wieder aufzuflackern drohte.

Auch Chris kam dadurch in die Klemme. Seine Freundschaft mit Hugo stellte ihn vor eine schwere Entscheidung: sich mit seinem Partner solidarisch zeigen und die Arbeit am Boot einstellen oder sich weiter dem Projekt verpflichtet fühlen, auf das er stolz war und das er auch als seines betrachtete – nicht zuletzt, weil er und Hugo einen entscheidenden Beitrag leisteten.

Zum Glück für die Weltumrundung entschied er sich dafür weiterzumachen. Aber auch er bezahlte es mit dem Ende einer Freundschaft.

*

Außer solchen Querelen hatte der Geldmangel weiterhin zur Folge, dass wir eine Unzahl neuer Dinge lernen mussten, für die wir niemanden bezahlen konnten. Dazu gehörte, den Umgang mit einem Computer zu meistern – keine Kleinigkeit in Zeiten von MS-DOS –, Anträge und Presseerklärungen zu schreiben, überhaupt Öffentlichkeitsarbeit zu betreiben, Reden zu halten, Budgets (meistens viel zu optimistische) zu erstellen, potenzielle Sponsoren anzusprechen, Visa zu beantragen, Routen auszutüfteln, einen Erste-Hilfe-Kurs zu absolvieren …

Eines jedoch war eine Schuhnummer zu groß für uns: das Ganze zu filmen. Nachdem zwei Kameramänner das Handtuch geworfen hatten, erschien uns die wundersame Rettung in Gestalt des Schotten Kenny Brown aus Glasgow, eines angehenden Dokumentarfilmers. Wir hatten uns an einem Märzabend im Chandos, einem Pub nördlich des Trafalgar Square, zum Kennenlernen verabredet. Steve und ich hatten große Mühe, Kenny zu verstehen, wenn er in seinem schottischen Dialekt wie ein Maschinengewehr losratterte.

»Dolles Ding, was ihr zwei beide da so vorhabt. Und wann steigt die Sause?«

Er war schon ein merkwürdiger Kauz. Seine spitze und schiefe Nase hatte die Form einer halb aus dem Boden gezogenen Rübe. Sie saß über einem Mund, der viel zu klein für seinen Kopf war. Der war bis auf eine rüsselartige Strähne über der Stirn vollkommen kahl. Verschmitzte Augen, die einen rasiermesserscharfen Verstand verrieten, wanderten ständig suchend umher.

Gerade weil ich ihn so schlecht verstand, fesselte mich der Haarrüssel auf seinem Kopf. Wenn er von seinem Bier trank, baumelte die Strähne manchmal wie ein Saugrohr über dem Glas. Das faszinierte mich wie ein Kind die Notbremse im Zug – ich musste mich zusammennehmen, um nicht doch einmal daran zu ziehen, einfach nur um zu sehen, was dann passiert.

Kenny finanzierte sich seinen Traum von einer Karriere als Filmemacher unter anderem mit einem Job als Fahrradkurier. Er wohnte im Norden Londons in einem spartanisch eingerichteten besetzten Haus mit elf anderen Leuten. Seinen milchweißen Teint erhielt er sich durch vegane Ernährung, an die er neben anderen asketischen Idealen mit calvinistischem Eifer glaubte. Er empfand tiefe Verachtung für Schlaffis und Hippies und allerlei anderes, was er für Gefühlsduselei hielt. Als Steve ihm den Plan erläuterte, unterwegs Kinder für einen Film zum Thema Weltbürgertum zu interviewen – »zur Förderung von Verständnis, Toleranz und Mitgefühl zwischen den Kulturen« –, verzog Kenny nur verächtlich das Gesicht. Soweit wir es seinen Wortsalven entnehmen konnten, interessierten ihn an dem Projekt ausschließlich drei Dinge: Fahrrad, Film und Foto. Alles andere waren für ihn Kinkerlitzchen.

Bei allen Verständigungsschwierigkeiten und Animositäten hatte Kenny ein interessantes Repertoire an Demoaufnahmen, und seine sachliche, zupackende Arbeitsweise war ein weiteres Plus. Also baten wir ihn offiziell, ins Team einzusteigen. Eine Woche später zog ich als Dreizehnter in der Hausbesetzer-WG ein, teils, um mich auf die Medienarbeit mit Kenny zu konzentrieren, teils aber auch, um ein wenig Abstand zu Steve zu bekommen. So wie die Dinge lagen, würden wir einander die nächsten drei Jahre ziemlich dicht auf der Pelle hängen. Da vermieden wir wohl besser, schon beim Start der Weltreise das Gefühl zu haben, Urlaub voneinander zu brauchen.

Das weiträumige, vierstöckige Haus in der Guilford Street unweit des Russell Square wurde das Nervenzentrum unserer Pressekampagne und der gesamten Logistik von Film, Fahrradausrüstung, Nahrung und was man sonst noch so brauchte. Es erfüllte seinen Zweck, ohne jedoch irgendeine Art von Komfort zu bieten. Wände und Fußboden waren kahl. Heizung gab es keine. Im März und April, zwei Monate, in denen es besonders kalt war, zogen Kenny und ich alles, was wir hatten, in dicken Schichten übereinander an und tippten bis zum Morgengrauen auf zwei steinalten Computern, die wir aus einem Mullcontainer geborgen hatten, Briefe an mögliche Sponsoren. Danach mummelten wir uns erschöpft auf dem Fußboden ein und schliefen ein paar Stunden.

Wenn man mal über die Gulag-ähnlichen Lebensbedingungen hinwegsah, waren die Bewohner eine interessante Mischung aus Künstlern, Autoren, Musikern, Bloggern und Kleinkriminellen. Die Guilford-Street-Gang war stets zur Stelle, wenn wir Hilfe brauchten, und mehr als eines ihrer Mitglieder gehörte schließlich halb zum Stammpersonal. Da war Jim, DJ und Herausgeber des scharfzüngigen Politmagazins *Squall*, der die unbezahlte Rolle des Pressesprechers der Expedition übernahm; Catriona, eine wortgewandte üppige Rothaarige, die unsere Bettelbriefe an die Sponsoren aufpolierte; Fingers, ehemals Amateurboxer, nun Profidieb mit dem Spezialgebiet Scheckbetrug; und Martin, ein freundlicher vegetarischer Koch und ausgefuchster Fahrradmechaniker, der sich erbot, unsere Fahrräder zusammenzubauen und das Essen für die Atlantiküberquerung zusammenzustellen.

So stellten wir mit vereinten Kräften etwas auf die Beine, das ganz anders ausgesehen hätte, wenn wir von Anfang an auf einen zahlungskräftigen Sponsor Rücksicht genommen hätten. Unsere erste Pressekonferenz an der Themse, bei der der britische Schirmherr unserer Expedition, Seine Königliche Hoheit, der Duke of Gloucester, unser Boot auf den Namen *Moksha* taufte, wurde vollständig von der Guilford-Street-Gang organisiert.* Von Anfang an erhielt unsere Expedition die breite Unterstützung eines ökologischen Netzwerks, ein Engagement, das sie über die Jahre prägte. Das verschaffte unserer Expedition, die sich ganz auf Muskelkraft und somit natürliche Energie verlassen wollte, Glaubwürdigkeit.

*

Mitte April war unsere *Moksha* bereit für ihre erste Testfahrt auf dem Meer. Zuerst mussten wir jedoch sicherstellen, dass sie sich im Falle des Kenterns wirklich wieder von allein aufrichtete. Bevor wir das Boot zu diesem Zweck nach Salcombe transportierten, brachten wir es probeweise mit dem handbetriebenen Kran des Museums im River Exe zum Kentern. Nach einem unbemannten Test kletterten Kenny und ich in die Kabine und schnallten uns mit den Sicherheitsgurten fest, die wir aus dem Firmenwagen von Ballistic Cleaning ausgebaut hatten. Kenny hatte sich eine Filmkamera geliehen. Steve und Chris bedienten den Kran.

Als das Boot um neunzig Grad gekippt war, sprudelte Wasser durch die Schiebekanzel. Mein Kopf drückte gegen das Sperrholzdach, meine Haare schwebten in einer sich rasch ausbreitenden Wasserpfütze.

»Alles in Ordnung?«, rief ich Kenny zu, dessen Haarrüssel ebenfalls im Wasser trieb.

»Klar. Abgesehen davon, dass der Sitz gleich auseinanderfällt.«

Nun stand mir das Wasser schon bis zu den Augen. »Herrgott!«

---

* *Moksha* ist Sanskrit und bedeutet »Freiheit« oder »Befreiung von allen weltlichen Bedürfnissen, Unwissenheit und Leiden«. Für Hindus und Buddhisten steht diese Freiheit für das letzte Stadium vor dem Nirwana, der endgültigen Erlösung von Samsara, dem Kreislauf von Tod und Wiedergeburt, also der Reinkarnation. Unsere Namenswahl war von Aldous Huxleys Roman *Eiland* inspiriert.

Dann eine rasche Drehbewegung, die einem in die Magengrube fuhr – »*Aaaaaaaahhh!*« –, und wir schwammen wieder aufrecht. Eine Wasserkaskade rauschte auf uns herab.

Das nächste Ereignis war eines der peinlichsten der ganzen Expedition. Nachdem wir so von der Großzügigkeit der Werkstatt profitiert hatten, beschlossen wir, eine kleine Pressevorführung zu machen, um die Aufmerksamkeit der Öffentlichkeit auf das von einer Schließung bedrohte Museum zu lenken.

Die Idee war, mit der *Moksha* eine Runde im kleinen Hafenbecken des Museums zu drehen, den Pressefotografen Gelegenheit zu geben, das erste ozeantaugliche Zweimanntretboot der Welt abzulichten und anschließend zum Interview zur Verfügung zu stehen.

Chris Court vom Presseverband stand am Dock. Ein rothaariger Journalist, der behauptete, von *Yachting Monthly* zu sein, sowie ein paar Lokalreporter hatten sich zu ihm gesellt. Am nächsten Tag wollten wir unsere erste Nacht auf dem Meer verbringen. Zu diesem Anlass sollte *Sky Sports* ein Liveinterview bringen, geführt über unser frisch installiertes UKW-Funkgerät. Im Hintergrund sollte Kennys vorab gedrehtes Filmmaterial laufen.

Vorsichtig strampelnd, fuhr ich das Boot auf den schmutzig braunen Fluss hinaus, der ziemlich angeschwollen war, da es kurz zuvor geregnet hatte. Steve posierte im Cockpit für die Kameras.

»Hierher schauen, Steve. Wink mal!«, rief der Fotograf vom *Western Daily News*.

»Kannst du das Boot wenden und auf mich zukommen, bitte?« Dieser Wunsch stammte vom *Dorset Evening Echo*.

Steve streckte den Kopf ins Cockpit. »Hast du das gehört, Jase?«

»Klar, einen Augenblick.« Ich warf das Ruder herum.

Nichts geschah. Ich zog und schob in alle Richtungen, aber es tat sich nichts.

»Äh … Jason …«

Die Strömung drehte das Boot um.

»In die andere Richtung, du Leichtmatrose!«

»Äh, geht nicht! Das Ruder klemmt oder was weiß ich!« Ich versuchte rückwärtszustrampeln. Es war hoffnungslos.

Die Ebbe zog das Boot schräg den Fluss hinunter, schneller und schneller durch das plätschernde und gurgelnde Wasser. Und jetzt war da noch ein anderes Geräusch, etwas wie ein dumpfer, grollender Donner.

»Jase!«, schrie Steve. »Scheiße, da vorne kommt ein Schleusenwehr!«

Ich strampelte wie verrückt, aber alles, was ich erreichte, war, dass wir quer zur Strömung auf die Betonmauer einer Bootswerft zuhielten. *Kawumms!* Das herzzerreißende Geräusch von splitterndem Holz lief als Echo rund um das Hafenbecken. Die *Moksha* trieb mit dem Heck voran hilflos im Wasser. Steve krabbelte aufs Vordeck hinaus und versuchte verzweifelt, die niedrig hängenden Zweige der Weiden zu packen. Unsere Schmach erreichte ihren Höhepunkt, als ein Schlauchboot mit Außenborder unter lautem Getöse heranrauschte und uns gerade noch abfing, bevor wir über das Wehr in die Tiefe sausten. Mit hochroten Köpfen wurden wir zu den wartenden Journalisten zurückgeschleppt, die allesamt an ihren Kugelschreibern saugten, um nicht loszuprusten.

Am nächsten Morgen brachte das Boulevardblatt *The Daily Star* einen Artikel mit der Schlagzeile: »Tret-U-Boot gesunken!«

Der Reporter des *Yachting Monthly*, in Wahrheit ein Schmierfink, der in seinem Leben noch kein Segelboot aus der Nähe gesehen hatte, schrieb: »Ein pedalgetriebenes U-Boot durch Sturm aufs Meer getrieben … gekentert und gesunken.«

An diesem Tag lernten wir nicht nur einiges über die dunkle Seite der Presse, sondern wir erfuhren auch von einem sehr wichtigen, für die Funktionstüchtigkeit des Bootes unerlässlichen Detail: Lenken war nur möglich mit einem Ding, das man »Kielschwert« nannte, einem ungefähr ein Meter langen Stück Holz, das wir in der Werft zurückgelassen hatten.

Am nächsten Tag ließen wir die *Moksha* im Hafen von Salcombe zu Wasser, beluden sie mit Vorräten für drei Tage und stachen in See – diesmal war das Kielschwert natürlich an seinem Platz.

Für Steve war es die erste Nacht auf See. Mit Landtouren hatte er mehr Erfahrungen, seit dem Ende seiner Schulzeit hatte er etliche Kilometer im Fahrradsattel absolviert. Dafür war ich schon mal auf einem Boot gewesen.

Ich strampelte schon seit einer gefühlten Ewigkeit, aber die dunkle Linie von Bolt Head schien kein Stück näher zu kommen. Schließlich tauschten wir die Plätze. Nach wenigen Minuten verzog auch Steve frustriert das Gesicht. Es war eine stumpfsinnige Plackerei.

Wir tauschten einen Blick und fingen an zu lachen.

»Scheißlangweilig, was?«

»Wenn man's freundlich ausdrücken will.«

»Hör mal«, sagte ich. »Wir wissen beide, das wird ein Albtraum, wenn wir erst mal richtig auf den Atlantik rauskommen. Wozu also die Quälerei?«

Steve nickte. »Zumal die Pubs in einer halben Stunde aufmachen.«

Wir kicherten vor uns hin. Um acht waren wir, hauptsächlich dank der Flut, wieder zurück im Kings Arms und wärmten uns zusammen mit Stuart und Kenny am Kamin auf.

Stuart hob sein Glas. »Auf unsere erfolgreiche Testfahrt, Jungs!«

»Ja, auf die ganzen fünfzehn Minuten«, murmelte Kenny spöttisch.

Wir tranken ein Glas nach dem anderen, und je später der Abend wurde, desto mehr ließen mich die Wärme des Kaminfeuers und das Stimmengewirr im Hintergrund in einen Dämmerzustand versinken. Doch irgendetwas nagte in meinem Hinterkopf. Hatten wir nicht etwas Wichtiges vergessen?

Um Viertel vor elf fiel es mir schlagartig ein.

»Scheiße! Steve, das Interview mit *Sky Sports*!«

Im Nu waren wir auf den Beinen und stürmten nach draußen zur Telefonzelle. Wir quetschten uns hinein. Steve wählte die Nummer, die er von einem Papierfetzen ablas, und kramte nach einer Zehn-Pence-Münze.

»Wir reichen euch gleich durch«, sagte der Produzent barsch. »In zehn Sekunden seid ihr auf Sendung.« Im Hintergrund hörten wir die geölte Stimme eines männlichen Moderators, der die Überleitung sprach.

»… und nun direkt aus dem Ärmelkanal Steve Smith und Jason Lewis, die sich mit einer dreitägigen Testfahrt im Ärmelkanal auf ihre historische Atlantiküberquerung vorbereiten. Guten Abend, Gentlemen!«

»Hallo«, antwortete Steve.

»Hier sehen wir Aufnahmen von heute Vormittag, die Sie im Hafen von Salcombe zeigen. Das Wasser ist spiegelglatt und ruhig. Dort draußen auf See ist es jetzt sicherlich etwas anders, oder?«

Mein Expeditionspartner spähte durch die Scheibe der Telefonzelle, doch da war nichts zu sehen als die Spiegelung seines Gesichts, so blass wie der Mond. »Kann man wohl sagen. Ist ein bisschen windig …«

»Wie zu erwarten. Und Jason, was gab es denn zum Abendessen?«

Mir wurde ganz schummrig im Kopf.

Steve schnappte sich den Hörer. »Haferbrei.«

»Haferbrei?« Der Moderator lachte. »Komisches Abendessen, oder?«

Plötzlich lauter Krach, jemand kam aus der Hintertür des Pubs geschossen. Es war einer der Rugbyspieler, die den ganzen Nachmittag durchgesoffen hatten. Er kotzte lautstark gegen das Mäuerchen neben der Telefonzelle.

»Was ist das?« Der Moderator war plötzlich ganz Ohr. »Hört sich an, als würde sich da jemand nicht wohlfühlen.«

Steve grinste. »Ja, das ist, äh … Jason. Kleiner Anfall von Seekrankheit.«

»Vielleicht war der Haferbrei nicht nach seinem Geschmack, was, Steve? Ha!«

Witzbold, dachte ich.

»Letzte Frage, Jungs, gibt es schon etwas, das ihr vermisst?«

Ich zeigte mit dem Daumen Richtung Pub und tippte auf meine Armbanduhr. In fünf Minuten gab es die letzte Runde.

»Ein paar Bierchen in einem gemütlichen, warmen Pub wären jetzt nicht schlecht«, antwortete Steve und versuchte, nicht loszubrüllen.

»Ja, das kann ich mir vorstellen. Ha! Ha! Aber da müsst ihr erst noch ein bisschen strampeln, was, Jungs? Vielleicht in zwei Tagen, wenn ihr wieder an Land seid. Ha! Ha!«

Eher in fünf Sekunden, wenn wir dich los sind, du Holzkopf …

*

Unsere Abreisedatum, der 1. Mai, kam – und verstrich ungenutzt. Jeder Tag, um den wir den Aufbruch hinausschoben, bedeutete einen Tag weniger, um vor Wintereinbruch bis nach Wladiwostok an der Pazifikküste Russlands zu radeln und dort die *Moksha* zu Wasser zu lassen. Da uns die Aussicht auf einen Erfrierungstod in Sibirien nicht sonderlich reizte, beschlossen wir, uns eine Deadline zu setzen. Wenn wir es bis zum 1. Juni nicht schaffen sollten, einen Hauptsponsor aufzutreiben, wollten wir die ganze Sache auf das kommende Frühjahr verschieben oder ganz abblasen. Letzteres schien undenkbar angesichts der Tausende von Arbeitsstunden, die wir bereits investiert hatten, aber die zweite Möglichkeit war kaum weniger verlockend: noch ein weiteres aufreibendes Jahr mit nichts als staatlicher Unterstützung in einer Bruchbude zu hausen.

Es waren harte Zeiten, und harte Zeiten treiben die Menschen zu Verzweiflungstaten. Der *Moksha* fehlten immer noch Hunderte von kleinen Ausrüstungsgegenständen: Tassen, Teller, Besteck, Töpfe, ein Wasserkessel, Behältnisse zur Aufbewahrung von Lebensmitteln, Batterien, ein Fäkalieneimer für schlechtes Wetter, ein Bootsschwamm zum Lenzen, ein Handnebelhorn, Angelschnur, Haken. Und all das kostete Geld, das wir nicht hatten. Also nahm ich die Sache – oder vielmehr die Sachen – in die Hand, das heißt, ich schnappte mir bei einem Bootsausrüster in East London einen Gummieimer, zwei Schwämme und eine Scheuerbürste. Ich kam zwanzig Meter weit, dann wurde ich von einem Wachmann vor dem dortigen Woolworth rugbymäßig getackelt. Der Eimer und die Schwämme kullerten über die Straße, und zwei alte Weiblein schauten verächtlich auf mich herab.

Ich wurde verhaftet und auf die Wache von Plaistow geschleppt. Damit war ich wirklich am Tiefpunkt angelangt; ich machte mich auf das Schlimmste gefasst. Aber nach einem Weilchen in der Arrestzelle war der diensthabende Beamte so fasziniert von der Bedeutung, die ein Kackeimer zum Preis von zwei Pfund fünfzig für eine nur mit eigener Muskelkraft bewerkstelligte Weltumrundung hatte, dass er mich mit einer Verwarnung ziehen ließ. Meine eigentliche Bestrafung erhielt ich dann in Form einer geharnischten Gardinenpredigt von Steve, der berechtigterweise auf hundertachtzig war, nachdem ich um Haaresbreite das ganze Projekt vermasselt hatte.

Als die Sache kurz davorstand, in den Kinderschuhen einzugehen, sprangen unsere Familien und Steves Nochfreundin Maria ein. Sie gaben uns einen Kredit, den wir zurückzahlen sollten, sobald sich ein Sponsor fand. Damit konnten wir Hugo bezahlen, die Fertigstellung der *Moksha* realisieren und uns zumindest auf den Weg machen. Dabei hätten sie Gründe genug gehabt, uns nicht zu helfen. Auf der Londoner Bootsmesse im Januar wurde die *Moksha* in einer eigenen Veranstaltung präsentiert. Etliche alte Wasserratten schüttelten den Kopf beim Anblick des Boots. Jemand meinte, unser Weltumrundungsversuch sei die todsicherste Selbstmordidee, die ihm je untergekommen sei.

Aber wir hatten immer noch nicht genügend Geld für das gesamte Projekt. Angesichts der Gefahr, mitten in Osteuropa auf dem Trockenen zu sitzen, entschlossen wir uns für die Westroute: in südlicher Richtung durch Frankreich, Spanien und Portugal radeln, die *Moksha* an der Algarve ins Wasser lassen und von dort aus den Atlantik bis Nordamerika überqueren. In den USA, einer relativ jungen Nation, in der der Pioniergeist noch lebendig war, hofften wir spendablere Sponsoren zu finden. Finanziell ordentlich ausgestattet, wollten wir dann den Pazifik bis Australien überqueren und dort auf der anderen Seite der Erdkugel einen Ort ansteuern, der genau gegenüber einem lag, den wir bei der Passage des Atlantiks überquert hatten. Mit dem Passieren mindestens eines Paars Antipoden würde die Expedition eine der Bedingungen für eine echte Weltumrundung erfüllen, die Norris McWhirter, der Begründer des *Guinnessbuchs der Rekorde*, aufgestellt hatte. Die anderen waren: alle Längengrade und mindestens zweimal den Äquator überqueren und dabei 40 000 Kilometer zurücklegen, was dem Äquatorumfang entspricht. Damit vollendete man, so gut es sich umsetzen ließ, das geografische Ideal eines Großkreises.

Diese Änderung der Route forderte allerdings ein weiteres Opfer. Chris, der inzwischen so pleite war, dass er seine Werkzeuge vertickt hatte, um nicht hungern zu müssen, und der in einem alten Wasserturm in Putney auf dem Fußboden schlief, arbeitete eigentlich nur noch an der Fertigstellung der *Moksha*, weil wir ihm den Job als Fahrer der Begleitmannschaft versprochen hatten. Doch die neue Route verlief über bestens ausgebaute Straßen bis San Francisco. Wir brauchten eigentlich kein großes Unterstützerteam mehr.

Ein erbitterter Streit entbrannte. Chris fühlte sich ausgenutzt, bekam einen Tobsuchtsanfall und schmiss alles hin. Steve war stinksauer, dass Chris vor der Fertigstellung der *Moksha* »von Bord ging«. Zwar war der Entwurf weitgehend realisiert, aber es blieben noch haufenweise Kleinigkeiten zu tun: Lackierung, Löcher für die Funkantennen bohren, die Installation von Sonnenkollektoren, der Einbau eines Betts in der Schlafkajüte und so weiter.

Ich saß irgendwie zwischen den Stühlen. Im Interesse der Expedition zeigte ich mich weiterhin Steve gegenüber loyal. Doch im Innern war ich, wie schon bei der Geschichte mit Hugo, nicht mit Steves Methoden einverstanden, besonders wenn es darum ging, wie man Leute behandelte, auf deren Wohlwollen und Unterstützung wir, so pleite, wie wir nun einmal waren, nicht verzichten konnten. Es hinterließ bei mir einen schlechten Geschmack, wenn Wegbegleiter in dieser Weise auf der Strecke blieben.

Andererseits hätte es das ganze Projekt ohne Steves Sturheit und Entschlossenheit nie gegeben.

*

Als Datum für den Aufbruch stand nun der 12. Juli in Stein gemeißelt. Aber Kenny fehlte immer noch eine Kamera. Wiederholte Anfragen bei BBC und anderen britischen Sendeanstalten, uns leihweise eine zur Verfügung zu stellen, waren abschlägig beschieden worden, und eine zu kaufen, das konnten wir uns nicht leisten. Aber wozu einen Kameramann mitnehmen, wenn der keine Kamera hatte? Angesichts dieses Dilemmas drehte Fingers aus der WG eine kleine Versicherungsnummer: Er mietete eine Kamera in einem Laden in Milton Keynes, die einer seiner Kumpels auf der Rückfahrt zum Londoner Bahnhof Euston aus dem Zug schmuggelte, und brachte einen Diebstahl zur Anzeige.

Die Guilford-Street-Gang schmiss eine Party, um Geld für den Transport der *Moksha* nach Portugal zusammenzukratzen. Martin hatte sich erboten, den Lieferwagen zu fahren, den uns DHL zeitweilig ausborgen wollte. Der war in der Lage, einen Bootsanhänger zu ziehen, den uns die Londoner Wasserschutzpolizei kurzfristig überlassen wollte – das Ergebnis einer freundlichen Empfehlung des uns inzwischen wohlgesinnten Sergeant von der Polizeiwache Plaistow.

Eine Portion hausgemachtes vegetarisches Curry mit Reis kostete vier Pfund, Bier und Wein, die wir im Großmarkt eingekauft hatten, wurden zum Einzelhandelspreis verhökert. Kenny baute im Garten eine kleine Bungee-Anlage auf – ein Pfund pro Nase, für die er Gummiseile aus einem Bauchmuskeltrainer mit zusammengeknoteten Bettlaken kombinierte. Als kleines Zugeständnis an Gesundheit und Sicherheit lagen darunter ein paar alte Matratzen.

Abgesehen davon, dass sich ein Freund von Catriona den Arm brach, war der Abend ein voller Erfolg. An die 200 Leute erschienen und feierten wie wild. Wir nahmen über 1500 Pfund ein.

Nach kaum einer Stunde Schlaf tappte ich auf der Suche nach einem Frühstück in die Küche. Mir blieb eine halbe Stunde bis zu einem Interview für die Sendung *Lonely Planet* in den Räumen der National Geographic Society.

Die Küche sah noch vom Abend vorher aus wie nach einem Bombenangriff. Bierdosen, Weinflaschen und Plastikbecher mit schalem Bier und Zigarettenstummeln überall. Nichts Essbares in den Schränken. Da fiel mein Blick auf eine Plastikdose mit der schwarzen Edding-Aufschrift »Schiffszwieback«. Terry, der aus Manchester zur Party angereist war, hatte uns ein paar Brownies für unsere Atlantiküberquerung gebacken.

Nett von Terry, dachte ich und stopfte mir einen in den Mund, einen zweiten in die Tasche. Zwei mehr oder zwei weniger ist doch egal ...

Ich stieg über zwei schnarchende Gestalten, griff mir eines von den gerade erst von Madison Ridgeback gestifteten Mountainbikes, schlich mich auf Zehenspitzen zur Hintertür hinaus und zog sie leise hinter mir zu.

Draußen empfing mich ein herrlich sonniger Julimorgen, noch dazu ein Sonntag, weshalb die Straßen nahezu leer waren. Ich fuhr, nein, ich schwebte in bester Laune die Oxford Street entlang. Am Oxford Circus sauste ich über eine rote Ampel und schlängelte mich mit Leichtigkeit zwischen den Autos hindurch, die in Zeitlupe zu fahren schienen. Als ich Marble Arch erreichte, hatte sich mein Fahrrad in ein geflügeltes Pferd verwandelt, das über den Wolken galoppierte; die Straßen Londons lagen unter mir wie das Muster eines Wandteppichs.

Alle Wetter! Toller Schiffszwieback!

Es kam nie zu dem Interview. Irgendwo zwischen Marble Arch und Queensway vergaß ich mein Ziel, stieg von Pegasus ab und schlug mich in die Wildnis des Hyde Park. Alles war so üppig und prachtvoll, die Blätter tanzten surreal schillernd im Sonnenlicht. Die Wolken hatten sich in frisch gebackene Baisers verwandelt, ich mich in einen Panther, der durch das Unterholz schlich und eng umschlungene Liebespaare auf Parkbänken in Todesangst versetzte.

Irgendwo in meinem Hinterkopf meldete sich von Zeit zu Zeit eine nervende Stimme: »Du brichst in weniger als achtundvierzig Stunden auf, du Schwachkopf, und es gibt noch wahnsinnig viel zu tun ...«

Die Stimme der Vernunft wurde allerdings von brausendem Wind und tosenden Wellen übertönt. Passanten, die an diesem

Morgen glaubten, einen schwankenden Betrunkenen im Wipfel einer Ulme zu erblicken, ist das nicht zu verübeln. In Wirklichkeit sahen sie einen Piraten, der sich irgendwo in der Karibik, das Entermesser zwischen den Zähnen, die Takelage seines Schiffs hocharbeitete und versuchte, das Toppsegel zu bändigen, während unter ihm die Gischt über das Deck spülte.

EUROPA

ON THE ROAD

... eine Reise endet entweder mit dem Tod oder mit einer Verwandlung ...

– PAUL THEROUX, *Die glücklichen Inseln Ozeaniens*

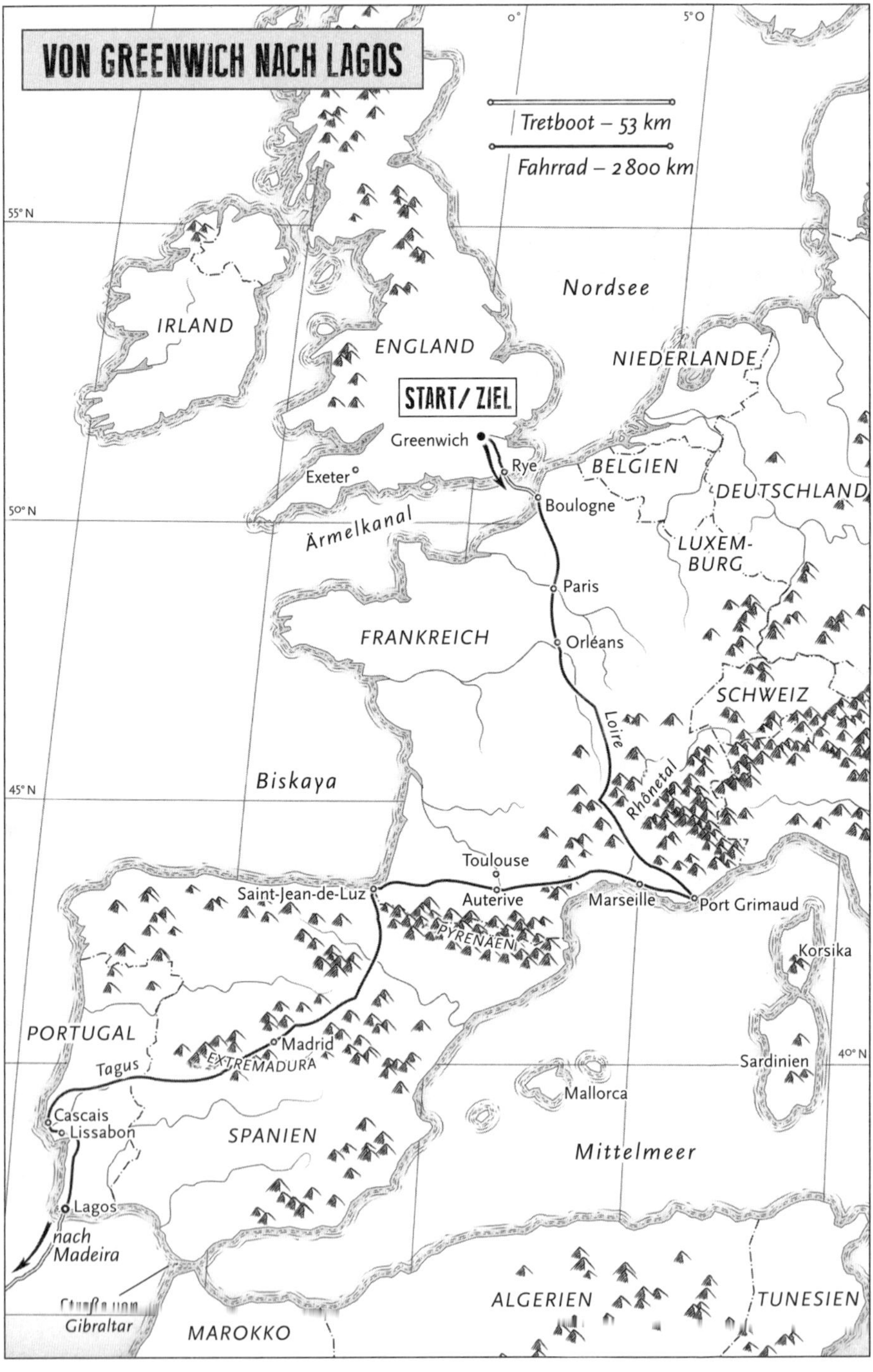
VON GREENWICH NACH LAGOS
Tretboot – 53 km
Fahrrad – 2800 km
0°
5° O
55° N
50° N
45° N
40° N
IRLAND
ENGLAND
Nordsee
NIEDERLANDE
START / ZIEL
Greenwich
Rye
Exeter
BELGIEN
Boulogne
DEUTSCHLAND
Ärmelkanal
LUXEM-
BURG
Paris
FRANKREICH
Orléans
SCHWEIZ
Loire
Rhônetal
Biskaya
Toulouse
Saint-Jean-de-Luz
Auterive
Marseille
Port Grimaud
PYRENÄEN
Korsika
PORTUGAL
Madrid
EXTREMADURA
Tagus
Sardinien
Mallorca
Cascais
Lissabon
SPANIEN
Mittelmeer
Lagos
nach
Madeira
Gibraltar
ALGERIEN
TUNESIEN
MAROKKO

12. JULI 1994,
ROYAL OBSERVATORY, GREENWICH

Unsere weißen Expeditions-T-Shirts blähten sich im Wind, als Steve und ich, die Füße am Boden, auf unseren Fahrrädern saßen, die Vorderräder auf einem drei Zentimeter breiten, in das alte Straßenpflaster eingelassenen Messingstreifen. Oben auf einem Turm steckte ein knallroter großer Ball auf einer spitzen Stange wie eine riesige Cocktailkirsche, der um genau 13.00 Uhr herabfallen würde. Er war 1883 installiert worden, damit die Schiffe auf der Themse ihre Chronometer danach stellen konnten. Bald würde unsere große Reise beginnen.

Mein Herz klopfte mit jeder Sekunde heftiger. Es war ein erhebender Augenblick, vor allem wegen der historischen Zeugnisse, die uns umgaben.

Als Zentrum von Zeit und Raum, nach dem alle Uhren auf diesem Planeten geeicht werden, barg der Nullmeridian den Schlüssel zur maritimen Vergangenheit dieses Landes und zu unserer eigenen Zukunft. Er war für die britische Vormachtstellung auf den Weltmeeren auf dem Höhepunkt des Empire von entscheidender Bedeutung gewesen. Und wenn wir 360 Längengrade westwärts gereist waren, unter Verwendung derselben Navigationsgrade, -minuten und -sekunden, die einst unsere Entdeckervorfahren in die entferntesten Winkel des Globus und wieder zurück gelenkt hatten, würden wir hoffentlich wie jene einmal unseren Ausgangspunkt erreichen.

Als die Mittagssonne ihren höchsten Stand erreicht hatte, kamen unsere Familienangehörigen und Freunde. Meine Schwestern Julia und Vicky lächelten aufmunternd. Sie hielten meine Neffen Edward, George und Freddie an der Hand, die noch zu jung waren, um zu verstehen, was ihr verrückter Onkel vorhatte. Zuvor hatte mir die liebe Vicky zwei Cadbury-Schokoriegel in die Hand gedrückt. »Ein bisschen Extraenergie«, hatte sie mir verschwörerisch zugeflüstert.

Es wurde lange dauern, bis ich sie wiedersah. Wie lange, wusste ich damals noch nicht …

Die Welt sollte sich in den dreizehn Jahren unvorstellbar verändern. Mein Handy ist heute nicht viel größer als eine Kreditkarte. Mein damaliges Motorola-Gerät hingegen war ein wahrer Ziegelstein. Ich hatte sein Gewicht gemessen, indem ich es in einen Eimer steckte, der an einem Ende eines Besenstiels hing, den Stiel über meine Haushaltsleiter legte und am anderen Ende einen zweiten Eimer befestigte. Um beide in die Waage zu bringen, musste ich den zweiten Eimer zur Hälfte füllen. Internet und Klimawandel sind heute Themen, über die alle sprechen, nicht nur eingeweihte Nerds oder Baumbesetzer. Tony Blair kam und ging in dieser Zeit. Franc, Lire und Peseta wurden inzwischen durch den Euro ersetzt, und Osama bin Laden und Stars aus Realityserien waren in aller Munde.

Ich blickte zu Steve. Seine Fingerknöchel waren kalkweiß vom ständigen Druck auf die Lenkergriffe. Sein Gesicht verriet pure Erschöpfung. Seit zwei Tagen hatten wir beide nicht mehr geschlafen.

Um fünf Uhr an diesem Morgen waren Kenny, Martin und ich immer noch mit der Räumung des besetzten Hauses beschäftigt gewesen, hatten Klamotten und Ausrüstung in schwarze Plastiksäcke buchstäblich hineingeschaufelt und in den DHL-Wagen geworfen. Dann war ich in einem Affenzahn durch London gestrampelt, um einen Termin für ein Interview in den *Sky-News*-Studios in Isleworth einzuhalten. Anschließend war ich über Hammersmith zurückgespurtet, um mein Konto bei Barclays zu kündigen. Mit 319,20 Pfund, meinen gesamten Ersparnissen für die Reise um die Welt, war ich wieder herausgekommen.

»Er müsste eigentlich schon heruntergefallen sein«, sagte Steve und blickte über die Schulter zu dem knallroten Ball. Ich sah auf meine Armbanduhr. Es war bereits vier Minuten nach eins. Hing der Ball fest? Ausgerechnet heute rührte sich der Ball der Zeit nicht von der Stelle …

»Scheiß drauf«, murmelte ich. »Fahren wir los.«

Wir packten uns gegenseitig an den Unterarmen, nickten und stiegen in die Pedale – die erste von etwa einer halben Milliarde Umdrehungen. Der jubelnden Menge zuwinkend, sausten wir auf eine Allee mit zierlichen Maronibäumen, deren Zweige sich über unsere Köpfen neigten, als wollten sie uns Lebewohl sagen.

»A 21«, brüllte ich bei der dritten Runde im Kreisverkehr und hielt nach der Straße Richtung Süden Ausschau. »Wo ist die verdammte A 21?«

Bereits fünfzehn Minuten nach Antritt unserer mehrjährigen Reise hatten wir uns in der Vorstadtwüste Südlondons verirrt. Wir hatten Straßenkarten von Frankreich, den Pyrenäen, der Algarve und Wasserkarten vom Atlantik, der Karibik und dem Nordpazifik dabei, sogar eine Sternkarte, um uns am Himmel orientieren zu können. Wo zum Teufel aber war der Stadtplan von London mit einem Straßenverzeichnis?

Mit der *Moksha* im Schlepptau war Martin bereits in unserem Transporter auf dem Weg zur Hafenstadt Rye. Von dort aus wollten wir am nächsten Morgen den Kanal mit Ziel Boulogne überqueren. Während wir zum x-ten Mal in dem Verkehrskreisel herumfuhren, tauchte auf einmal aus dem Nichts Kenny auf. Er saß auf dem Sozius des von Paul, einem Mitglied der Guilford-Street-Gang, gelenkten Motorrads. Sie übernahmen die Führung.

Auf einem gut überschaubaren Abschnitt der vor uns liegenden Straße verlangsamte das Motorrad das Tempo und hielt am Straßenrand.

»Wie isses gelaufen, Steve?«, rief Kenny mit der Kamera auf der Schulter.

Steve grinste verzückt, er war so glücklich, wie ich ihn noch nie erlebt hatte.

»Fantastisch! Drei Jahre Vorbereitung, und schon sind wir unterwegs.«

»Wohin?«

»Frankreich, Spanien, Portugal ... *Huah!*« Er scherte plötzlich aus, um einem Poller auf der Straße auszuweichen. »Und dann zum Atlantik!«

Unsere Reifen summten auf dem Asphalt. Wir fuhren nebeneinanderher – drei Musketiere: *Alle für einen, einer für alle*. Mich überkam eine Woge des Stolzes auf meinen alten Collegefreund.

Wir hatten alle schwer gearbeitet, um so weit zu kommen, aber Steve hatte am längsten und meisten geschuftet, um seinem geistigen Kind zur Geburt zu verhelfen, hatte es durch eine schwierige Pubertät begleitet, damit es schließlich die Welt eroberte. Dies war *sein* Tag.

Doch das Glück war nur von kurzer Dauer.

»Was habt ihr auf dieser verdammten Straße zu suchen?«, brüllte ein kahlköpfiger, rotgesichtiger Mann durchs Seitenfenster eines Mini Metro. Er machte einen Schwenk und raste mit aufheulendem Motor an uns vorbei.

Mann, bin ich froh, wenn wir von diesen Typen mit dem Mini-Penis-Syndrom weg sind, dachte ich.

Vor uns war Wütender-Mann-mit-kleinem-Penis an den Straßenrand gefahren. Erbost, dass er das Tempo hatte drosseln und um uns herumkutschieren müssen, wählte er den Moment, in dem er die Fahrertür aufriss, so, dass er einen von uns in voller Breitseite erwischen konnte. Aber wir umrundeten ihn mühelos. »Was ist das verdammte Problem?«, rief Paul und zeigte ihm den Stinkefinger.

Als wir zwei Stunden später bei Sevenoaks einen steilen Abschnitt hochhechelten, wurde mir klar, wozu der zweite Gang da war. Der Londoner Wirrwarr lag endlich hinter uns, und auf allen Seiten entfaltete sich vor uns die Landschaft der South Downs. Wir radelten durch köstlich kühle Luft mit dem süßlichen Geruch frisch gepflückter Erdbeeren. Und links, in Richtung Flimwell, tauchte eine Reihe von Trockenschuppen auf. Vor Jahrzehnten zum Dörren von Hopfen für Bier benutzt, waren sie inzwischen in Ferienhäuser umgewandelt worden. Trotzdem erinnerten sie mich an ein Stück England, das ich sicher vermissen würde: wie ich an einem Sommernachmittag faul im Garten eines Pubs sitze, die grünen, sanften, mit Knäueln von Schafen getüpfelten Hügel betrachte und mich still und heimlich mit Bier volllaufen lasse.

Eine Woge des Bedauerns überkam mich. Jetzt gab es kein Zurück mehr – ein Moment, der immer dann auftaucht, wenn man seine vertraute Umgebung hinter sich lässt. Erst jetzt, im Rückblick, lernte ich all das wirklich zu schätzen, was mir so selbstverständlich erschienen war.

*

DIE KANALÜBERQUERUNG

Ich wachte im Dunkeln auf, desorientiert, über mir kreischten Möwen, Salzluft kitzelte meine Nasenflügel. Das war kaum unser besetztes Haus. Ich lag in meinem Schlafsack, blinzelte in die Schatten. Der Meeresgeruch rief mir schließlich ins Gedächtnis, wo ich mich befand und was ich vorhatte.

Ach ja, natürlich. Die Welt mit reiner Körperkraft umrunden ...

Irgendetwas schlug an die Steinmauer neben mir und rieb sich mit mahlendem Geräusch am Kai. Die *Moksha* hing in der trägen Brühe des Hafens an den Tauen, begierig darauf, endlich losgemacht zu werden. In nicht einmal einer Stunde würden Steve und ich über einen der am meisten befahrenen Wasserwege mit seinen mächtigen Wellen und starken Küstenströmungen, mit seinen wechselnden Winden und unzähligen Hindernissen strampeln.

Selbst wenn uns die Überfahrt glückte, erwartete uns laut französischer Küstenwache auf der anderen Seite die Verhaftung. In französischen Gewässern war die Nutzung »unkonventioneller Fahrzeuge« – also von Fahrzeugen ohne Motor oder Segel – strikt verboten. Das entsprechende Gesetz war insofern sinnvoll, als es Schwachköpfe davon abhielt, Badewannen oder Luftmatratzen in die Fahrrinnen von 100 000 Tonnen schweren Supertankern zu steuern. Für uns hingegen, mit unserem amtlich zugelassenen, hochseetauglichen Boot samt Begleitschiff, war es einfach lächerlich.

Um die ganze Angelegenheit war vor unserer Abreise abermals ein Streit entbrannt. Die Küstenwache von Dover warf im britischen Fernsehen Steve und mir eine Vermessenheit vor, die den britischen Steuerzahler womöglich Tausende Pfund kosten und das Leben derer gefährden würde, die zu unserer Rettung ausrücken müssten. Dem hielten wir entgegen, hätte sich die internationale Schifffahrt einem Kanalmonopol unterworfen, würden wir heute alle Spanisch sprechen, die Armada wäre 1588 einfach durchgerauscht und die Spanier hätten Britannien ungehindert einnehmen können.

Wenig überraschend, wurde unser Appell an patriotische Gefühle ignoriert und die Genehmigung, von Dover aus zu starten, kurzerhand verweigert. Heimlich vom weniger frequentierten Rye aus den Ärmelkanal zu überqueren bedeutete nahezu eine Verdoppelung der Streckenlänge, womit sich angesichts der vielen Unwägbarkeiten auf dem Wasser unsere Erfolgschancen drastisch verringerten. Würden wir allerdings bei der Abfahrt von Dover aus abgefangen, wäre die Expedition zu Ende, noch bevor sie begonnen hätte.

Eine halbe Stunde später nahm der Osthimmel eine leichte Färbung von geschwärztem Stahl an, und ein Grüppchen versammelte sich am Kai, um uns zum letzten Mal Lebewohl zu sagen. Meine Eltern standen, dem Meer zugewandt, steif da, während der Wind durch ihre Haare fuhr. Sie verbargen tapfer ihre unzähligen Ängste und ihr Unverständnis dafür, dass ihr einziger Sohn bald in einem Ding, das kaum größer als ein Besenschrank war, am Horizont verschwinden würde. Meiner Mutter gelang es, sich zu beherrschen, bis wir uns umarmten. Dann gab es kein Halten mehr, und ihre Augen wurden feucht.

Als ich spürte, dass ich selbst jeden Augenblick die Fassung zu verlieren drohte, drehte ich mich um und schritt auf die Leiter zu, die zur *Moksha* hinunterführte. »Besser, wir legen ab«, sagte ich schniefend.

*

Nachdem wir die Hafenmole sicher passiert hatten, drehte ich die Nase der *Moksha* in Richtung französische Küste und stieg in die Pedale. Die Kette drehte sich hektisch – *sssrrr … ssssrrr … ssssrrr* –, und der Bug schnitt durch das ruhige Wasser. Abgesehen von dem morgendlichen Dunstschleier waren die Bedingungen nahezu ideal.

Ich wandte mich an Steve. »Wie ist deine Mum mit dem Abschied zurechtgekommen? War sie traurig?«

»Nein, hat sich nichts anmerken lassen. Ich glaube, sie hat eine ihrer Hellseherinnen aufgesucht und erfahren, dass mir nichts passieren wird.«

»Hat sie dir das erzählt?«

»Nein. Aber sonst wäre sie viel besorgter gewesen.«

Ich lächelte. »Hol uns ein Bier raus, ja?«

Er angelte nach einer der Dosen Castle Eden Ale, die auf dem Boden des Boots herumkullerten. Außer einer durchweichten Rolle Toilettenpapier waren sie unser einziger Vorrat.

»Wir brauchen ein Bierregal hier drinnen«, meinte Steve, während er sich eine Dose schnappte.

»Und einen Klorollenhalter.« Meine Körpertemperatur war in die Höhe geschnellt, und über mein Gesicht ergoss sich Schweiß wie strömender Regen. »Ich kann mir nicht vorstellen, dass diese Fortbewegungsart auf meiner Liste zukünftiger Unternehmungen den Spitzenplatz bekommt«, fügte ich genervt hinzu.

Steve grinste. »Das überrascht mich nicht, wenn ich mir dich so anschaue.«

»Also. Es ist halb sechs. Ich glaube, so früh habe ich noch nie geschwitzt. Du vielleicht? Ich fühle mich wie ein Schwamm, aus dem das Wasser rausgequetscht wird.«

»Das Bier, meinst du wohl.«

»Vielleicht. Aber die Kohlehydrate sind nützlich. Je mehr ich trinke, desto mehr habe ich Lust zu strampeln.«

»Oder zu pinkeln?«

»Das auch.«

Es waren nur dumme Späße, die unserer Begeisterung darüber entsprangen, dass es endlich losging – diese Schonfrist, bevor unvermeidlich ein gewisser Ernst eintritt.

Nach zwei Stunden war es an der Zeit zu wechseln. »Okay, du faule Socke«, sagte ich. »Kannst du dir vorstellen, ein bisschen zu arbeiten?«

»Lass mich schnell noch eine rauchen«, erwiderte Steve und griff schnell nach einer Zigarettenpackung in dem Netz an seiner Seite.

Sobald er in die Pedale trat, dauerte es nicht lange, bis seine Augen hervorquollen und sein Gesicht die Farbe von Roter Bete annahm. In London hatten wir zu viel zu tun gehabt, als dass wir uns hätten fit machen können, und uns für eine unkonventionelle Form des Trainings entschieden: Wir schoben es so lange hinaus, bis es Zeit für die Abreise war. »Wartetraining«, hatte Steve es genannt.

Um halb zehn erreichten wir den Rand des Verkehrstrennungsgebiets. Vier riesige Containerschiffe tauchten am Horizont auf und zogen schwerfällig wie eine Herde von Brontosauriern durch den Kanal. Nur dass sie mit dreißig Knoten überhaupt nicht schwerfällig waren. Die Höchstgeschwindigkeit der *Moksha* betrug lediglich ein Zehntel dessen, entsprach also bestenfalls einem schnellen Gehtempo, und so glichen wir einem einsamen Kegel auf einer Bowlingbahn, auf den geradewegs vier Kugeln zurollten.

Aus dem Funkgerät ertönte die Stimme von Bob Button, dem Skipper der *Snodgrass*. Gott sei Dank gab es das Begleitboot.

»*Moksha*, von Südwest nähert sich ein ganzer Schwarm Schiffe. Ihr habt sie wahrscheinlich schon gesehen. Wir erwarten keine Probleme. So schnell wie die fahren, werden sie schon an uns vorbei sein, wenn wir dort sind.«

NEUN STUNDEN SPÄTER …

Französische Stimmen im Funkgerät signalisierten uns, dass das verbotene, wegen der niedrig hängenden Wolkenbank nicht sichtbare Ufer nahe war. Bei Einbruch der Dämmerung flackerten die Lichter von Boulogne auf wie kleine Sterne am Nachthimmel und wiesen uns den Weg, bis wir uns auf der letzten halben Seemeile an den grünen und roten Bojen der Kanalmarkierung orientieren konnten.

Wo waren die französischen Behörden? Später erfuhren wir, dass in Frankreich Nationalfeiertag war, den jeder ordentliche Franzose bei seiner Familie zu Hause verbrachte, um der Befreiung vom mittelalterlichen Feudalismus mit einem speziellen Gericht zu gedenken. Schwein gehabt: Für einen Tag im Jahr wurde die uralte Rivalität mit den englischen *Rosbifs** ausgesetzt.

Stuart, der auf der *Snodgrass* übergefahren war, stand mit einer Flasche Champagner am Kai, um uns zu begrüßen, und spritzte uns, nachdem er sie heftig geschüttelt hatte, mit dem Schaumwein ab wie zwei Formel-1-Fahrer.

Natürlich musste jetzt gefeiert werden. Immerhin war die Expedition zum ersten Mal an fremden Ufern gelandet.

*

Am nächsten Morgen machten wir uns aus dem Staub, bevor die Franzosen ihren Kater ausgeschlafen hatten und die Hafenpolizei mitbekam, dass ein seltsames neues Fahrzeug in ihrem Jachthafen lag. Ein 100-Franc-Schein wanderte in die Tasche eines städtischen Kranführers, der die *Moksha* aus dem Wasser hievte und wieder auf den Anhänger setzte, damit sie die 2500 Kilometer lange Reise zur Algarve-Küste über Land antreten konnte.

Steve und ich würden dieselbe Strecke mit dem Fahrrad zurücklegen – also längs durch Frankreich, über die Pyrenäen nach Spanien und dort rechts nach Portugal abbiegen. Dabei würden wir eine Tagesdistanz zum Lieferwagen halten, damit Kenny filmen konnte. Außerdem sollte die *Moksha* bei einer Reihe von geplanten Medienereignissen in Paris, Madrid und Lissabon vorgestellt werden, denn wir suchten immer noch einen Hauptsponsor.

Der erste Tag im Sattel nach der Kanalüberquerung war kurz, wir fuhren nur die etwa vierundzwanzig Kilometer bis Hardelot, zu einer der 873 Schulen, die wir in den nächsten dreizehn Jahren besuchen würden. Es war eine Gelegenheit, Material für unseren Weltbürgerfilm zu sammeln. Das Projekt hatte der Council

* Abschätziger französischer Ausdruck für Engländer.

for Education in World Citizenship angeregt, dieselbe in London ansässige gemeinnützige Organisation, die dafür gesorgt hatte, dass Seine Königliche Hoheit, der Duke of Gloucester, die britische Schirmherrschaft über unser Vorhaben übernommen hatte. Geplant war, auf unserer Reise junge Menschen zu interviewen und zu fragen, welchen Umweltproblemen ihrer Meinung nach die Welt zu Beginn des 21. Jahrhunderts gegenüberstehen würde und welche Schritte unternommen werden sollten, um sie zu bekämpfen. Der fertige Film sollte dann in verschiedene Sprachen übersetzt und in Projektschulen der UNESCO den Entscheidungsträgern von morgen gezeigt werden.

Einige der Kinder wurden auch nach ihrer Meinung zur Expedition gefragt: Ob sie so etwas auch gern machen würden?

»Nö«, sagte ein Junge mit feuerroten Haaren aus Leeds, der im Rahmen eines Schüleraustauschs nach Frankreich gekommen war. »Es kostet zu viel Geld, es dauert zu lange, und man muss zu viel planen. Da braucht man ja Jahre dafür!«

Derselbe Neunjährige hatte auf die Frage, ob er glaube, die Menschen nähmen die Erderwärmung allmählich ernst, erklärt, die Leute täten nur so, als ob sie sich deswegen Gedanken machten, seien aber in Wirklichkeit nur an Geld interessiert. Über den Umweltschutz zu reden und tatsächlich etwas dafür zu tun seien zweierlei Stiefel.

Am Abend des 19. Juli, während sich Kenny und Martin Paris näherten, kampierten Steve und ich in einem kleinen Wald bei Amiens. Es war ein langer Tag gewesen. Über 150 Kilometer. Den größten Teil der Strecke hatte ich mit dem rätselhaften Arsenal neuer Ausrüstungsgegenstände gekämpft, die anscheinend für weite Entfernungen notwendig waren: einundzwanzig Gänge mit der entsprechenden Zahl von Zahnrädern, ein digitaler Kilometerzähler und Klickpedale – für mich die reine Hölle. Das Schlimmste aber war die Spandex-Hose, ein obszön enges, grelles Teil mit Spray-on-Look, bei der sich meine Hoden abzeichneten wie zwei Eier in einem Taschentuch. Die französischen Bauern feixten offen, wenn sie mich sahen, und ein Lkw-Fahrer, der auf einem Seitenstreifen parkte, warf sogar voller Abscheu ein Sandwich nach mir.

Erst später erklärte mir Steve, ich trüge die Hose verkehrt herum, also das Hinterteil vorne.

Während Steve Feuerholz sammelte, breitete ich die Vorräte aus, die Martin irgendwann vorher am Tag gekauft hatte. Baguette, Camembert, Tomaten. Eine Flasche billigen Wein, um die Muskelschmerzen zu betäuben. Wir legten uns, den Kopf an unsere Schlafsäcke gelehnt, hin und starrten in das knisternde Feuer. Nach dem Theater vor der Abreise war es wunderbar, endlich draußen in der Natur zu sein und beim Eindämmern das Grillengezirp und die anderen Geräusche der Nacht zu hören.

Am nächsten Morgen glitten wir förmlich eine herrlich ebene Straße entlang. Vor uns breitete sich Nordfrankreich wie ein Patchworkteppich aus bunten Quadraten aus: leuchtend grüne Kohlfelder, schokoladenfarbige gepflügte Äcker, kilometerlang knallgelbe Sonnenblumen am Straßenrand, deren tellergroße Köpfe anerkennend nickten. Hin und wieder spürte ich kleine durchscheinende Flügel auf meiner Haut. Aus dem blauen, wolkenlosen Himmel wehte ein dunkler Schleier über die Straße, ein schimmernder Schwarm von Getreideläusen, die von einem überdüngten Feld zum anderen zogen. Sie blieben an unseren schweißgetränkten Armen und Beinen kleben wie an Fliegenstreifen und bildeten in unseren Haaren wogende Kronen smaragdgrüner Pailletten.

In der Ferne tauchten verschwommene Flecken bewaldeter Hügel auf, während die Felder an der Straße baumlos waren und nirgendwo ein Vogel zwitscherte. Abgesehen vom Sirren unserer Reifen herrschte eine gespenstische Stille.

Achtundsiebzig Jahre zuvor hatte die Landschaft vollkommen anders ausgesehen: narbig, mit Blasen übersät und bis zur Unkenntlichkeit in Asche gelegt durch die Schlacht an der Somme von 1916, an deren erstem Tag die Briten allein 57 470 Gefallene zu verzeichnen hatten. Im Frühjahr 1992, bevor ich mich voll und ganz der Expedition widmete, hatte ich ehrenamtlich für die Commonwealth War Graves Commission, die Kriegsgräberkommission, im nahe gelegenen Albert gearbeitet. 75 Prozent aller Gräber auf Friedhöfen wie Thiepval trugen keinen Namen, weil man die Leichen nicht hatte identifizieren können – viele Gefallene wurden nicht einmal geborgen. Während ich um die kalkweißen Grabsteine herum Unkraut jätete und in den stummen Schatten des hoch aufragenden Denkmals mit etwa 72 000 Namen der Tod zu wandeln schien, hatte ich nach Hinweisen gesucht, die mich der Antwort auf meine ewige Frage näherbrachten. *Das Leben. Wie sollte man es leben?*

Ich stellte mir vor, dass in dem ganz kurzen Augenblick, in dem man den Schützengraben verlässt und der Tod nur ein paar Schritte entfernt mit dem Gesicht nach unten im Schlamm liegt, das Leben in seiner elementarsten und vitalsten Form aufscheint. Und wie das Erleben des Daseins, dessen, was letztlich zählt – was *wirklich, wirklich einzig und allein zählt* –, ganz deutlich und scharf ins Bewusstsein drang.

Henry David Thoreau sagte einmal: »Wahrheit gib mir, nicht Liebe, Geld und Ruhm. Ich saß dort zu Tisch, wo erlesene Speisen und Weine im Überfluss vorhanden waren, wo man aufmerksam bedient wurde, wo es aber Aufrichtigkeit und Wahrheit nicht gab. Hungrig verließ ich den ungastlichen Tisch.«

Auch ich suchte die Wahrheit, aber nach einem Monat als Freiwilliger war ich nicht klüger geworden, und ich fragte mich: Bestand Hoffnung, sie in der unbarmherzigen Meereswildnis zu finden?

*

Angesichts der nackten Frauen, die an der Rückseite eines jeden Busses in Paris für alles Mögliche warben, von Dildos bis zu Mikrochips, war es ein Leichtes, aus der Stadt wieder herauszufinden. Wir mussten nur den schönsten Brüsten folgen, die ungefähr Richtung Süden unterwegs waren, und unser männliches Gehirn auf Autopilot stellen.

An die Stelle verwahrloster Vororte traten bald weit sich öffnende Gersten- und Weizenfelder. Es herrschte unablässiger Verkehr, und die Franzosen fuhren wie Irre. Am Stadtrand von Orléans, das sich auf dem Pass des Loiretals breitmacht, erreichten wir nach einer Reihe unbrauchbarer Hinweise schwitzend und erschöpft den Intermarché. Steve bewachte die Räder, während ich schnell hineinlief, um ein paar Dinge zu holen. Als ich herauskam, plauderte er mit zwei arabischen Jugendlichen, die lässig auf ihren Mopeds hingen. Ein Dritter kniete vor meinem Fahrrad und wühlte in meiner Gepäcktasche herum.

»He!«, rief ich. »Was zum Teufel machst du da?« Ich stellte die Lebensmitteltüten ab und ging mit ausgestrecktem Finger auf ihn zu. »Pfoten weg von meiner Tasche!«

Der Dieb sah mich trotzig an und stieß mit dem Fuß mein Fahrrad um. Ich erwiderte seine ausgesprochene Höflichkeit und ließ seine 124 Kubik Lambretta zu Boden krachen. Sogleich gingen wir uns an die Kehle und fielen taumelnd auf den Asphalt vor dem Supermarkt. Mein Gegner kämpfte mit unsauberen Mitteln, biss, kratzte und zog an meinen Haaren. Ich konterte mit einem ausgesprochen raffinierten Manöver, das ich in der Zeit meiner Karatekurse im Goju-Ryu-Stil bis zur Perfektion trainiert hatte: »Knie in die Eier.«

Als ich die Hand ausstreckte, um ihm einen Ohrring abzureißen, fiel mein Blick auf Steve. Er sah ängstlich zwischen den beiden anderen Jugendlichen hin und her, die ebenso unentschlossen und wie gelähmt dastanden. Sollten sie sich alle mit in den Kampf stürzen? Steve war eindeutig abgeneigt. Wenn wir unsere Fahrräder verloren, verloren wir alles: Pässe, die Campingausrüstung, das wenige Geld, das wir hatten. Ende der Expedition …

Plötzlich tauchten zwei Ladendetektive auf und drängelten sich durch den Kreis gaffender Kunden. Mein Gegner war sofort auf den Beinen und sprang auf den Soziussitz eines schnell heranfahrenden Mopeds, das mit knatterndem Motor in einer Wolke blauen Rauchs verschwand.

Als ich mir später in einem verzierten Brunnen im Zentrum von Orléans Blut und Dreck abwusch, fragte Steve Passanten, wo es nach Vierzon gehe. Ein junger Mann mit Brille, der gerade in sein Auto steigen wollte, sagte, er kenne den Weg. Außerdem war er zufälligerweise ein begeisterter Radfahrer, sprach gut Englisch und bot uns an, uns in seiner Wohnung ganz in der Nähe übernachten zu lassen.

Während seine Freundin kochte, gab uns Rimauld Tipps, die er bei seinen Fahrradabenteuern in verschiedenen Teilen der Welt gesammelt hatte.

»Das Reiseerlebnis ’ängt ganz von den Straßen ab«, meinte er.

Auf den stark befahrenen Strecken sehe man in allen Ländern dieselben Dinge: tosenden Verkehr, öden Asphalt, trübselige Gesichter hinter dem Steuer und hässliche Raststätten, die überteuertes, schlecht schmeckendes Essen anböten. »Auf den kleinen Straßen dagegen kann man in den Dörfern ’altmachen, mit echten Menschen spreschen, die Umgebung wahrnehmen, ohne abgelenkt zu werden, die eigentlische Kultur erleben.«

Viel hänge auch vom Grund der Reise ab. »Um, den Blick ständig auf den Asphalt gerichtet, ein Rennen zu gewinnen? Oder um etwas über die Welt zu erfahren, vielleicht sogar über sich selbst?«

Als praktizierender Buddhist sprach Rimauld auch in derselben Weise über Zeit. Dass sie in der Stadt zusammenschnurre und allmächtig werde, auf dem Land aber ihre Macht verliere, sich ausdehne, ihre von Menschen gemachte Hülle abwerfe und ihren Griff lockere. Erst später sollte ich verstehen, was er meinte. Damals aber sank ich mit vor Erschöpfung mattem Blick in das Samtsofa und sehnte mich nach meinem Schlafsack. Rimauld und seine Freundin waren zwei Schutzengel, die auf seltsame Weise gerade zur rechten Zeit aufgetaucht waren, uns wie Straßenkinder bei sich aufgenommen und unsere Bäuche mit warmem Essen gefüllt hatten, um uns anschließend, körperlich und geistig gestärkt, wieder auf den Weg zu schicken.

*

Nachdem wir dem Treidelpfad gefolgt waren, der sich an der Loire entlangschlängelte, vorbei an Weinbergen, an über das träge dahinfließende Wasser gebeugten Anglern und weiteren golden leuchtenden Sonnenblumenfeldern, einigten Steve und ich uns in Gien darauf, ein paar Tage getrennt weiterzufahren. Die Atlantiküberquerung rückte unaufhaltsam näher und drückte auf unsere Stimmung. Wir wurden immer gereizter, jeder zog sich mehr und mehr in sich zurück und war mit dem großen Abenteuer beschäftigt, das erst jetzt konkrete Gestalt annahm.

Der Tod war auf dreierlei Art möglich: Wir konnten über Bord gespült werden, mit einem anderen Schiff kollidieren oder auf einen Felsen oder ein Korallenriff auflaufen. Vorausgesetzt, das Boot – Chris und Hugos erstes seit ihrem Abschluss an der Schiffsbauschule – hielt großen Wellen stand. Ich brauchte ein paar Tage für mich, um mich mit der realen Möglichkeit auszusöhnen, im Meer zu ertrinken.

Steve würde die direkte Route über die Collines du Sancerrois nehmen und sich bei einer Sommerakademie in Brive mit Kenny und Martin treffen. Ich würde den weiten Bogen des Loiretals bis Orange ausfahren und dann quer hinüber zur Französischen Riviera strampeln, um meine alten Freunde Oliver und Marja zu besuchen, die in Port Grimaud eine Wechselstube betrieben. Für den Umweg von 1600 Kilometern musste ich am Tag durchschnittlich 240 Kilometer zurücklegen, um den Zeitplan einzuhalten. Das war mir nur recht, schließlich musste ich mich atlantiktauglich machen.

Oberhalb von St. Etienne ging es 2000 Meter hinunter ins Rhônetal. Unter dem Gewicht riesiger Pflaumen, Aprikosen, Pfirsiche und Birnen neigten sich Zweige so tief über die Straße, dass ich mich im Vorbeifahren daran bedienen konnte. In den letzten beiden Tagen, bevor ich Port Grimaud erreichte, ernährte ich mich kostenlos und je nach Angebot.

Bei meinem Anblick seufzten meine französischen Gastgeber sichtlich auf. Verdreckt und abgemagert, Gesicht, Brust und Haare mit toten Insekten übersät, sah ich offenbar aus wie ein Kühlergrill. Ich hatte kaum Zeit, mich zu waschen und einmal durchzuatmen, als bereits das Telefon klingelte. Es war Kenny, wütend. Wie er denn bitte schön einen Dokumentarfilm über »zwei Männer, die die Welt umrunden« drehen sollte, wenn sie 1000 Kilometer voneinander getrennt seien.

»Ich erwarte dich in Auterive«, sagte er, »sagen wir, in sechsunddreißig Stunden.« Und ohne mir die Möglichkeit einer Antwort zu geben, ganz zu schweigen über einen realistischeren Zeitrahmen zu reden, legte er auf. Ich sah auf meine Landkarte. Auterive war an die 500 Kilometer entfernt.

Groll stieg in mir auf, als ich sofort nach Marseille aufbrach – ich verfluchte die ganze Expedition, Kenny und die Dokumentarreihe. Hier wurden mir dieselben Grenzen gesetzt, jene Strukturen aufgezwungen, gegen die ich mich immer aufgelehnt hatte. Mit drei Jahren war ich von unserem Zuhause an der Küste von South Dorset abgehauen, und mehrere Stunden später hatte mich meine Mutter auf dem Weg zu einem bunt leuchtenden Bagger gefunden, der acht Kilometer entfernt auf der Straße stand. Und jetzt, dreiundzwanzig Jahre später, war ich immer noch der eigensinnige Knirps, der an die Kandare genommen wurde.

Es geschehen seltsame Dinge, wenn man lange auf dem Fahrrad sitzt. Nach einer vierundzwanzigstündigen Fahrt ohne Pause hatten sich meine Hände in Klauen verwandelt, die die Lenkergriffe umklammerten, und an beiden Händen waren die mittleren drei Finger taub. Das Gefühl kam erst zurück, als ich sie über dem Kopf heftig schüttelte, was dazu führte, dass mir Passanten aufmunternd zuwinkten.

Um sechs am Morgen des 1. August brach ich mit vor Erschöpfung zuckenden Wadenmuskeln und wund geriebenem Hintern auf dem Stadtplatz von Auterive auf einer Bank förmlich zusammen. Kurz darauf kam Kenny angeradelt und warf mir ein vertrocknetes Croissant zu. Als ich ihm sagte, er sei »ein elender schottischer Sklaventreiber«, zuckte er nur mit den Achseln. »Erzähl mir was, was ich noch nicht weiß«, erwiderte er und richtete kurzerhand die Kamera für ein Interview ein.

Das war typisch Kenny: sachlich, pragmatisch und bissig. Meistens schätzte ich ihn deswegen – bei einem Expeditionskumpel waren das unbezahlbare Eigenschaften. Jetzt aber machte mich seine Gleichgültigkeit mir gegenüber noch wütender.

Drei Tage später trafen wir die ganze Truppe in Saint-Jean-de-Luz wieder. Von hier aus würden Steve und ich den langen, mühsamen Weg über die Pyrenäen antreten. Nach mehr als zwanzig Kilometern und einem Anstieg von 3000 Höhenmetern mit zunehmend steilen Straßen, immer engeren Haarnadelkurven und sinkender Sauerstoffzufuhr würden wir das Plateau von Navarra erreichen.

Wir waren erst drei Wochen unterwegs, da entdeckte ich bereits, dass sich die Bewältigung einer Bergstrecke mit dem Fahrrad auf zwei wesentliche Dinge reduzieren ließ: extremer Genuss und extreme Schmerzen, wobei der Fahrer beinahe mit seinem Rad verschmilzt, von ihm unterschieden nur durch ein wenig Willenskraft.

Das Schlimmste, was man bei einem langen Anstieg machen kann, ist anzuhalten. Wieder in die Gänge zu kommen ist die reine Hölle. Aber die Versuchung, abzusteigen und sich am Straßenrand hinzulegen, wurde umso stärker, je höher wir gelangten. Es tauchten Schmerzen an Stellen auf, von denen ich nicht einmal gewusst hatte, dass sie überhaupt existierten. In solchen Augenblicken, dachte ich bitter, ist das Fahrrad kaum mehr als ein barbarisches Folterinstrument, von einem kranken, sadistischen Scheißer erfunden, den es einzig und allein danach gelüstete, anderen Elend und Leid zuzufügen.

Die Dunkelheit brach herein, und es begann zu regnen. Je weiter wir aufwärtsstrampelten, desto dichtere zähe Nebelschichten hüllten uns ein – eine Erbsensuppe wie aus dem Buche. Schwer beladene Lastwagen ächzten in niedrigem Gang an uns vorbei, Scheinwerferlichter ließen schauerliche Schwaden aufleuchten, die vom glitzernden Asphalt aufwirbelten, zischende Reifen schleuderten uns allen möglichen Dreck ins Gesicht. Für viele wäre dies ein Albtraum. Doch Steve und mir ging es bei der Expedition genau darum: Wir wollten an die Grenze gelangen, an jene schmale Linie zwischen Komfort und Katastrophe, an der das Leben und die Erfahrung, es zu leben, spürbar und faszinierend werden.

Dann fegte vom Norden her ein Sturm durch das Tal. Überall grollten Donner, und helle Blitze warfen bizarre Schatten auf die Felswand am Pass des Berges. Jedes Mal prägte sich eine Silhouette der umgebenden Bäume in meine Netzhaut. Und dann, nach einer weiteren Haarnadelkurve, tauchten wir aus der Nebeldecke auf und fuhren in eine kristallklare Nacht mit einem funkelnden Sternenhimmel.

Steve blieb auf dem Gipfelpunkt stehen und bestaunte die Lichtshow im Tal.

»Unglaublich, findest du nicht auch?«, sagte er, als ich neben ihm stehen blieb.

Ich konnte nur nicken, mein Atem ging flach und rau.

Wir befanden uns jetzt oberhalb des Gewitters. Von einer Seite des Tals zur anderen mäanderten Ströme von Elektrizität durch die Wolkenspitzen. Es war fesselnd, hypnotisierend und absolut großartig.

Doch nach ein paar Minuten fröstelte uns. Die beim Aufstieg entstandene Hitze hatte sich in die Nacht verflüchtigt, und jetzt kroch uns eine feuchte Kälte an und verdarb den herrlichen Augenblick in unserer irdischen Mühsal.

Wir teilten uns eine Schachtel Kekse und einen Marsriegel, zogen unsere Fleecejacken an und begannen die lange Abfahrt nach Pamplona.

*

»Hast du hier auf dem Feld irgendwo Vieh gesehen?«, fragte Kenny und hob sein Rad über einen ungewöhnlich hohen Zaun.

Ich quetschte meine Radtaschen unter dem Zaun hindurch und kletterte zu ihm auf die andere Seite. »Nö. Bloß die zwei verschlafen dreinblickenden Dinger dahinten am Straßenrand.«

»Die hatten Hörner, was?«

»Klar, sind ja schließlich Kühe.«

»Ich meine, verdammt riesige Hörner.«

»Weiß nicht. Hab nicht so genau hingeschaut.«

Wir schoben unsere Räder zu einer Korkeichengruppe, wo Steve bereits unser Lager herrichtete. Jedenfalls gab es hier keine Dornen, keine beißenden Ameisen und keine kläffenden Hunde. Der süße Duft von Korkrinde durchtränkte die Luft, und die letzten Sonnenstrahlen senkten sich in einen milchigen Nebel, der von Westen heranzog. Abgesehen vom abendlichen Schwätzchen der Vögel in den Zweigen über uns herrschte absolute Stille.

In den zwölf vergangenen Tagen hatten wir große Streckenabschnitte abgearbeitet und waren von den Pyrenäen aus mehr als 150 Kilometer am Tag durch sagenhaft sonnengebleichte, blass strohfarbene Landschaften bis Madrid gefahren. Westlich der spanischen Hauptstadt wurde die Landschaft noch gleißender, und die Gesichter der älteren Menschen, die uns finster anblickten, waren sichtlich sonnengegerbt, faltig und zerknittert wie die umgebenden Berge der Extremadura. Inzwischen trennte uns nur noch eine halbe Stunde von der portugiesischen Grenze.

Zuvor hatte ich, als ich in meinen Radtaschen nach übrigen Pesos kramte, um sie in Escudos umzutauschen, festgestellt, dass ich meinen Pass in England vergessen hatte. Bisher hatte ich ihn nicht gebraucht. Wir hatten uns unangemeldet nach Boulogne hineingeschlichen und waren ohne Probleme nach Spanien gerauscht, da der Grenzbeamte auf der Autopista del Cantábrico tief und fest geschlafen hatte. Portugal aber war ein relativer Neuling in der Europäischen Gemeinschaft und somit eine ganz andere Geschichte.

Steve tobte. Offenbar hätte ich zwei Tricks auf Lager. Erstens: Anweisungen nicht zu befolgen. Und zweitens: jegliches Wissen davon zu leugnen, wenn ich sie vergessen hätte. Unser Zeitplan sei sehr eng gestrickt, betonte er. Es werde dauern, meinen Pass im Haus meiner Eltern in Dorset zu finden und in die nächstgelegene Stadt hier in Spanien zu schicken, und das bedeute womöglich, dass wir das Zeitfenster verpassen würden, das geeignetes Wetter für unseren Weg über den Atlantik bot.

So wie Steve meine Nachlässigkeit ärgerte, ging mir sein Führungsstil auf die Nerven. Obwohl wir eine Woche lang getrennt gefahren waren, nahm die Spannung zwischen uns stetig zu. In der guten alten Zeit hätten wir uns bei einem Bier zusammensetzen, unseren jeweiligen Groll auf den Tisch legen und hinterher darüber lachen können. Aber der Druck der Expedition hatte unsere Freundschaft enorm strapaziert. An die Stelle früherer

Offenheit war eine bemühte Toleranz getreten. Und das bedauerliche Paradox abnehmender Kommunikation macht es noch schwerer, Streitigkeiten zu lösen, die ein Gespräch erfordern.

Stattdessen zogen wir uns in ein schweigendes Patt zurück, wie es sich für brave Briten gehört.

In Wahrheit hatte unser Zwist eine tiefere Ursache, als uns beiden bewusst war. Robert Louis Stevenson bemerkte einmal: »Jedes dauerhafte Band zwischen Menschen beruht auf einer Form von Konkurrenz oder wird durch sie verstärkt.« Zwischen Steve und mir hatte es schon immer eine unausgesprochene Rivalität gegeben, die ihren Ursprung in studentischen Späßen hatte, in unseren wilden Eskapaden, bei denen wir uns gegenseitig zu übertrumpfen versuchten. Und jetzt, gemeinsam unterwegs, schwelte diese Rivalität weiter, nur dass inzwischen viel mehr auf dem Spiel stand. Die Expedition verlangte ein Engagement über Jahre hinweg, bedeutete einen Berg von Schulden und barg die Möglichkeit, dass einer von uns schwer verletzt wurde oder umkam, womöglich sogar wir beide. Was einst wenig mehr als eine Freundschaft zwischen zwei Jungen gewesen war, die, immer auf einen Kick aus, herumalberten, hatte sich inzwischen zu einer weitaus ernsthafteren Angelegenheit ausgewachsen.

Am nächsten Morgen wurde ich von heftigen Atemstößen geweckt. Als ich die Augen aufschlug, sah ich kaum ein paar Meter von mir entfernt einen riesigen schwarzen Büffel, der an einer meiner Radtaschen schnüffelte, in der sich unser Toastbrot und die Aprikosenmarmelade befanden. Die Hörner des Büffels waren in der Tat verdammt groß: Sie hatten eine Spannweite von einem Meter fünfzig, und in der Mitte wölbte sich ein beeindruckendes Knochenschild. Das Tier schnaubte enorme Atemwolken aus seinen Nüstern.

Ich schloss die Augen. *Darum also war der Zaun so hoch, über den wir gestern Abend geklettert sind …*

Als ich die Augen wieder aufschlug, war der Bulle weitergezogen. Er stand über Steves rotem Schlafsack und rief mir eine verstörende Szene in Erinnerung, die ich in einer Madrider Bar im

Fernsehen gesehen hatte: ein Matador, der mit seiner roten Muleta zusammengekrümmt am Boden lag und immer wieder von einem Vieh aufgespießt wurde, das diesem Büffel ziemlich ähnlich sah.

Darauf bedacht, seine Aufmerksamkeit nicht auf mich zu lenken, zog ich langsam den Reißverschluss meines Schlafsacks zu und rührte mich nicht. Ich hatte einfach nicht den Mumm, Steve zu warnen. Im Gegenteil. Nachdem er so ein Geschiss wegen des Passes gemacht hatte, hoffte ich insgeheim ein wenig, dass er von dem Monster verhackstückt wurde wie der Torero im Film.

»Mistkerl!«, brüllte er, als ich ihm beim Frühstück die Geschichte erzählte. »Warum hast du mich nicht alarmiert?«

»Ich wollte nicht seinen Zorn erregen«, erwiderte ich, womit ich zu verstehen gab, dass es mir nur um sein, Steves, Wohl gegangen sei. »Dein Schlafsack hatte ihn schon genug gereizt.«

Kenny blickte vom Sucher auf. »Wenn so etwas noch einmal passiert«, sagte er begeistert, »sagt es mir, damit ich schnell meine Kamera darauf richten kann, ja? Bis jetzt hat die ganze Sache ja noch keinen richtigen Biss. Für den Film wäre ein Verletzter super.«

Als wir uns wenig später der Grenze näherten, fuhr Kenny voraus. Das einzige Anzeichen, dass es diese Grenze überhaupt gab, war eine kleine Holzhütte in der Mitte der Straße. Wenn er den Kopf schüttelte, hieße das, dass dort die Polizei stand – dann würde ich von der Straße abdrehen und versuchen, mich durch die Büsche zu schlagen. Doch als Kenny auf Höhe des Grenzpostens war, nickte er ein paarmal. Die Grenze wurde nicht bewacht. Wieder einmal hatte mich die Glücksgöttin geküsst.

*

Wir hatten uns durch das spektakuläre Tal des Tejo hinuntergeschlängelt. In den Ortschaften saßen die alten Männer im Garten vor dem Haus und sahen gelassen dem Wachstum ihrer Früchte zu – der Lebensrhythmus war so entspannt, dass man gar nicht sagen konnte, ob es einen solchen Rhythmus überhaupt gab –, und jeder Mann unter dreißig war *futebol louco*, fußballverrückt, verbrachte sein halbes Leben in einer Bar an der Straße und brüllte einen Fernseher an. Nun aber rollten wir in Lissabon ein.

Wir verbrachten eine Woche lang in dem ausgesprochen freundlichen und entgegenkommenden Clube Naval de Cascais, verpassten der *Moksha* einen letzten weißen Anstrich und quetschten Klubmitglieder nach ihren Kenntnissen über die Algarve-Küste aus. Ursprünglich hatten wir vorgehabt, von dem Fischerdörfchen Sagres an der südwestlichsten Spitze des Kontinents aus in See zu stechen, um so rasch wie möglich von der Felsküste auf den Atlantik zu kommen. Doch als wir Charles Lindley, den Klubsekretär, um Rat baten, schlug er uns den größeren Ferienort Lagos fünfundzwanzig Kilometer weiter östlich vor. Dort leitete ein Bekannter von ihm den neuen Jachthafen. Ein kurzes Telefonat bescherte uns eine kostenlose Operationsbasis, wo wir uns auf die große Überfahrt vorbereiten konnten und es sogar einen Kran gab, um die *Moksha* zu Wasser zu lassen.

Die einzige Frage war, wie wir dort hingelangen sollten. Eine Hängebrücke über den Tejo verband Lissabon mit dem Süden des Landes, aber sie durfte nur von Kraftfahrzeugen benutzt werden. Was also tun? Uns stets nur mit eigener Körperkraft fortzubewegen war eines der Grundprinzipien unserer Weltumrundung.

»Wir könnten einfach hinüberschwimmen«, schlug ich vor. »Der Fluss ist nur eineinhalb Kilometer breit. Martin kann die Räder im Lieferwagen auf die andere Seite bringen.«

»Aye, aber nur, wenn du kein Wasser schluckst«, erwiderte Kenny. »Stromaufwärts gibt es ein verdammt großes Atomkraftwerk.«

Und so kam es, dass Steve und ich am Morgen des 29. August in einem Affenzahn auf der Schleichspur die Schnellstraße entlangstrampelten, die über die verbotene Brücke führte. Das mächtige Bauwerk schimmerte rostrot in der Morgensonne, ähnlich wie seine berühmte Schwester in San Francisco, die Golden Gate Bridge. Ein Schild tauchte auf, das keiner Übersetzung bedurfte:

»*Proibido!*«, darunter die Symbole für Fahrrad, Fußgänger und Pferdekarren. Laut Luis Steves vom Clube Naval hatten wir nur wenig Aussicht, es hinüberzuschaffen. Selbst wenn wir auf die andere Seite gelangten, ohne verhaftet zu werden, würde es uns eine Reihe von Mautstellen und Polizeischranken unmöglich machen zu entkommen.

Die Steigung nahm zu. An die Stelle von Asphalt traten Eisenroste, die Blicke auf den weit unten glitzernden Fluss ermöglichten. Etwa auf halber Strecke bemerkten wir einen Polizisten auf dem Motorrad, der am rechten Straßenrand parkte. Er beugte sich zum Fahrerfenster einer Familienlimousine und schrieb einen Strafzettel aus. Als wir an ihm vorbeiradelten, wackelte sein Helm. Sekunden später wurden wir von einem Gestöber blinkender Blaulichter und heulender Sirenen eingeholt.

Der Polizist stieg ab und musterte uns äußerst abschätzig von oben bis unten. Wir hatten beide unsere T-Shirts ausgezogen, unsere nackten Oberkörper trieften vor Schweiß. Mit dem Fahrrad über die ehrwürdige Brücke des 25. April zu fahren – eine nationale Ikone, mit der des Endes einer fünfzigjährigen Diktatur gedacht wurde – war an sich schon schlimm. Es halb nackt zu tun machte das Ganze umso schlimmer und war etwa so, als würde man mit heraushängendem Penis durch Westminster Abbey schlendern.

Das Wahrscheinlichste und Sicherste, was der Polizist unter diesen Umständen entscheiden konnte, war, uns zum südlichen Ende der Brücke zu begleiten, eine Strafe zu kassieren und uns weiterzuschicken. Aber genau dorthin wollten wir ja, was dem Mann natürlich nur allzu klar war, und diesen Gefallen wollte er uns um keinen Preis tun.

Stattdessen wählte er die unendlich gefährlichere – für ihn jedoch lohnendere – Alternative. Er marschierte, die lederbehandschuhte Hand ausgestreckt, in die Straßenmitte und hielt den zu diesem Zeitpunkt dichten Verkehr auf allen drei Spuren an. Quietschend kamen die Fahrzeuge zum Stehen. Dann winkte er mit der anderen Hand und signalisierte uns, dass wir den Weg der Schande gehen mussten. Es folgte eine Schmähtirade der wartenden Fahrer. Manche stießen hinter ihrer Windschutzscheibe übelste Beschimpfungen aus. Andere lehnten sich aus dem Fenster und drohten uns mit den Fäusten. Als wir den Mittelstreifen erreicht hatten, folgte dieselbe Prozedur wie zuvor: Der Polizist blockierte mit seiner Maschine, das Blaulicht eingeschaltet, die Fahrzeuge, die Richtung Norden fuhren, und scheuchte uns über die Fahrbahnen.

Zufrieden, die abscheulichen Engländer ordentlich blamiert und die Beleidigung des portugiesischen Stolzes gesühnt zu haben, warf uns der Cop noch einen letzten verächtlichen Blick zu und brauste Richtung Lissabon davon. Wir hatten keine andere Wahl, als ebenfalls dorthin zurückzukehren.

Die Frustration in Steves Gesichtsausdruck sprach für sich. »Dabei waren wir schon so nah dran!«

Ich sah dem Motorrad nach, bis es unserem Blick entschwunden war. »Scheiß drauf«, murmelte ich und drehte mein Rad um. »Los, komm.« Und schon strampelte ich wieder die Rampe hinauf zum Mittelfeld der Brücke, diesmal dem fließenden Verkehr entgegen.

Da es keinen Seitenstreifen gab, bestand die einzige Möglichkeit darin, sich zwischen den Fahrzeugen hindurchzuschlängeln, immer ganz knapp an Stoßstangen und Außenspiegeln vorbei. *Was für ein Rausch!* Mein Herz hämmerte. *Jetzt haben wir das Leben wirklich am Schlawittchen!*

Wir erhielten eine nahezu einhellige Antwort seitens der Autofahrer in Form eines plärrenden Hupkonzerts, anzüglicher Gesten und Beschimpfungen:

»Você é louco!« Ihr seid ja nicht ganz dicht!

»Saia da estrada de você maniacs fodendo.« Runter von der Straße, ihr verdammten Irren.

»Hey você filhos do cadelas estúpidos! Você quer começ matado?« He, ihr bescheuerten Mistkerle, seid ihr lebensmüde?

»Das ist verrückt!«, schrie Steve hinter mir.

Inzwischen fuhren Autos frontal auf uns zu und versuchten, uns buchstäblich von der Brücke zu drängen. Ein Mann sprang aus seinem Transporter und wollte mich packen. Was ist mit diesen Leuten los?, dachte ich. Es fiel mir schwer, das plötzliche Beharren auf Verkehrsregeln mit der unerschütterlichen Unbekümmertheit zusammenzubringen, die wir seit der Ankunft in diesem Land erlebt hatten.

Wir mussten unbedingt wieder auf die andere Straßenseite.

Ich zog unter zwei ausgestreckten Armen den Kopf ein, flitzte an einem Bus vorbei, stieg ab, um den Mittelstreifen zu überqueren, und schoss auf die Schnellspur Richtung Süden.

Gut, damit wären wir wieder im Geschäft.

Ich drehte mich um. Steve war nirgendwo zu sehen.

Verdammt, wo ist er?

Vor mir tauchten die Zahlstellen auf. Ein Polizist, der dort herumlungerte, entdeckte mich.

»*Parada! Parada!*«, rief er, schwenkte die Arme und trat entschlossen auf die Straße.

Ich kehre nicht mehr um, dachte ich. Außerdem schaltete ich gerade, da es vom Scheitelpunkt der Brücke rasant abwärtsging: Mein Fahrradcomputer zeigte eine Geschwindigkeit von dreiundachtzig Stundenkilometern an.

Schließlich schoss ich, ohne aufgehalten zu werden, durch eine unbesetzte Zahlstelle.

Einen Augenblick später hörte ich ein lautes Piepsen. Als ich mich umdrehte, sah ich einen Rettungssanitäter mit teigigem Gesicht, der mir durch das Seitenfenster seines Fahrzeugs mit einem Fingerzeichen signalisierte, ich solle anhalten. »*Biitte! Biitte!*«, gab er zu verstehen. »Bleiben Sie stehen! *Biitte* kehren Sie um, *biitte* …«

Ich lächelte und nahm Fahrt auf. Was würde er machen, wenn ich nicht *anhielt*? Mich überfahren? Zumindest konnte er mich dann gleich zum Krankenhaus transportieren …

Nach etwa einem Kilometer gab der Rettungswagen die Jagd auf. Ich versteckte mich hinter einem grasbewachsenen Hügel und hielt Ausschau nach Steve. Doch auch nach einer halben Stunde war immer noch nichts von ihm zu sehen. Ich befürchtete schon das Schlimmste. Wahrscheinlich sitzt er jetzt in einer Zelle auf dem Polizeirevier, dachte ich schuldbewusst.

Doch gerade in diesem Augenblick tauchte er auf. Er schien euphorisch.

»Was ist passiert?«, rief ich ihm zu. »Ich dachte schon, sie hätten dich eingebuchtet!«

Steve lachte und rang nach Luft. »Beinahe wäre es dazu gekommen. Das war total verrückt da eben, oder? Ich habe die unbesetzte Zahlstelle genommen, genau wie du, aber dahinter warteten schon die Bullen auf mich. Ein halbes Dutzend kam angerannt. Sie haben mich fast gelyncht.«

»Und dann?«

»Sie wollten Geld aus mir herausquetschen. ›Sie werden dafür blechen müssen.‹ Kennt man ja, der übliche Mist.«

»Wie viel?«

»7000 Escudos – einfach lächerlich. Ich hab ihnen gesagt, das hätte ich nicht. ›Gut‹, meinten sie, ›dann nehmen wir Ihnen den Pass ab, und Sie kommen morgen mit dem Geld.‹ Ich hab einfach gelogen und ihnen erklärt, einen Pass hätte ich auch nicht.«

»Und dann?«

»Irgendwann hatten sie die Schnauze voll von mir und haben mich weiterfahren lassen.«

*

An unserem ersten Morgen in Lagos wachte ich in einem fahrenden Zug auf. Bei der Suche nach einem Schlafplatz hatte ich einen abgestellten Waggon im Depot entdeckt. Wie sich jedoch herausstellte, waren die Züge der portugiesischen Eisenbahngesellschaft nicht fahruntüchtig – sie sahen bloß so aus. Meinen Schlafsack hinter mir herziehend, sprang ich auf den Bahnsteig, bevor das Ding richtig Fahrt aufnahm und mich nach Lissabon zurückbeförderte.

Steve und ich waren am Nachmittag zuvor in die Stadt geradelt. Für die gut 230 Kilometer von der Brücke des 25. April bis hierher hatten wir einen Tag gebraucht. Martin und Kenny hatten den Kleintransporter bereits ausgeladen und unsere Sachen in einem gemieteten Lagerraum des Jachthafens untergebracht. Damit hatte Martin seine Aufgabe erledigt und trat die lange Reise zurück nach London an. Er hatte sich als würdig erwiesen, bei unserem großen Projekt mitzuwirken. Nicht nur, dass er die *Moksha* unbeschadet an die Algarve transportiert hatte, er hatte Steve und mir außerdem einen dringend nötigen Crashkurs in Fahrradwartung gegeben und uns das vegetarische Kochen beigebracht, sodass langweiliges Gemüse wie Rüben und Kürbis nicht wie Pappe schmeckten.

Die kommenden Wochen vergingen mit tausenderlei Erledigungen in letzter Minute. Steve konzentrierte sich darauf, den Radarreflektor und die Solarpanels auf der *Moksha* zu montieren sowie die Schlafstätte aus Segeltuch zu installieren und die Gepäckraumabdeckung zu befestigen. Kenny mit seinen umfassenden Elektronikkenntnissen kümmerte sich um die Stromleitungen. Unterdessen widmete ich mich den Lebensmitteln, dem Verbandskasten und der Sicherheitsausrüstung. Im Lauf der Tage wurde meine To-do-Liste jedoch immer länger statt kürzer. Von den üblichen Versorgungsmöglichkeiten abgeschnitten, die man an Land für selbstverständlich hält, ist die Zahl der Gegenstände, die ein menschliches Wesen auf See benötigt, atemberaubend. Bei allem und jedem mussten wir vom Schlimmsten ausgehen. Wir hatten Antibiotika für bakterielle Infektionen. Was aber war bei einem Haifischbiss zu tun? Wir fragten in allen möglichen Arztpraxen nach Material, um offene Wunden zu vernähen. Für den Fall, dass die *Moksha* sank, hatte uns die Royal Air Force zwei Rettungswesten und Einmannrettungsboote gespendet. Doch was war, wenn der Schiffskörper durch schwimmenden Müll beschädigt wurde? Wir schnitten für diese Eventualität eine flexible PVC-Platte in Stücke, die wir an die Außenwand tackern würden, sodass wir trotz eines Lecks weiterfahren konnten.

Wasser war das größte Problem, da wir auf der *Moksha* nicht genügend Platz hatten, um für die gesamte Überfahrt ausreichende Mengen mitzunehmen. Eine handbetriebene Entsalzungspumpe würde Meerwasser in Trinkwasser verwandeln, doch man brauchte eine Stunde, um etwa dreieinhalb Liter zu produzieren. Und wenn sie versagte? Ein Besuch im Eisenwarenladen vor Ort verschaffte uns das Material, um ein Destilliergerät für die Notversorgung zusammenzuzimmern: Salzwasser wurde in einem Kessel gekocht, der Dampf kondensierte in einer Kupferröhre, die, spiralförmig gewunden, durch einen Eimer geführt und mit kaltem Meerwasser gekühlt wurde.

Um Befürchtungen meines Mannschaftskameraden zu zerstreuen, er könne einen langsamen, qualvollen Tod durch Dehydrierung sterben, führte ich das Gerät vor.

»Wir können das dem Wissenschaftsmuseum schenken, wenn wir zurückkommen«, sagte ich stolz und stellte einen Topf unter das Auslassrohr. Ich war mir sicher, dass jeden Augenblick Trinkwasser herausfließen würde.

Steve beäugte die Vorrichtung mit kaum verhohlener Skepsis. Das Wasser im Kessel kochte bereits einige Minuten, aber es kamen nur wogende Dampfwölkchen heraus. »Das bezweifle ich«, erwiderte er. »Dem Kindergarten vielleicht.«

Zehn Minuten später quetschte sich ein einzelner Tropfen aus der Öffnung.

»Sieh nur!«, rief ich und zeigte triumphierend auf den Auslass.

»Ja, fast schon genug für eine Tasse Tee ...«

Als Nächstes mussten wir ausprobieren, wie wir alles am günstigsten verstauten. Zunächst wurden die Lebensmittel und Ausrüstungsgegenstände auf einer Personenwaage gewogen, um sicherzugehen, dass die *Moksha* gleichmäßig im Wasser lag. War das Tretboot zu vorderlastig, würde der Bug meist im Rücken der nächsten Welle versinken, was die Fahrt enorm verlangsamte. War es zu hinterlastig, würde es über das Wasser gleiten wie ein Rollkoffer, womit ebenfalls zu viel Widerstand vorhanden wäre. Deshalb musste alles unterhalb der Wasserlinie mit Netzen verzurrt werden. Kenterten wir und wurden die Vorräte nach oben unter die Decke getrieben, würde die *Moksha* mit der Unterseite nach oben liegen und sinken. Die richtige Verstautechnik war deshalb äußerst wichtig – der entscheidende Faktor, damit sie sich selbst aufrichten konnte.

Obwohl es in den Gepäckräumen vorne und hinten verdammt eng und glühend heiß war, machte uns das Verstauen der letzten

Stücke bewusst, dass die lang erwartete Reise unmittelbar bevorstand. Wie beim Kofferpacken vor dem Urlaub spürten wir, dass es endlich losging. Nur dass dies alles andere als ein Urlaub werden würde.

Und deshalb arbeiteten wir tagsüber zwar schwer, widmeten uns aber am Abend umso mehr dem Vergnügen. Als sich der Tag der Abfahrt näherte, wurden unsere nächtlichen Exzesse von dem Drang genährt, jeden Augenblick so intensiv wie möglich zu leben, denn es war vielleicht unser letzter an Land, wenn bei der Überfahrt etwas schiefging. Dass Lagos eine Lasterhöhle war, wirkte sich da nicht gerade hemmend aus. Die Stadt hatte sich bereits den Ruf als eine der heißesten Partymeilen Südeuropas erworben, und es gab unzählige Honigtöpfe, in die wir unsere Pfoten stecken konnten.

Der letzte Nagel im Sarg der Mäßigung war die Ankunft Stuarts aus London.

Er mietete sich eine Wohnung im Stadtzentrum und unterzog sofort die lebhaftesten Bars einer eingehenden Prüfung, wobei er sich mit einer bunt schillernden Reihe von Charakteren anfreundete, unter anderem mit California Carlos, der unserer Meinung nach entweder Waffenhändler oder Drogendealer, wahrscheinlich sogar beides war. Jeden Nachmittag um die Cocktailzeit schaute Carlos im Jachthafen vorbei und quatschte in seinem Marlon-Brando-Ton mit allen möglichen Leuten.

»Wie geht's dem alten Arschloch heute, Jason?«, fragte er eines Abends. Er grinste schiefer als sonst, was gut zu seiner markanten geraden Nase passte.

Zwei Nächte zuvor war mir auf dem Fahrrad ein Missgeschick passiert. Und es war allein Stuarts Schuld. Er hatte am späten Nachmittag kurz die Wohnung verlassen, angeblich, um sich ein Medikament gegen eine Magenverstimmung zu besorgen – Folge der Orgie in der vergangenen Nacht. Zwei Stunden später kam er stattdessen mit zwei umwerfenden deutschen Frauen zurück. Er habe sie im Zanzibar kennengelernt, erklärte er, und mit dem inzwischen abgestandenen Satz »Kommt und lernt die Jungs kennen, die das machen wollen!« gelockt.

Um zwei Uhr nachts fuhr ich in rasendem Tempo über die gepflasterten Straßen zu dem Lagerraum im Hafen, dorthin, wo, wie ich wusste, ein Päckchen mit Kondomen lag. Abgesehen von einer Decke um die Schultern war ich nackt, denn ich hatte mich gerade erst aus der leidenschaftlichen Umarmung mit meiner Hübschen aus Deutschland gelöst. Als ich auf den Stadtplatz fuhr, nahm ich die Kurve ein wenig zu eng. Die Decke rutschte hinunter und geriet ins Vorderrad, sodass es blockierte und ich, Kopf voraus, über den Lenker flog.

Als ich, blutend und verkratzt, wieder in die Wohnung zurückkehrte, war mein kleiner Vogel davongeflogen. Auch gut. Schließlich war ich voll auf meinem Dingdong gelandet, und wegen der Schürfwunden war er ohnehin nicht einsatzfähig.

*

Nach wochenlangem Gegenwind, der kräftig von Süden wehte und uns immer wieder zwang, die Abfahrt zu verschieben, bildete sich über den Azoren ein Hochdruckkeil. Damit öffnete sich das Wetterfenster, um uns weit genug von der Küste entfernen zu können, bevor die Winterstürme einsetzten.

Am Vorabend unserer Abfahrt saß ich im Jachthafen auf der Toilette und stellte eine Videokamera für einen ersten Eintrag ins Videotagebuch auf das Waschbecken mir gegenüber. »Mach dir keine Sorgen, sie ist absolut idiotensicher«, hatte Kenny gesagt und mir eine Liste von Fragen gegeben. »Sogar du kannst sie bedienen.«

Ich drückte auf den roten Aufnahmeknopf.

Was werdet ihr eurer Ansicht nach vom Festland vermissen?

»Erstens Toilettenpapier.« Meine Stimme hallte in dem gefliesten Raum. »In den nächsten Monaten wird nur die Kraft des Meeres …«

Auf der *Moksha* würden wir uns zum Entleeren über eine Seite hocken und unsere Ärsche mit Meerwasser bespritzen lassen. Ein Testlauf mit dem Bidet hatte sich als komplette Katastrophe erwiesen. An die kontinentaleuropäische Gewohnheit, sich den

Hintern mit kaltem Wasser abzuspülen, würden wir uns definitiv erst gewöhnen müssen.

Ich schaltete die Kamera aus und ging zu Steve draußen auf dem Kai. Er stand neben einem Jachtbesitzer und spähte durch eine dreieckige Vorrichtung mit Zifferblättern, Spiegeln, farbigen Linsen und einem Teleskop auf einen Wassereimer. Kaum einen Tag vor dem Start erhielt er seine erste Einweisung in die Benutzung eines Sextanten.

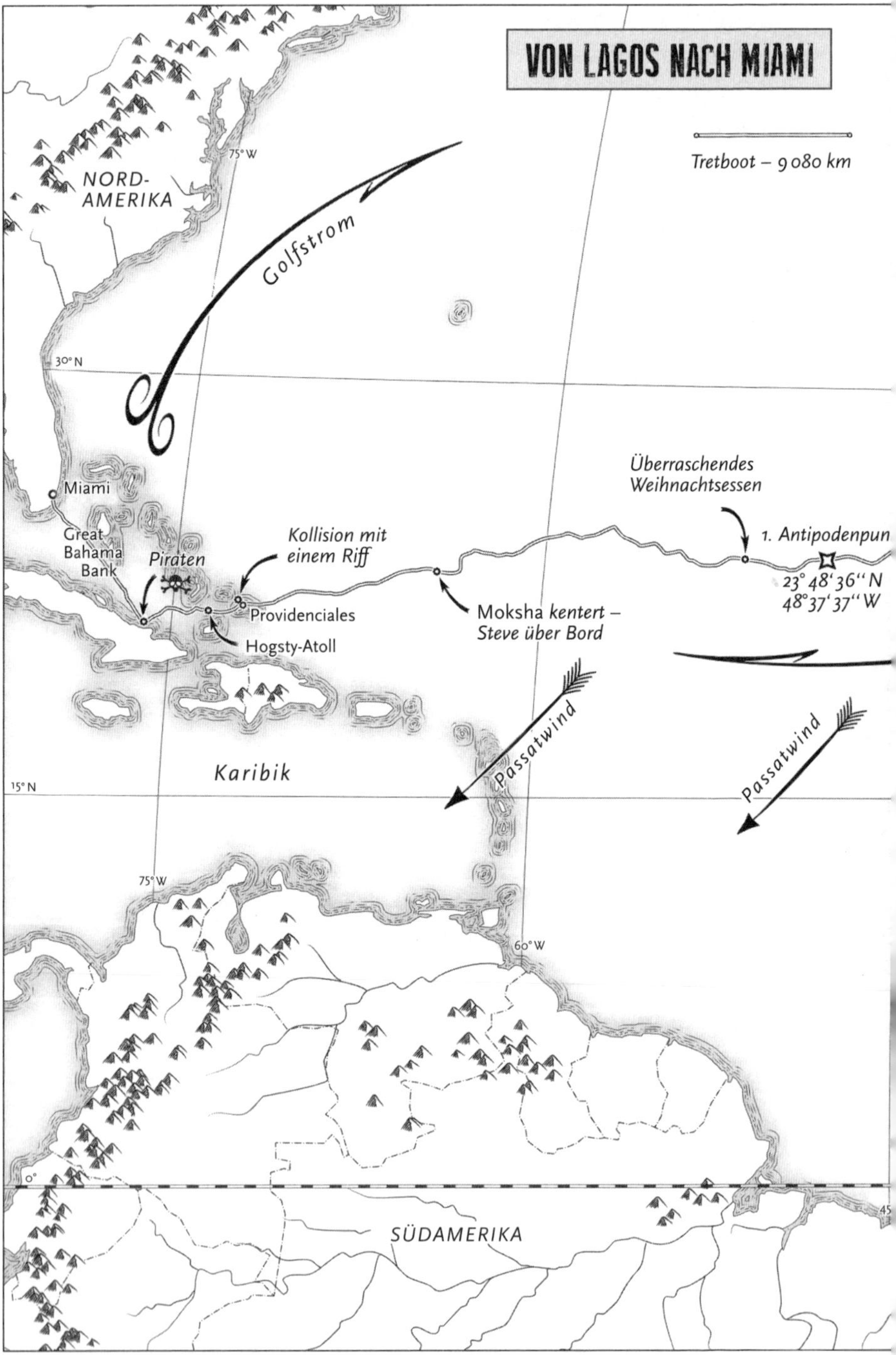

VON LAGOS NACH MIAMI
Tretboot – 9 080 km
NORD-
AMERIKA
75° W
Golfstrom
30° N
Miami
Great
Bahama
Bank
Piraten
Kollision mit
einem Riff
Providenciales
Hogsty-Atoll
Moksha kentert –
Steve über Bord
Überraschendes
Weihnachtsessen
1. Antipodenpun
23° 48' 36" N
48° 37' 37" W
Passatwind
Passatwind
Karibik
15° N
75° W
60° W
0°
SÜDAMERIKA
45

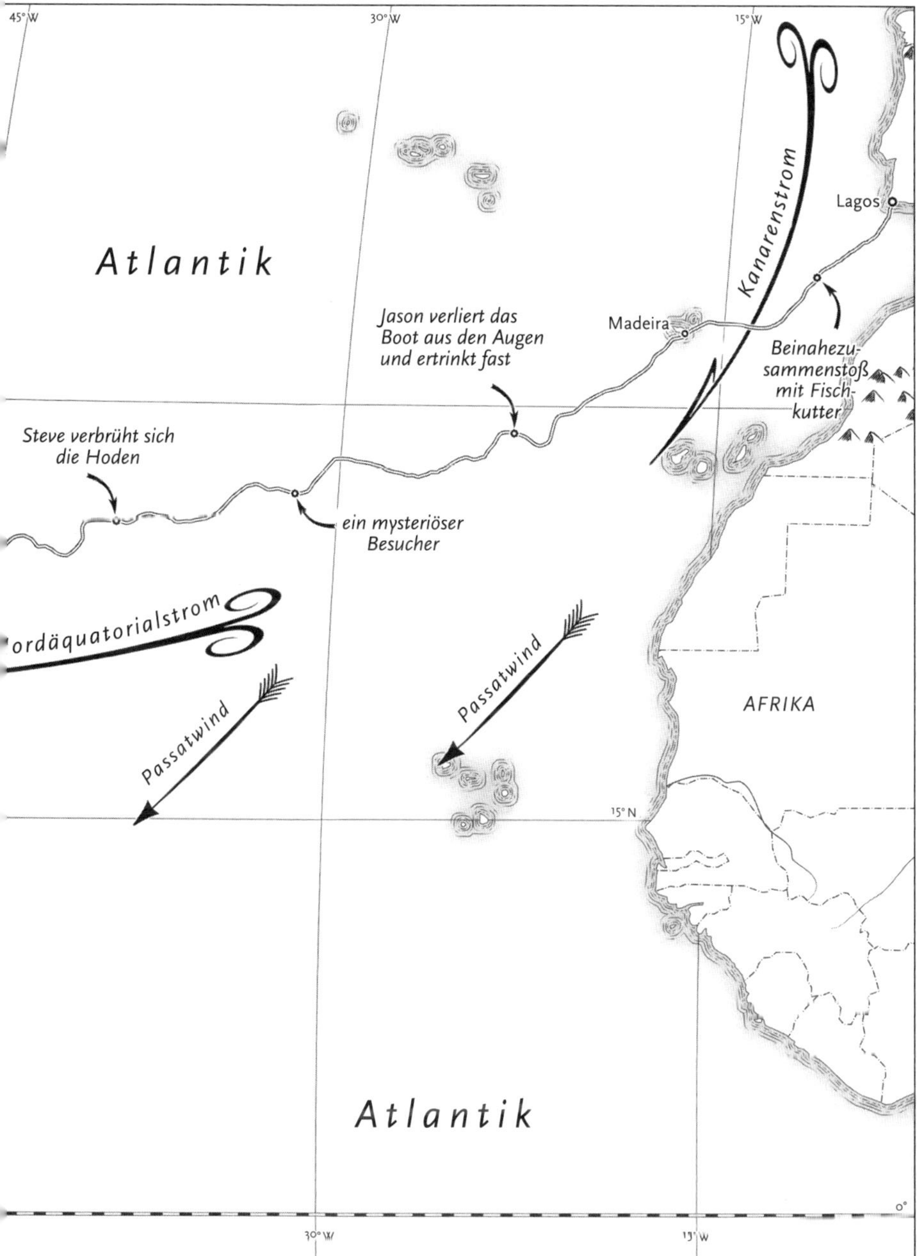

45° W
30° W
15° W
Atlantik
Kanarenstrom
Lagos
Madeira
Jason verliert das Boot aus den Augen und ertrinkt fast
Beinahezusammenstoß mit Fischkutter
Steve verbrüht sich die Hoden
ein mysteriöser Besucher
ordäquatorialstrom
Passatwind
Passatwind
AFRIKA
15° N
Atlantik
0°
30° W
15° W

ATLANTIK

HINAUS INS WEITE BLAU

So vergisst man sich, vergisst alles, und sieht nur noch das Spiel des Schiffes mit der See, das Spiel der See um das Schiff und lässt alles beiseite, was für das Spiel in der unmittelbaren Gegenwart unwichtig ist. Ich muss achtgeben, mich darin nicht weiter zu verlieren, als nötig ist. Und darin liegt die Schwierigkeit.

– BERNARD MOITESSIER, *Der verschenkte Sieg*

Eine große Schar hatte sich an den Docks versammelt, um uns zu verabschieden. Die Leute warteten seit dem Morgengrauen, denn wir hatten geplant, sehr früh in See zu stechen. Ein Besäufnis, das die ganze Nacht gedauert hatte – ein unter Seeleuten, die sich auf lange Ozeanreisen machen, von denen sie vielleicht nicht zurückkehren, übliches Ritual –, sorgte dafür, dass wir drei Stunden später als angekündigt den Landungssteg entlangtorkelten.

»Sternhagelvoll um die Mittagszeit, wie üblich?«, witzelte Kenny und richtete seine Kamera auf Steves aschfahles Gesicht.

»Man wird ja wohl noch ein paar alte Seemannstraditionen pflegen dürfen«, murmelte Steve zu seiner Verteidigung, bemüht, nicht so fertig zu klingen, wie er aussah.

Unsere Stimmung war nicht die beste. Kurz nachdem wir Stuarts Wohnung verlassen hatten, war mir eine ganze Flasche Jägermeister, ein Abschiedsgeschenk von Zanzibar Jim, aus der Hand gerutscht und auf dem Boden des Aufzugs in Tausende von Scherben zersprungen. Bis wir im Erdgeschoss angekommen waren, hatte sich die eklig riechende Flüssigkeit unter die Sohlen unserer Sandalen gesetzt und dafür gesorgt, dass unsere ohnehin gereizten Mägen vollends rebellierten.

Stuart hatte mich entsetzt angeschaut. »Na, ich hoffe, das ist kein schlechtes Omen für die Reise, Jason!«

Steve und ich kletterten vorsichtig an Bord der *Moksha* und bereiteten uns darauf vor, von dem Ponton abzulegen. Genau in diesem Moment drückte Barry Sadler, ein Segelnarr aus der hiesigen Gemeinde der Engländer, jedem von uns eine Plastikdose mit getrockneten Feigen und Nüssen in die Hand.

»Ihr werdet euch wahrscheinlich ums Essen streiten«, sagte er mit einem verschmitzten Zwinkern. »Darum habe ich sie beschriftet.« Auf einem Gefäß stand »Seins«, auf dem anderen »Meins«. Bisschen übertrieben, dachte ich. Werden wir denn nicht alles teilen?

Erst nach den ersten beiden Wochen unserer Reise, als uns trotz der 8000 und mehr Kalorien, die wir täglich verschlangen, ständiger Heißhunger plagte, begriff ich, wie schnell der Mensch wieder zum Tier wird, wenn die Vorräte knapp werden.

Ich übernahm die erste Schicht und strampelte den breiten, flachen Kanal hinauf, der vom Hafen ins Meer führt. Als wir eine rot-weiß gestreifte Navigationsbake, die die südöstliche Ecke des Hafendamms markierte, umrundeten, erfasste eine sanfte Woge den Bug der *Moksha* – und das Boot schoss vorwärts, in Vorfreude auf den offenen Atlantik. Himmel, was für ein gutes Gefühl, Lagos zu verlassen! Die ständigen Partys waren nicht nur langweilig geworden, sondern hatten auch unsere Gesundheit ruiniert. Stuart litt an einem Magengeschwür, und ich musste mir zweimal täglich eine Spritze in den Hintern verpassen, weil ich mir bei einer Kellnerin den Tripper geholt hatte. In den letzten Tagen vor unserer Abreise hatte ich mich, während alle anderen schufteten, um das Boot vorzubereiten, immer mal wieder davongeschlichen, um ihr in Stuarts Wohnung tief in die Augen zu schauen. Jetzt zahlte ich den Preis für meine Drückebergerei.

Ein Krabbenschiff tuckerte mit dem Fang der vergangenen Nacht vorbei, von kreischenden Möwen umkreist. Noch eine halbe Seemeile, und wir hatten die zerklüfteten Klippen der Sagres-Halbinsel hinter uns, die in der Morgensonne in sattem Goldbraun leuchteten. Ein kleiner roter, wie ein Minileuchtturm gestalteter Beobachtungsturm bot die einzige Abwechslung in der ansonsten ungebrochenen Küstenlinie. Eine einsame Gestalt, vielleicht ein Tourist, stand oben auf der Spitze.

Vor 500 Jahren hatte vielleicht Heinrich der Seefahrer auf dem gleichen Aussichtspunkt mit weit ausgezogenem Fernrohr beobachtet, wie die kleinen Rechtecke geblähten Segeltuchs zu winzigen Flecken schrumpften, um schließlich am westlichen Horizont zu verschwinden. Heinrich hatte sich die neuesten Entwicklungen der Schiffstechnik zunutze gemacht – Fortschritte, die zu rahgetakelten Segelschiffen geführt hatten, auf denen genügend Vorräte und Männer für lange Ozeanüberquerungen Platz fanden – und war eine der frühen treibenden Kräfte hinter dem goldenen Zeitalter der Entdeckungen gewesen. Sowohl Vasco da Gama als auch Christoph Kolumbus waren in der zweiten Hälfte des 15. Jahrhunderts hier entlanggekommen. Und der vielleicht Ehrgeizigste von allen, Ferdinand Magellan, war in einem von fünf Schiffen mit Ziel Ostindische Inseln 1519 von dieser Küste aus losgezogen. Von insgesamt 237 Besatzungsmitgliedern kehrten drei Jahre später nicht mehr als achtzehn Mann zurück, erschöpft, von Skorbut geplagt und mit nur einem einzigen Schiff, der *Victoria* (Magellan war auf der fernen Insel Mactan, die heute zu den Philippinen gehört, getötet worden). Die Rückkehr bloß eines Schiffs wurde aber als Triumph gefeiert. Nicht allein, weil die Ladung – Gewürznelken und Zimt – ein Vermögen wert war, sondern auch, weil diese Reise die erste Weltumrundung in der Geschichte der Seefahrt darstellte.

Natürlich war es kein Zufall, dass wir für unsere Weltumrundung einen so verheißungsvollen Ausgangsort gewählt hatten. Die gleichen Winde und Strömungen, die Magellan auf seiner ersten Etappe nach Südamerika geholfen hatte, würden uns auf Kurs nach Miami bringen. Wirft man an der Südostküste Portugals einen Stock ins Wasser, wird er irgendwann an einen Karibikstrand gespült. Segelnd oder, in unserem Fall, strampelnd ist man einfach nur schneller dort.

Nach fünfstündiger Fahrt erwachte das Funkgerät knisternd zum Leben. Es war Stuart, der von unserem Begleitschiff *Petronella* aus mitteilte, dass sie nun nach Lagos zurückfahren würden. Kenny hatte genug Filmmaterial beisammen, und wir liefen nun nicht mehr Gefahr, bei Kap St. Vincent – dem letzten Stück Land, bis wir Amerika erreichen würden – auf einen Felsen gespült zu werden. Es war jetzt an der Zeit, allein zurechtzukommen.*

»Auf dem Radar seid ihr gut zu sehen!«, rief Stuart, der jetzt weniger als zehn Meter entfernt stand, während die *Petronella* an uns vorbeizog. Seine Worte waren beruhigend. Das Letzte, was wir an diesem ersten Tag brauchten, war, von einem Öltanker untergepflügt zu werden. All die alten Schönwettersegler in ihren durchgefurzten Klubsesseln daheim in England, die uns prophezeit hatten, wir würden keinen einzigen Tag in einer derart lächerlichen Kiste überstehen, würden einander zufrieden zu-

* Auf der ganzen Strecke bis Miami ein Begleitschiff dabeizuhaben wäre nicht nur viel zu teuer gewesen, sondern auch ein Risiko. Bei rauer See hätte die Annäherung eines so großen Schiffs die winzige *Moksha* in Gefahr gebracht.

nicken: »Ich habe es den Idioten ja gleich gesagt, aber sie wollten nicht auf mich hören!«

Acht unserer treuesten Freunde winkten uns von der Reling aus zum Abschied. Ich konnte die Umrisse von California Carlos' Zinken ausmachen. »Verplempert nicht eure Puste!«, rief er heiser, als Steve mit unserem Handnebelhorn auf das lang gezogene Baritonsignal von der *Petronella* ein letztes *Tuut-tuut-tuut* ertönen ließ. Das Motorengeräusch wurde leiser, und das zerfurchte Gesicht von Stuart, der uns vom Heck des Schiffs ernste Blicke nachwarf, war bald außer Sichtweite. Wenn ich die kindliche Freude in den vergangenen Wochen in seinen Augen bedachte, war es beunruhigend, dass seine Miene jetzt dem eines besorgten Vaters glich. Wie mochte sich meine Familie fühlen, meine Mutter vor allem? Als ich am Abend zuvor angerufen hatte, um mich zu verabschieden, hatte mein Vater gefragt, ob ich daran gedacht hätte, ein Testament zu machen. »Wozu?«, hatte ich gefragt. »Ich besitze doch nichts.« Es ginge weniger darum, was an Materiellem zu erben sei, klärte er mich auf, sondern darum, was mit irgendwelchen »Einzelteilen, die vielleicht zurückkommen«, geschehen sollte. Erd- oder Feuerbestattung?

Und dann waren wir ganz auf uns selbst gestellt. Ein dichter Schleier von Stille legte sich über alles, hüllte unsere Ohren ein wie eine Decke. Ich schloss die Augen. Nur das Geräusch von Wasser, das gegen den Schiffsrumpf schlug, und das sanfte Auf und Ab des Boots deuteten darauf hin, wo wir uns befanden …

Eine Seemeile vom Ufer entfernt und ohne Versorgungsschiff – endlich drang die Realität in mein Bewusstsein. Jahrelang war alles bloß Theorie gewesen, nur Worte, Worte, Worte. Jetzt zogen wir tatsächlich los und taten, worüber wir bislang nur große Töne gespuckt hatten.

Ich riss die Augen auf. »Steve, wie zum Teufel konntest du uns in so eine Lage bringen?«

»Weiß auch nicht, ehrlich gesagt.« Er grinste mit jenem dümmlichen Ausdruck, der *Frag doch mich nicht!* besagen sollte.

»Also … was ist, wenn wir zu dem Schluss kommen, dass das eine richtige Scheißidee war und dass wir, äh, um…?«

»Die Fahrt abblasen?« Steve hob die Augenbrauen. »Nun, das geht jetzt nicht mehr.«

»Quatsch. Du machst Spaß, stimmt's?«

Er schüttelte den Kopf. »Wirf mal einen Blick auf die Karte hier. Der Kanarenstrom läuft mit einem Knoten entlang der Ostküste Portugals und dreht dann nach Westen. Ich würde sagen, wir sind schon mittendrin. Wir werden den Atlantik überqueren, ob wir wollen oder nicht.«

Ich stützte den Kopf in die Hände und dachte: Oh Gott, worauf habe ich mich da bloß eingelassen?

*

14. OKTOBER, TAG 7,
250 SEEMEILEN SÜDLICH VON LAGOS

Steve drehte die Kappe von der Spritze, zielte sorgfältig und rammte die Nadel ein wenig fester als nötig in meine rechte Arschbacke.

»Aua, du Mistkerl!« Ich zuckte vor Schmerz zusammen. »So heftig brauchst du nicht zuzustechen!«

»Sei still«, zischte er und drückte den Kolben herunter. »Ist sowieso die letzte Dosis. Etwas Nachdruck kann nicht schaden, dann bist du vielleicht in Zukunft ein bisschen vorsichtiger.«

Er hatte ja recht. Alles war besser, als mich drei Monate lang beim Pissen herumzuquälen.

»Es gäbe keine andere Wahl«, sprach er mit einer Stimme, die wohl Doktor Mengele imitieren sollte, und fuchtelte mit einem stumpfen Obstmesser in Richtung meines tropfenden Glieds, »als eine größere Operation vorzunehmen, und zwar ohne Betäubung!«

Eine Woche waren wir nun unterwegs, und langsam gewöhnten wir uns an unsere seltsame neue Wasserwelt. Die ersten paar Tage waren schrecklich gewesen, auf jeden Versuch, Essen bei uns zu behalten, folgte ein explosionsartiges Erbrechen. Allein der Gedanke an »Bohnen mit Speck«, den ambitionierten Versuch der britischen Streitkräfte, ein ganzes fetttriefendes englisches Frühstück in eine einzige Plastiktüte zu packen, reichte, und schon hingen wir über der Bordwand. Und am dritten Morgen lösten wir das Rätsel, warum die gesamte Milchschokolade von Duncans of Scotland verschimmelt war. Die Armeerationen hatten ihr Verfallsdatum vor sechs Jahren überschritten.

Doch inzwischen hatten unsere Mägen sich stabilisiert, und unser Vertrauen in die *Moksha* wuchs mit jedem Tag. Langsam bekamen wir den Bogen raus, wie sie sich auf dem Meer bewegte, sich bei jeder Welle graziös wie ein Delfin drehte und wendete. Es war wie Reiten auf einem mechanischen Bullen: Die Hüften wirbelten herum, die Oberkörper kompensierten, um das Gleichgewicht zu halten. Wenn man Tee kochte oder über die Reling pinkelte, musste man immer eine Hand frei haben, um sich irgendwo anklammern zu können. Andernfalls konnte eine plötzlich hereinschlagende Welle einen gegen die Kabinenseite drücken und dafür sorgen, dass man sich mit kochend heißem Tee verbrühte oder seine Beine anpinkelte.

Nachdem wir ein paar Tage experimentiert hatten, entschieden wir uns dafür, uns tagsüber alle zwei Stunden, nachts alle drei Stunden mit dem Strampeln abzulösen. Wer gerade Pause hatte, konnte seinen erschöpften Körper mit den Füßen voraus in das ausgesprochen nüchterne Schlafabteil schieben, das die Größe eines gemütlichen Sargs hatte. Aber es war nicht immer so freudlos gewesen. Beim Verlassen der Werft in Exeter klebten als schmückendes Beiwerk an der Decke Seiten aus dem Pornomagazin *Razzle Readers' Wives*, die der Duke of Gloucester mit großem Beifall quittierte, als er die *Moksha* inspizierte, ehe sie auf der Themse zu Wasser gelassen wurde.

So beengt wir es zunächst empfanden, so schnell wurde das »Rattenloch«, wie wir es später nannten, der höchstgeschätzte Ort auf dem Boot – nur hier konnte man sich ganz ausstrecken und entspannen.

Ansonsten war Ausruhen nur möglich, wenn man sich gegenüber dem Mann an den Pedalen auf eine schlichte Sperrholzkiste setzte. Hier mussten stets haufenweise Aufgaben erledigt werden: navigieren, Ausrüstung reparieren, Essen zubereiten auf dem kleinen Propangaskocher, der unter einem ausrangierten Fahrradgepäckträger hing, und so weiter.

Ein großer Anreiz, dass rund um die Uhr jemand in die Pedale trat und mit den Augen den Horizont absuchte, bestand darin, auf diese Weise die Möglichkeit einer Kollision erheblich zu reduzieren. Der Horizont war nur acht Seemeilen entfernt, und unsere größte Angst war, vom Stampfen eines Dieselmotors geweckt und durch eine gigantische Bugwelle zum Kentern gebracht zu werden, um anschließend von Tausenden von Tonnen Stahl untergepflügt zu werden. Riesige Schiffsschrauben würden den Rest erledigen und uns zu Fischfutter pulverisieren. Die Mannschaft würde davon nicht einmal etwas mitbekommen, allenfalls würde der Motor kurz aus dem Takt geraten.

Die Nacht verlieh dieser seltsamen Puppenhausexistenz eine ganz besondere Note. Strampelte man in mondloser Dunkelheit, kam man sich vor wie im Floating-Tank – man war komplett aus der Welt. Nur das leichte Auf und Ab des Meeres verlieh ein Gefühl von Bewegung. Rauf. Runter. Von Seite zu Seite. Jetzt schlingernd. Jetzt stampfend. Wir hatten in Lagos keine Zeit mehr gehabt, ein Kompasslicht zu montieren – wenn wir bei Dunkelheit navigierten, mussten wir also einen Stern über eine Ecke der Luke anpeilen, um den Kurs zu halten. Etwa alle dreißig Minuten hatten wir zum Ausgleich der Erdrotation ein anderes Pünktchen zu wählen. Nur der wichtigste Orientierungspunkt des Seemanns, der Polarstern, blieb, wo er war.

Ansonsten konnten wir unseren Gedanken stundenlang freien Lauf lassen, durchstreiften im Geist die verschlungenen Flure von Kindheitserinnerungen, Zukunftsplänen und Gegenwartssorgen. »Kopfreisen« nannten wir das. Je nachdem, wie erschöpft wir waren, kamen dabei klare und ziemlich nützliche Analysen heraus, oder der Geist verhielt sich wie ein verrückt gewordener Pingpongball und sprang von einer Sequenz trivialer Assoziationen zur nächsten, bis der Ausgangspunkt vollkommen vergessen war.

Am achten Morgen war ich in dieser Weise in meine Gedanken versunken, als meine Augen eine Bewegung wahrnahmen: Hinter den tiefschwarzen Wellenkämmen, in der Ferne, hüpften Lichter auf und ab. *Da ist es wieder …* Ich lehnte mich nach vorn, um besser durch die offene Luke spähen zu können. Und konnte erkennen, dass es tatsächlich ein Schiff war. Aber wie weit war es weg, und in welche Richtung fuhr es?

Vor unserer Abreise aus London hatten Steve und ich einen Kurs absolviert, um den Jachtmaster, den englischen Sportbootführerschein, zu erhalten, gratis, bei einem netten Ausbilder, der wohl checkte, wie ahnungslos wir waren, und sich moralisch verpflichtet fühlte, uns zumindest so viel Wissen zu vermitteln, dass wir die erste Woche überleben konnten. In Tony Isards umfassender, aber lehrbuchmäßiger Einführung erwarben wir zwar grundlegende Navigationsfähigkeiten und ein grobes Verständnis der Wegerechte auf den Ozeanautobahnen, doch sie war kein Ersatz für die praktische Erfahrung.

Die Wellen flauten lang genug ab, um ein grünes und ein rotes Licht unter einem einzelnen weißen Licht ausmachen zu können. Das bedeutete, dass ein Wasserfahrzeug sich eher auf uns zu-, als von uns wegbewegte. Und da es nur eine einzige Topplaterne besaß, war es unter fünfzig Meter lang. Aber was war das für ein tieferes, noch helleres Licht, das wie ein Flutlicht in die Nacht hinausstrahlte? Ich rief mir den Kursabschnitt über Lichter und Formen ins Gedächtnis. Mir fiel nichts ein.

Was zum Teufel ist das für ein Ding?

Während ich weiterstrampelte, verfolgte ich durch die Plexiglasscheiben die kleine Prozession von Weihnachtsbaumlichtern. Seltsam war, dass diejenigen, die sich hinter dieser Prozession verbargen, ihren Kurs nicht zu ändern schienen. Konnten sie vielleicht unsere Navigationslichter nicht sehen, weil die *Moksha* so tief im Wasser lag? Ich schaltete das Funkgerät ein.

»Unbekanntes Wasserfahrzeug in nördlicher Richtung. Wir sind ein kleines Schiff in der Nähe mit beschränkter Manövrierfähigkeit. *Over.*«

Keine Antwort.

Ich probierte es erneut. Nichts.

»Mist«, flüsterte ich. Langsam kriegte ich Zustände. Ich hörte auf zu strampeln und richtete mich auf – die Abdeckung war offen. Unter der Deckbeleuchtung sah ich jetzt ganz deutlich fünf Besatzungsmitglieder, die unter riesigen Auslegern und schaukelnden Netzen einen Fang einholten. Ein Trawler!

Panik erfasste mich. Das Schiff war viel kleiner, als ich zunächst geglaubt hatte, und viel näher. Schlimmer noch, wir befanden uns auf Kollisionskurs.

Was nun? In meinem Kopf purzelte alles durcheinander. Steve wecken? Nein, bis er aus dem Rattenloch gekrabbelt ist, haben sie uns schon gerammt ... Eine Leuchtrakete abschießen? Nein, bis ich jetzt bei der Dunkelheit eine finde, ist es schon zu spät ...

Das Fangschiff war jetzt nur noch knapp 200 Meter entfernt und kam rasch näher. Noch war Zeit, aus dem Weg zu strampeln, aber da es nur ein Topplicht hatte und nicht zwei, war es unmöglich zu sagen, ob das Schiff uns tatsächlich rammen oder knapp vor oder hinter uns vorbeifahren würde. Möglicherweise manövrierte ich dem Trawler die *Moksha* ungewollt genau in den Weg, wenn ich vorwärts- oder rückwärtsstrampelte.

Am Ende tat ich gar nichts. Ich saß einfach da wie ein Reh, das von Scheinwerfern erfasst wird. Das Motorengeräusch nahm an Lautstärke zu. Die blendende Deckbeleuchtung nahm mir alles an Sicht, was mir noch geblieben war. Resignation erfasste mich. Vielleicht musste es einfach so sein. Das Ende war nicht das dramatische Ereignis, als das ich es mir immer vorgestellt hatte. Keine Nahaufnahmen von vor Furcht verzerrten Gesichtern wie in Filmen. Keine laute Hintergrundmusik. Im richtigen Leben schien die kurze Zeitspanne zwischen Leben und Tod ziemlich normal, heiter sogar.

Ich wappnete mich für den Aufprall.

Eine dunkle Masse dräute über mir, die Registrierungsnummer brannte sich in meine Netzhaut. Meine Ohren waren erfüllt vom scheußlichen Zischen der Bugwelle.

Dann war es vorbei. Kein splitterndes Holz. Keine wirbelnden Schiffsschrauben. Die in gelbes Ölzeug gekleideten Crewmitglieder an Deck zogen so nah an mir vorbei, dass ich sie hätte anspucken können. Als ich zur Brücke hochblickte, sah ich, dass sie unbemannt war. Niemand steuerte das Ding.

Vor Schreck saß ich wie versteinert da und sah zu, wie das weiße Hecklicht des Trawlers in der Nacht verschwand. Endlich hörten meine Hände so weit auf zu zittern, dass ich den Kessel füllen konnte. *Heißer Tee, ja, der wird helfen …*

Ich blickte auf die Uhr. Es war nach drei, Zeit, Steve zu wecken.

»Grad hatten wir einen Beinaheunfall«, murmelte ich, während er sich aus dem Rattenloch schälte. Ich versuchte es beiläufig klingen zu lassen, aber das Beben in meiner Stimme verriet mich. Ich wusste schon, wie seine Reaktion aussehen würde.

»Warum hast du mich nicht geweckt?«, fauchte er. »Wir hätten umkommen können!«

»Ich dachte, es wäre …«, stammelte ich, »… weiter weg, als es war. Und beim nächsten Blick war es schon da, fuhr direkt auf uns zu. Ich war in Panik, und die ganze Situation ist … irgendwie außer Kontrolle geraten. Ich wollte dich nicht zum Sterben wecken.«

Steve starrte auf den Boden des Boots und verarbeitete den Ernst des gerade Geschehenen.

»Nächstes Mal, Jason, weck mich bitte auf. Ich hätte die Signalraketen suchen können, während du strampelst.«

Da hatte er natürlich recht. Ausnahmsweise biss ich mir auf die Zunge, schlüpfte ohne ein weiteres Wort in das noch warme Schlafabteil und dachte darüber nach, wie ich damit umgehen würde, wenn wieder mal die Kacke am Dampfen war. Nie zuvor hatte ich dem Tod ins Auge geblickt. Und jetzt, beim ersten Mal, hatte ich völlig den Kopf verloren.

Ich hatte ja keine Ahnung, wie schnell ich Gelegenheit bekommen sollte, es wiedergutzumachen.

*

Am Tag darauf schwappte unerwartet eine Welle in die Kabine und sorgte dafür, dass unsere Videokamera funktionsunfähig war.

Weil er sein eigenes hochwertiges Gerät, das er sich dann doch noch hatte anschaffen können, nicht den Unbilden des Meeres aussetzen wollte, hatte Kenny sich von einem Filmemacherkollegen einen alten VHS-Camcorder geborgt. Nach fast zehnjährigem, nahezu schonungslosem Einsatz bei Whitbread-Regatten war die Kamera inzwischen so antiquiert, dass sie eigentlich in ein Museum gehörte. Aber sie war alles, was wir hatten, und da wir ohne sie für die Dokumentarfilmserie, in die Kenny schon so viel Arbeit gesteckt hatte, gar kein Material mehr hätten liefern können, hielten wir es für das Beste, unseren Kurs zu ändern und die Insel Madeira anzusteuern, in der Hoffnung, das verdammte Ding dort reparieren lassen zu können.

Seitdem wir Lagos verlassen hatten, waren wir 350 Seemeilen gestrampelt. Bisher hatte das Wetter es gut mit uns gemeint, der Wind hatte Stärke 4 (fünfzehn Seemeilen pro Stunde) nicht überstiegen. Dann, im Morgengrauen am zwölften Tag, nur fünfundsechzig Seemeilen von der Nordspitze Madeiras entfernt, erwachte ich nach drei segensreichen Stunden im Rattenloch und sah, dass fünf Meter hohe Wellen über den Bug brachen. Der erste wirkliche Test für die *Moksha* bei schwerer See. Würde sie standhalten, ohne zu kentern?

»Der Wind hat gedreht und kommt jetzt aus Süd«, grummelte Steve, dessen Beine sichtbar Mühe hatten, die Mehrarbeit zu bewältigen, die das Treten gegen den Wind bedeutete. »Meine Knie bringen mich um!«

Widerstrebend krabbelte ich aus dem gemütlichen Schlafsack wie ein Falter aus seinem Kokon, zwängte mich auf den Beifahrersitz und blinzelte auf den Ozean hinaus. So weit das Auge reichte, zuckten weiße Schaumflocken aus den Mähnen weißer Pferde. Das Leben an Bord war jetzt keine beschauliche Angelegenheit mehr. Alles, was wir mit uns führten, wurde von dem Wasser, das über den Bootsrand schwappte, durchnässt, auch meine Shimano-Sandalen schwammen umher. Noch schlimmer war, dass mein letztes sauberes Kleidungsstück, ein gestreiftes T-Shirt in Schwarz-Weiß, verschwunden war. Ich hatte es an eine provisorische, am Radarantennenstab montierte Wäscheleine gehängt.

Leise fluchte ich vor mich hin. Verdammt. Scheiße. Fuck. Mist. Diese Feuchtfahrradtour entpuppte sich als schwieriger, als ich mir vorgestellt hatte.

Menschliche Stimmen unterbrachen die Schimpfkanonade in meinem Kopf. Die Erinnerung an den Beinaheunfall, der tödlich hätte enden können, noch frisch im Gedächtnis, sprang ich auf und begann, nervös den Horizont abzusuchen. Da, knapp hundert Meter achtern, näherte sich mit hoher Geschwindigkeit ein schmutzig weißes Motorboot mit acht Männern in orangefarbenen Überlebensanzügen an Bord, die in unsere Richtung riefen und winkten.

»Wer zum Teufel sind diese Typen?«, fragte Steve und reckte den Hals, um besser zu sehen.

Ein riesiges Containerschiff im Osten, auf dessen Heck als Heimathafen Manila angegeben war, bot die wahrscheinlichste Erklärung.

»Filipinos«, erwiderte ich. »Vielleicht denken sie, wir wären in Seenot?«

Jedenfalls schaltete das weiße Boot, als sie sich uns von Backbord auf zwanzig Meter genähert hatte, den Motor aus, und alle winkten mit ihren kurzen, kräftigen Armen zum Zeichen, dass wir längsseits gehen sollten. Der orangefarbene Überlebensanzug am Steuerruder strahlte triumphierend.

»Wir euch retten!«, rief er. »Wir euch retten!«

Steve stand nun neben mir in der Kabine. »Danke«, erwiderte er. »Aber wir brauchen keine Hilfe.«

Wieder wurde gestikuliert. Mit aufgeregtem Geplapper wurde die sensationelle Rettungsaktion gepriesen.

Ich drehte mich zu Steve. »Ich glaube nicht, dass sie dich verstanden haben.«

Er formte mit den Händen einen Trichter vor dem Mund und versuchte es erneut. »WIR SIND FREIWILLIG HIER. WIR BRAUCHEN KEINE RETTUNG, DANKE!«

Dieses Mal schien die Botschaft anzukommen. Die Mienen unserer tapferen Retter wirkten nun nicht mehr siegessicher, sondern vollkommen verdutzt. Noch eine halbherzige Runde Armgewedel, dann gaben sie schließlich kopfschüttelnd auf, warfen ihren Außenbordmotor an und fuhren mit Vollgas zum Mutterschiff zurück.

»Sie müssen uns für verrückt halten«, kicherte ich.

»Ja«, stimmte Steve zu. »Ein Pärchen halb nackter Irrer, die Hunderte von Seemeilen von allem in einem Besenschrank herumschaukeln. Ist in jeder Sprache schwer zu erklären.«

Unser Funkgerät meldete sich. Es war der Kapitän des Containerschiffs, der sicherstellen wollte, dass seine Mannen richtig verstanden hatten, bevor er wieder abdrehte. Sein Englisch war gebrochen, aber zumindest verständlich.

»Ihr kein Motor?«, fragte er.

Steve schnappte sich das Mikro. »Korrekt.« Seine Stimme verriet mehr als einen Anflug von Stolz. »Unser Boot hat einen Fahrradantrieb. Wir strampeln von Europa nach Amerika, ohne Segel, ohne Motor. *Over.*«

Eine lange Pause trat ein.

»Also wir nicht euch retten?«

»Jawohl, Captain. Wir brauchen nicht gerettet zu werden. Aber wir wissen Ihre Fürsorge zu schätzen.«

Erneut eine Pause.

»Letzte Frage. Ihr welche Nationalität?«

»Engländer.«

»Aha, oh-kay, jetzt ich verstehe.«

*

Der Vulkanstummel Madeira schwebte die nächsten beiden Tage lockend am Horizont, bis der Gegenwind aus Süden sich so weit legte, dass wir wieder vorankamen und die letzten zehn Seemeilen bis zum Hafen von Funchal zurücklegen konnten. Wir waren erst seit zwei Wochen auf See, doch allein schon der Anblick von etwas Grün gab uns das Gefühl, im Paradies anzukommen. Autos, die aus anderthalb Kilometer Entfernung wie Spielzeug aussahen, sausten am Ufer entlang, dahinter erhoben sich rote und weiße Terrakottadächer. Die Häuser wirkten wie Korallenschmuck in einer üppigen Bergkrone aus dichter Vegetation, die bis hoch in die Wolken ragte.

Wir schoben uns in die Marina hinein, vorbei an ordentlichen Reihen eleganter schneeweißer Jachten aus allen Teilen der Welt, deren Flaggleinen im Morgenwind gegen die Masten klirrten. Der Skipper einer Luxusjacht mit französischer Fahne beäugte uns misstrauisch und fragte sich zweifellos, was dieses hässliche *Rosbif*-Entlein in einem so exklusiven Hafen zu suchen hatte.

Nachdem wir am Kai für die Kurzbesucher angelegt hatten, wackelte Steve im Seemannsgang davon, um das Hafenbüro zu suchen und zu klären, wo wir für längere Zeit festmachen konnten. Unsere gesamte Barschaft bestand aus zwei Pfund Sterling in portugiesischen Escudos. Wir brauchten dringend Geld.

Zehn Minuten später kehrte er mit enttäuschenden Neuigkeiten zurück. Wir durften nur eine Stunde bleiben, wo wir waren, und mussten dann den Hafen verlassen und draußen inmitten der Dünung vor Anker gehen. Jetzt standen wir vor einem Problem. Wir hatten vergessen, einen Anker mitzunehmen.

»Wahrscheinlich könnten wir uns neben diesem blöden Riesending da drüben verstecken, ohne dass es irgendwer merkt«, schlug Steve vor und deutete mit dem Kinn in Richtung des auffällig dekorierten französischen Gasthauses.

»Da wäre ich mir nicht so sicher«, erwiderte ich. »Hast du den Blick von diesem Froschfresser gesehen, als wir eingelaufen sind?«

Viel Zeit hatten wir nicht, um über unser Anlegedilemma zu brüten, also teilten wir uns auf, um die wichtigsten Besorgungen zu erledigen. Steve erklärte sich bereit, unseren Familien ein Fax zu schicken, um sie wissen zu lassen, dass wir noch lebten, und den Grund für unseren ungeplanten Zwischenstopp zu erklären. Ich würde die hiesige Fernsehstation heimsuchen, um zu fragen, ob wir dort unsere defekte Videokamera reparieren lassen konnten.

Nach einer Dreiviertelstunde trafen wir uns wieder. Ich hatte Marina Figueiroa, Moderatorin beim Lokalfernsehen, und einen Kameramann im Schlepptau. Auch ein Reporter von Associated

Press, den das Hafenbüro auf uns aufmerksam gemacht hatte, war aufgetaucht. Mit der Aussicht auf einen Bericht in den Abendnachrichten und einen ganzseitigen Artikel in der morgigen Zeitung begann sich unser Glück zu wenden.* Wie durch ein Wunder stand plötzlich ein zusätzlicher Liegeplatz zur Verfügung, und Schaulustige spendeten uns Geld. In weniger als einer Stunde waren wir von unwillkommenen Parias zu Lokalberühmtheiten aufgestiegen. Der Techniker der Fernsehstation begutachtete unsere Kamera. Das nahe gelegene Fischrestaurant Marina Terrace bot sogar an, uns nach Lokalschluss kostenlos ein paar Reste zusammenzustellen.

Als der Abend kam, schlenderten unsere neuen Freunde und Bewunderer nach Hause zu ihren Familien. Der Wind aus Süden wurde wieder stärker, und der sich verfinsternde Himmel kündigte ein Unwetter an. Ich überließ Steve das Rattenloch und zog los, um mir eine andere Unterkunft zu suchen. Ein Hotel kam nicht infrage, selbst die Jugendherberge, die acht Pfund verlangte, überstieg meine Mittel bei Weitem.

Auf der Avenida Zarco kaufte ich in einem Supermarkt eine Plastikflasche Billigwein. Besoffen würde ich wenigstens ein wenig schlafen können, falls ich im Freien nächtigen musste. Das Zeug schmeckte wie Benzin, erfüllte aber seinen Zweck. Es floss durch meine Kehle wie geschmolzene Lava und entzündete ein Feuer in meinem Bauch. Ein leises Donnergrollen kam von den Bergen, die langsam in Dunkelheit versanken, und erste Regentropfen fielen wie glühende Asche auf mein Gesicht.

Funchal war jetzt eine tote Stadt, die verlassenen Straßen schienen im Regen zu heulen. Ein vorbeirasendes Auto ließ Wasser aufspritzen, der Fahrer blickte angestrengt durch die beschlagene Windschutzscheibe. Die Wirkung des Alkohols setzte ein.

* Die lokalen Medien zu unserem Vorteil zu bearbeiten war etwas, das wir über die Jahre zu einer regelrechten Kunst entwickelten. Ohne ihre Unterstützung waren wir bloß verwahrloste Niemande, die mit einer verrückten Idee im Kopf in einer neuen Stadt aufkreuzten. Ein paar Zeitungsartikel und einen Fernsehbericht später allerdings veränderte sich die Einstellung der Menschen zu uns dramatisch. Plötzlich war jeder bereit zu helfen.

Ich war nass bis auf die Haut, genoss die Gratisdusche, lief aber Gefahr, herumstolpernd vom Blitz getroffen zu werden. Ich warf den Kopf in den Nacken und lachte – ein irres, unbekümmertes Lachen.

»Wir haben es euch gezeigt, ihr Schlappschwänze!«, brüllte ich und schwenkte die Flasche in Richtung all der Schwarzseher, die nach einem einzigen Blick auf die *Moksha* prophezeit hatten, sie werde keinen einzigen Tag überstehen. »Wir haben überlebt! Wir haben verdammt gut überlebt!«

Ein Hund tauchte auf und setzte mir kläffend nach. Gerade noch rechtzeitig trat ich in ein Restaurant.

KRACH! Ein blendender Lichtblitz. Dann gingen die Lichter aus.

»Hallöchen!«, schrien die Einheimischen an der Bar, die das plötzliche Dunkel wegen der häufigen Stromausfälle gewohnt waren.

»Mein Gott!«, riefen die Touristen an ihren noblen Tischen und setzten sich kerzengerade auf.

Ein livrierter Kellner vertrat mir den Weg. »'tschuldigung, mein Härr. Strom is kaputt! Keine mähr Särvis häutä.« Es war ein schlecht kaschierter Versuch, mich loszuwerden.

»Na prima«, nuschelte ich und torkelte wieder hinaus in den strömenden Regen. Vierzehn Tage lang waren wir auf dem verdammten Boot gewesen und hatten rund um die Uhr wie Verrückte gestrampelt, und an meinem ersten Abend an Land fand sich kein Ort, wo ich mich aufhalten konnte.

Nachdem ich eine Stunde lang Hauseingänge ausgetestet hatte, erreichte ich den zwei Meter hohen Zaun, der den Botanischen Garten umgab. Ich hielt mich an der obersten Querverstrebung fest, zog mich hoch und kletterte über die Spitzen.

Ein schmaler, betonierter Weg führte um einen kleinen See. Der Park war verlassen und unheimlich still. In der Dunkelheit tauchte ein Unterstand von der Größe einer geräumigen Hundehütte auf. »Was da wohl für ein Tier wohnt?«, fragte ich mich.

Leises Geschnatter drang an mein Ohr. *Gänse! Das sollte kein Problem sein.*

»Also, ihr Lieben«, verkündete ich und streckte den Kopf durch den schmalen Eingang. »Macht mal Platz. Ihr habt einen neuen Mitbewohner.«

Dunkle Silhouetten traten aus den Schatten, zischten und spuckten aggressiv.

Es waren keine Gänse. Es waren Schwäne! Oder eher Rottweiler mit Flügeln. Sofortiger Rückzug war die einzig vernünftige Option, aber mir war kalt, ich war durchnässt und zitterte unkontrollierbar. Bald würde eine Unterkühlung einsetzen.

»Kommt schon, ihr Mistviecher«, flehte ich. »Ihr seid doch Wasser gewohnt.«

Ich holte tief Luft, stürmte mit dem Kopf voraus in die Dunkelheit, rutschte aus und landete in einem Haufen Scheiße. Die Schwäne flitzten um mich und über mir herum, kreischten ohrenbetäubend, schlugen wie verrückt mit den Flügeln und bedeckten mich mit einer dünnen Schicht grünem Dung. Egal. Ich hatte eine stabile Fläche, die sich nicht bewegte, ganz für mich allein – davon hatte ich geträumt, seit wir Lagos verlassen hatten. Kaum lag mein Kopf in der *merda*, war ich auch schon eingeschlafen.

*

Aus dem ungeplanten Zwischenstopp von ein paar Tagen wurde eine ganze Woche, in der wir darauf warteten, dass Ersatzteile für die Kamera eingeflogen wurden. Es war eine glückliche Woche, geborgt aus der geheimen Reserve von Stunden, Minuten und Sekunden, die gelegentlich und aus keinem ersichtlichen Grund unser gewöhnlich so vorhersehbares Leben mit ein wenig Spontaneität und Magie würzt.

Letzten Endes erwies sich die Verzögerung auch als Segen. Bei einer zufälligen Inspektion der Unterseite der *Moksha* entdeckten wir im Skeg, der die Schraubenwelle an Ort und Stelle halten sollte, einen zwanzig Zentimeter langen Riss. Hätte nicht die Kamera ihren Geist aufgegeben, wären wir an Madeira vorbeigefahren, und dann wäre es nur noch eine Frage von Wochen gewesen, bis der dolchförmige Abschnitt zusammengepressten Holzes vollends gesplittert und die ungesicherte Welle auf den Grund des Ozeans gesunken wäre. Ohne Ersatzteil hätten wir uns nur noch mit den Notrudern fortbewegen können – eine grässliche Vorstellung. Die *Moksha* war so schmal, dass sie mit Rudern nicht über längere Strecken voranzubringen war; es hätte gereicht, um nicht Schiffbruch zu erleiden, aber nicht für den ganzen Weg nach Miami.

Da ich jetzt Zeit hatte, wandte ich meine Aufmerksamkeit Thoreaus Wahrheit zu und einer einfachen Philosophie für das Leben auf einem übervölkerten Planeten. Der beste Ort, um damit anzufangen, so entschied ich, war in mir selbst. »Der Mensch, den Gott liebt, ist die Zwiebel mit Millionen Häuten«, sann Henry Miller einmal. »Die erste Schicht abzuwerfen ist unsagbar schmerzlich; bei der nächsten leidet man schon weniger und noch weniger bei der darauffolgenden …«

Fern des gesellschaftlichen Getümmels und Zerrspiegelkabinetts bot die extreme Wüstenei des Atlantiks das ideale Labor, um das menschliche Bewusstsein aufs Wesentliche zu reduzieren, denn hier herrschten die Einsamkeit und Stille, die es braucht, um die Häute eine nach der anderen abzuziehen und die erste Frage zu beantworten:

Wer oder was bin ich wirklich?

Das Mittel der Wahl war die Meditation. Jeden Morgen wurde ich in der Dämmerung wach und setzte mich mit gekreuzten Beinen an den Eingang des Schwanenhauses. Mit geschlossenen Augen konzentrierte ich mich ganz darauf, wie die Luft kalt durch meine Nasenlöcher herein- und angewärmt wieder hinausströmte. Ich bemühte mich, die Haltung und Atemtechnik nachzuahmen, die in David Fontanas *The Elements of Meditation* beschrieben ist. Ziel war, den Geist einpünktig zu machen, wobei der Geist, normalerweise Sklave des mentalen Geplappers – im Buch »*monkey mind*«, Affengeist genannt –, eine höhere Ebene erreicht und zu einem nützlicheren, fokussierten Werkzeug für den Umgang mit Denkprozessen wird.

Nach einer knappen Woche gewissenhaften Übens hatte ich keinerlei Fortschritte gemacht. Ein paar Sekunden vager Konzentration, und schon wurde meine Aufmerksamkeit von einem gelangweilten Geist zu einem fröhlichen Tanz verlockt, der sprunghaft einer Kette von Assoziationen folgte, die nirgendwohin führten. Oder ich schlief ein. Wie bei allem, was man neu lernt, würden Übung und Geduld erforderlich sein – jede Menge Geduld. Ich beschloss, mit meinen Bemühungen auf der Reise fortzufahren.

Am zehnten Morgen waren die Reparaturarbeiten an der Kamera und an der *Moksha* abgeschlossen, und es war Zeit abzureisen. Frische Vorräte von einem Obst- und Gemüsemarkt waren an Bord verstaut. Wir hatten sogar die Zeit gehabt, am Tag zuvor ein paar Schulen am Ort zu besuchen.

Ich würde den Botanischen Garten vermissen, die kaputte Windmuhle, an der nur die Hälfte der Glühbirnen funktionierten, die Leute vom Marina Terrace, die Leckereien aus der Bäckerei und die attraktive Radiosprecherin, die jeden Tag bei uns vorbeigeschaut hatte.

Als ich zum letzten Mal aus dem Schwanenhaus kroch, fiel mein Blick auf ein Paar Stiefel im Gras vor mir. Sie gehörten zu einem Paar blauer Hosen, einer dazu passenden Jacke und einem weißen Hemd, und darin steckte ein kleiner, dicker Mann mit buschigem schwarzen Schnurrbart vom Typ toter Hamster, wie portugiesische Männer ihn gern tragen. Er war außer sich vor Wut. Der Wächter des Botanischen Gartens bombardierte mich mit einer atemlosen Schimpfkanonade auf Portugiesisch und fuchtelte dabei wild mit einem Müllgreifer herum.

»*Siescheißtouristensieglaubensiekönnenallesmachenwassiewollenwennsieeinfremdeslandbesuchen, was?*«

»Schon gut, schon gut!« Ich hielt verteidigend die Hände in die Höhe. »Ich gehe ja schon. Ich komme nicht mehr in Ihr Schwanenhaus, versprochen.«

»Wänn du häut Abend kommen, stäck ich dick ins Rattenhaus!« Er grinste triumphierend, begeistert über seinen eigenen Witz.

»Da leben Sie wahrscheinlich drin?«

Er hob seinen Stock, um mich zu verprügeln, aber ich war schon fort, rannte, so schnell ich konnte, den Weg zum Hafen entlang. Wir mussten die Flut erwischen, und wie üblich war ich spät dran.

*

Wir strampelten von Funchal südwärts, ließen die Südspitze der Insel hinter uns und wandten uns nach Südwesten. Nun nahmen wir Kurs auf den Nordostpassat, einen Gürtel verlässlicher Winde, der ein paar Hundert Seemeilen von der afrikanischen Küste entfernt beginnt und bis zur Karibik mit fünfzehn bis fünfundzwanzig Knoten bläst. Wenn wir diesen Gürtel erreichen konnten, ohne vorher vom Kanarenstrom zu weit nach Süden gespült zu werden, hatten wir eine hervorragende Chance, die verbleibende Strecke nach Miami zu schaffen. Andernfalls liefen wir Gefahr, in Mittel- oder Südamerika anzukommen, was unsere Weltumrundungspläne ziemlich durcheinanderbringen würde.

Unsere Testfahrten in Salcombe, so kurz sie gewesen waren, hatten uns eine Ahnung verschafft, wie höllisch mühsam es sein würde, über den Atlantik zu strampeln. Die Wirklichkeit sah, wie wir nun feststellten, noch schlimmer aus. Kaum war Madeira hinter den Wellenkämmen verschwunden, ging die gnadenlose Plackerei los. Wir fühlten uns wie gehirnoperierte Hamster, die an ihr Laufrad gefesselt waren, das nie stillstehen durfte. Und je weniger es sich drehte, desto größer war die Wahrscheinlichkeit, dass das Essen knapp wurde oder sonst irgendwas schiefging und die Reise damit scheiterte.

Dieses Fünkchen Weisheit hatte in London der legendäre Ozeanruderer Peter Bird an uns weitergegeben, als er uns besuchte, um dabei zu helfen, im Dach der *Moksha* eine Lüftungsklappe anzubringen.

»Dieses Mittelabteil sollte euch gut vor den Elementen schützen«, sagte Peter fröhlich und sägte über dem Fahrersitz ein Loch zur Belüftung – während der gesamten Überfahrt ließ es Wasser durch wie ein Sieb. »Die grundlegende Faustregel«, fuhr er fort, »lautet, zumindest bei Ruderbooten: Je weniger Zeit du auf dem Wasser verbringst, desto höher deine Überlebenschancen.«

Zwei Jahre später wurde seine Theorie grausam bestätigt. Am neunundsechzigsten Tag von Peters fünftem Versuch, den Pazifik rudernd zu bewältigen, erreichte das russische Rettungszentrum in Wladiwostok ein Signal aus seiner durch Wasserdruck aktivierten Notfunkbake (EPIRB). Als die *Sector Two* schließlich kopfüber treibend von einem vorbeifahrenden Frachter entdeckt wurde, deutete alles darauf hin, dass sie mit einem Schiff oder einem großen Stück Treibholz kollidiert war. Peters Leichnam wurde nie gefunden.

Allein mit Menschenkraft etwas so unvorstellbar Großes wie einen der Ozeane der Welt zu überwinden ist weniger eine physische als eine mentale Herausforderung. Der Körper hält unglaublich viel aus, aber nur, wenn der Geist mitmacht. Ohne Motivation wären unsere Beine nutzlos gewesen. Doch wie hält man seine Begeisterung aufrecht, wenn das Ziel – in unserem Fall Miami – so weit entfernt und das Unterwegssein so unendlich öde ist?

Wir gingen beide recht unterschiedlich damit um. Steve, der für die Navigation zuständig war, konnte niemals hoffen, den ständigen Erinnerungen an unser quälend langsames Vorankommen zu entrinnen, das er mit winzigen Bleistiftpunkten auf der Karte dokumentierte. Darum spiegelte seine Laune häufig die alle vierundzwanzig Stunden in Längen- und Breitengrad festgehaltenen Markierungspunkte und die Abstände dazwischen. Je weiter sie auseinanderlagen, desto glücklicher war er, je näher beieinander – manchmal zeigte sich, dass wir kaum ein paar Seemeilen geschafft hatten –, desto entmutigter war er.

Da ich für andere Bereiche verantwortlich war, konnte sich mein Geist anderen Dingen zuwenden. Nicht, dass unser Vorankommen mich überhaupt nicht beschäftigt hätte. Immerhin war es meine Aufgabe gewesen, für genügend Proviant zu sorgen, und ich hatte die neunzig Tagesrationen unter der Annahme kalkuliert, dass wir mindestens fünfundvierzig Seemeilen am Tag schaffen konnten – ein Ziel, das wir oft nicht erreichten. Doch ich erkannte schnell, dass die Reise, wenn wir zuließen, dass die Distanz zu den fernen Ufern unsere Laune bestimmte, jeden Reiz zu verlieren drohte, was wiederum unsere körperlichen Fähigkeiten beeinträchtigen würde. Ein Stimmungstief, hervorgerufen durch näher zusammenstehende Pünktchen, würde eine verringerte Leistung nach sich ziehen, und dadurch würden die Abstände weiter schrumpfen. Das war genau die Falle, vor der Peter uns gewarnt hatte.

Außerdem – war es möglich, der Reise mehr abzugewinnen, als sie einfach nur hinter sich zu bringen? Sich vielleicht an das, was als sterile und leblose Wüste erschien, anzupassen und eine Lebensweise zu entwickeln, die ebenso erfüllend und angenehm war wie das Leben an Land? Es bis Miami zu schaffen wäre zweifellos eine enorme Großtat. Aber würde ich das gleiche Bedauern spüren können, wenn ich diese fremde Welt des wogenden Blaus wieder verließ, wie ich es empfand, als ich vor so vielen Wochen das portugiesische Festland verschwinden sah? Nicht, so sagte ich mir, wenn ich im Landmodus verharre.

So traf ich also eine Woche nach Funchal die bewusste Entscheidung, Miami zu vergessen, ja sogar das Land überhaupt, und meine Aufmerksamkeit stattdessen ganz dem Hier und Jetzt zuzuwenden. Wir hatten uns schon kleine Anreize ausgedacht, um uns in regelmäßigen Abständen zu motivieren. So wurde eine Drei-Stunden-Schicht zwischen ein und vier Uhr morgens mit einer Tasse Tee und einem Schokoriegel belohnt. Und alle 300 Seemeilen oder fünf Längengrade, auf der Karte markiert mit einer vertikalen schwarzen Linie, feierten wir mit einem Schluck Ballantine's. Aber diese Lockmittel reichten nicht immer aus. Je müder und deprimierter wir wurden, desto weniger effektiv war das herkömmliche Setzen von Zielen. Die Entfernung war einfach zu groß und die psychologischen Anreize zu wenige und zu selten.

Tricks, die wir früher in unserem Leben an Land angewendet hatten, funktionierten auch nicht. Die Mittel, die die westliche Gesellschaft zur Leistungssteigerung einsetzt, sind alle konsumbezogen – Geld, Karriere, teure Wohnungen, Designerklamotten, Rentenversicherung, Weihnachtsgeld, Kreditwürdigkeit und so weiter waren hier in der Ozeanwüste vollkommen bedeutungslos.

Ein ganz neuer Wertekanon war vonnöten, um diese flüssige Welt erfolgreich zu bewohnen und ein Motivationssystem zu schaffen, mit dessen Hilfe wir sie so schnell wie möglich durchqueren konnten. Alles, was ich bisher für wahr gehalten hatte, musste nun genauestens unter die Lupe genommen werden. Nur dann konnte ich hoffen, eine konstruktive Beziehung zum Meer aufzubauen und mich jenen komplizierten geistigen Zusammenhängen zu stellen, die mich schon so lange umtrieben.

*

15. NOVEMBER, TAG 29

1.00 Uhr morgens. Es gibt viele total ätzende Sachen, die ich auf diesem Boot hinzunehmen gelernt habe, aber mitten in der Nacht aufzustehen, um drei Stunden lang zu strampeln, wird nie dazugehören.

4.00 Uhr morgens. Gerade die erste Nachtschicht beendet – wirklich mörderisch. Wie Autobahnfahren bei Nacht, wenn man todmüde ist, bloß noch schlimmer. Alle paar Minuten kippt der Kopf nach vorn, dann wieder zurück und schlägt gegen das Heckfenster.

(Tagebuch)

Anhaltende Müdigkeit oder »Schleichender Graubammel«, wie wir es nannten, wurde zu einem Übel, das in den dunklen Winkeln unserer schlafberaubten Hirne lauerte und darauf wartete, sich unserer mit zunehmender Erschöpfung zu bemächtigen. Langsam, unmerklich fraß sie sich wie ein Parasit in alle Bereiche unseres Lebens, wurde zum Sicherheitsrisiko und nahm selbst Tätigkeiten, die wir genossen – wie Lesen oder Kochen –, alle Freude. Das starre Schichtsystem wurde zu einem zweischneidigen Schwert. Die Disziplin, die die Pedale rund um die Uhr kreisen ließ und das Boot auf Kurs hielt, erlaubte nur drei Stunden Schlaf am Stück und nie mehr als fünf innerhalb von vierundzwanzig Stunden. Nach zwei Wochen dieser Lebensweise glichen wir langsam Zombies.

Steve schlug vor, die Hamsterroutine aufzubrechen, indem wir ein wenig angelten. Auf Madeira hatten wir uns mit Heinz angefreundet, einem versoffenen alten Seebären mit elfenbeinfarbenem Bart und buschigen Augenbrauen. Der ehemalige U-Boot-Kommandeur machte es sich zur Aufgabe, jeden Morgen aufzutauchen und uns von unseren Vorbereitungen auf die große Überfahrt abzuhalten. Seine andere lästige Angewohnheit war, dass er ständig vom Angeln redete.

»Wie kommt irrr zu äure Fiisch?«, fragte er am vorletzten Morgen vor unserer Abreise zum x-ten Mal.

Unsere Antwort blieb immer die gleiche: »Interessiert uns nicht, Heinz. Wir haben alles Essen dabei, das wir brauchen.«

»Abär irrr brauckt Fiiisch zum Überläben! Irrr müsst fiiischen zu überläben!«

Jeden Morgen sang er dieses Mantra, bis wir den alten Knacker irgendwie loswurden oder ihm entfliehen konnten. Einmal jedoch griff er in die Jackentasche und zog eine Rolle kräftiger Marlinschnur sowie einen daumengroßen, holzgeschnitzten Köder hervor. An der einen Seite mit auffälligen Quasten versehen, sollte er Heinz zufolge geeignet sein, »garantiiert mähr Fiiisch zu fangen, alz ihr brauchän könntä«.

Wir hatten seit unserer Abfahrt von Madeira jeden Tag eine Stunde lang mit Lolita der Lockenden (so der Spitzname unseres Köders) geangelt, ohne einen einzigen Fisch zu fangen. Das Ergebnis unserer täglichen Bemühungen war so vorhersehbar, dass es zum Dauerscherz geworden war. »Hungrig?«, pflegte Steve zu fragen und holte die Leine ein. »Dann sehen wir mal, was Lolita uns heute zum Abendessen gefangen hat!«

Irgendetwas musste anders werden. Lolita hatte eine Schönheitskur nötig.

Mit rotem und schwarzem Filzstift malte ich Lolita exotische Kleopatraaugen und ein keckes Lächeln. Provokativ geschwungene Wimpern im Betty-Boop-Stil rundeten den Sex-Appeal ab – wobei wir, wie Steve bemerkte, ja eigentlich die Fische dazu bringen wollten, den Köder zu verschlucken, nicht dazu, Sex mit ihm zu haben.

Wie auch immer. Eine Minute nachdem wir die eben aufgemotzte Lolita ausgeworfen hatten, spannte sich die Schnur bis zum Limit, und eine riesige Dorade sprang zwanzig Meter von unserem Heck entfernt aus dem Wasser. Sofort brach die Hölle los. Wir stießen Rufe, Flüche und Freudenschreie aus, alles durcheinander, während wir das nach Luft schnappende Tier heranzogen. Nun war die Herausforderung, das Viech an Bord zu ziehen, ohne dass es vom Haken schnellte. Mit dem alten Seesack, in dem wir unser Gemüse aus Madeira aufbewahrt hatten, sprang ich ins Wasser.

Mein Plan war, den Fisch in den Sack zu verfrachten, den Steve dann an Bord hieven sollte. Der Fisch hatte, wenig überraschend, andere Vorstellungen. Sobald er mich sah, flitzte er unter das Boot und begann sich samt der Angelschnur um die Schiffsschraube zu wickeln.

Die Ereignisse nahmen eine überraschende Wendung. Was als harmloser Spaß begonnen hatte, geriet schnell außer Kontrolle …

Der Seesack war mir im Eifer des Gefechts zwischen den Fingern durchgerutscht und trieb nun langsam mit dem Wind davon. Oder, genauer gesagt, der Seesack blieb im Wasser, wo er war, während die *Moksha* und ich vom Wind abgetrieben wurden. Ich schwamm nun auf den Sack zu. »Ich hole ihn mal eben!«, rief ich.

»Bist du dir sicher, dass sich das lohnt?«, brüllte Steve mir hinterher.

Ich tat, als hätte ich nichts gehört, und schwamm weiter. Zum Teufel mit Steve, dachte ich verärgert, spielt mal wieder die Wasserschutzpolizei – wie üblich. Schließlich war der Seesack nur ein, zwei Meter entfernt.

Als ich ihn allerdings endlich erwischt hatte, war die *Moksha* von Wind und Wellen bereits zwanzig Meter weiter windabwärts getrieben worden.

Ich kämpfte mich brustschwimmend zurück, den Sack um den Hals, doch ich ermüdete rasch. Da unsere Beine alle Strampelarbeit erledigten, hatten unsere Oberkörper das bisschen an Kondition, das an Land noch vorhanden gewesen war, eingebüßt. Plötzlich überflutete mich eine Welle von hinten, und Salzwasser drang mir in Nase und Hals. Ich hielt inne, um es auszuhusten, und verlor wassertretend wertvolle Sekunden. Als ich weiterschwamm, blickte ich auf und sah das Boot noch weiter windabwärts. Das war beunruhigend. Die *Moksha* trieb viel schneller ab, als ich schwimmen konnte.

Es gibt keinen anderen Ausweg. Steve wird zurückstrampeln müssen, um mich zu holen …

Er saß am Heck und beobachtete nervös mein Vorankommen. Irgendwie hatte er es geschafft, den Fisch aus dem Wasser zu holen, und er hielt ihn an seine Brust gedrückt. Gleich würde ich mir auch noch die Demütigung gefallen lassen müssen, mir sein »Ich habe es dir ja gleich gesagt!« anzuhören.

»Steve!«, rief ich. »Ich glaube, ich bin in Schwierigkeiten!«

Sein Mund öffnete und schloss sich, doch die Worte trug der Wind davon. Gerade wollte ich abermals losschreien, doch das, was ich sagen wollte, blieb mir in der Kehle stecken, als mir etwas Schreckliches klar wurde.

Die Angelschnur … hat sich um die Schiffsschraube gewickelt …

Bis er im Heckabteil nach einer Tauchermaske und einem Messer gesucht, von Bord gesprungen, das Knäuel durchtrennt, sich wieder an Bord gehievt und die *Moksha* gewendet hatte, würden wir uns längst aus den Augen verloren haben.

Mist! Ich werde es allein schaffen müssen, oder …

Ich erinnerte mich an die Geschichte, die mein Vater mir einmal erzählt hatte, wie er als Junge fast am Strand von West Bay in Dorset ertrunken wäre. Nachdem er zunächst wie ein Wilder gekämpft hatte, habe er ein fast angenehmes Gefühl empfunden, »so, als würde ich in Trance fallen«. Mein Großvater, der vom Ufer aus zugesehen hatte, war herbeigeeilt und hatte ihn gerade noch rechtzeitig herausgezogen.

Eine nächste überraschende Welle kam von hinten, und wieder drang Wasser in meine Lungen. Während ich nach Luft schnappte, begann sich in meinem Körper eine Benommenheit auszubreiten, die wohl jenem von meinem Vater beschriebenen Zustand ähnlich war. Blut pulsierte gegen meine Trommelfelle.

Nichts schien mehr von Bedeutung. Wie bei dem Beinaheunfall mit dem Trawler erschien mir die Nahtstelle zwischen Licht und Dunkel, Leben und Tod vollkommen normal, so, als sollte es einfach so sein.

Meine Arme verloren zusehends an Kraft, meine Schwimmzüge wurden unkoordiniert. Ich hätte wissen müssen, dass der Sauerstoffmangel einsetzte, als der Himmel die Farbe von Rotwein annahm und das Wasser schwarz wurde wie Tinte, wenn auch mit Blut gesättigt. Von dem sterbenden Fisch, dachte ich im Delirium. Haie kamen mir in den Sinn. Der Geruch des Blutes wird die fressgierigen Räuber anlocken ...

In diesem Augenblick wurde in meinem Bewusstsein sozusagen ein Schalter umgelegt. Der Gedanke zu ertrinken schien erträglich, fast schon angenehm, die Vorstellung, bei lebendigem Leib von Haien verspeist zu werden, keineswegs. Der einschläfernde Zustand stiller Kapitulation machte einem Urbedürfnis Platz: Der Überlebenswille stieg aus den äußersten Tiefen meines Selbst auf. Und mit ihm nahm ich die Realität schlagartig wieder kristallklar wahr.

Ich begann, um mein Leben zu schwimmen. Meine Arme jaulten, aber ich wusste, dass nur dann Hoffnung bestand, wenn ich Steve zwischen den riesigen Wellenkämmen im Auge behielt. Hinter mir rollten die Wellen heran, eine nach der anderen. Peitschender Schaum vernebelte mir die Sicht. Langsam tanzte die *Moksha* aus meinem Blickfeld. Während aus Sekunden Minuten wurden, wusste ich nicht mehr, ob ich überhaupt vorankam oder wenigstens in die richtige Richtung schwamm. Das Einzige, was meine Arme in Bewegung hielt, war die Gewissheit, dass die Haie zu mir unterwegs waren. Gleich würde ich rasiermesserscharfe Zähne spüren, die mein Fleisch zerfetzten ...

In jenen letzten Sekunden der Hoffnungslosigkeit und Verzweiflung, die sich eine Ewigkeit hinzuziehen schienen, stießen die Finger meiner rechten Hand an etwas Festes. Ich spürte, wie mein Handgelenk umfasst wurde – Steve zog mich an Deck. Als alles verloren schien, bekam ich gleichsam die Hand Gottes zu spüren. Während ich zusammengesackt am Achterdeck lag und nach Luft schnappte, traf sich mein Blick mit dem der sterbenden Dorade; wie sie stumm erstickte, quälte mich sehr.

*

Obwohl ich bei meinen Meditationssitzungen während meiner Nachtschichten langsam Fortschritte feststellen konnte, hatte ich tagsüber das Bedürfnis nach direkteren, aktiveren Übungen zur Erforschung der Funktionsweise meines Bewusstseins.

Mit einem Stück Seil in jeder Hand, Richard Hopkins' *Handbuch Knoten* auf den Knien, lernte ich zunächst, wie man einen Palstek, einen Mastwurf und einen Schotenstich knüpft – wichtige Knoten, die mein Vater mir schon vor Jahren beigebracht, die ich aber vergessen hatte. Jeden Knoten band ich wie auf der Illustration dargestellt, um ihn anschließend zu analysieren. Ich wollte nicht nur auswendig lernen, sondern verstehen, wie jeder Knoten funktionierte, die Beziehung der Oberflächen durchschauen und wie sie sich in verschiedenen Bewegungsebenen verhielten, sodass Reibung entstand und ein fester Halt, der sich nicht löste.

So ist zum Beispiel der Palstek ein ziemlich einfacher Knoten, den man in ein paar Minuten lernen kann. Typischerweise wird er eingesetzt, um eine unbewegliche Schlaufe am Ende eines Seiles zu erhalten. Ich glaubte die beschriebene Technik bereits im Griff zu haben, als ein fataler Schönheitsfehler zutage trat: Da ich ihn mit beiden Händen festziehen musste, war es zu gefährlich, diesen Knoten bei schwerer See an Deck zu binden. Ich brauchte volle zwei Stunden, um das Ganze aufs Wesentliche zu reduzieren und mir eine neue Technik anzugewöhnen, bei der ich den Palstek einhändig festziehen konnte. Das Ergebnis war so vertraut und das Binden ging mir so in Fleisch und Blut über, dass ich ihm unser beider Leben anvertraut hätte.

Ein interessanter Nebeneffekt des Knotenbindens war, dass die Zeit wie im Flug verstrich. Ich ging mit dem gleichen Ansatz an eine Reihe anderer Aufgaben heran, die auf den ersten Blick wenig, wenn überhaupt befriedigend waren: den Dreck aus den Essensschränken putzen; kaputte Kleidung flicken; die Lenzpumpe bedienen; ja, sogar das Treten selbst. Das Geheimnis war das Versenken in die Gegenwart, in das Tun an sich. Und je besser es mir gelang, ganz bei diesen untergeordneten Tätigkeiten zu bleiben, ohne Gedanken an Vergangenheit, Zukunft oder das Endergebnis zu verschwenden, desto erfüllter fühlte ich mich.

In jedem Fall entstand eine fugenlose Interaktion, bei der sich die Trennung zwischen Subjekt und Objekt aufhob, bis jedes Bewusstsein eines unabhängigen »Selbst«, das die Aufgabe ausführte, oder des externen Objekts, an dem die Handlung vollzogen wurde, zu existieren aufhörte. Das Zeitgefühl ließ nach, während Subjekt und Objekt miteinander verschmolzen. Es war, wie wenn man Auto fährt und sich hinterher überhaupt nicht an die Reise erinnert. Und doch hat man über viele Kilometer hinweg mit einer hochkomplizierten Maschine eine Reihe von komplexen Manövern ausgeführt, ohne sich dessen bewusst zu sein.

An Bord der *Moksha* hatte diese Synthese einen weiteren Vorteil. Ob ich nun ein zerrissenes T-Shirt nähte, den Becher für die heiße Schokolade reparierte oder einfach nur in die Pedale trat, das Ergebnis war stets besser, als wenn ich die Arbeit nur hinter mich brachte.

In meinem Tagebuch nannte ich diese Tätigkeiten »Arbeiten mit Mehrwert«.

Manchmal allerdings überfiel mich Müdigkeit, oder ich schaffte es einfach nicht, in den Prozess einzusteigen. Bei diesen Gelegenheiten war es leichter, auf Ergebnisse von Bemühungen anderer Menschen zurückzugreifen. Wenn mein Kopf während der zweiten Nachtschicht nach vorn zu kippen drohte, setzte ich die Kopfhörer auf und drehte *Pablo Honey* von Radiohead oder *Last Splash* von den Breeders auf. Tagsüber öffnete ich in solchen Fällen vielleicht ein Päckchen »Flugsandwiches«, einen Armeesnack aus zwischen zwei länglichen Keksen zerquetschten Johannisbeeren, oder wählte aus unserer Bordbibliothek eine leichte Lektüre.* Diese Aktivitäten nannte ich »Handlungen mit Scheinwert«,

* Wir hatten zu viele Bücher über Philosophie und menschliches Bewusstsein mitgenommen, meistens aber nur Lust auf Schundromane und Comics.

da sie nur ein Minimum an mentaler Anstrengung und Kreativität erforderten, vergleichbar mit dem Abhängen vor der Glotze am Ende eines harten Arbeitstags.

Handlungen mit Scheinwert hatten vor allem einen Nachteil. Wie jedes sinnliche Vergnügen war die Abwechslung kurzlebiger Natur. Der Kopf schrie wie ein hungriges Baby nach mehr. Im Gegensatz zu der längerfristigen Befriedigung, die Handlungen mit Mehrwert nach sich zogen, waren Handlungen mit Scheinwert kaum mehr als eine Notreparatur.

*

Am 29. November, dem dreiundvierzigsten Tag, waren wir lang genug auf See, um die Geschwüre zu entwickeln, vor denen man uns gewarnt hatte: schmerzhafte Wunden, aus denen ein steter Strom von Eiter floss und die wir dem Salzwasser verdankten. Steve hatte ein Geschwür in Hühnereigröße am Po. Mein Mitleid hielt sich in Grenzen, weil ich die ganze Woche über schon zugesehen hatte, wie er daran herumzupfte.

Die zusätzliche Unannehmlichkeit machte uns noch reizbarer. Der Verdruss, den wir einander ungewollt bereiteten, führte zu wachsenden Spannungen. Ärgerlich hielt ich in meinem Tagebuch fest: *Steves antisoziale Züge zeigen sich unter anderem darin: dass er nie den Becher für die heiße Schokolade sauber macht, wenn er ihn benutzt hat; dass er, ohne zu fragen, mein Schweißtuch benutzt – das ist nicht nur unhygienisch, sondern jetzt stinkt es auch noch wie ein totes Karnickel; dass er während des Essens rücksichtslos herumfurzt.*

Kurz: Er geht mir wirklich, wirklich auf den Senkel!

In seinem Tagebuch fanden sich zweifellos ähnliche Einträge zu meiner Person.

*

Während aus Tagen Wochen und aus Wochen Monate wurden, kam uns das menschengeschaffene Zeitgefühl abhanden, wie Rimauld aus Orléans es vorhergesagt hatte. Das Vorrücken der Zeiger auf unseren Armbanduhren war nach wie vor wichtig zum Navigieren und um unsere gerecht aufgeteilten Strampelschichten abzumessen. Was alle anderen Referenzpunkte betrifft, einschließlich unseres Orientierungssinns im vierdimensionalen Raum-Zeit-Kontinuum, zog es uns immer mehr zu den altertümlichen Zeitwächtern des Universums hin, den Sternen und Planeten, die still über den Nachthimmel glitten, und der Sonne, die tagsüber ihre Bahn zog. Um den Überblick zu behalten, wie lange wir schon unterwegs waren, wechselten wir uns damit ab, nach Robinson-Crusoe-Art für jeden Sonnenaufgang eine Kerbe in das Kabinenholz zu schnitzen.

In manchen Nächten war das Meer ganz ruhig und still. Dann erlaubte ich mir, während Steve schlief, eine Pause vom Treten, kochte Wasser für einen Becher Kakao und stand danach mit zurückgelegtem Kopf in der Luke und blickte in stummem Staunen hinauf in den Bauch des Universums. Die wichtigsten Sternbilder und die hellsten Sterne – Stier, Löwe, Sirius, Großer Hund, Zwillinge, Kassiopeia und natürlich der Polarstern – wurden meine nächtlichen Begleiter. Hier, wo es keine Lichtverschmutzung durch menschliche Ansiedlungen gab und in keiner Richtung Berge, Gebäude, Bäume oder andere Sichthindernisse den freien Blick zum Horizont verstellten, zogen sich über den Teppich des Nachthimmels manchmal so viele breite Streifen winziger Lichtpunkte, die herumwirbelten und einander überlagerten, dass es schien, als sei da nichts als Licht, ohne jede Dunkelheit darin, und als könnte der Himmel jeden Moment einstürzen, weil er diese Riesenlast nicht mehr tragen konnte.

Zu den bemerkenswertesten Momenten, die man erleben kann, zählten jene, in denen ich so lange hinaufstarrte, bis ich schließlich durchdrungen war von einem Gefühl vollkommenen Gleichgewichts – ich spürte sozusagen die Kinästhesie des Weltalls. Nach Peters Verschwinden stelle ich mir oft vor, wie er auf seiner letzten Reise dahinzog, sein kleines Ruderboot zwischen den Inseln der Milchstraße hindurchfädelte, eine Reise ohne Ende durch die wässrigen Weiten des Weltalls …

Irgendwann begann dann mein Nacken zu schmerzen, und die Pedale riefen, sie wollten wieder bewegt werden.

Leider war die Nacht des 5. Dezember keine von diesen idyllischen Nächten. Ein paar Tage zuvor hatten wir die typischen Kumuluswolken der Passatwindregion zuletzt gesehen. Ein Sturm, der nach Süden zog, erhöhte die Windgeschwindigkeit zusätzlich und peitschte die See zu einer torkelnden Masse schwerfälliger, acht Meter hoher Walzen auf. Als ich zum ersten Mal in das Wellental zwischen diesen Dingern blickte, war ich mir sicher, dass wir verloren waren. Ganz bestimmt würde unser kleines Boot verschlungen werden! Der Walzenriese ragte kurz über uns auf, und im nächsten Moment waren wir auf seiner Spitze und blickten ehrfürchtig über das riesige Tal hinweg zur nächsten Höhe. Auf und ab ritt die *Moksha* auf dem Rücken dieser Riesenwellen, wie ein Floh, der sich an den Rumpf eines buckelnden Bullen klammert. Anstatt der Gewalt des Meeres zu trotzen wie größere Schiffe, verhielt sie sich wie ein Korken, schwamm mit dem Strom. Sie reagierte so unmittelbar und so deutlich auf jegliche Zuckung, jede Regung der Ozeanhaut, dass irgendwann auch ich mich als Teil des Ozeankörpers fühlte und immer mehr zu der Überzeugung kam, dass es dieses winzige Gebilde aus Holz und Leim tatsächlich auf die andere Seite schaffen konnte.

Noch vor Mitternacht bestand Steve darauf, die zwei alten Autoreifen auszuwerfen, die uns als billiger Ersatztreibanker dienten – einen richtigen hatten wir uns nicht leisten können. Die an ein hundert Meter langes Seil gebundenen Reifen brachten die *Moksha* in den rechten Winkel zu den Wellen und verringerten die Gefahr des Kenterns. Das laute Surren der Seilkette, wenn wir von hohen Wellen herunterbrausten, bereitete Steve Schwierigkeiten beim Einschlafen. Die Erschöpfung wuchs, und wir waren schon knapp davor, das Boot nicht mehr sicher handhaben zu können. Wir brauchten eine richtige Pause, selbst wenn das bedeutete, dass das Boot abtrieb.

Gleichzeitig machte es mich verrückt, dass wir die günstigen Bedingungen nicht nutzen konnten. Nachdem der Wind wochenlang aus allen möglichen Richtungen gekommen war, hatte er sich nun zu unseren Gunsten gedreht. Er erlaubte uns, wirklich ein gutes Stück westwärts voranzukommen. Man muss die Feste feiern, wie sie fallen, argumentierte ich. Steve widersprach. Ohne Schlaf, so erklärte er, wäre vielleicht niemand mehr zum Feiern da, weil wir die Kontrolle über das Boot verlieren und kentern würden.

Wutentbrannt erklärte ich Steve, er könne das Rattenloch für die ganze Nacht haben. Wenn er so müde ist, dachte ich, dann überlass ihm das verdammte Ding! Ich versuchte im Fahrersitz zu schlafen, den Kopf nach vorn auf die Arme gelehnt, aber es war unmöglich. Die *Moksha* schlingerte so stark, dass ich das Gefühl hatte, als würde mein Kopf abknicken. Also versuchte ich mich stattdessen um das Pedalsystem herum einzurollen, doch da mehrere Zentimeter Wasser in die Kielräume geschwappt waren, war das genauso höllisch.

Idiot! Das hast du jetzt von deinem Stolz und Eigensinn …

Die letzte Zuflucht war das Heckabteil. Dort war gerade genug Platz, dass ich mich zwischen das Dach und unsere Tüten mit dem nicht biologisch abbaubaren Müll quetschen konnte. Ich kam mir vor, als schliefe ich auf der städtischen Müllkippe. Die Müllsäcke waren voller dreckiger Dosen und schmutziger Plastikverpackungen, die mit bestialischem Gestank vor sich hinfaulten. Aber es war trocken und einigermaßen waagrecht.

*

Am nächsten Morgen war ich erschöpfter als je zuvor. Fünf schlaflose Stunden, in denen ich mit Müllsäcken gekämpft hatte und wie in einem gigantischen Trockner herumgeschleudert worden war, ließen alle anderen Unbequemlichkeiten der Reise als das reinste Geschenk erscheinen. Steve sah im Vergleich zu mir putzmunter aus. Eine ganze Nacht ununterbrochenen Schlafes hatte Wunder gewirkt. Insgeheim kochte ich. Nicht so sehr auf Steve war ich zornig, weil er sich in der Sache mit dem Treibanker so rücksichtslos durchgesetzt hatte, sondern auf mich selbst, weil ich den Märtyrer gespielt und das Rattenloch so bereitwillig abgetreten hatte.

Von meinen Selbstvorwürfen abgesehen, war die Beziehung zwischen Steve und mir inzwischen so angespannt, dass wir die Worte, die wir an einem Tag miteinander sprachen, an zwei Händen abzählen konnten.

»Gib mir das Salz.«

»Da.«

Der Tropfen, der das Fass zum Überlaufen brachte, war die Art, wie wir am Morgen des neunundvierzigsten Tages unsere Wäsche wuschen.

Da weder heißes Wasser noch Seife zur Verfügung standen, hatten wir eine elementare Waschtechnik entwickelt, bei der wir unsere wenigen verbliebenen Klamotten mit Geschirrspülmittel einseiften, sie dann zu einem derben Bündel schnürten und eine Stunde oder so hinter dem Boot herzogen. Viel sauberer wurde sie dadurch nicht, aber schon allein die Tatsache, dass wir etwas gegen den Schmutz unternahmen, gab uns das Gefühl, ein wenig mehr Herren der Lage zu sein. Hygiene, oder zumindest der Gedanke daran, war lebenswichtig. Wenn wir da nachlässig wurden, waren wir auf dem Weg zu Hoffnungslosigkeit und Verzweiflung, der am Ende in den fauligen Sumpf des Wahnsinns führte. Wir wollten nicht als »die beiden Jungs, die man 1000 Seemeilen vor der Küste Afrikas gefunden hat, wo sie in ihrem Tretboot im Kreis fuhren und mit ihrer eigenen Scheiße Männchen kritzelten« Schlagzeilen machen.

Im weiteren Verlauf der Reise ließ ich meine Wäsche versehentlich jedes Mal ein bisschen länger draußen, bis ich sie einmal ganz vergaß. Merken tat ich es erst, als Steve das durchweichte Bündel jetzt an Bord zog und es mir anklagend ins Gesicht warf.

»Dir ist schon klar, dass wir das Zeug drei volle Tage hinter uns hergezogen haben, oder, Jason?«

»Ist das eine Frage oder eine Feststellung?«, erwiderte ich herausfordernd.

»Nun, es ist ein Fakt. Und ich habe mir etwas überlegt. Dass wir zweiundsiebzig Stunden lang einen viertel Knoten Widerstand in Form deiner Klamotten hinter uns hergezogen haben, hat unsere

Reise um fast zwölf Seemeilen verlängert. Wir haben *Tage* damit zugebracht, den Rumpf abzuschleifen, damit wir mit einem Minimum von Reibung durchs Wasser gleiten. Jetzt weiß ich gar nicht mehr, warum wir uns diese Mühe gemacht haben!«

Meint der Mistkerl das etwa ernst?, dachte ich.

Steve war hochintelligent und ein Meister der durchdachten Argumentation. Da ich nicht so gut mit Worten umgehen konnte, begegnete ich seinem Geplänkel gewöhnlich mit Schmollen. Doch nun wollte er mich offenbar provozieren. Da half nur noch eine scharfe Prise Sarkasmus.

»Hm, das ist ja witzig«, sagte ich. »Denn ich habe mir auch was überlegt. Bei dieser Geschwindigkeit braucht es angesichts des Salzgehalts des Wassers in hiesigen Breiten *genau* drei Tage, um die Bremsspuren aus Unterhosen zu waschen.«

»Schwachsinn!«, fauchte Steve. »Das ist wirklich kompletter Schwachsinn, Jason. Und das weißt du auch!«

Die Samthandschuhe waren abgelegt, die Wäsche war sofort vergessen. All die kleinen Kümmernisse, die sich über Tage und Wochen angestaut hatten, wurden an die Oberfläche gespuckt: dass Steve nie den Kakaobecher ausspülte, die Art, wie ich in meinen Sandalen schlurfte, Steves willkürliche Furzerei, dass ich zum Schnäuzen die Finger benutzte. Unsere Stimmen wurden stetig lauter, ein sich immer weiter aufschaukelndes Duett gehässiger Schmähungen, bis wir einer Prügelei so nah waren wie noch nie seit unserer Abreise aus Greenwich.

Kleine Ärgernisse, die man an Land als nebensächlich überging, wuchsen sich auf hoher See zu Konflikten aus, die nach einem Blauhelmeinsatz riefen. Wir begriffen damals nicht, dass uns unsere selbst gewählte Situation, diese schwimmende Folterzelle, gegeneinander aufbrachte. Wir konnten ja nicht einfach mal »das Haus verlassen und einen Spaziergang machen«, sondern allenfalls hin und wieder abends am Bug sitzen und den Sonnenuntergang betrachten. Die Natur hat einfach nicht vorgesehen, dass Menschen so lange Zeit auf so engem Raum zusammenleben, schon gar nicht zwei Männer Mitte zwanzig mit rivalisierenden Egos.

Außerdem sprachen wir niemals offen über unsere Gefühle. Wir als Briten hätten uns lieber von wilden Pferden zu Tode schleifen lassen, als zuzugeben, dass wir überhaupt welche hatten. Darum begriff ich auch nicht ganz, warum Steve so nervös wurde, wenn bei schlechtem Wetter die Abdeckung offen war. Hinter seiner eisernen Fassade flößte ihm das Meer größten Respekt ein. Und als er mich einmal fragte, warum ich darauf bestand, neben der Lagerstätte im Rattenloch ein Tauchermesser liegen zu haben, war es mir zu peinlich, es ihm anzuvertrauen.

Obwohl die Schifffahrt mich verunsicherte, fühlte ich mich auf dem Ozean ganz in meinem Element. Ich hatte keine Angst vor berghohen Wellen oder davor, über Bord zu gehen. Meine Ängste waren eher ein Produkt jungenhafter Fantasie, geschürt durch Jules Vernes *Zwanzigtausend Meilen unter dem Meer* und die Illustrationen in alten Bilderbüchern, auf denen groteske Meeresungeheuer sich an Segelschiffen festklammern, ihre gewaltigen Armen sich die Masten hinaufwinden und in Todesangst erstarrte Matrosen wie reife Früchte aus der Takelage pflücken.

Solche Kraken, wie sie auch in norwegischen Legenden vorkommen, sind groß genug, um ganze Schiffe zu umfassen und in die Tiefe zu ziehen. Aber das waren doch bloß Lügengeschichten, Seemannsgarn von irgendeinem betrunkenen Matrosen in einer Hafenbar, oder?

Der Riesenkalmar, auf dem die Geschichten von solchen Kraken wahrscheinlich fußen, ist eine höchst reale Kreatur aus der Familie der *Architeuthidae*, der in allen Ozeanen der Welt vorkommt und bis zu fünfzehn Meter groß wird. Die Exemplare, die sich in Fischernetzen vor der Küste Neuseelands verfingen, wiesen acht Arme und zwei noch längere Tentakel auf, die mit runden Saugnäpfen von anderthalb bis drei Zentimeter Durchmesser ausgestattet sind und mit denen sie ihre Beute umschlingen. Ebendiese ledrigen Tentakel waren es, von denen ich befürchtete, dass sie mitten in der Nacht in die Kabine der *Moksha* greifen und uns ins Wasser ziehen könnten.

Drei Nächte nach dem großen Wäschestreit schlief ich gerade tief und fest im Rattenloch, während Steve die erste Nachtschicht absolvierte: von 22.00 bis 1.00 Uhr. Kurz nach Mitternacht wurde ich von heftigem Klopfen an die Unterseite des Bootsrumpfs geweckt.

BUMS! – BUMS! – KRACH! – BUMS!

Ich spähte aus dem Rattenloch. »Was zum Teufel war das denn?«, flüsterte ich.

Steve hatte aufgehört zu treten. Seine Augen waren groß wie Golfbälle.

»Keine Ahnung. Irgendwas ziemlich Großes …«

PENG! – KRACH! – BUMS! – BUMS!

Die festen Gurte, die das Kielschwert hielten, spannten sich, und das Boot erbebte bei jedem Stoß.

»Warum streckst du nicht den Kopf raus und schaust nach, was es ist?«, schlug ich vor.

Steve blitzte mich wütend an. »Warum streckst *du* nicht deinen verdammten Kopf raus und schaust nach, was es ist?« Er griff nach vorn und schnappte sich ein paar zusammengeknotete Seile, die an der Schiebeabdeckung befestigt waren. Mit einem heftigen Zug schloss er sie.

Gerade noch rechtzeitig.

Was auch immer es war, es muss riesig gewesen sein, denn es hob das komplette Boot aus dem Wasser. Einen Augenblick lang sah es aus, als würden wir kentern. Die *Moksha* begann nach Steuerbord zu schlingern und rutschte anschließend mit einem lauten Platschen zurück ins Wasser.

Dann wurde es plötzlich still. Ich hielt den Atem an. Das einzige Geräusch war das Pochen meines Bluts. Steve begann langsam wieder zu treten. »Vielleicht ein Container, der von einem Schiff …«

BUMS! – KRACH! – BUMS!

Das war ganz eindeutig kein Container. Was auch immer es war, es war höchst lebendig.

»Scheiße, tritt in die Pedale!«, brüllte ich.

Steve begann mit aller Kraft zu strampeln. Sekunden verstrichen. Wir warteten auf den großen Angriff, das Kentern, die Tentakel, die uns packten.

Nichts dergleichen passierte. Was immer es gewesen war, es war wieder in die Tiefen hinuntergeglitten. Vielleicht nur ein Wal, den es am Rücken gejuckt hatte?

*

Wir sprachen immer weniger miteinander, die Welt der Worte wurde zunehmend überflüssig. Die Sprache, an Land ein wesentlicher Teil des Alltagslebens, war auf dem Planeten *Moksha* bald nur noch eine weitere Haut der Zwiebel, des konditionierten Selbst, die abgetragen und zur Untersuchung unters Mikroskop gelegt werden musste.

Ich überlegte, ob die Innigkeit, die ich beim Knotenbinden und anderen Arbeiten mit Mehrwert aufgebaut hatte, sich auch auf die Sprache und die Etymologie von Wörtern anwenden ließe. »Das Problem mit Wörtern ist, dass man nie weiß, wer sie schon im Mund gehabt hat«, scherzte einst der englische Dramatiker Dennis Potter. Manche Wörter eigneten sich für eine gemeinsame Bedeutung. Andere nicht. Hingen die Bedeutungen bestimmter Wörter davon ab, ob und wie man das, was sie repräsentierten, selbst *erlebt* hatte?

Das englische Wort *dog* (Hund) zum Beispiel bedeutet jedem Menschen, der tatsächlich einmal Kontakt mit einem Hund gehabt hatte, das Gleiche: eine warmblütige, fleischfressende Kreatur mit Fell und einem Schwanz, die sich auf allen vieren fortbewegt. Reiht man dieselben Buchstaben aber umgekehrt aneinander, ergibt sich ein ganz anderes Bild. *God* (Gott) hätte für jeden dieser Menschen wahrscheinlich eine ganz eigene Bedeutung, wenn überhaupt eine. Die Interpretationen können von einem bärtigen Burschen, der auf einer Wolke sitzt und im Zorn Blitze herumschleudert, über feine Schwingungen im Äther bis hin zu etwas reichen, das gar nicht existiert.

Das Wort *god* steht in jedem Einzelfall für etwas Persönliches und nichts Beschreibbares, das die Wissenschaft nicht beobachten kann und dessen »Existenz« darum nicht beweisbar ist. Hätte Steve an Bord der *Moksha* einen transzendenten Bewusstseinszustand erlebt und mit mir teilen wollen, wie hätte er das tun sollen? Die drei Buchstaben G, O und D waren schlichtweg irreführend, so als würde man in der Wüste mithilfe einer Fata Morgana Wasser lokalisieren wollen. Während sich das Begreifen, was *dog* bedeutet, leicht durch die Sprache erreichen lässt, ist ein vergleichbares Verstehen von *god* unmöglich, reine Illusion. Wie lächerlich, dachte ich, dass zu jeder Zeit Menschen gekämpft und einander verfolgt haben, ja sogar gestorben sind für ihre Auffassung dieser drei Buchstaben – oder der Übersetzung in ihre jeweils eigene Sprache.

Ich machte eine Liste von anderen »heißen Wörtern«, Etiketten, die so oft missbraucht wurden, dass Menschen inzwischen annehmen, sie hätten eine eigene, konkrete Bedeutung. Wörter wie *richtig*, *falsch*, *gut*, *schlecht*, *egoistisch*, *nett*, *Qualität*, *Größe*, *am besten*, *Toleranz*, *ausbeuten* oder *Falschheit*. Während der Nachtschichten verbrachte ich jeweils eine Stunde oder mehr damit, eines davon während des Strampelns so lange zu wiederholen, bis von all den durch Kultur, Elternhaus, Erziehung, Religion und Medien geprägten Assoziationen nichts mehr übrig war. Alles, was dann blieb, war eine leer klingende Worthülse bar jeder festen Bedeutung. Den Rest der Schicht brachte ich dann damit zu, das jeweilige Wort objektiv zu untersuchen, in der Hoffnung, zu einem umfassenderen Verstehen zu gelangen.

Das Wort *Verstehen* selbst ist ein gutes Beispiel. Wie ich beim Palstek-Knüpfen entdeckt hatte, gibt es zwei ganz unterschiedliche Versionen davon: die rationale Methode, etwas mechanisch zu kopieren, wie man es bei Menschen, in Büchern oder im Internet sieht – sie steht jedem offen, ist aber in ihrer Reichweite begrenzt; und die intuitive Methode, die an bestimmte Bedingungen angepasst werden kann, die zu beherrschen jedoch viel Zeit erfordert, weil man sie sich nicht einfach abgucken kann.

Modifizierende Adjektive für *rational* und *intuitiv* zu benutzen, um zwischen solch signifikanten Bedeutungsänderungen zu differenzieren, kam mir zu unbeholfen und unangemessen vor. Also verzichtete ich ganz auf das Wort *Verstehen* und schuf stattdessen zwei Symbole.

Während der folgenden Wochen und Monate meditierte ich über andere »heiße Wörter«, ersetzte sie durch so viele Sinnbilder, wie nötig war, um die verschiedenen Möglichkeiten, wie sie verstanden werden können, darzustellen. Am Ende der Reise nutzte ich für mein Tagebuch ein neues Vokabular, das ungefähr hundert Symbole umfasste.

Natürlich hätte keines von ihnen irgendjemandem sonst etwas gesagt, aber genau darum ging es ja. Es waren maßgeschneiderte Alternativen zu Worten, die jahrhundertelang missbraucht worden waren, und befreiten diese von der Bürde, Vorstellungen, die eigentlich nur durch direkte persönliche Erfahrung zugänglich sind, eine rationale, wissenschaftstaugliche Bedeutung aufzudrängen.

*

6. DEZEMBER

Salzwassergeschwüre quälen uns im Wachzustand bei jeder Bewegung. Außer dem Riesending am Hintern hat Steve ein paar neue an seiner linken Kniescheibe, aus denen ein steter Strom cremiger Absonderungen austritt. Ich habe auch ein riesiges vulkanförmiges Ding am rechten Unterarm. Hat höllisch wehgetan, als ich damit vorhin gegen das Schott gestoßen bin. Ein weiteres, schon murmelgroß, beult sich an meinem Hodensack …

(Tagebuch)

Die Abendroutine begann wie jeden Tag. Um sechs machten wir uns zum Positionswechsel bereit, eine Prozedur, die jetzt am fünfzigsten Tag der Reise noch immer genauso umständlich war wie am ersten. Nach seiner Nachmittagsschicht warf Steve ein schweißgetränktes Handtuch in den vorderen Teil der Kabine, schob dann den Fahrersitz nach vorn und rammte dahinter einen Holzklotz ein, weil ich kürzere Beine hatte. Noch eine Minute Herumgemurkse, dann schoben wir uns auf dem wenigen Platz aneinander vorbei wie zwei Krabben in einem rituellen Tanz. Dabei zerschrammte sich fast immer derjenige, der den Fahrersitz verließ, diesmal also Steve, die Waden an den gezackten Pedalen.

Als der Wechsel vollzogen war, machten wir es uns bequem, um unsere liebste Tageszeit zu genießen. Nach der Nachmittagshitze war die Temperatur jetzt angenehm, eine leichte Brise wehte durch die Luke und kühlte unsere geschundene Haut. Die untergehende Sonne schien einen Moment lang zu verweilen, bevor sie ihre glühende Masse auf ein Kissen tief hängender Wolken senkte, die als graue Schweißnaht den Horizont versiegelte. Der westliche Horizont fing Feuer, bunt schillerndes Licht erstreckte sich weit über unseren Köpfen gen Osten, und in den nächsten dreißig Minuten durften wir eines der eindrucksvollsten Schauspiele der Natur miterleben: weiche Pinselstriche, die über eine Leinwand aus lebender Kunst glitten und ein Meisterwerk nach dem anderen entstehen ließen, bis schließlich die Nacht ihren Vorhang herabsenkte.

Kurz vor sieben schaltete ich das Funkgerät ein. An den meisten Abenden war jetzt, wo wir uns 1500 Seemeilen vom Festland entfernt befanden, fast gar nichts zu hören. Doch da die Wolken im Westen eine Decke boten, an der die Funkwellen abprallen konnten, kam der BBC World Service diesmal stotternd in Gang. Die stündlichen Nachrichten aus London waren die übliche deprimierende Kost: Tschetschenische Rebellen hatten eine Gräueltat verübt, kroatische Serben hatten Bihać mit Granaten beschossen, ein Abkommen zur »geordneten« Ausbeutung der Meere war unterzeichnet worden.

Die einzige positive Nachricht in dem gewohnten Potpourri menschlichen Elends war, dass Bill Clinton zum Thema Autonomie Osttimors gegen Indonesien Position bezogen hatte. »Ich habe bereits 1991«, erklärte er in seinem Südstaatendialekt, »also schon vor dieser Regierungsperiode, die Ansicht vertreten, dass Osttimor in seinen eigenen Angelegenheiten mehr zu sagen haben sollte.«

Ich drehte am Sendersuchlauf und erwischte das Ende von Katie Durhams Wirtschaftsbericht für Voice of America. Es blieben offenbar noch achtzehn verkaufsoffene Tage bis Weihnachten, und eines der meistverkauften Geschenke der Saison in den USA war ein Styroporset, mit dem man Varianten der Todesstrafe nachspielen konnte. Während ich, an der Menschheit zweifelnd, in die Pedale trat, begann Steve mit dem Kochen. Wir aßen nun immer unsere gesamte Ration auf, sogar die sechs Beutel Zucker in jedem Päckchen, auch die ekligen Bonbons mit haufenweise Vitamin C, die Skorbut vorbeugen sollten. Barry Sadlers getrocknete Feigen waren fast alle, und wir beschlossen, den selbst gebackenen Weihnachtskuchen meiner Mutter schon vor dem Fest zu essen. Es war vernünftig, solange wir konnten, bei Kräften zu bleiben und uns darauf zu verlassen, dass später auf der Reise die Nähe des Festlands unsere nachlassenden körperlichen und seelischen Energien stärken würde.

Und doch verloren wir, obgleich wir mehr als 8000 Kalorien täglich zu uns nahmen, immer noch an Gewicht. Der allergrößte psychologische Anreiz aber war der tägliche Mars-Riegel. Ich aß meinen jedes Mal ganz schnell. Je länger ich ihn mir aufzusparen versuchte, desto lauter rief er aus dem Rationspäckchen. Da war es besser, das Ding einfach mit wenigen Bissen hinunterzuschlingen – und fertig. Steve hingegen verzehrte seinen Riegel auf äußerst raffinierte Weise: Erst knabberte er die äußere Schokoladenschicht weg, dann leckte er den Mittelteil aus Karamell ab, und schließlich – ein Finale, das quälend anzusehen war – saugte er die Candy-Creme wie einen Lutscher, bis alles verschwunden war. Er entwickelte eine wahre Meisterschaft, die Sache auszukosten, und dehnte den Prozess auf fünfzehn Minuten oder mehr aus.

»Autsch! Zum Teufel mit dem Scheißding!«

Zum x-ten Mal hatte sich Steve beim Versuch, das Gas mit Feuerstein und Feuerstahl anzuzünden, die Finger verbrannt. Immer noch fluchend, schob er einen Topf mit Instantkartoffelbrei auf den Kocher und wandte seine Aufmerksamkeit zwei Päckchen gefriergetrockneten Rindsgranulats im anderen Topf zu.

Zehn Minuten später war das Essen fertig. Das Servieren war der schwierigste Teil der Nahrungszubereitung. Es geschah am

Boden des Boots, so dass der andere ganz genau zusehen konnte. Es irgendwo anders zu bewerkstelligen stand außer Diskussion. Sogar das Risiko, dass eine Welle über den Bootsrand schlagen und das Mahl ungenießbar machen konnte, nahmen wir zugunsten der Transparenz in Kauf. Um den Verdacht, ich könnte auch nur um eine Winzigkeit betrogen werden, auszuschließen, fügte Steve von seiner Portion noch einen Klacks zu meiner hinzu. Ich würde es genauso tun, wenn ich das nächste Mal kochte.

Er streckte mir einen dampfenden Teller entgegen. Es war ein fader, geschmackloser Fraß, aber trotzdem köstlich. Und es war niemals genug. Wir aßen schweigend, nur das Geräusch der kratzenden Löffel füllte den Äther.

»Hast du oft an Frauen gedacht?«, fragte Steve schließlich.

»Nee«, erwiderte ich mit Kartoffelbrei im Mund. »Hab seit Wochen keinen Steifen mehr gehabt. Und gewichst schon gar nicht.«

Wir litten beide an Seemannsimpotenz, einer Form der erektilen Dysfunktion, die bei Hochseematrosen, die keine Gelegenheit zu sexueller Intimität haben, häufig vorkommt. Das Gehirn leitet den Sexualtrieb dann, dem Überlebensmechanismus folgend, automatisch um, damit die sexuelle Energie für andere, wichtigere Aufgaben zur Verfügung steht.

»Ich auch nicht«, feixte Steve. »Außer einmal, ein paar Tage nach Madeira.«

»Echt? Wie hast du das denn geschafft, du gerissener Mistkerl?«

»Während meiner Nachtschicht. Du hast gerade geschlafen.«

Die *Moksha* war ausschließlich nach Gesichtspunkten der Zweckmäßigkeit eingerichtet, kein Zentimeter war dem Komfort gewidmet, Privatsphäre gab es dementsprechend keine. Selbst das Scheißen war ein Gemeinschaftserlebnis, denn stets hatte dich der andere voll im Blick.

»Hier draußen sind Genitalien sowieso reine Platzverschwendung«, fuhr Steve fort. »Abgesehen vom Pieseln.«

Ich nickte. »Sie sind bloß im Weg. Hätte mir meine in Portugal wegoperieren lassen sollen!«

»Um sie in Miami wieder annähen zu lassen?«

»Klar.«

»Vielleicht bleibst du besser ohne, Jason. Erspart dir Ärger.«

»Halt die Klappe, Scheißkerl.«

Ich sah meinen alten Freund an. Abgesehen von einem zerrissenen roten T-Shirt und einem schäbigen fuchsroten Bart, war er nackt, genau wie ich. So weit vom Festland entfernt hatten Klamotten einfach keinen Sinn mehr – wessen Ärgernis hätten wir auch erregen sollen? Unsere Haut blieb so außerdem trockener und scheuerte sich nicht so leicht wund. Ich sah Steves Körper im Rhythmus der Wellen vor- und zurückschaukeln und registrierte erstaunt, wie mager er wirkte. Seine Augen wurden langsam glasig. Ob ich genauso aussah? Wahrscheinlich.

Steve sieht immer mehr aus wie eine abgenutzte Zahnbürste, schrieb ich an diesem Abend in mein Tagebuch. *Jeden Tag scheinen ein paar Borsten zu fehlen …*

An Gewicht verloren wir nicht nur durch das Strampeln. Durch die Bewegung des Boots verbrannten wir mehr Kalorien, als wir beide wahrhaben wollten, denn jeder Muskel in unserem Körper musste permanent arbeiten, um die Balance zu halten. Ich war mir sicher, dass mein Freund seine Kondition schneller einbüßen würde als ich.

Steve griff in unser Vorratslager und fischte eine Packung gefriergetrockneter Apfelflocken heraus. Mit heißem Wasser aufgegossen, waren diese Trockenfrüchte unser Lieblingsnachtisch. Mir lief vor Vorfreude das Wasser im Mund zusammen.

»Oh nein«, stöhnte Steve, drehte die Tüte um und schüttelte den Kopf. »Martins Witze werden immer übler.«

Er hielt die Tüte hoch, damit ich die Aufschrift lesen konnte. »Jasons Haarschuppen«, stand in rotem Filzstift darauf. Beim Zusammenpacken der Rationen in London hatte Martin auf einige Tüten Witze und aufmunternde Botschaften geschrieben. Gut gemeint, doch seine Bemühungen, uns von den Unannehmlichkeiten der Reise abzulenken, vergrößerten unsere Qualen eher.

Steve öffnete die Tüte und klemmte sie zwischen seinen Schenkeln fest. Während er sie oben mit der linken Hand offen hielt, schüttete er mit der rechten kochendes Wasser aus dem Kessel hinein, wobei er jede Welle mit den Hüften ausglich.

BUMS! Ein außergewöhnlicher Brecher traf mit voller Wucht die Steuerbordseite, und der Inhalt der Tüte ergoss sich in seinen Schoß. Sein Gesicht verzerrte sich vor Schmerz.

»*Auuuuuuscheißeeeeee! Wasser! Schnell!*«

Ich sprang auf die Füße, füllte den Kakaobecher mit Meerwasser und schüttete ihm den Inhalt über die Genitalien.

»Doch kein Salzwasser, du verdammter Idiot! Süßwasser!«

Sein Penis begann Blasen zu werfen, und seine leicht dampfenden Eier glichen Walnüssen, die man in die Mikrowelle gesteckt hatte.

Ich warf ihm meine Wasserflasche zu. »Da, nimm das.«

Er zog die Tülle heraus und drückte. *Pfffffhhht*. Nichts kam heraus, nur ein leerer Furz aus Luft und Blasen. Er starrte mich finster an.

Ich zuckte mit den Schultern. »Salzwasser wird eine Infektion verhindern. Versuch einfach, den Schmerz loszulassen.«

Jetzt rollten meinem Partner Tränen über die Wangen. Vielleicht war es nicht der richtige Zeitpunkt gewesen, David Fontanas Schmerzkontrollstrategien anzupreisen.

»Scheiß auf Infektion!«, heulte Steve, und meine Ahnung bestätigte sich. »Meine verdammten Eier brennen lichterloh! Um Himmels willen, Süßwasser, bitte …«

Ich tastete unter einer der Segeltuchabdeckungen herum und fand den großen, etwa zehn Liter fassenden Behälter, in dem wir unser mit der Wasserentsalzungspumpe gewonnenes Trinkwasser aufbewahrten. Ich öffnete den Deckel und schüttete ihm den Inhalt in einem steten Strahl in den Schoß. Steve schloss erleichtert die Augen.

»Sieht aus wie ein Atomkraftwerk da unten«, kicherte ich mit einer Kopfbewegung auf den aufsteigenden Dampf.

Seltsamerweise musste er über den Witz nicht lachen.

Ein paar Minuten später war der Behälter leer, und das in dreistündiger Arbeit mühsam gewonnene Wasser schwappte in der Bilge. Steves Hochzeitsgerät pulsierte immer noch und war hochrot. Wir brauchten dringend etwas anderes zum Kühlen, wenn der arme Mistkerl je eine Familie gründen wollte.

Ein steifer Ostwind brachte die Lösung.

Steve krabbelte vorsichtig auf das Kabinendach, lehnte sich gegen die Autoreifen und hielt seinen Zauberstab gen Afrika.

»Schnall dich lieber an, damit du nicht über Bord rollst«, sagte ich und zog einen Spanngurt um seine Brust.

Zurück auf dem Fahrersitz, nahm ich die Strampelei wieder auf, während mein Reisegefährte hoch oben auf dem Boot thronte wie eine Jagdtrophäe. Den Rest der Nacht über lauschte ich seinem leisen Stöhnen, und zum ersten Mal seit allzu langer Zeit schämte ich mich. In Momenten wie diesem bekam ich wieder einen Begriff davon, was wirklich zählte. Jedenfalls sicher nicht meine kleinen Kümmernisse – ob er nun den Schokoladebecher auswusch oder nicht oder furzte wie ein Schwein, ohne sich auch nur zu entschuldigen. Was zählte, war, den anderen zuallererst als Mitmenschen zu respektieren und zum Zweiten als Expeditionsgefährten.

Toleranz, Mitgefühl und Verständnis waren schließlich Qualitäten, die im Rahmen der Expedition gefördert werden sollten. Was hatte es für einen Sinn, bei anderen solche Eigenschaften stärken zu wollen, wenn ich sie nicht einmal in mir selbst fand?

*

13. DEZEMBER

Ironischerweise setzte dadurch, dass Steve sich die Hoden verbrüht hatte, zwischen uns Tauwetter ein. Wirklich gebrochen war das Eis, als ich eine Woche später unter der Lagerstätte aus Segeltuch eine Streichholzschachtel entdeckte, in der Cannabis der Sorte Durban Poison versteckt war. Es handelte sich um ein Geschenk von California Carlos, das uns Terrys Schiffszwieback ersetzen sollte – den wir natürlich schon in Lagos restlos verputzt hatten.

Ich sah Steve an. »Haben wir Zigarettenpapier?«

Er grinste wie ein Honigkuchenpferd bei der Aussicht, die Zügel ein wenig schleifen zu lassen, ich ebenfalls. Unsere gusseiserne Routine war einfach zu gnadenlos geworden.*

»Nein. Ich reiße einfach eine leere Seite aus meinem Tagebuch.«

Wir mischten etwas Lipton-Tee dazu und pappten das Ding mit Bostik-Klebstoff zusammen. Das Ergebnis glich eher einer verkümmerten Steckrübe als einem kunstvoll gerollten Joint. Der Effekt war allerdings der gleiche, und ob nun der Kleber oder der Shit das Werk taten, fünf Minuten später waren wir beide total bekifft und kicherten wie Kinder, die hinter dem Fahrradschuppen Zigaretten paffen. Eine dünne Rauchsäule kräuselte sich durch die offene Luke und sammelte sich als fahles Tuch über dem Wasser, das jetzt glatt war wie ein Mühlteich.

Unsere Zungen lösten sich, unsere Gehirne entspannten sich, und schließlich führten wir das längste Gespräch seit unserer Abfahrt aus Portugal.

»Was vermisst du hier draußen?«, fragte Steve.

»Oh … meine Familie, die Freunde, das Lachen. Du?«

»Ganz klar meine Familie.«

Ich dachte einen Augenblick lang nach. »Und worauf freust du dich am meisten, wenn wir das Festland erreichen?«

»Von diesem verdammten Boot herunterzukommen!«

Wir lachten. Es war wie in alten Zeiten, fast fühlten wir uns wieder wie Menschen. Steve sprach liebevoll von dem irischen Mädchen, das er im Sommercamp in Südfrankreich kennengelernt hatte. Eilbhes Liebe zum einfachen Leben, zu Geselligkeit und keltischer Musik hatte offensichtlich großen Eindruck auf

* In Lagos hatte man uns mehrere Flaschen mit Hochprozentigem mitgegeben, doch außer dem Ballantine's, mit dem wir uns alle fünf Längengrade belohnten, hatten wir nichts davon angerührt. Wir waren auch schon so weit ab vom Schuss, dass uns nichts daran lag, den Kontakt zur Realität zu kappen. Eher bemühten wir uns rund um die Uhr, nicht den Kopf zu verlieren. An diesem Tag war die See ruhig, es konnte kaum etwas schiefgehen – eine einmalige Gelegenheit für das Durban Poison.

ihn gemacht. Es klang, als sei sie der Inbegriff des irischen Kobolds, das schelmische Gegenstück zu dem eher ernsten, zurückhaltenden Steve.

»Ich überlege, Fiddle spielen zu lernen«, sagte er strahlend.

»Oh nein«, stöhnte ich. »Bitte nicht. Jedenfalls nicht, bevor wir den Pazifik überquert haben.« Ich erzählte, dass ich in der Schule Stunden auf dem Instrument genommen hätte. »Aber nach vier Jahren klang es immer noch so, als würde man einen Kater kastrieren. Und dir liegt die Musik nicht gerade im Blut, Steve!«

Zum ersten Mal redeten wir offen und ehrlich miteinander über diese Reise und gaben zu, was uns am meisten zu schaffen machte: der Mangel an emotionalen Stimuli, die eingeschränkten Bewegungsmöglichkeiten. Unsere Rückenmuskeln waren von dem dauernden Herumsitzen völlig verkümmert. Würden wir, wenn wir endlich an Land waren, überhaupt noch gehen können?

Auch andere Organe litten durch ihren mangelnden Gebrauch. Gerade an diesem Morgen hatte ich einen Großen Roten Drachenkopf vorbeischwimmen sehen, mit glänzenden Flossen und bunten Stacheln.

»Dann habe ich noch mal hingeguckt. Und gemerkt, dass es bloß ein alter Flip-Flop war.«

Wir sinnierten eine Weile darüber, wie sich unsere Wahrnehmung füreinander und die Welt um uns herum verzerrt hatte. Wir hatten sogar schon Halluzinationen.

»Dachte neulich nachts, ich hätte eine Polizeisirene gehört«, sagte Steve kopfschüttelnd und lächelnd. »Auch eine Party. Ich hörte Leute reden, Gläser klirren …«

Das Spektrum unserer Sinneswahrnehmungen hatte sich deutlich reduziert. Wir sahen nur die Farben des Meeres, Blau, Weiß und Stahlgrau in allen Schattierungen. Kein Rot, kein Gelb. Geräusche und Gerüche waren ähnlich vermindert, und inzwischen passierten manchmal seltsame Dinge: Wir sichteten Wunderliches, hörten Eigenartiges – so, als würden unsere ausgehungerten Hirne, die es an Land gewohnt waren, riesige Informationsmengen zu verarbeiten, kompensatorisch die Lücken füllen und Dinge *erschaffen*, die gar nicht da waren.

Eine Woche zuvor hatte ich zum Beispiel in einer sich brechenden Welle ein runzeliges Altmännergesicht mit weißem Bart gesehen. Einen Sekundenbruchteil später setzte die rationale Erkenntnis ein und korrigierte: Es war nur ein Muster gewesen, das sich im weißen Schaum gebildet hatte. Etwas Ähnliches passierte am Tag darauf, als der Geruch nach Eiern mit Speck so real war, dass mir das Wasser im Mund zusammenlief. Wie sich herausstellte, war der Entstehungsort des Dufts eine Segeltuchplane, die der Gaskocher angesengt hatte. In derselben Nacht hörte ich in der Dunkelheit ein Kind nervtötend schreien – dabei heulte nur der Wind durch die Aluminiumlamellen des Radarreflektors.

Gemeinsamer Nenner war, dass etwas verwechselt wurde: Das Gehirn interpretierte die Welt mit falschen Labels. Im Falle des alten Mannes wanderten die rohen Sinnesdaten als elektrochemische Impulse vom Auge zum Sehzentrum, das ihnen, verlangsamt durch den Mindergebrauch, kurzzeitig das falsche Bild zuordnete. Der Fehler wurde rasch entdeckt, schnell eine Korrektur vorgenommen und die richtige Version der Realität dem Bewusstsein zugänglich gemacht.

Diese Theorie brachte uns dazu, über Meerjungfrauen zu spekulieren. Auch die Matrosen im goldenen Zeitalter der Windjammer waren auf langen Reisen mentaler Verödung ausgesetzt gewesen. Ein heimwehkranker Matrose mag im Wasser etwas Vertrautes gesehen haben, das ihn womöglich an eine schmerzlich vermisste Liebste erinnerte. Bevor der Geist die Zeit hatte, das zu korrigieren, war die dramatische Sichtung auch schon lauthals kommuniziert. Seine Kameraden, die nichts weiter wahrnahmen als Wasser, verspotteten dann sicher den armen Wirrkopf, der Angst bekam, als kompletter Idiot zu gelten. Anstatt zuzugeben, dass langsam die Birne weich wurde, war es in diesem Fall sicher besser, an der Originalgeschichte festzuhalten, sie gar noch ein wenig auszuschmücken und hinzuzufügen, dass die Erscheinung so schnell wieder verschwunden war, weil sie einen Fischschwanz hatte.

*

Unsere Flitterwochen waren leider rasch vorüber. Ein weiterer Zwischenfall sorgte dafür, dass wir einander schon wenige Tage später wieder an die Gurgel gingen: Auslöser war diesmal Steves Vorschlag, einen Umweg über die Virgin Islands zu machen. Zwei Freunde von ihm, Tanya und Tubes, betrieben dort ein Wassersportunternehmen. Seine Idee war, einen Zwischenstopp einzulegen, bevor wir die USA erreichten, und schon mal die Medien aufzuscheuchen. »Sonst werden wir in Miami einlaufen«, argumentierte Steve, »ohne dass irgendwer Bescheid weiß.«

Damit hatte er recht. Nur wenn über uns in den Medien berichtet wurde, konnten wir die Sponsorengelder auftreiben, die wir brauchten, um die Expedition fortzusetzen. Doch nachdem ich Pros und Kontras abgewogen hatte, kam ich zu dem Schluss, es lohnte sich nicht. Die Britischen Jungferninseln lagen 250 Seemeilen südlich – wir mussten also unseren bisherigen günstigen, weiter nördlich verlaufenden Kurs aufgeben, den zu halten wir uns so abgemüht hatten. Wenn wir es nicht wieder zurück auf unseren jetzigen Breitengrad schafften, würden wir an den USA vorbeifahren und uns gezwungen sehen, Kurs auf Mittelamerika zu nehmen.* In Ländern wie Honduras oder Guatemala würden wir ohne Geld nicht lange durchhalten. Angesichts der dort herrschenden Armut konnten wir kaum Spenden erwarten, und die Expedition würde scheitern.

Außerdem hatte ich einen Verdacht. Die Virgin Islands lagen für uns sehr viel näher als Miami, und ich war überzeugt, dass Steve dort eine Ausrede finden würde, um die Fahrt vorzeitig abzubrechen. Er hatte zum Ausdruck gebracht, wie sehr er das Leben an Bord inzwischen hasste, hatte es gar mit einem Schüleraustausch verglichen, den er als Vierzehnjähriger in Frankreich hatte durchleiden müssen. Entfremdet, heimwehkrank und unglücklich bis zur Verzweiflung, hatte er sich damals in sein Schneckenhaus zurückgezogen und war innerlich erstarrt.

---

* Etliche erfahrene Seeleute hatten uns prophezeit, wir würden vor Barbados landen, 300 Seemeilen südlich der Virgin Islands.

»Ich bin dafür, auf Kurs zu bleiben«, erklärte ich entschieden und äußerte noch einmal meine Befürchtungen, zu weit südlich zu geraten. »Medienberichterstattung wäre schön, aber dafür unsere Chance, nach Nordamerika zu gelangen, aufs Spiel zu setzen, ist ein zu großes Risiko. Findest du nicht auch?«

Steve war nicht meiner Meinung, und ein langwieriger Streit brach aus.

Am nächsten Morgen machte ich gerade unseren Haferbrei warm, als mir etwas ins Auge stach. Die backbord im Seitennetz steckende Karte hatte während der Nacht eine Korrektur erfahren – eine schwache Bleistiftlinie verband unsere Position mit den Virgin Islands. Ist das bloß Zufall, fragte ich mich? Steve hatte den Kurs geändert und strampelte nun 310 Grad statt wie bisher 280 Grad. »Weil wir momentan nicht nach Süden getrieben werden«, erklärte er. Seine Laune hatte sich gebessert, und statt seiner üblichen zweiundvierzig schaffte er nun über fünfzig Kurbelumdrehungen pro Minute. War auch das bloß Zufall?

Ich hörte auf, den Brei umzurühren. »Also, ich habe mal eine Frage. Würdest du gern bei Tanya und Tubes vorbeischauen?«

»Sehr gern sogar!«, erwiderte Steve fröhlich. Ein bisschen zu fröhlich, dachte ich. Die Beweislast war erdrückend: der geänderte Kurs, die erhöhte Trittfrequenz, die Linie auf der Karte und jetzt auch noch ein Geständnis. Wut stieg in mir auf, schnürte mir die Kehle zu und trieb mir das Blut in die Wangen.

Ich richtete den Zeigefinger auf ihn. »Du steuerst die Virgin Islands an, stimmt's?«

Steve sah mich erschrocken an. »Nein! Das würde ich nie tun, ohne mich mit dir abzusprechen, Jase!«

»Was ist dann dein Ziel? Wo kommt plötzlich die gute Laune her? Gestern hast du noch gesagt, du würdest nur wegen der Sponsorengelder auf die Inseln fahren wollen. Jetzt sagst du, du möchtest gerne dorthin. Du hast dir gerade selbst widersprochen!«

»Ich habe die Linie nur als … als theoretische Markierung gezogen«, stammelte er. »Für den Fall, dass sich die Bedingungen ändern und wir sowieso in die Richtung geraten.«

»Was soll das heißen, *geraten*? Wir könnten auf jede von diesen unzähligen Karibikinseln geraten. Gib doch einfach zu, dass du schon entschieden hast, zu den Virgin Islands zu fahren, ob ich nun will oder nicht!«

Steve öffnete den Mund, um sich zu verteidigen, aber ich war voll in Fahrt. »Na schön!«, brüllte ich. »Das war's. Jetzt will ich auf gar keinen Fall mehr dorthin!«

Wir funkelten einander an. Es juckte uns beide, eine Prügelei anzufangen. Ohne meine Augen von ihm abzuwenden, aß ich meinen Porridge auf, stach regelrecht auf das Zeug ein und schaufelte es mir in den Mund. Steve strampelte weiter, die leere Schüssel in der Hand wie einen japanischen Wurfstern.

Er hielt mich mit einem durchdringenden Blick fixiert, schob den Unterkiefer vor und sagte: »Ich glaube kaum, Jason, dass du aus *irgendeinem* Grund meiner Idee zugestimmt hättest.« Er hob nun ein wenig das Kinn. »Du hast nur etwas dagegen, weil es *meine* Idee war.«

»Quatsch mit Soße!«

Wir waren beide wieder auf hundertachtzig, vierzehn Tage unterdrückten Grolls brachen sich Bahn. All die heruntergeschluckten Kränkungen flogen in wütenden Salven hin und her.

Es war schließlich Steve, der uns vom Abgrund zurückriss. »Hör mal, Jason. Ich gebe dir mein Wort, dass ich nie auf die Inseln wollte, um an Land zu kommen.«

Was sollte ich darauf sagen? Das musste ich natürlich akzeptieren. Aber in meinem Kopf wirbelten immer noch finstere Gedanken herum wie Trümmer in einem Tornado. Tatsache war, dass ich nicht mehr wusste, was ich glauben sollte.

»Ich muss deine Argumente, weiter nördlich bleiben zu wollen, infrage stellen«, fügte er wenig später hinzu. »Das ist kein gutes Vorzeichen für den Rest der Expedition.«

Kein gutes Vorzeichen für den Rest der Expedition?, dachte ich finster. Verdammte Frechheit!

»Ich werde … so tun, als hätte ich diese Bemerkung überhört«, sagte ich und wandte meinen Kopf zur Seite, sah aufs Meer. Vor Wut brachte ich die Worte kaum heraus.

Am nächsten Tag, als ich meinen Zorn einigermaßen gebändigt hatte, beschloss ich, auf Distanz zu gehen und zu analysieren, was die wahre Ursache unserer Auseinandersetzung war. Handelte es sich bloß um natürliches Konkurrenzverhalten, wie ich beim Radeln durch Europa angenommen hatte? Oder verstärkte das Zusammenleben auf so engem Raum Aggressionen? Studien mit Laborratten hatten einen Zusammenhang zwischen Käfiggröße und Verhalten nachgewiesen. Wird der Lebensraum auf unter achtzehn Quadratzentimeter pro Tier reduziert, nehmen die Feindseligkeiten zwischen den Käfiggenossen deutlich zu.

Zweifellos spielten noch andere Faktoren eine Rolle. Da ich beschlossen hatte, mich ganz und gar in die Natur zu versenken, war ich dementsprechend verschlossen und dadurch ein schlechter Gefährte und Teamplayer. Zudem fiel es Steve schwerer, sich an das Leben auf See zu gewöhnen, als er gedacht hatte. Wie wir jetzt herausfanden, bestand die Realität einer Expedition – insbesondere einer Atlantiküberquerung mit Menschenkraft – aus wenig mehr als tagtäglicher Plackerei. Sich kalt, nass und seekrank zu fühlen hatte nichts Romantisches. Erst viel Zeit und noch mehr Vergessen würden diese Erfahrungen mit einem Hauch von Nostalgie und Abenteuer versehen.

Aber da war noch etwas.

Steves Führungsallüren erinnerten mich an die vier Monate, die ich in einem Ausbildungslager der Armee in Yorkshire verbracht hatte. Schon als Neunzehnjähriger hatte ich es gehasst, Befehle entgegenzunehmen, und ich hasste es immer noch. Diese Aversion stammte aus meiner frühen Kindheit. Mein Vater war ein einwandfreier Familienversorger, und ich als sein Sohn zweifelte niemals an seiner Liebe zu mir. Aber seine autoritäre Erscheinung als Berufsoffizier beim Royal Tank Regiment, dem ältesten Panzerregiment der Welt, und meine angeborene Abneigung gegenüber Autorität passten zusammen wie Feuer und Eis.

Der arme Steve konnte es nicht wissen, aber er wurde, ohne es zu wollen, zu meinem Ersatzvater, und ich verabscheute ihn ungewollt dafür.

Mit einem hatte er recht. Die Atlantiküberquerung war ein Test für den Rest der Expedition, und das schwindende Vertrauen zwischen uns verhieß nichts Gutes. Wenn ich es nicht schaffte, meine philosophischen Untersuchungen besser in unser Zusammenleben zu integrieren, und wenn Steve sich nicht mit einem Dasein an Bord aussöhnte, würden wir spätestens auf der dreimal so langen Pazifikstrecke in größte Schwierigkeiten geraten.

*

Das Getriebe, dessen Aufgabe es war, die Kurbelbewegung um neunzig Grad auf die Schraubenwelle umzulenken, gab plötzlich in unregelmäßigen Abständen einen hohen Heulton von sich, so als spürte es, dass schlechte Stimmung in der Luft lag. Man hatte uns versichert, dass das für industrielle Hochgeschwindigkeitsanwendungen konzipierte Bauteil sehr viel mehr verkraften könne als unsere niedrigen Umdrehungszahlen. Aber irgendwie hatte sich die Antriebsachse gelockert und die Dichtung ruiniert, sodass kostbares Schmierfett austrat. Die Lager würden ohne Schmierung nicht lange überleben, und da es sich um ein abgedichtetes Bauteil handelte, ließ sich auch nichts ersetzen.

Steve schlug vor, oben in das Gehäuse ein Loch zu bohren, um einen Schmiernippel anzubringen. Ich war davon nicht überzeugt. Für das Getriebe gab es keinen Ersatz, wir konnten uns keinen Fehler erlauben. Was war, wenn wir beim Bohren etwas vermurksten und die Zahnräder beschädigten? Dann wären wir gezwungen, die Ruder zu benutzen – der Katastrophenfall, den es unter allen Umständen zu vermeiden galt …

»Ich denke, wir bohren nur dann ein Loch rein, wenn das Geräusch schlimmer wird«, sagte ich.

Steve starrte mich ungläubig an. Sein Gesichtsausdruck sagte alles: »Gerade hast du wieder eine Idee torpediert, bloß weil sie von mir war …«

Stimmte das? Es war inzwischen schwer, objektiv zu sein, kritische Entscheidungen wie diese frei von emotionalen Verzerrungen zu treffen.

Später, als Steve schlief, probierte ich mit einer weniger brachialen Methode, Schmiermittel in die Lager zu bringen: Ich ließ Olivenöl an einem Baumwollfaden aus dem Nähzeug durch die winzige Lücke in der gebrochenen Dichtung laufen. Wenn ich ein paar Tropfen hineingelassen hatte, drehte ich die Pedale, dann wiederholte ich die Prozedur und so weiter. Olivenöl war nicht das Schmiermittel der Wahl, aber die einzige andere Option wäre Sonnencreme gewesen. Das Quietschen wurde leiser. Dann hörte es ganz auf. Aber für wie lange?

*

HEILIGABEND 1994

Heimweh überkam uns, als wir den Weihnachtsgottesdienst aus dem King's College in Cambridge hörten – süßliche Harmonien, die dank der Radiowellen des BBC World Service ihren Weg zu uns fanden. Zu Hause saßen unsere Familien jetzt am offenen Kamin und rösteten Kastanien. Unter mit Lametta und Kerzen geschmückten Weihnachtsbäumen lagen bunt verpackte Geschenke. In der Glotze lief *Der Zauberer von Oz*. Ob uns unsere Lieben ebenso vermissten wie wir sie? Natürlich. Nicht zum ersten Mal seit der Abreise aus Lagos sahen Steve und ich einander an und hatten den gleichen Gedanken.

Was zum Teufel machen wir hier?

Ich war an der Reihe mit einer längeren Pause im Rattenloch. Bevor ich hineinschlüpfte, spähte ich durch das vordere Fenster. Ein seltsames Lichtmuster tanzte am Horizont.

»Schiff im Südwesten«, sagte ich.

Steve machte gerade eine Strampelpause, die Arme verschränkt, die Beine reglos. »Das beobachte ich schon seit einer Weile. Es scheint sich nicht zu bewegen. Die Lichterführung ist auch komisch.«

Er griff nach der laminierten Navigationskarte, die im Netz über seinem Kopf steckte.

»Rot über Weiß über Rot bedeutet ›Wasserfahrzeug mit eingeschränkter Manövrierfähigkeit‹. Ich behalte es im Auge. Schlaf ein bisschen, Jase.«

Ich war sofort weg, sobald mein Kopf das Kissen berührt hatte, und träumte bereits von dem köstlichen Weihnachtsessen, das wir für den nächsten Tag geplant hatten: fades Hammelgranulat, in Wasser aufgeweicht, und dazu Instantkartoffelbrei.

Als der Morgen graute, war das Schiff immer noch da, bloß näher, und zeigte die Tagesversion der gleichen Lichteranordnung: ein schwarzer Ball über einem schwarzen Rhombus über einem schwarzen Ball.

Steve sah erschöpft aus. Nachdem er bis drei Uhr früh getreten hatte, hatte er sich auf dem Boden zusammengerollt und versucht, ein paar Stunden Schlaf zu bekommen, Arme und Beine um die Pedaleinheit gewunden. Zu allem Unglück hatte es auch noch die ganze Nacht über geregnet. Wir murmelten einander »Frohe Weihnachten« zu und tauschten die Plätze. Es war der 25. Dezember 1994, Tag neunundsechzig unserer Reise.

Da der Weihnachtskuchen meiner Mutter schon aufgegessen war, würde sich der Tag durch nichts von anderen unterscheiden. Eine Zeit lang gelang es uns, ein bisschen Weihnachtsfreude aufrechtzuerhalten, indem wir an die beiden *Mrs. Peek's Christmas Puddings* dachten, die unter der Lagerstätte versteckt waren. Allerdings nur, bis wir sie hervorzogen und feststellten, dass sie platt waren wie Flundern, nachdem wir zweieinhalb Monaten darauf geschlafen hatten.

Wir frühstückten – die gleichen Haferflocken wie jeden Morgen – und starrten gedankenverloren zu dem mysteriösen Schiff hinüber, das sich nur zweieinhalb Seemeilen südöstlich von uns befand. Einer der riesigen weißen Schornsteine trug die Aufschrift »AT&T«. Amerikanisch. Hatten sie gestoppt, um Weihnachten zu feiern?

Bisher hatten wir keine Lust gehabt, in Kontakt mit anderen Schiffen zu treten. Eine Woche zuvor war ein Erzfrachter vorbeigekommen, ein hässliches Ding mit Roststreifen, aus dessen

Schornsteinen Säulen schwarzen Rauchs aufstiegen. Wir hatten das Funkgerät nicht eingeschaltet. Der Gedanke, ein fremdes Objekt könnte in unser kleines Privatuniversum eindringen, schüchterte uns ein – wir lebten auf der *Moksha* inzwischen wie auf einer Insel.

Aber heute war alles anders. Es war Weihnachten. Ein Schiff, das sich nicht bewegte, befand sich nur einen Steinwurf entfernt. Wichtiger noch, es war ein amerikanisches Schiff und wahrscheinlich bis dicht unter die Ladeluken mit Leckereien vollgestopft. Was wollten wir mehr? Dass es mit einer roten Schleife geschmückt wäre und livrierte Kellner über das Wasser gelaufen kämen, um uns das Weihnachtsessen auf einem Silbertablett zu servieren?

Steve und ich sahen einander an und grinsten, jenes »Wehe dir!«-Grinsen, das einmal zu dem verbrühten Schwanz und den brenzligen Eiern geführt hatte.

Plötzlich erwachte das Funkgerät zum Leben und überraschte uns mit einer »Warnung auf allen Kanälen«. Ein Kabelleger reparierte in der Gegend Unterwasser-Telekommunikationskabel. »Alle anderen Wasserfahrzeuge haben auf Abstand zu bleiben«, bellte die Stimme.

Das musste es sein.

Steve entriegelte das Handmikrofon und sprach mit abgehackter Förmlichkeit. »USCS *Charles L. Brown* – hier Tretboot *Moksha, Moksha. Over.*«

Nichts.

Beim dritten Versuch verlangte eine Südstaatlerstimme, ohne sich um die Funketikette zu scheren, barsch eine Identifikation.

»USCS *Charles L. Brown*«, erwiderte Steve. »Wir sind ein in Großbritannien registriertes und mit Menschenkraft betriebenes Acht-Meter-Boot auf dem Weg nach Miami, inzwischen seit sechsundneunzig Tagen. Unser einziger Antrieb ist Pedalkraft. *Over.*«

Die Stimme ertönte erneut, dieses Mal klang sie aufgebracht.

»Bist du das wieder, George, aus dem Maschinenraum? Hör auf damit, alter Knabe. Kanal sechzehn ist nicht für blöde Weihnachtswitze da. Und überhaupt, dein britischer Akzent geht mir auf den Geist.«

Steve probierte es erneut. »Captain, schauen Sie über Ihre Steuerbordseite, dann werden Sie uns sehen.«

Einige Sekunden herrschte Stille. Dann: »Ähh … verstanden … *Mucksow*. Wie können wir helfen?«

Eine halbe Stunde später kletterten wir eine Strickleiter hinauf, die an einer zehn Meter hohen Stahlwand baumelte. Die »*Mucksow*« sicherten wir durch zwei riesige Fender, die Matrosen herunterließen.

Steve hatte sich absichtlich so geäußert, dass Raum für Interpretationen blieb: »Wir würden schrecklich gern ein bisschen Weihnachtsfreude mit euch Jungs erleben.« Das hatte dann auch prima funktioniert. Captain Dooley hatte uns die Erlaubnis erteilt, an Bord zu kommen, während seine Leute noch damit beschäftigt waren, Seekabel zwischen Europa und Nordamerika zu spleißen. Oben angekommen, schwangen wir die Beine über die Reling und versuchten zum ersten Mal seit Madeira zu gehen. Mehrere Crewmitglieder in roten und blauen Overalls hatten sich zur Begrüßung versammelt. Als ich mit dem rechten Fuß einen Schritt nach vorn machte, drehte er sich im Halbkreis eines Pedalwegs. Mein linker Fuß wollte die Umdrehung komplett vollführen, und ich landete auf den Knien.

»Wir haben von allen hier die kräftigsten Beine«, lachte Steve, »aber wir brauchen einen Rollator.«

Ich probierte es erneut. Dieses Mal gelang es mir, drei Schritte zu taumeln, bevor der Drang, in ein Pedal zu treten, einsetzte. Gehen fühlte sich so verdammt seltsam an! Ungepflegt, nur mit Lumpen bekleidet, salzverkrustet und übersät von Salzwassergeschwüren, müssen wir ausgesehen haben wie zwei gehbehinderte Piraten mit Beulenpest.

Ein Mann in weißem Overall trat vor und stellte sich als Erster Offizier vor. »Nennt mich einfach Ken«, fügte er hinzu und wedelte lässig mit der Hand.

Ken, ein Mann mit Kanonenkugelkopf und väterlichem Gesichtsausdruck, erzählte, er habe sein ganzes Leben auf See verbracht. »Dachte, ich hätte schon alles gesehen«, lachte er rau in sich hinein, »bis ihr Jungs aufgetaucht seid. Wie in Gottes Namen kommt ihr darauf, über den Atlantik zu strampeln?«

Eine ausgezeichnete Frage. Während Steve sein Bestes gab, um sie zu beantworten, führte uns Ken in die Messe, in der sich ein weiß gedeckter Tisch unter einer orgiastischen Fülle sinnlicher Genüsse bog. Körbe mit frisch gebackenem Brot. Gekühlte Butterstückchen. Eine Flasche Châteauneuf-du-Pape Blanc 1990. Und die Krönung von allem: zwei Teller, auf denen sich Putenbrust, Rosenkohl, Bratkartoffeln und Füllung türmten – alles zugedeckt von dicken Schichten dampfender Soße.

Steve brach beinahe in Tränen aus.

»Ich habe es mir anders überlegt«, sagte ich und schob meinen Teller weg. »Ich will mir nicht den Appetit auf das Hammelgranulat verderben. Du kannst meine Portion auch noch haben, wenn du willst.«

Mit einem Blick, als hätte ich den Verstand verloren, langte Steve über den Tisch und spießte sich eine Scheibe Truthahn von meinem Teller mit seiner Gabel auf.

»Nicht!«, schrie ich und schlug seine Hand weg.

Die Versuchung, auf alle Werkzeuge zu verzichten und zur Etikette des Höhlenmenschen zurückzukehren und uns Gesicht voraus in den himmlischen Berg festlichen Futters fallen zu lassen, war überwältigend. Aber wir befanden uns ja in Gesellschaft.

Zwei Matrosen, Robin und Larry, saßen uns gegenüber und fragten uns über die Reise aus. Ihnen zu antworten erwies sich als Multitaskingalbtraum: gleichzeitig essen und reden. Für beide Tätigkeiten braucht man dieselbe Körperöffnung, und es entstand ein Engpass, wenn Nahrung hineinkam und Worte hinauswollten. Beides traf sich in der Mitte, und es entstand ein im Schmatzen untergehender Wirrwarr aus halb verschluckten Worten und stummem Kauen.

Doch trotz dieses oralen Handicaps verschlangen wir wie in Trance all die ungewohnten Konsistenzen und Geschmäcker, und das Essen verschwand im Handumdrehen. Als wir die letzten Krümel von unseren Tellern kratzten und die übrig gebliebenen Brötchen in die Taschen stopften, kam Ken von der Brücke zurück.

»Würdet ihr Jungs vielleicht gern heiß duschen?«

Die ersten Sekunden, in denen mir das heiße Wasser über das Gesicht strömte, waren pure Euphorie. Den Mund in verzückter Wonne weit geöffnet, spülte ich das Salz von meiner Haut. Ich kam mir dabei vor wie eine Schlange, die sich häutet. Und die Schwelgerei war noch nicht zu Ende. Nachdem wir uns mit Handtüchern abgetrocknet hatten, die größer waren als Australien und weicher als ein sanfter Schlummer, hatte Santa Ken noch eine weitere Überraschung im Sack.

»Der Käpt'n will euch beiden ein Geschenk von AT&T machen. Einen Anruf zu Hause.«

Wow! War das hier das Schiff der Träume, oder was?

Oben im Kommandoraum stellte der Nachrichtenoffizier für uns beide nacheinander eine Verbindung her. Unsere Familien hatten seit Madeira kein Lebenszeichen mehr von uns erhalten. Wie würde es für sie sein, einen Anruf mitten vom Atlantik zu bekommen?

Die Satellitenkommunikation, die es erst seit vergleichsweise kurzer Zeit gab, erwies sich allerdings zunächst eher als Hürde zwischen mir und meiner Mutter.

»Hallo … Mama? Frohe Weihnachten!«

»Wer ist denn dran?«

»Jason.«

»Wer?«

»Jason, dein Sohn.« Vielleicht klang meine Stimme durch die Komprimierung anders?

»Das ist unmöglich«, sagte sie kategorisch. »Er ist mitten auf dem Atlantik.«

»Genau! Wir sind auf einem amerikanischen Kabelleger und dürfen netterweise das Satellitentelefon benutzen.«

Pause. Ich hörte meine Mutter im Hintergrund mit meinem Vater flüstern, etwas in dem Sinne, einer von Jasons schrecklichen Freunden spiele ihnen einen Streich.

»Mutter, ich bin's wirklich!«

Schließlich dämmerte es ihr. Sie begann vor Aufregung zu quietschen. »Oh, oh, oh, oh!«

Als wir fertig waren, kam von der Brücke die Nachricht, das Glasfaserkabel sei repariert und das Schiff könne weiterfahren. All die Menschen in der westlichen Welt konnten jetzt ihren Freunden und Verwandten jenseits des Atlantiks frohe Weihnachten wünschen. Unsere *Alice-im-Wunderland*-Episode hingegen war zu Ende.

Steve und ich dankten unseren Weihnachtsengeln für ihre Gastfreundschaft, um anschließend über die Strickleiter wieder hinunterzuklettern auf die *Moksha*, die auf den Wellen schaukelte.

»Pssst! He, Jungs ...«

Es war George, der boshafte Witzbold von einem Ingenieur, der sich aus einem der Bullaugen lehnte. In den Händen hielt er ein braunes, mit Schnur gesichertes Paket.

»Dachte mir, ihr könnt da draußen ein bisschen leichte Lektüre gebrauchen«, sagte er augenzwinkernd.

Das Päckchen kam durch die Luft gesegelt und landete mit einem dröhnenden Aufschlag auf dem Boden des Boots.

Als wir es später öffneten, fanden wir nichts besonders Interessantes. Nur die letzte Ausgabe des *Economist*, den *Miami Herald* von vor einer Woche und darunter einen großen Stapel Pornohefte.

*

Mit meinen »heißen Worten« kam ich unvermeidlich auch bei dem Wort *Wahrheit* an. Gab es da, so fragte ich mich, wie bei dem Wort *Verstehen* eine rationale und eine intuitive Bedeutung? Und wenn ja, glich die rationale Version der Wahrheit im Sinne Thoreaus jener höchsten Wahrheit, nach der ich auf der Suche war?

Das Lexikon wollte mich das glauben machen – es definierte *Wahrheit* als »das Übereinstimmen einer Aussage oder Behauptung mit der Wirklichkeit«. Mit anderen Worten: Wahrheit war etwas Feststehendes und Unveränderliches, unabhängig von den subjektiven Launen des menschlichen Bewusstseins und beweisbar allein durch wissenschaftliche Beobachtung – so wie ein Hund ein warmblütiges, fleischfressendes Tier mit Fell und Schwanz ist, das auf allen vieren läuft. Derartige Charakteristika waren unveränderlich, ihr »Realsein« über jeden rationalen Zweifel hinaus erwiesen durch die Messung von Puls, Körpertemperatur und anderer offenkundiger Kriterien.

Und doch hatte einer der Gründungsväter wissenschaftlichen Denkens einst erklärt: »Höchste Aufgabe der Physiker ist also das Aufsuchen jener allgemeinsten elementaren Gesetze, aus denen durch reine Deduktion das Weltbild zu gewinnen ist. Zu diesen elementaren Gesetzen führt kein logischer Weg, *sondern nur die auf Einfühlung in die Erfahrung sich stützende Intuition.*«

Albert Einstein zufolge – der mit seiner Überzeugung nicht allein war – standen harte wissenschaftliche Fakten und die mit ihnen verknüpften Wahrheiten nicht im Widerspruch zu subjektiven Erfahrungen, sondern wurden in Wirklichkeit durch diese geschaffen (oder entdeckt, je nachdem, welcher Denkschule man anhängt).* Andererseits behauptete die institutionalisierte Wissenschaft, dass die die Realität untermauernden Gesetze erst Wahrheit wurden, nachdem sie unter dem Mikroskop betrachtet worden waren.

Also, was war nun richtig?

Die höchste Wahrheit existierte, aber ihre Quelle war strittig. Vielleicht war es ein Benennungsproblem, ähnlich der Situation vor ein paar Tagen, als ich einen Flip-Flop für einen Drachenkopf gehalten hatte. Der Fisch war mir ziemlich real erschienen, zumindest für den Bruchteil einer Sekunde. Doch indem er sich in einen Flip-Flop verwandelte, hatte er gezeigt, dass Realität nur

---

* Der englische Autor Gilbert Chesterton erklärte Anfang des 20. Jahrhunderts: »Mit Logik kann man nur dann zur Wahrheit gelangen, wenn man sie bereits ohne gefunden hat.« Ähnlich äußerte sich der französische Mathematiker Henri Poincaré im 19. Jahrhundert: Er gab zu, die Lösungen für mathematische Probleme meist mit seinem präintellektuellen Selbst unterhalb der Bewusstseinsschwelle zu spüren, bevor die rationale Seite zu wirken begann. Darum, so argumentierte er, sei eine »Kristallisation« vonnöten, um solche Episoden intuitiver Erweiterung des Denkens auszulösen, die schließlich zum empirischen Verständnis von Phänomenen führe.

eine willkürliche Kennzeichnung ist, die in der Sehrinde entsteht, weil das Gehirn elektrochemische Impulse interpretiert, die den Sehnerv entlangströmen. In diesem Sinn erschafft das »Ich« die Welt um uns her.

Dementsprechend war Einsteins Formel $E = mc^2$ nur ein Etikett, das er erfand, um die verschiedenen mit seiner Relativitätstheorie verbundenen Phänomene darzustellen. Mathematische Symbole waren der reinste Weg, seine subjektiven Enthüllungen mit der äußeren Welt zu teilen und sie dabei in objektive wissenschaftliche Wahrheiten zu übersetzen.

Konnte das die Quelle der Verwirrung sein? Worte, Bilder, Symbole und Formeln waren wirkende Kräfte der Wahrheit, aber nicht die höchste Wahrheit selbst. Sie waren Mechanismen, um die Wahrscheinlichkeit zu vermitteln, dass Phänomene sich in bestimmter Weise verhalten – und wurden dadurch zu Gesetzen, die jedoch einer tieferen Schicht von Verstehen untergeordnet blieben, da nur subjektives, intuitives Erleben Zugang zu ihnen hatte. Im Lauf der Jahrhunderte hatten die beiden Wahrheiten sich vermischt und waren nun nicht mehr auseinanderzuhalten. Die äußere Verpackung war genauso wichtig, wenn nicht sogar wichtiger als die zugrunde liegende Form, die sie darstellte.

*

15. JANUAR

Tag neunzig der Reise bedeutete zweierlei: Wir waren seit einem Vierteljahr auf See, und wir hatten nur noch Vorräte für vierzehn Tage. Da nach meiner Rechnung die Überfahrt nicht länger als drei Monate dauern konnte, hatte ich das Boot mit Essen für 106 Tage ausgerüstet, also 20 Prozent Notreserve. Jetzt würden wir jedes Krümelchen brauchen, um auch nur die Bahamas zu erreichen, die immer noch über 1000 Seemeilen entfernt waren.

Wir diskutierten, ob wir unsere Rationen halbieren sollten. Der Grund, der aus meiner Sicht dafürsprach – obwohl es bedeutet hätte, dass unsere ausgemergelten Körper anfangen würden, Muskelmasse zu verbrennen –, war, auch nach dem 106. Tag noch am Leben zu bleiben. Steve fand die Idee nicht besonders gut. Seine Einstellung dazu war die gleiche, die uns den Weihnachtskuchen schon vorher hatte verzehren lassen: so lange wie möglich so stark wie möglich zu bleiben und zu hoffen, dass sich vor Tag 107 irgendeine andere Möglichkeit ergab, uns neu zu verproviantieren.

Naheliegend war jedenfalls, mehr zu angeln. Die *Moksha* war angesichts der vielen herumschwimmenden Doraden eine mobile Sushi-Bar; sie benutzten das Boot als Ausgangsbasis für Beutezüge unter den Schwärmen Fliegender Fische, die wir bei unserer schwerfälligen Annäherung aufstörten. Trotz unseres erbärmlichen Anglerglücks hofften wir natürlich, wenigstens ein paar Doraden zu fangen – die größte würden wir präventiv 107 nennen.

Die Fliegenden Fische trugen sowieso schon zu unserer Ernährung bei – wenn auch ohne unser Zutun. Fast jeden Morgen fanden wir eine Handvoll davon bewusstlos hinter dem Dollbord. »Die unglücklichsten Fische im Atlantik«, nannte Steve sie und meinte damit, dass sie unglücklich genug waren, um mit dem einzigen festen Objekt in Hunderttausenden von Quadratkilometern des ansonsten störungsfreien Ozeans zu kollidieren. Während der Nachtschichten machte uns regelmäßig ein dumpfer Schlag gegen die Kabine darauf aufmerksam, dass es wieder zu einem fatalen Zusammenstoß gekommen war. Im Morgengrauen starrten sie dann mit leblosen Glotzaugen zu uns empor, bereit, aufgesammelt und zum Frühstück in die Bratpfanne geworfen zu werden.

Tagsüber bescherten uns die gleichen Fische spektakuläre akrobatische Kunststücke, mit denen sie den Mäulern unserer räuberischen Doradenflottille spotteten. Ein paar energische Schläge ihrer propellerähnlichen Schwänze, und schon brachen ganze Scharen von ihnen durch die Wasseroberfläche und flatterten herum wie Comicfiguren, die über eine flüssige Bühne tanzen. Sobald sie genügend Geschwindigkeit aufgenommen hatten, um ihre Flossen als Schwingen einsetzen zu können, hoben sie ab! Die Luft war dann erfüllt mit kleinen silbrigen Torpedos, und die Doraden sprangen ihnen schnappend hinterher.

Eine weitere Konsequenz der schwindenden Vorräte war, dass das Boot immer kippeliger wurde. Die Fähigkeit der *Moksha*, sich selbst wieder aufzurichten, hing von den Vorräten ab, die auch als Ballast dienten. Wir hätten daran denken sollen, faltbare Behälter mitzunehmen, die wir mit Meerwasser hätten füllen können, um den Gewichtsverlust auszugleichen. Aber hinterher ist man immer schlauer, und dass wir so schlecht vorbereitet waren, erinnerte uns nur wieder einmal daran, wie isoliert wir waren – schnell einen Ausrüstungsladen aufzusuchen war nur eine ferne Erinnerung.

Zwei Tage später traf uns ein nächster Sturm. Der Wind hatte uns fünfzig Seemeilen zurückgetrieben, bevor er drehte und uns erlaubte, wieder voranzukommen. In den nächsten achtundvierzig Stunden blieben die Wellen riesig. Jedes Mal, wenn sich achtern eine aufbaute, kippelte die *Moksha* nervenzermürbend angesichts der Energie, die durch den stürzenden Wellenkamm entstand.

Unter diesen Bedingungen zu steuern erforderte jedes Quäntchen Konzentration. Lang und schmal, wie sie war, schoss die *Moksha* von den Wellen herab wie ein Surfboard. Derjenige, der gerade trat, konnte die Größe der Welle anhand der Bugneigung und des Widerstands der Pedale einschätzen, weil das Boot durch die Gewalt des Wassers rückwärtsgezogen wurde. Die Tretkurbeln zogen sich dann zusammen wie eine Feder – straffer … straffer … straffer … –, und danach brach die Hölle los: wild rotierende Pedale, Schaum, der ins Boot gespuckt wurde, während die *Moksha* mit qualvoller Schnelligkeit durch das Meer schoss. Der Steuermann konnte bei dieser Gelegenheit nichts weiter tun, als sich an den beiden Steuerhebeln festzuklammern und sie vor- und zurückzustoßen in dem verzweifelten Versuch, das Boot aufrechtzuhalten. Nach Backbord oder Steuerbord geschleudert zu werden hätte die Katastrophe, ein Querschlagen oder gar Kentern, nach sich ziehen können.

Ich persönlich empfand die Situation als belebend. Der Adrenalinstoß, den das Manövrieren auf Messers Schneide auslöste, war das perfekte Gegenmittel, um dem Schleichenden Graubammel zu entkommen. Und indem wir die Abdeckung offen ließen, sodass die Luft zirkulieren konnte, verhinderten wir, dass das Bootsinnere sich in eine Sauna verwandelte.

Steve allerdings mochte das gar nicht, vor allem die Open-Air-Variante nicht. Er zog es vor, die Abdeckung geschlossen zu halten, für den Fall, dass wir kenterten. Wie er mir gern in Erinnerung rief, würde die *Moksha* sinken, wenn alle inneren Abteile geflutet wären, und zwar wahrscheinlich schneller, als wir eines der Ein-Mann-Rettungsflöße zum Einsatz bringen konnten.

Unsere Meinungsverschiedenheit wuchs sich zu einem kindischen Gerangel aus. Ich öffnete zu Beginn meiner Schicht die Abdeckung. Steve schloss sie, wenn er seine antrat.

Ich hätte respektvoller sein sollen, was die Komfortzone meines Partners betraf, aber zu diesem Zeitpunkt scherte ich mich einen Dreck darum. Nach dem Streit wegen unseres Kurses war auch Wut über andere Ungerechtigkeiten hochgekommen, darunter Steves Nichtbeachtung meiner Komfortzone und wie er die Bootsbauer behandelt hatte. Dass er sich ein wenig als Waschlappen erwies, der es auf der Expedition, die er selbst angeleiert hatte, nicht aushielt, verstärkte nur mein Gefühl, er sollte ruhig mal eine Abreibung erhalten.

Insgeheim bereitete es mir Genugtuung, dass ich körperlich wie seelisch der Stärkere war: Ich pumpte mehr Wasser und verließ schneller als er das Rattenloch, wenn ich mit Strampeln an der Reihe war. Doch im weiteren Verlauf der Reise merkte ich, dass aus derartigem Konkurrenzdenken nur zweifelhafte Stärke erwächst. Ich entwickelte zunehmenden Selbstekel, der sich später in Schuldgefühle verwandelte, weil ich, obgleich der kräftigere, disziplinierte Pedaleur, nicht genug Willensanstrengung bewiesen hatte, mich über meine Feindseligkeiten zu erheben und ein besserer Freund zu sein.

Um drei Uhr morgens war die Wellenhöhe auf siebeneinhalb Meter angewachsen. Bevor ich übernahm, kletterte ich mit meinem Fotoapparat aufs Vordeck, um ein paar der dramatischsten Wellen einzufangen, die über das Heck brachen. Da es eine manuelle Kamera war, brauchte ich beide Hände, um scharf zu stellen und den Auslöser zu betätigen. Das hieß, ich musste den vorderen Schiffsraum mit den Beinen umschließen und die *Moksha* freihändig reiten wie ein halbwildes Pferd. Es war in törichter Weise gefährlich. Aber ich war damals eben gefährlich töricht.

»Juhu! Was für ein Ansturm!«, johlte ich, sprang wieder hinunter in die Kabine und schlug die Luke zu, als eine weitere Wasserflut vorüberdonnerte. »Hab ein paar super Aufnahmen im Kasten!«

Steve nickte daraufhin nur rasch, sein Gesicht verriet eiserne Konzentration. Fieberhaft arbeitete er mit den Steuerleinen. Er wirkte erschöpft.

Der Platzwechsel musste so schnell wie möglich erfolgen. Sobald ich auf dem Sitz saß, schnappte ich mir *Doolittle* von den Pixies aus der wasserdichten Schachtel mit unseren Musikkassetten, legte sie in den Walkman und machte mich an die Arbeit. Steve holte inzwischen die Entsalzungspumpe aus dem Grabbelsack und begann sie an einem der Notruder* anzuleinen. Wir hatten nur noch einen halben Liter Trinkwasser, mussten also dringend auffüllen.

Ich hatte von Monsterwellen gehört, Wasserwänden, die bis zu dreißig Meter hoch werden können und denen extrem tiefe Täler vorausgehen. Für den Seemann sind dies die gefürchtetsten Wellen überhaupt, die Tsunamis der Tiefsee, gewaltige, zerstörerische Berge roher Energie, die die ozeanischen Autobahnen entlangrasen und alles, was auf ihrem Weg liegt, einebnen. Schon die Wellenkämme allein reichen aus, um ein Boot sich Heck über Bug überschlagen zu lassen.

Eines dieser Monster raste nun von achtern mit einem markerschütternden Zischen heran. Die *Moksha* sank plötzlich viereinhalb Meter tief ab, und ihr Heck wurde heftig himmelwärts

* Der Grabbelsack war das Wichtigste, was mit auf die Rettungsflöße musste. Darin befanden sich: Seenotfunkbake, Kompass, Spiegel, um Flugzeugen Signale zu geben, Wasserbehälter und Lebensmittel für ein paar Tage.

gehoben. Unvermittelt starrte ich in einen zwölf Meter tiefen Abgrund und war mir sicher, dass wir kentern würden. Ein schrecklicher Augenblick, wie ein Standbild, er genügte, um mir das Herz bis zum Hals schlagen zu lassen, und dann waren wir im freien Fall.

An Steuern war nicht mehr zu denken, wir rasten abwärts, während um uns herum die Brandung donnerte. Die Schnauze der *Moksha* hob sich bis fast in die Senkrechte. Aber wir kenterten nicht, das Heck drehte sich langsam, fast elegant nach Steuerbord, schlug quer.

Unsere Welt stand kopf.

Alles war durcheinander. Wasser glitt durch die offene Luke, strudelte in meinen Augen und Ohren, drückte meinen Kopf und Oberkörper mit gewaltiger Kraft nach hinten gegen den Sitz. Selbst wenn wir gekentert wären, hätten wir noch eine Geschwindigkeit von mehr als zehn Knoten gehabt.

Sekunden später eine weitere qualvolle Drehung, und Streifen leuchtenden Himmels erschienen dort, wo der Boden des Bootes gewesen war. Die *Moksha* hatte sich wieder aufgerichtet. Allerdings war der Hauptraum vollgelaufen. Fassungslos angesichts des Chaos, saß ich da: durchweichte Karten, überschwemmte Essenspakete, Töpfe und Pfannen, die scheppernd hin und her rutschten, das Treibankerseil hoffnungslos in die Pedaleinheit verwickelt. Es war ein Katastrophengebiet voller sich bewegender Gegenstände. Die Kassettenbox, jetzt wasserdurchtränkt, hüpfte um meine Knie. Gabriel García Márquez' *Hundert Jahre Einsamkeit* trieb vorbei.

Das Boot schien unbeschädigt. Selbst lebenswichtige Ausrüstungsgegenstände wie Kompass und Funkgerät waren offenbar intakt. Allerdings fehlte etwas ebenfalls Wesentliches.

Steve.

Gerade hatte er noch dagestanden und Wasser gepumpt. Dann war er weg.

»Komm schon, Steve«, kicherte ich. »Wo versteckst du dich?«

Ich bahnte mir meinen Weg durch die Trümmer und stolperte auf halbem Weg durch die Kajüte über das Kopfhörerkabel. Als ich mich wieder einigermaßen eingekriegt hatte, spähte ich ins Rattenloch. Hatte er es geschafft, in letzter Sekunde dorthin abzutauchen?

Es war leer.

Das Lachen erstickte in meinem Hals, während ich begann, die ganze Tragweite des Geschehenen zu verarbeiten. *Wenn er nicht auf dem Boot ist, muss er über Bord gegangen sein … Und er hatte keine Rettungsweste an …*

Ich schob meinen Kopf durch die Luke und ließ den Blick über den Ozean schweifen. Alles, was ich brauchte, war ein Kopf, ein Arm – irgendwas. Dann konnte ich entweder eine Leine auswerfen, wenn er nah genug war, oder versuchen zu verhindern, dass die *Moksha* abtrieb, und ihm so Gelegenheit geben, sich zu retten. Bei diesem Seegang einen U-Turn zu machen, war sinnlos. Da ich nur über ein Drittel Pferdestärke verfügte, würde ich damit einzig erreichen, dass ich parallel zu den Wellen geriet, fort von der Stelle, wo er über Bord gegangen war.

Aber da war nichts. Kein Lebenszeichen zwischen den Wellentürmen. Die Sekunden verstrichen, und ich stellte mir vor, wie er bewusstlos geworden und bereits ertrunken war.

Schrecken und Schuldgefühle fluteten meinen Magen. Was sollte ich seiner Familie erzählen, wenn ich allein in Miami auftauchte? Nach all unseren Reibereien würden sie sicher vermuten, ich hätte ihn ins Wasser gestoßen.

Mal langsam. Du wirst schon paranoid. Nur du und Steve wissen davon …

Ja, aber wenn ich, wie er mich gebeten hatte, die Abdeckung geschlossen hätte, wäre er vielleicht noch am Leben. Wie sollte ich mit dieser Schuld je fertig werden?

Scheiß auf die Schuld. Sehen wir den Tatsachen ins Auge. Der Mistkerl hatte es verdient …

Das ist nicht wahr! Hätte ich eine Minute länger an Deck gestanden und fotografiert, dann wäre *ich* jetzt da draußen. Mir hätte es passieren sollen.

Wie auch immer. Das Geheimnis wird er mit ins Grab nehmen, und niemand wird je davon erfahren …

Ein seltsames Geräusch unterbrach meine Selbstgeißelung, etwas schlug gegen den Schiffsrumpf. Als ich die ganze Länge des Bootes mit den Augen absuchte, entdeckte ich ein Objekt von der Größe und Form einer kleinen Boje, das neben dem Ruder auf und ab hüpfte.

Ist das … Ist es das, was ich denke?

Je länger ich darauf stierte, desto mehr nahm es die Form eines Menschenkopfs an. Monatelang hatte ich dieses hässliche Mistding angeschaut. Jetzt erschien es mir schöner als alles, was ich je gesehen hatte.

»Steve!«, jubelte ich.

Eine klauenartige Hand klammerte sich am Dollbord fest. Dann starrte mich eine Totenmaske mit schreckgeweiteten Augen an.

*

Zurück in der Kabine, in ein Handtuch gewickelt und unkontrollierbar zitternd, erinnerte sich Steve an das, was gerade geschehen war.

»Es war, als würde ich einen Wasserfall hinunterstürzen.« Die Augen fest geschlossen, ließ er seine Hände um seinen Kopf wirbeln, um die Orientierungslosigkeit deutlich zu machen. »Totales Chaos. Ich wusste nicht mehr, wo oben und unten war.«

Er hielt einen Moment inne, um einen Schluck Tee zu trinken. »Dann haben sich meine Füße irgendwie verhakt oder so. Es zog mich unter Wasser, schneller und schneller. Ich dachte bloß, das war's, Stevie, das ist das Ende …«

»Ich dachte, das ist unser beider Ende«, unterbrach ich ihn. »Stell dir vor, den Rest der Strecke nach Miami allein zu strampeln, du egoistischer Saftsack!«

Sein Mund zuckte angesichts meines müden Versuchs zu scherzen. Die Wahrheit war, dass er unglaubliches Glück gehabt hatte. Ein Schleppseil hatte ihn gerettet, sich wie durch ein Wunder um seinen Knöchel gewickelt, sodass er angebunden war, bis er einen Halt gefunden hatte. Andernfalls wäre er immer noch da draußen und würde um sein Leben schwimmen, würde die *Moksha* langsam kleiner werden sehen, bis seine Arme ihn nicht länger über Wasser halten konnten.

*

Am 22. Januar näherten wir uns Mayaguana, der ersten Insel in eine langen Kette von Eilanden, die sich bis Miami erstreckt. Obwohl es die größte Insel war und es Menschen hier am ehesten möglich gewesen wäre zu siedeln, war das Stückchen Land auf unserer Karte als unbewohnt eingezeichnet. Es war also unwahrscheinlich, dass wir auf ihr Vorräte an Bord nehmen konnten, und aufgrund dieser Tatsache willigte Steve in die Halbierung der Rationen ein. Wir hatten noch Essen für neun Tage, es musste aber für drei Wochen oder länger reichen. Außerdem waren uns zwei Gläschen Whiskey geblieben, ein paar essbare Kerzen aus den RAF-Beständen und eine halbe Tube Zahnpasta, die jeden Tag appetitlicher wirkte.

Wir stellten Spekulationen darüber an, ob zuerst unser Proviant zu Ende gehen oder das Getriebe den Geist aufgeben würde. Letzteres hatte während meiner vergangenen Nachtschicht recht heftig geknirscht. Olivenöl blieb dieses Mal ohne Effekt, die stählernen Lager zerrieben sich offenbar. Jede Seemeile, die sie noch durchhielten, war eine wunderbare Seemeile, da wir nicht rudern mussten.

Außerdem war es unerträglich heiß. Tagsüber steckte derjenige, der gerade strampelte, in einer stickigen Blase aus verbrauchter Luft. Aber selbst die Nächte brachten wenig Erleichterung. Einst die begehrteste Örtlichkeit auf dem ganzen Boot, war das Rattenloch nun ein glühend heißer Backofen. Hier zu schlafen war ein Ding der Unmöglichkeit. Wieder reckte die Erschöpfung ihr hässliches Haupt.

Ironischerweise war es heißer Tee, der uns über Wasser hielt. Das gefeierte Kühlmittel der Kolonialbriten in der zehrenden Hitze tropischer Klimazonen war auch unser Labsal geworden. Um 5.45 Uhr füllte ich den Kessel, während Steve strampelte. Über seinen tropfnassen Oberkörper rann der Schweiß wie die Nebenflüsse eines großen Flussdeltas. In seiner Miene mischten sich Extreme: chronische Erschöpfung, durch die Salzwunden ausgelöste Schmerzen sowie ein Hauch von Überdruss, der der Reise als solcher galt. Von seinem offen stehenden Unterkiefer baumelte ein orangefarbener Bart von der Größe eines Rhododendronbusches. Seine einst so eindringlich blickenden Augen waren jetzt matt und glasig und lagen tief in ihren Höhlen. Seine Beine arbeiteten steif und roboterhaft gegen das Getriebe an, das trotzig quietschte und knirschte. *Ein Mann am Rande der Verzweiflung* …, kritzelte ich in mein Tagebuch. Und doch war er noch da, machte unermüdlich weiter, Inbegriff unbeugsamer Charakterstärke angesichts von so viel Mühsal.

Ein weißer Papagei kam ins Blickfeld, ein schöner Vogel mit langen, elfenbeinfarbenen Schwanzfedern. Mühevoll arbeitete er sich gegen den Wind vorwärts. Der erste Hinweis auf Festland, abgesehen von einer Rakete, die ein paar Stunden vorher offenbar von Cape Canaveral aufgestiegen war. Wo will denn der Vogel bloß hin?, fragte ich mich. Östlich von uns gab es nichts als offene See, jedenfalls keinerlei Landeplatz. Vielleicht ist er nicht ganz dicht. Kommt vor hier draußen, das hat mich die Erfahrung gelehrt …

Eine Reihe von Pieptönen kündigte die Sechs-Uhr-Nachrichten des BBC World Service an. Der mexikanischen Armee wurde vorgeworfen, die Menschenrechte im Kampf gegen die zapatistischen Rebellen in Chiapas verletzt zu haben. In indonesischen Gewässern war es zwischen 1994 und 1995 zu zweiundzwanzig Fällen von Seepiraterie gekommen. Beide Regionen, so bemerkte ich Steve gegenüber, waren offenbar Drecklöcher, die wir besser zu meiden versuchen sollten. Sonst würde es danach noch mehr Gewalt, noch mehr Leiden, noch mehr Gier geben …

»Existiert auf dieser Welt eigentlich gar nichts anderes?«, fragte Steve verärgert. »Ich kann diesen ganzen deprimierenden Scheiß nicht mehr ertragen!«

Andere Frequenzen hatten auch nichts Besseres zu bieten. Christliche Evangelisten, die unter den armen Sündern hausieren gingen; Entziehungsanstalten, die um Alkoholiker und Junkies warben; Gesundheitsfarmen, die sich auf Übergewichtige spezialisiert hatten. Amerika lockte in seiner ganzen Pracht.

Ich drehte zurück zum BBC. Jetzt war mein altes Indie-Pop-Idol John Peel mit seinem gewohnten Mischmasch zu hören. Mann, hat der alte Hund ein scheißeinfaches Leben, dachte ich. Einmal die Woche ins Bush House, eine Handvoll Schallplatten auflegen, die er unter seinem Bett gefunden hat, und eine halbe Stunde später mit 500 Pfund in der Tasche wieder rausmarschieren. Leicht verdientes Geld …

Aber, das musste man ihm lassen, er hatte eine geniale Vortragsweise – er sagte den erstbesten Schwachsinn, der ihm in den Kopf kam. »Dieser Titel lässt mich an einen Mann denken, der durch Schnee und Eis wandert und den Namen seines Freundes ruft …«

Zzzzzmmmmmmmmzzzzmmmmm …

Was ist das denn? Vielleicht atmosphärische Störungen?

Ich drehte am Rädchen.

Vvvrrrrzzzzzmmmmmmmmm …

Wird lauter, wie ein Motor.

Steve und ich erwachten schlagartig aus unseren Tagträumen. Das Schiff musste uns schon so gut wie im Nacken sitzen!

Aber da war nichts, nur das strahlende Tiefblau des Meeres, bis zum Horizont.

»Es ist ein Flugzeug!«, rief Steve. Sekunden später dröhnte eine Cessna über uns hinweg, aus dem Fenster des Kopiloten winkte eine einsame Hand. »Wer zum Teu…«

»Das ist der verflixte Schotte«, gluckste ich. »Wo er wohl das Flugzeug gekapert hat?«

Irgendwie hatte ich immer gewusst, dass unser guter alter Schotte uns finden würde. Steve hatte ihn von der USCS *Charles L. Brown* aus angerufen, um ein erneutes Problem mit unserer Videokamera zu schildern. Der Schotte, der sich bereits mit seiner gewagten Arbeit und seinem Improvisationstalent einen Namen zu machen begann, konnte es langsam mit MacGyver aufnehmen. Er hatte geantwortet, er werde »auf Biegen und Brechen« einen Weg finden, uns noch vor der Ankunft in Miami eine zweite Kamera zukommen zu lassen. Bei jedem anderen hätte man diese Zusicherung als Traumtänzerei abtun können. Aber er war Kenny, die schottische Antwort auf das Schweizer Offiziersmesser. Wenn er so was sagte, dann war der Job so gut wie erledigt.

Später erfuhren wir, dass er einiges auf sich genommen hatte, um überhaupt in die Karibik zu kommen. Die Schulden für den Flug von London nach New York konnte er nur zurückzahlen, indem er in New York City auf dem Bau arbeitete. Dann war er 1500 Kilometer bis Miami per Anhalter gefahren und hatte sich anschließend eine freie Überfahrt auf die Insel Providenciales, die zu den Turks- und Caicosinseln gehört, ergaunert. Nach seiner Ankunft freundete er sich mit dem ortsansässigen Arzt an, Dr. Sam Flattery, der den Besitzer des einzigen Leichtflugzeugs auf der Insel kannte. Stundenlang waren sie im Rastersystem herumgeflogen und hatten den Ozean von Horizont zu Horizont abgesucht. Dass die winzig kleine, unauffällig weiße *Moksha* schwer auszumachen war, erwies sich dabei als nicht gerade hilfreich. Gerade als die Warnlampe verkündete, dass der Sprit knapp wurde, hatte Doktor Sam eines der reflektierenden Fenster der *Moksha* entdeckt.

»*Moksha, Moksha*«, blaffte es aus dem Funkgerät. »Kenny hier. *Over.*«

Steve schaltete auf Ultrakurzwelle um und reichte mir das Mikro.

»Ich hätte nie gedacht, dass ich mal so froh sein würde, die Stimme eines Schotten zu hören«, antwortete ich. »*Over!*«

Da der Sprit nicht mehr werden würde, musste sofort eine Entscheidung fallen. Entweder wir führen weiter bis Miami und hofften, dass ein paar eilig zubereitete Snacks, die mit der Ersatzkamera abgeworfen wurden, uns bis dorthin brachten. Oder wir legten auf Providenciales, das nur rund fünfzig Seemeilen südwestlich lag, einen Stopp ein, nahmen ordentlich Vorräte auf, ließen das Getriebe reparieren und setzten dann unseren Weg fort.

»Ach ja, aber das spielt für euren Entschluss bestimmt keine Rolle«, fügte Kenny hinzu, »doch Providenciales ist voll von netten Menschen, gutem Essen und *kühlem Bier* …«

Es bedurfte keiner weiteren Überlegungen. Wir nahmen sofort Kurs auf Turtle Cove Marina am Nordufer der Insel.

Bevor sie abdrehten, um zurückzufliegen, kam noch ein letztes Mal Kennys Stimme über den Äther. »Kann euch ja trotzdem diese Leckereien herunterwerfen. Habt ihr heute Abend was zu beißen.«

Das Flugzeug drehte eine scharfe Kurve und flog ein letztes Mal vorbei. Ein dunkler Schatten lehnte sich aus dem Passagierfenster und stürzte wie eine Zielflugrakete auf die *Moksha* herab.

»In Deckung!«, brüllte ich.

Das Geschoss landete im Wasser, direkt neben unserer Steuerbordseite.

»Himmel«, japste Steve. »Das war knapp!«

Einen guten Meter weiter links, und wir hätten die denkbar größte Schmach erlitten: von unserem Kameramann versenkt zu werden. Ich konnte mir vorstellen, was der *Daily Star* dazu zu sagen gehabt hätte.

»Tret-U-Boot gesunken. Schon wieder!«

Nach neunundsiebzig Tagen auf See ist ein pedalbetriebenes U-Boot, mit dem zwei junge Briten den Atlantik überqueren wollten, heute durch den Abwurf von Hilfsgütern versenkt worden. Das tödliche Packet enthielt ein halbes Pfund Käse, drei Orangen, einen Laib Brot und zwei Dosen Miller-Leichtbier.

*

TAG 98, 7.51 UHR

Eine leichte Brise trieb die *Moksha* sanft auf einen weißen Sandstreifen zu, hinter dem sich niedrige Vegetation erstreckte. Es war noch früh, aber die Sonne brannte schon unangenehm heiß auf uns herunter.

Unsere vielen neuen Anreize hatten dafür gesorgt, dass das Strampeln durch die Dunkelheit, verglichen zu den siebenundneunzig vergangenen Nächten, der reinste Spaziergang war. Der

Plastikkäse und das Weißbrot waren meine Favoriten, die frischen Orangen schmeckten nach unserer zuckerlastigen Diät bitter und das Bier so eklig, wie ich es als Neunjähriger empfunden hatte, wenn ich im Oxenham Arms heimlich an Dads Pint nippte. Noch verführerischer waren die vielen Sinnesfreuden, die uns am Horizont erwarteten: ein Bett, das sich nicht bewegt, kalte Getränke, heißes Wasser, Telefon, Gelächter und lange Gespräche (na ja, oder überhaupt Gespräche). Wir legten die Strecke in Rekordgeschwindigkeit zurück und trafen zwei Stunden früher als geplant am Treffpunkt ein.

Um acht teilten wir Kenny über Funk mit, er solle einen Lotsen organisieren, der uns durch das Riff schleuste. Unser schottischer Freund klang groggy und verkatert und murmelte etwas von einer Katze, die ihm in der Nacht in den Mund geschissen habe.

»In ungefähr 'ner Stunde sind wir draußen«, knurrte er.

Steve war wie verwandelt. Er schlang sein Frühstück herunter und hatte nach jeder Schicht große Eile, den Fahrersitz wieder in Position zu bringen. Die Illusion, die ihn so viele Stunden, Tage und Monate lang aufrecht gehalten hatte, war jetzt fast zum Greifen nah. Land, endlich!

Ich hingegen hegte etwas zwiespältige Gefühle. Zunächst war ich begeistert gewesen, als Kenny und Doktor Sam auftauchten, doch dann wurden mir langsam die Konsequenzen klar, die unsere verfrühte Landung haben würde. Mein Projekt, ganz eins zu werden mit der Natur, begann gerade, Früchte zu tragen, und erlaubte mir ermutigende Einblicke in die Arbeitsweise des Bewusstseins, insbesondere was Sprache, Wahrnehmung und Ich-Erleben betraf. Aber es gab noch so viele unbeantwortete Fragen, darunter die wichtigste, das Herzstück der höchsten Wahrheit. Deren Lösung würde an Land, umgeben von den mannigfachen menschlichen Zerstreuungen, unmöglich sein.

Immerhin hatte ich eines meiner Hauptziele erreicht: dass ich diese Welt des wogenden Blaus genauso widerwillig aufgab, wie ich vor so vielen Monaten das grüne Festland verlassen hatte.

KARIBIK

RIFFE, PIRATEN & SALZWASSER-GESCHWÜRE VOLLER MADEN

Was bedeutet die Südsee-Erforschungs-Expedition mit all ihrem Brimborium und all ihren Kosten anderes, als die indirekte Anerkennung der Tatsache, dass es in der Welt der Moral Kontinente und Meere gibt, zu welchen ein jeder Mensch einen schmalen Zugang besitzt, Kontinente, an welchen er landen kann, trotzdem sie von ihm noch unerforscht sind, dass es leichter ist, viele Tausend Meilen weit durch Schnee und Eis, durch Sturm und Kannibalen auf einem Regierungsschiffe, von 500 hilfsbereiten Männern und Jünglingen begleitet, zu segeln, als das eigene Meer zu erforschen – den Atlantischen oder Stillen Ozean der eigenen Einsamkeit …

– HENRY DAVID THOREAU, *Walden oder Leben in den Wäldern*

Kenny kam uns in einem weißgrauen Motorboot entgegen, das Darren steuerte, ein sympathisch, wenn auch ziemlich bekifft wirkender Teenager vom Provo Turtle Divers Centre.

»Hallo! Rrrauschebart!«, brüllte Kenny beim Anblick von Steve. Die Kamera auf der Schulter, stand er in genau der gleichen Pose da, in der wir ihn zuletzt an der Küste von Portugal gesehen hatten. »Jetzt seht ihr aus wie richtige Entdecker!«

Wir drifteten langsam heran und überlegten, wie wir über das Riff hinwegkommen sollten. Da Ebbe herrschte, mussten wir versuchen, eine der etwa fünfzehn Meter breiten Lücken zwischen den gezackten Kiefern der Korallenbank zu erwischen.

Darren und Kenny übernahmen die Führung, ich trat in die Pedale und folgte mit der *Moksha* in ihrem Kielwasser. Das Motorboot verschwand immer wieder für einen Moment hinter der Dünung. Dann schien es sich plötzlich in Luft aufgelöst zu haben.

»Scheiße, die haben Probleme!«, schrie Steve, der durch das Fernglas schaute. Ein Vorhang von Gischt schoss vor uns empor und verwandelte das Riff in eine zornige weiße Sintflut. Ein paar Sekunden später sahen wir das Motorboot wieder. Es tanzte wie ein Sektkorken auf dem Wasser. »Sie haben die Lücke verpasst, Jase. Kehr um!«

Aber das Riff war keine fünfzig Meter mehr entfernt. Wir würden darüber hinwegschießen, ob wir wollten oder nicht. »Zu spät!«, schrie ich und versuchte, das Tempo zu erhöhen. Wenn wir seitlich aufliefen, würde die *Moksha* an den rasiermesserscharfen Korallenspitzen zerschellen. Steve knallte die Luke zu. Im selben Augenblick hob eine Woge das Heck der *Moksha* kräftig an, dementsprechend zeigte der Bug nach unten. Ich spürte, wie uns das Wasser nach hinten zog, die Pedale traten sich schwerer … und schwerer … und schwerer …

»Nicht nachlassen!«

Dann begann die Achterbahnfahrt die Welle hinab …

Krawumm!

Das Geräusch von splitterndem Holz schnitt wie ein Kanonenschlag durch die brüllende Brandung.

»Wir sind auf das Riff gekracht!«

Meerwasser schoss durch einen fünfundzwanzig Zentimeter langen Riss am Gehäuse des Kielschwerts. Der hölzerne Kiel, der tiefste Teil des Boots, war zuerst auf das Riff getroffen, das ihn nach hinten und oben gedrückt hatte, was zu Folge hatte, dass er wie ein Dosenöffner durch den Rumpf schnitt. Innerhalb von Sekunden stand uns das Wasser bis zu den Knöcheln. Steve zerrte das Sitzkissen von der Abdeckung des Kielschwertgehäuses, um das Ausmaß des Schadens begutachten. Das Kissen landete auf den Pedalen.

»Weg mit dem Mistding!«, schrie ich. Schon rollte von achtern die nächste bedrohliche Welle heran. Die *Moksha*, die hilflos auf dem Riff festhing, lag parallel zu ihr. Die bringt uns zum Kentern, dachte ich.

Der Anprall der Welle löste das verklemmte Kielschwert im selben Augenblick, in dem Steve das Sitzkissen von den Pedalen riss. Ich warf das Ruder hart nach Backbord und strampelte nach Leibeskräften, um uns aus der Parallelposition zu den anstürmenden Wellen zu bringen.

Die *Moksha* reagierte mit quälender Langsamkeit. Ein lausiges Grad nach dem anderen drehte sie in ihre vorige Position zurück. Fünfundzwanzig Grad … fünfunddreißig Grad … fünfundvierzig Grad …

Der gekräuselte Wellenkamm rauschte heran. Der Bug hob sich in der nun schon bekannten Weise. Dann schlug das Wasser gegen die Steuerbordseite, ließ uns nach Backbord rollen und schleuderte uns gegen die Innenwände der Kabine. Die *Moksha* legte auf der Zungenspitze der Welle eine schwindelerregende Pirouette hin. Ich machte mich darauf gefasst, gleich zu kentern …

Aber wir kenterten nicht. Stattdessen glitten wir auf einem samtenen Teppich aus brodelndem Schaum vorwärts, wie auf einer Achterbahn nach dem letzten halsbrecherischen Looping. Die erste Kollision mit dem Riff war im Grunde unsere Rettung gewesen, durch den Wassereinbruch hatte die *Moksha* mehr Ballast, als sie vor einem Monat gehabt hatte, als die Vorräte noch größer waren.

*

Mit dem Schneidebrett als Hammer gelang es Steve, das Kielschwert wieder in Position zu klopfen und damit den Wassereinbruch auf ein beherrschbares Rinnsal zu reduzieren. Dann begann der Endspurt. Das Sonnenlicht tanzte glitzernd auf den sanften Wellen der türkisfarbenen Lagune, durch deren kristallklares Wasser wir bis zum weißen Sandboden blickten. Steve saß auf dem Vordeck und hielt nach Korallenspitzen unter der Wasseroberfläche Ausschau, ich trat in die Pedale und versuchte meine Gedanken zu sammeln. Es bestand jetzt die Gefahr, dass ich mich zu sehr ins Vergnügen stürzte, alles nachzuholen versuchte, was ich in der Zeit auf der *Moksha* »versäumt« hatte. Tief in meinem Innern wusste ich, dass solche Zerstreuungen nicht halten würden, was sie versprachen. Ein paar Tage voll sinnlicher Vergnügungen – und die Klarheit des Geistes würde sich trüben wie ein Teich, dessen Boden aufgewühlt wurde.

Das war ein letztes Durchatmen vor dem großen Sprung, ein Augenblick des Innehaltens vor dem ersten Schritt in eine ganz neue Welt. So fühlte sich wohl eine Dorade, die die Angel aus ihrer Freiheit reißt. Für mich war nun die schöne neue Welt des Festlands das große Unbekannte, so wild und unvorhersehbar wie ein rasender Stier. Ich konnte nur hoffen, dass es mir gelang, mich an seinen zuckenden Flanken festzuhalten und nicht gleich abgeworfen wurde.

Ich beherrsche Selbstkontrolle. Ich bin bereit, allen Versuchungen zu wider …

»Huhu! Hallo, Jungs!«

Keine fünfzig Meter entfernt am Strand winkte uns eine gebräunte Bikinischönheit zu. »Willkommen auf den Turks und Caicos!« Lachend ließ sie ihre perlweißen Zähne im Sonnenlicht schimmern.

Na ja, vielleicht nicht allen Versuchungen …

Inselkinder, die in Schneckenhörner stießen, empfingen uns am Landungssteg. Die Insel »Provo«, die zu den britischen Überseegebieten gehört, empfing uns als ihren drittrenommiertesten Gast – nach Kolumbus (*»Ein Mann, der sich Kolumbus nannt, war in der Schifffahrt wohlbekannt«*) und John Glenn, dem ersten Amerikaner im Weltraum, der 1962 nach seinem geglückten Flug hier wieder den Fuß auf die Erde setzte.

»Habt ihr Stürme erlebt?«, fragte eine jugendliche Stimme.

Und ob! Wir sind zwölf Meter hohe Wellen rauf- und runtergefahren! Wir sind in tosender See gekentert! Wir wären beinahe ertrunken!

»Äh … Ja, es gab schon ein paar … stürmische Tage«, antwortete ich verlegen, schwieg aber sogleich. Der unbewegliche Landungssteg unter meinen Füßen ließ mich torkeln. Jetzt damit anzugeben, wie oft wir dem Tod entronnen waren, kam mir aus irgendeinem Grund albern vor.

Da wir nur noch Lumpen am Leib trugen, war unsere erste Sorge, neue Klamotten zu besorgen, damit man uns nicht wegen unseres anstößigen Aufzugs einbuchtete. Ich betrat den Inselladen mit dem gesamten Budget der Expedition: einem 50-Dollar-Schein, den der hinterhältige George in eine Nummer des *Hustler* gesteckt hatte.

Wie ein Kind, das seine Mutter verloren hat, strich ich durch die Gänge. Von allen Seiten wurde ich von seltsamen Formen und exotischen Düften, leuchtend bemalten Dosen, Gläsern und Flaschen bombardiert. Alles war quietschbunt, der Anblick der knallroten und zitronengelben Waschpulverpackungen war kaum auszuhalten. Ich kam an der Backwarentheke vorbei. Der Geruch der frischen Pasteten ließ mir das Wasser im Mund zusammenlaufen.

Nein, du musst der Versuchung widerstehen …

Einige Minuten später verließ ich den Laden mit vier Einkaufstüten voller ebenso köstlicher wie ungesunder Fressalien: Bananenkuchen, Kokosnusskuchen, Geleerollen und Früchtekuchen. Ich hatte die Hälfte unserer Barschaft verpulvert, und wir hatten immer noch nichts zum Anziehen.

So viel zum Thema Selbstkontrolle …

Am nächsten Tag erhielten wir eine Einladung, die *Moksha* auf der diesjährigen Bootsausstellung in Miami zu präsentieren. Das war eine ideale Gelegenheit, Geld durch den Verkauf von T-Shirts einzunehmen, mehr Sponsorennamen auf den Rumpf zu pinseln und endlich anzufangen, Maria und unseren Familien Geld zurückzuzahlen. Aber bis Miami waren es noch 550 Seemeilen, und die Ausstellung würde schon in knapp drei Wochen eröffnen. Wir mussten also schleunigst wieder aufs Meer hinaus.

Steve und Kenny stürzten sich sogleich in die Arbeit: Sie reparierten das Getriebe, füllten den Proviant auf, verschickten Pressemitteilungen und arrangierten alles für die Bootsschau. Ich war beeindruckt, mit welcher Leichtigkeit Steve ins Landleben zurückfand. Vielleicht lag es daran, dass er es innerlich nie wirklich aufgegeben hatte. Im Vergleich zu ihm war ich ein ziemlicher Ausfall. Die ersten achtundvierzig Stunden brachte ich nichts weiter zustande, als mich bei geschlossenen Vorhängen im Hotelzimmer zu verbarrikadieren. Die vier Wände dienten mir als improvisierte Dekompressionskammer, die es mir ermöglichte, mich langsam an das draußen herrschende Chaos zu gewöhnen.

Wenn ich mich doch einmal hinauswagte, dann lief ich umher wie in einer Blase, einer dünnen, aber spürbaren Membran, die mich von allem rundherum abschnitt. Es war faszinierend, wenn auch ein wenig surreal, das »normale« Leben von außen zu beobachten – wie kompliziert das alles gewesen war! Selbst der gemächliche Rhythmus der Insel erschien mir superschnell im Vergleich mit unserem Schneckenbummel über den Ozean. An Land war Zeit stets ein kostbares und knappes Gut. Ich sehnte mich nach intensivem Kontakt, nach echten Gesprächen mit echten Menschen über echte Themen – Themen, bei denen es um etwas ging. Nicht bloß leeres Geplapper, das an der Oberfläche des Lebens blieb. Doch kaum hatte ich mal mit jemandem zu reden begonnen, kam immer noch jemand anderes dazu, und schon versandete die Unterhaltung. Je größer die Gruppe, desto seichter wurde der zwischenmenschliche Austausch.

Den noch intensivsten Dialog mit einer Einzelperson hatte ich während der zweistündigen gründlichen Untersuchung bei Doktor Sam, der mich darüber informierte, dass ich 15 Prozent meines Körpergewichts verloren hatte. Doch das war nicht die einzige Verschlechterung.

»Auf einer Erschöpfungsskala von eins bis zehn«, erklärte er und packte sein Stethoskop weg, »bei der zehn schon nahe an der Bewusstlosigkeit ist, liegen Steve und du bei achteinhalb.«

Und dazu die Qual der Wahl. Andauernd! An unserem vierten Abend auf Provo hatten wir drei Einladungen: Essen bei Jimmy's, ein Glas in der Banana Bar oder eine Klubnacht im Casablanca's. Mir war nach nichts von alledem zumute. Klammheimlich schlich ich mich zum Hafen, wo die *Moksha* lag. Im Schutz der Dunkelheit stand ich in der offenen Kabine, trank eine heiße Tasse Schokolade, schaute zu den Sternen hinauf und genoss ein Gefühl von Frieden.

Am 3. Februar waren wir dank der unermüdlichen Bemühungen von Kenny, Steve und einer kleinen Schar Freiwilliger so weit, die letzte Etappe nach Florida in Angriff nehmen zu können. Ein netter Mechaniker hatte es geschafft, das Getriebe auseinanderzunehmen und die Kugellager auszutauschen. Provo Eats, ein Lebensmittelimporteur, spendierte uns großzügig Proviant. Das Sahnehäubchen war, dass Doktor Sam den Eigentümer von Arby's anbaggerte, dem es 2000 Dollar wert war, den Sticker seiner Fastfoodkette bei der großen Ankunft auf dem Rumpf der *Moksha* zu sehen. Steve hielt das Geldbündel eine geschlagene Minute umklammert, bevor Kenny es ihm unter Hinweis auf die bevorstehenden Ausgaben in Miami entwand.

Unsere Unterstützer zählten fast sämtlich zu den auf der Insel lebenden Amerikanern und Europäern, denen nicht nur die meisten Unternehmen gehörten, sondern die dort praktisch den Laden schmissen. Die weniger enthusiastische Haltung der Einheimischen, Nachfahren afrikanischer Sklaven, die 90 Prozent der Bevölkerung ausmachten, bekam ich zu spüren, als ich am letzten Morgen zur Marina Turtle Cove schlenderte und ein voll besetzter Wagen neben mir hielt.

»He! Solche Typen wie dich brauchen wir hier nicht«, sagte einer der Insassen, ein riesiger Fettsack, der fast aus dem Seitenfenster des roten Datsun Sunny quoll. Das Auto hatte keine einzige Scheibe, und vom Rücksitz wummerte Gangsta-Rap. »Warum verschwindest du nicht einfach nach Hause?«

Ich widerstand der Versuchung, ihm eine kleine Geschichtslektion zu erteilen und ihm zu erläutern, dass er sich hier nur als Ureinwohner aufspielen konnte, weil Kolumbus seinerzeit die Lucayans ausgerottet hatte.

»Warum verpisst du dich nicht selbst?«, sagte ich stattdessen – und bereute es sogleich. Diese Kerle hatten Pranken so groß wie Baseballhandschuhe und waren in der Lage, meinen Kopf zu zerquetschen – und die Straße war ansonsten menschenleer.

»Sag mal schön brav Entschuldigung, du Arsch!«, brüllte der Fahrer und reckte seinen Kopf wie eine Schildkröte durch die nicht vorhandene Windschutzscheibe. »Oder wir verteilen dein Gehirn hier auf der Straße.«

Ich war allein. Leichte Beute. Sie hängten sich wie ein kläffendes Rudel Hunde an meine Fersen. Mir blieb nichts anderes übrig, als weiterzugehen, die Augen starr geradeaus gerichtet, meine Großmäuligkeit zu verfluchen und zu versuchen, nicht zu zeigen, dass ich vor Angst die Hosen gestrichen voll hatte. Es konnte jede Sekunde passieren. Ein Messer im Rücken. Eine Kugel. Eine Flasche. »Genau was ich jetzt brauche, nachdem ich so weit gestrampelt bin«, murmelte ich vor mich hin, »dass mir Provos Antwort auf Boo-Yaa T. R. I. B. E.* hier am Arsch der Welt den Garaus macht.«

Nach ein paar Minuten verloren die Typen zu meinem Glück aber offenbar den Spaß daran, mich zu schikanieren, und brausten in einer Abgaswolke davon, um jemand anderem Angst einzujagen.

Doch das war nur eine unschöne Begegnung unter Hunderten, wenn nicht Tausenden ganz wunderbaren. Unsere eifrigsten Unterstützer waren Barbara und Chuck Hesse, die Besitzer der weltberühmten Caicos Conch Farm, die wir an unserem letzten Nachmittag besuchten. Es war ein herrliches Intermezzo, in dem sich ein Vergnügen ans andere reihte, angefangen mit der Fahrt über die Insel auf der Ladefläche von Barbaras Pick-up. Wir genossen

* Hip-Hop-Gruppe aus Los Angeles; die Vorfahren der besonders schwergewichtigen Mitglieder stammen aus Samoa.

das Gefühl von Geschwindigkeit, die kühle Luft wehte uns ins Gesicht, und so schossen wir an Häusern in fröhlichen Farben und Trupps von Kindern im Sonntagsstaat vorbei, die den Kirchen der Baptistengemeinden entströmten. Tropische Vogelstimmen und exotische Düfte von den Blüten am Straßenrand hüllten uns ganz und gar ein.

Am Ende der Besichtigungstour schenkte uns Barbara das prächtige Gehäuse einer Großen Fechterschnecke. Es wurde zu einem der Schätze der Expedition. Zu Beginn und Ende jeder Etappe stießen wir einmal hinein und ließen den hohen Ton dieses Schneckenhorns erklingen. Mit genau solch einem Signalinstrument hatten die Jungs in *Herr der Fliegen* ihre Versammlungen einberufen.

Die einzige Ernüchterung vor unserem Aufbruch am nächsten Morgen war die Sache mit dem Abfall. Wir hatten auf unserer Fahrt zehn Müllsäcke mit recycelbaren Kunststoffverpackungen und Dosen gesammelt. Darauf waren wir richtig stolz und fragten Barbara, wo denn die Recyclingstation sei. Sie lachte nur und zeigte aufs Meer hinaus.

»Das wird einfach wie aller andere Müll mit dem Schleppkahn aufs Meer rausgefahren und verklappt. Unsere Recyclinganlage ist das Meer!«*

Steve und ich schauten uns ungläubig an. All die vielen Nächte, die wir in der Achterkabine zwischen Haufen von stinkendem Müll hin und her gerollt waren in dem Glauben, ein gutes Werk zu tun, indem wir nicht den Ozean verschmutzten – all das für nichts!

*

Steve winkte ein letztes Mal aus der geöffneten Kabinenluke heraus und steuerte die *Moksha* durch den engen Kanal, der sich von

* Laut der Asia-Pacific Economic Cooperation (APEC) gelangen jährlich 6,4 Millionen Tonnen menschlicher Abfälle in die Weltmeere, dreimal so viel wie das Gewicht aller gefangenen Fische. Mehr als die Hälfte davon ist Plastik. Es tötet in jedem Jahr bis zu eine Million Seevögel, 100 000 Meeressäugetiere und zahllose Fische.

der Marina ins offene Wasser schlängelte. Da Flut herrschte, passierten wir das Riff ohne Probleme. Wir nahmen Nordwestkurs auf Miami, ließen Kuba im Süden und die Bahamas im Norden.

Abgesehen von leichter Übelkeit und gelegentlichem Ungeschick – mal ging ein Löffel über Bord, mal hielten wir uns nicht richtig fest und stießen uns den Kopf oder die Schulter an –, fühlten wir uns in den ersten Tagen an Bord ganz anders als in dem Zombie-Zustand, in dem wir angekommen waren. Jedenfalls waren wir erst einmal frisch und munter. Die Nachtschichten waren kein Problem. Mit neuem Schwung kletterten wir ins Rattenloch und wieder heraus, denn unsere Arme hatten einen Gutteil ihrer früheren Stärke zurückgewonnen.

Bis zur Ankunft in Miami würden zwei Wochen vergehen, eine Gelegenheit für mich, mich weiter meiner Naturmeditation zu widmen. Dazu gehörte, das kritische Bewusstsein zu schärfen, also zu versuchen, die Welt mit neuem Blick zu sehen und mich mit einpünktiger Aufmerksamkeit ganz auf das zu konzentrieren, was ich gerade tat, um hinter den Wahrheitsansprüchen – Worten, Bildern, Symbolen, Schemata – zur dahinterliegenden reinen, subjektiven Erfahrung zu gelangen.

Wie jeder Mensch hatte ich mir instinktiv Meme angeeignet, Kulturelemente in Form von Ideen, Gewohnheiten, Werten und Überzeugungen, die auf nichtgenetischem Wege überliefert werden, die sich in mir weitgehend unverändert und unbeeinflusst von sich wandelnden Umständen angesammelt hatten. Es ließ sich nur durch konsequente Verleugnung erklären, dass ich einfach nie wahrgenommen hatte, wie offen diese Systeme für Neuordnung, Überprüfung und Verbesserung sind. Blinde Akzeptanz schafft die besten Voraussetzungen dafür, dass sich überflüssige Gewohnheiten und Unwahrheiten einnisten. Deshalb hatte ich geradezu die *Pflicht*, die oberflächliche Realität der Welt um mich herum genauestens in Augenschein zu nehmen. Nicht zuletzt deshalb, weil, wie mir das kritische Bewusstsein klarmachte, »ich« sie in gewisser Weise schuf, indem ich die elektrochemischen Impulse, die mir meine fünf Sinne lieferten, mit vorgefassten Etiketten versah.

Auf die ganz praktische Ebene übertragen, konnte ich mir das kritische Bewusstsein zunutze machen, um gewisse Aspekte des Lebens an Bord der *Moksha* zu verbessern. Einer davon war Peter Birds Belüftung. Das geschlossene Cockpit erwies sich in den Tropen als Backofen. Kam der Wind nicht genau von hinten, dann blies er über den Belüftungsschlitz hinweg – und es kam fast keine Frischluft hinein. Aus einer der Kunststoffmatten, die uns vor Stößen schützen sollten, bastelte ich eine Vorrichtung, die ich in einem Winkel von 45 Grad über dem Belüftungsschlitz festklemmte. Diese improvisierte Umlenkung war je nach Windrichtung verstellbar und sorgte ab nun dafür, dass dem Pedaleur zu jeder Tages- und Nachtzeit eine kühlende Brise um die Ohren wehte.

Ich stellte mir vor, wie man mithilfe des kritischen Bewusstseins auch an Land das Leben berichtigen konnte. Ein Dichtungsring für 50 Pence genügte, um einen tropfenden Wasserhahn zu reparieren und Tausende Liter Wasser im Jahr zu sparen.* Und wenn man mit dem Fahrrad oder zu Fuß unterwegs war, konnte man nicht nur Geld sparen, sondern tat auch etwas für seine Gesundheit und Fitness und produzierte zudem keine Treibhausgase.

Auf einer höheren, philosophischeren Ebene setzte ich das kritische Bewusstsein dazu ein, Meme zu identifizieren, die mit einer nachhaltigen Präsenz des Menschen auf dieser Erde unvereinbar sind. Als Warmblütler brauchte ich eine gewisse Menge Nahrung, ein bestimmtes Maß an Wasser, eine Unterkunft und Energie zum Überleben. Mit allem, was darüber hinausging, wurde ich als Konsument Teil des Problems, nicht Teil der Lösung.

Solche Dinge gingen mir im Kopf herum, während ich in die Pedale trat. Wie ein kluger Kopf einmal sagte: »Kein Gefängnis schränkt unsere Freiheit so sehr ein wie eines, von dem wir gar nicht wissen, dass wir darin sitzen.« Mit dem kritischen Bewusstsein versuchte ich, Gegenwart und Zukunft dem sogenann-

* Verliert ein Wasserhahn pro Minute sechzig Tropfen, so summiert sich das über ein Jahr auf fast 10 000 Liter!

ten Schicksal zu entreißen und so mein Geschick durch bewusstes Handeln selbst zu gestalten, statt ihm wehrlos ausgeliefert zu bleiben.

*

Manchmal meldet sich das Schicksal jedoch in den unpassendsten Momenten zu Wort. Unser Weg führte am Hogsty-Atoll vorbei, einem wahren Schiffsfriedhof. Da musste so etwas ja passieren, Murphys Gesetz eben: Eine Seemeile nördlich des Atolls fraß sich das Getriebe fest.

»Nicht zu fassen!«, stöhnte Steve. »Was hat der Typ denn da für einen Murks gemacht?«

Es waren wieder die Kugellager – so jedenfalls fühlte es sich an. Die Tretkurbeln drehten sich. Der Mechanismus hatte sich verklemmt. Drei oder vier Minuten funktionierte es plötzlich wieder, sodass ich weitertreten konnte. Doch dann fing alles wieder von vorne an.

Der Nordwind trieb uns stetig zurück. Nicht mehr lange, und wir würden auf einen Felsen auflaufen.

Panik erfasste uns. Es waren immer noch keine Löcher für die Ruder in die Seitenwände der Kabine gesägt worden. Steve durchwühlte fluchend die Werkzeugkiste auf der Suche nach der Drahtsäge. »Wenn man nicht alles selbst macht!«

Ausnahmsweise einmal musste ich ihm zustimmen. Am liebsten hätte ich das Getriebe mit einem Vorschlaghammer in unzählige Stücke zerschlagen. Zum Glück hatten wir keinen, also machte ich mich daran, die Ruder loszuknoten. Aber die Knoten waren derart mit Salz verkrustet, dass sie selbst mit einer Zange nicht zu lockern waren. Kostbare Sekunden verrannen. Steve kam mit den Löchern nicht besser voran. Er hatte schon blutige Finger, obwohl er mit dem ersten noch nicht einmal halb fertig war. Eine wirklich verzweifelte Lage.

Ich lehnte mich zurück, holte tief Luft und versuchte mein überreiztes Hirn zu beruhigen, das auch kurz davor war, sich zu verklemmen. Es musste doch irgendeine Lösung geben. Hier konnte nur helfen, das Problem mit neuen Augen zu sehen – das kritische Bewusstsein musste hinter der Bezeichnung »Getriebe« die darunterliegende Form erkennen.

Die Symptome wiesen uns den Weg. Das Getriebe fraß sich nicht nur regelmäßig fest, es wurde auch heiß. Hier war also Reibung im Spiel, die vermutlich vom Kugellager ausging. Aber Steve hatte doch erst am Morgen Kugellagerfett in den neu angebrachten Schmiernippel gedrückt. Vielleicht zu viel? Aber vielleicht waren es gar nicht die Tretlager. Möglicherweise hatte sich ein Zahnrad gelockert …

Ich ließ meine Gedanken schweifen, erlaubte meinem Unterbewusstsein, andere, weniger offensichtliche Möglichkeiten in Betracht zu ziehen. Mein Blick fiel auf das Stück Fahrradrahmen, das die Pedalkurbeln trug. Das Tretlager schwitzte Schmierfett aus, mit dem wir es immer reichlich versorgten. Vielleicht war das ähnlich gut für das Getriebe?

Das Riff war nur noch hundert Meter entfernt, die anbrandenden Wellen lösten Gischtfontänen aus. Zum Nachdenken blieb keine Zeit mehr. Ich schob den Sitz nach vorne, öffnete das hintere Schott und kroch in das Heckabteil. Irgendwo in dem ganzen Durcheinander musste noch eine Schmierfettkartusche sein.

Da hörte ich ein lautes ZING! und den Ausruf »Mistding!« Die Drahtsäge war gerissen. Durch Rudern Abstand vom Riff zu bekommen konnten wir damit vergessen. Unsere einzige Hoffnung war nun das Getriebe.

Nachdem ich eine Minute wie wild herumgewühlt hatte, fand ich endlich unter Georges Pornos die Tube mit dem Schmierfett und warf sie Steve zu.

Jetzt aber schnell …

Er steckte sie in die Fettpresse und pumpte wie verrückt. »Da tut sich nichts«, sagte er verärgert. »Wahrscheinlich Luft drin … Verdammt!«

Die Felsen kamen näher. Welle um Welle prallte gegen die gezackte Kante des Riffs und zerstob in einer schäumenden Explosion.

Kartusche absetzen … Neuer Versuch …

Überall war Schmierfett, auf unseren Händen, Beinen, auf dem Sitz. Wir pumpten abwechselnd. Schließlich quoll doch Schmierfett aus den Ritzen des Getriebes.

Nun der Test …

Ich schob den Sitz wieder in Position und trat in die Pedale. Mein Herz raste, und das Blut pochte mir in den Ohren. *Gleich wird es wieder schwergängig, und alles verklemmt sich …* Wir nahmen Fahrt auf. Ich warf das Ruder hart herum und lenkte uns vom Riff weg. Dreißig Sekunden vergingen. Die Pedalkurbeln liefen butterweich.

Zwei Minuten … Drei Minuten … Fünf …

Wir waren wieder seetüchtig.

*

Vier Tage später, am 8. Februar, frischte der Wind zur Stärke 5 auf und blies uns direkt aus Nordwest entgegen. Der Seewetterdienst auf Mittelwelle meldete einen massiven Sturm 200 Seemeilen nördlich, mit über zwanzig Meter hohen Wellen. Seine Ausläufer würden uns bei Einbruch der Dunkelheit erreichen.

Wir änderten den Kurs, auf 330 Grad, fuhren also fast Richtung Norden, um dem Wind und den Wellen zuvorzukommen, die uns bald Richtung Süden treiben würden. Als am Nachmittag der Wind weiter zunahm, wurde die *Moksha* von den steigenden Wellen mächtig durchgeschüttelt und drohte seitwärts zu den Wellen zu geraten. Selbst wenn das Ruder hart steuerbord lag, war es ein Kampf, überhaupt nur die Position zu halten; wir traten buchstäblich auf der Stelle. Aber das war immer noch besser, als die Autoreifen auszuwerfen und näher an die kubanische Küste getrieben zu werden, die bloß noch zwanzig Seemeilen entfernt war. Sollten wir ihr zu nahe geraten, würde die *Moksha* wahrscheinlich beschlagnahmt werden – sofern wir nicht zuvor Schiffbruch erlitten.

So hatte ich während der ganzen Reise noch nicht gestrampelt. »Und vorwärts … Und vorwärts … Und vorwärts …«, lautete das Mantra, mit dem ich mich zu motivieren versuchte. Das hatte ich mir von Sir Ranulph Fiennes geborgt, der es vor sich hingemurmelt hatte, als der Forscher aus Windsor ein Jahr zuvor durch die Antarktis gestapft war. Um unsere Knie zu entlasten, wechselten wir uns stündlich ab, anstatt wie sonst nach drei Stunden. Jede Welle, die von Norden heranrollte, verschlang die gesamte vordere Hälfte des Boots und ließ wahre Sturzbäche durch die Belüftungsöffnung in den Schoß des Pedaleurs prasseln. Dieser regelmäßige Guss war eine willkommene Abkühlung für unsere überhitzten Körper, doch als der Morgen anbrach, war die Haut in meinem Schoß völlig wund. Die Salzwasserpusteln, die ich gerade erst losgeworden war, waren wieder da, schlimmer als zuvor. Und diesmal waren sie praktisch überall: an meinen Hoden, am Hintern, in den Kniekehlen, an den Ellbogen, an den Oberschenkeln.

So ging das nicht weiter.

Ich riss einen knapp zehn Zentimeter breiten Streifen aus einer alten Segeltuchtasche und bastelte mir daraus einen Hodenschoner. Das »Senkblei«, wie wir das Ding nannten, bestand aus einer Art Halteschlinge, die mit zwei Gummischnüren über dem Fahrersitz befestigt waren. Dies gab meinen Hoden gut zehn Zentimeter Luft, und auch wenn sie jetzt wie besoffen hin und her schwangen, dass Reibungsproblem war gelöst. Außerdem hielt der Hodenschoner die Maden in Schach, die seit Neuestem im Fahrersitz schlüpften, wo sie sich am Blut und Eiter aus unseren Salzgeschwüren gütlich taten. Erst am Morgen hatte eine versucht, sich in meinen linken Hoden zu bohren, den sie wahrscheinlich für eine verfaulte Pflaume gehalten hatte.

Am Vormittag machte ich backbord voraus in etwa drei Seemeilen Entfernung Brecher an einem Riff aus. Eine schnelle Peilung mit dem Handkompass ergab, dass das Riff auf 275 Grad lag. Auf der Karte war eine Flachwasserstelle von einem Faden Tiefe vermerkt, jedoch bei 320 Grad. Stimmte etwa die Karte nicht?

Steve hörte auf zu strampeln und stellte sich neben mich in die offene Luke. Er spähte in die gleißende Helligkeit hinaus und versuchte sich einen Reim auf das weiße Schaumband zu machen, dass ostwärts zu rollen schien und wie Brandung an einem Strand wirkte. »Das ist kein Riff. Das ist ein Schnellboot!«

Wie nicht anders zu erwarten, änderte das Boot seinen Kurs und kam direkt auf uns zu. Steve kletterte wieder auf den Fahrersitz, griff nach dem Funkgerät und fragte bei dem mysteriösen Gefährt nach seinen Absichten an. Keine Antwort. Das war das erste schlechte Zeichen. Das zweite waren die Gewehre, die die sechs Männer an der Reling schwenkten, wie wir bald erkannten, als sich das ungefähr zwölf Meter lange, namenlose Boot näherte. Es waren unrasierte, ziemlich wilde Typen, und keiner von ihnen trug eine Uniform.

»Das hat uns gerade noch gefehlt«, murmelte ich mit leicht zittriger Stimme. »Jetzt werden wir von Piraten ausgeraubt.«

Ich hörte auf zu filmen und versteckte die neue Videokamera zusammen mit dem Fernglas und der Nikon im Rattenloch. Steve strampelte weiter. Vorsichtig zog er eine Packung Handfackeln aus einer der Rettungswesten von der britischen Luftwaffe und deponierte sie in Reichweite. Nicht dass wir gegen diese Übermacht etwas hätten ausrichten können, aber wenn die Geschichte brenzlig wurde, waren diese feuerwerksähnlichen Fackeln das Einzige, mit dem wir uns überhaupt verteidigen konnten.

Eine der Piraten brüllte etwas auf Spanisch. Wir verstanden kein Wort und riefen etwas auf Englisch, was sie wiederum nicht verstanden. Aber so, wie sie ihre Gewehre in die Luft reckten und wie enthemmte Politessen damit herumfuchtelten, war eines jedenfalls klar – wir sollten anhalten. Zu spät, um in unsere Shorts zu schlüpfen. Als sie zum Entern längsseits gingen, stellten Steve und ich uns abermals nebeneinander in die offene Luke.

Das Geschrei und das Getue mit den Gewehren hörten schlagartig auf. Wortlos starrten sie uns an. In den Gesichtern unserer Freibeuter mischten sich Entsetzen und Abscheu. Wahrscheinlich hatten sie leichte Beute erwartet, das Beiboot einer Luxusjacht mit reichen Urlaubern vielleicht. Stattdessen hatten sie ein aufgemotztes Tretboot mit zwei hosenlosen Homos, übersät mit eitrigen Wunden, aufgetrieben, die schwitzten wie zwei Verbrecher vor dem Richter. Der mit dem bunten Safarihemd und dem Grinsen im Gesicht war eindeutig plemplem. Der andere hatte ein riesiges Vogelnest unterm Kinn hängen.

Der Skipper bekam es wohl mit der Angst vor den Krankheiten zu tun, die wir todsicher an Bord hatten, gab Vollgas und rauschte Richtung Kuba davon.

*

10. FEBRUAR

Kurz vor Sonnenuntergang pflügten südlich von uns zwei Kreuzfahrtschiffe, groß wie Wohnsilos, durch die tiefe Fahrrinne in Richtung Florida Keys. Alle Schiffe, die die USA ansteuerten, mussten sich durch diesen Flaschenhals zwängen. Wir zogen es vor, weiter nördlich über die Great Bahama Bank zu fahren. Das war das surrealste, atemberaubendste Meeresgewässer, durch das wir bislang gekommen waren, eine flüssige Schicht, stellenweise nicht tiefer als fünf Meter, darunter eine von Korallen bewachsene Kalksteinplatte, die sich schon in der Kreidezeit gebildet hatte. Weil das Meer hier so flach war, konnten uns keine gefährlichen Riesenpötte in die Quere kommen.

Wer gerade Pause hatte, lag gewöhnlich auf dem Vordeck und schaute in die kristallklare Tiefe, fasziniert von dem schimmernden Teppich aus feinstem Sand, der sich hier in Wellenlinien ausgebreitet hatten, die an Gerippe prähistorischer Meereskreaturen denken ließen. Schwarze Seesterne lagen reglos am Grund. Ab und zu tollte eine Dorade vorbei, oder es ließ sich eine kreischende Möwe blicken, weitere Lebenszeichen gab es keine. Einmal, es war dunkel und ich lag noch im Rattenloch, hörte ich, wie sich Delfine näherten. Spff-tah … Spff-tah … Spff-tah … Die Geräusche ihrer kurzen, flachen Atemzüge beim Auftauchen wurden durch die hölzerne Schiffswand verstärkt. Dann ein letztes, tiefes Spff-tah, bevor sie wieder abtauchten. Sie schwammen direkt unter der Schlafkabine hindurch und verschwanden Richtung Norden.

Der Wind ließ nach, und die Hitze wurde beinahe unerträglich. Wir schwitzten Tag und Nacht. Das Einzige, was unter diesen ekelhaften Bedingungen gedieh, war unsere ebenso ekelhafte Madenkolonie, der die Beimengung von Schweiß zu ihrer proteinreichen Nahrung bestens zu bekommen schien. Als das Schaumstoffpolster des Fahrersitzes wie eine Leiche zu wimmeln begann, rührte ich ein chlorhaltiges Fungizid an, mit dem wir ansonsten unseren Wassermacher von Bewuchs freihielten, dieses Mal jedoch in einer aggressiveren Mischung von fünf zu eins. Die Maden reagierten darauf nur mit Begeisterung, gierig reckten sie mir ihre reiskorngroßen Körper entgegen, als wollten sie sagen: »Mehr davon, bitte!«

Entnervt kippte ich ihnen eine unverdünnte Ladung über.

»Das sollte die kleinen Drecksbiester zum Brutzeln bringen«, murmelte Steve, der das Schauspiel mit einer Mischung aus Entsetzen und Faszination verfolgte.

»Aber hallo. Das würde jedem Nashorn den Arsch absengen.«

Und tatsächlich war es ein paar Sekunden später mit dem Gewusel vorbei.

Am Ende jeder schweißtreibenden Schicht an der Tretkurbel sprangen wir zur Belohnung in unseren ganz privaten, viele Hundert Quadratkilometer großen Swimmingpool. Wenn wir so unter dem Boot hingen und uns die zarten Hände der Strömung über den Kopf streichelten und die Schläfen massierten, kühlte sich der Körper rasch auf eine erträgliche Betriebstemperatur ab. Es war wie im Himmel. Das stickige Rattenloch konnte mit diesem »neuen Lieblingsplatz« nicht mithalten.

Zurück im schlecht belüfteten Cockpit, suchte ich mir die Zeit mit Wertschöpfung zu vertreiben: Ich widmete mich der Aufgabe, eine Fahne für unsere Ankunft zu fabrizieren. Als sie fertig war, stand auf dem ein Meter mal fünfzig Zentimeter großen Stück Stoff: »Sponsor gesucht!« Die Herstellung und das Annähen der fünfzehn Zeichen aus meinem letzten verschlissenen T-Shirt kostete mich eine Stunde pro Stück, aber das machte mir nichts aus. Es waren fünfzehn Stunden, die wie im Fluge vergingen, in denen ich mich sonst zu Tode gelangweilt hätte.

Steve wollte freiwillig die Aufgabe übernehmen, diese Fahne vor den Journalisten zu schwenken, die aus zahlreichen Hubschraubern heraus unsere triumphale Ankunft in Miami begleiten würden.

*

Nachdem wir eine Woche lang gut vorangekommen waren, auch wenn wir uns das sauer verdienen mussten, näherten wir uns dem nördlichen Rand der Great Bahama Bank. Noch achtundvierzig Stunden bis Miami!

Floridas Hängearsch war nun so nah, dass wir ihm fast schon einen Klaps versetzen konnten. Ich selbst hatte die Hoffnung, die letzten Häute von der Zwiebel zu ziehen und die sogenannte höchste Wahrheit zu entdecken, beinahe schon aufgegeben. Ganz gleich, wie lange ich während meiner Nachtschichten meditierte oder wie aufmerksam ich die Welt um mich herum mit kritischem Bewusstsein beäugte, der große Durchbruch blieb mir verwehrt. Es war, wie wenn man sich vergeblich bemüht, eines dieser dreidimensionalen Bilder in einer zweidimensionalen Abbildung zu finden. Je angestrengter ich suchte, desto mehr entzog sich mir das Gesicht der Madonna, der Mona Lisa oder was immer dort angeblich verborgen war.

Die absolute Wahrheit ist auch bloß eine Illusion, schrieb ich in mein Tagebuch. Und in den frühen Morgenstunden des Tags 109 warf ich das Handtuch und beschloss, »Hirte der Kühe anderer Menschen« zu bleiben, wie Buddha es ausgedrückt hatte.*

Doch dann, am Ende meiner zweiten Nachtschicht, machte etwas in mir »klick«. Ich fühlte mich zunehmend benommen, aber gleichzeitig von einer Energie erfüllt, wie sie sich vor einem Gewitter in der Atmosphäre aufbaut. Als ich schließlich im Morgengrauen schweißtriefend ins Rattenloch kroch und an die Decke der engen Kabine starrte, rasten die Gedanken in meinem Kopf. Nachdem sie fünfzehn Minuten lang wilde Purzelbäume geschlagen hatten, begann sich etwas Greifbares herauszuschälen. Zu-

* Mich in meinem Wissen und Verständnis von Wahrheit auf die Erfahrungen anderer zu verlassen.

erst sah ich nur eine Eichel im Boden, die in langsamem Zeitraffer keimte: Wurzeln, die nach unten strebten, ein einzelner Spross, der sich seinen Weg durch das Erdreich bahnte. Das zarte Pflänzchen wurde kräftiger, drängte zum Himmel, schon war es ein Setzling mit Zweigen, Knospen und Blättern. Und bald stand eine ausgewachsene Eiche vor mir, die sich sanft im Wind wiegte. Sie war stark und selbstgenügsam, erhob sich ganz allein auf einer sonnenbeschienenen Wiese, ganz und gar unabhängig von ihrer Umgebung.

Doch es blieb nicht bei reiner Botanik. Ich nahm den kaum merklichen Austausch wahr, der rund um den Baum vor sich ging, die Fotosynthese zwischen den Blättern und der Luft, den Nahrungs- und Wasseraustausch zwischen den Wurzeln und der Erde. Die Eiche war gar nicht von ihrer Umgebung getrennt, stellte ich fest. Sie war in ihrem Wesen mit allem um sie herum verbunden, sogar mit den Vögeln, die die Baumkrone als Schattenspender nutzen, und den kleinen Insekten, die auf der Suche nach Nahrung über ihre Rinde krabbelten.

Schneller und immer schneller kreisten meine Gedanken, erreichten Lichtgeschwindigkeit, folgten den Verbindungslinien: Sauerstoffmoleküle strömten aus der Spaltöffnung auf der Blattunterseite hinauf in die Atmosphäre, wo sie sich mit Sauerstoffmolekülen und Staubteilchen verbanden und als Regen auf die ausgetrocknete Erde prasselten. Der Regen ließ ein Rinnsal entstehen, das erst zu einem Bach, dann zu einem Fluss anschwoll, der ins Meer mündete. Eine Frau stand am Flussufer, um einen Eimer zu füllen. Sie setzte ihn sich auf den Kopf und ging zurück in ihr Dorf, um das Essen für die Familie zu bereiten …

So folgte eine Verbindung auf die andere, bis der Eichenbaum wieder erschien. Nur dass er jetzt ganz anders war. Er schimmerte und leuchtete, strahlte wie ein Infrarotbild, der Stamm und die Blätter wirkten verschwommen, sie verschmolzen mit dem Äther. Nach und nach verschwand jeder Unterschied zwischen dem Baum und seiner Umgebung. Was eben noch als »Baum« bezeichnet werden konnte, existierte nicht mehr. Da war bloß ein Gefäß, durch das das Leben strömte.

Die Verbindungen, die zwischen allen Dingen herrschten, überwältigten mich. Ich öffnete meine Augen und erblickte dieselben Energieströme, wo eben noch die festen Konturen der Schlafkajüte gewesen waren. Sie glichen den tanzenden und leuchtenden Wirbeln, die wir in der Spur der spielenden Delfine gesehen hatten. Nur dass sie jetzt allgegenwärtig waren. Eigentlich *waren* sie alles. Ich hob die Hand und sah denselben Lichtfluss. Auch ich als Mensch war bloß ein Gefäß, durch das das Leben strömte.

Da ging es mir auf.

Der Kern allen Lebens war die Ähnlichkeit, eine gemeinsame Chemie. Die Unterschiede der Welt um mich herum und ihr sinnlicher Ausdruck – Farben, Gerüche, Oberflächenbeschaffenheit, Geschmack, Geräusche usw. – waren sämtlich Konstrukte des Geistes, Illusionen, das Produkt eines langen Evolutionsprozesses, in dem die Menschen dem Chaos einen Sinn abgewonnen hatten.

Selbst das »Ich« von Jason Lewis war bloß ein Phantombild aus Zuschreibungen, die das Bewusstsein zusammengetragen hatte, um ein scheinbar greifbares Selbst zu konstruieren: dunkle Haare, grüne Augen, helle Haut, Engländer, unpolitisch, Agnostiker und so fort. Auf der molekularen Ebene bestand das fortdauernde »Ich« aus derselben Chemie wie ein Stuhl, eine Raupe oder eine Eiche. Je stärker sich die Menschen an ihre Etikettierung binden und je länger sie sie nicht infrage stellen, desto größer wird die Kluft zwischen dem illusorischen und dem wirklichen »Ich« – der Natur selbst.

Der Sündenfall …

Etwas verschob sich. Anstatt wie gewöhnlich einem linearen Weg zu folgen, griff das Bewusstsein in jedwede Richtungen aus und ließ dabei alles zu Kristallen gerinnen, so wie gefrierendes Wasser. Der einzelne Gesichtspunkt verwandelte sich in viele, zu einem Kino mit zahlreichen Leinwänden, auf dem ich sämtliche Filme gleichzeitig sehen konnte. Subjektivität und Objektivität verschmolzen miteinander, und das »Ich« wurde zu einem Spiegel, in dem die Dinge wie reine Reflexionen und Muster ihrer selbst aufschienen – pure Energie. Auf diese Weise wurden jegliche Prozesse im Universum unmittelbar erkennbar und damit verstehbar. Nicht nur, dass das »Ich« überall zur gleichen Zeit war, das »Ich« war auch in ihr alles, vom winzigsten Quark bis zur fernsten Galaxie. Es war wie eine Heimkehr, das höchste Stadium des Gleichgewichts.

Dann kam das zweite Aha!

Alles im Leben kann als Variante seiner selbst verstanden werden …

So müssen Menschen wie Poincaré oder Einstein ihre intuitiven Einsichten in die Funktionsweise des Kosmos gewonnen haben, sagte ich mir. Aber um sie mit anderen zu teilen, benötigten sie Metaphern. Einsteins Relativitätstheorie konnte formell nur mithilfe der Sprache der Mathematik existieren.

Das war das letzte Puzzleteilchen, nach dem ich gesucht hatte. Die Verbindungen zwischen Analogien stellten eine vernetzte Landkarte dar, die die *Möglichkeit* eröffnete, sämtliche Phänomene zu verstehen. Aber das waren nur Pfade zur Wahrheit, nicht die letzte Wahrheit selbst. Als Wegweiser halfen sie einem ein Stück weiter. Aber ab einem gewissen Punkt war man auf sich selbst gestellt.

Wieder spürte ich eine Veränderung, aber an das, was dann kam, habe ich keine Erinnerung, da ein getrennter Geist, mit dem ich die Dinge verstandesmäßig hätte betrachten können, nicht mehr existierte. Der Beobachter und das Beobachtete waren eins geworden. Es war alles eins, ungebrochen, ganz. Monate später erklärte mir jemand, dass man das im Westen einen Zustand des Nichtdualismus nannte oder Samadhi, wie die Hindus und Buddhisten im Osten sagten. Anders ausgedrückt: ein kurzer Augenblick von *Moksha*, Erleuchtung.

Schließlich kam ich von meinem molekularen Flug zurück, wurde durch das Wurmloch der Raumzeit ins dualistische Bewusstsein zurückgeholt und war wieder in der Lage zu rationalem Erleben. Jetzt, wo ich den Vergleich hatte, erschien mir die normale Art, die Dinge zu betrachten, auf einmal farblos und langweilig.

Als ich Steve beim Frühstück davon erzählte, schaute er mich bloß amüsiert an. In Gedanken war er schon ganz bei unserer Ankunft in den USA, doch wahrscheinlich dachte er, dass ich mir wohl einen kleinen Sonnenstich zugezogen hatte. Aber wie soll man auch auf jemanden reagieren, der einem erzählt, er hätte gerade einen Blick auf das Göttliche erhascht?

*

Über den rasch dahinfließenden Golfstrom flogen wir geradezu der Biscayne Bay entgegen. Der Lebensrhythmus an Bord beschleunigte sich durch die Aussicht, bald Land zu erreichen. Jeder Rest geistiger Klarheit, der noch von dem Samadhi übrig war, wurde von einer Unzahl logistischer Überlegungen beiseite gefegt: das geplante Treffen mit Kenny außerhalb von Fowey Rocks, die Fertigstellung der Sponsorenfahne, der zu erwartende Medienrummel …

Steve war unermüdlich, knotete Leinen zum Auswerfen zusammen, funktionierte die Autoreifen zu Fendern um, räumte unnötiges Zeug vom Deck, damit die *Moksha* vor den Fernsehkameras einen etwas präsentableren Eindruck machte.

Mit den ersten Strahlen der Sonne hatten wir es sicher über die Straße von Florida geschafft – wenn man davon absah, dass wir um ein Haar von einem Phantomschiff, einem Frachter mit Namen *Sea Monster*, der plötzlich aus dem Nichts auftauchte, untergepflügt worden wären – und warteten nun am vereinbarten Treffpunkt. Jeden Moment musste Kenny mit einem Kamerateam von ITN und einem Kutter der Küstenwache als Begleitung auftauchen.

Miami lag hinter einem Dunstschleier verborgen, aber ein beißender Geruch, den die Westbrise herbeitrug, ließ keinen Zweifel daran, dass es wundervoll nah war. Wir dümpelten sanft im Windschatten von Fowey Rocks vor uns hin, genossen die letzten Schlucke unseres Ballantine's und gratulierten uns gegenseitig. Die erste größere Hürde unserer Weltumrundung hatten wir so gut wie genommen, und wir waren im Begriff, als die ersten Menschen in die Geschichte einzugehen, die es allein mit eigener Muskelkraft vom europäischen Festland bis nach Nordamerika geschafft hatten, womit wir uns den Sponsoren für den Rest der Reise sicherlich bestens empfahlen. Wenn ich meine ganz persönliche Bilanz zog, war es mir durch das monatelange Eintauchen in die Natur gelungen, die Illusion der unabhängigen Existenz zu überwinden. Damit hatte ich den ersten Teil meiner allumfassenden Suche nach dem richtigen Leben auf einem überfüllten Planeten abgeschlossen.

Aber nicht alles war positiv gewesen. Meine Selbsterforschung und Steves Kampf mit dem Bordleben hatten einen Keil zwischen uns getrieben. Der harte Wortwechsel nach dem großen Streit um den Abstecher zu den Virgin Islands klang immer noch in meinen Ohren nach: *Kein gutes Vorzeichen für den Rest der Expedition …* Was hatte Steve damit eigentlich sagen wollen?

Eines war jedenfalls klar. Eine Weltumrundung nur mit eigener Muskelkraft war ein weitaus ernsthafteres Unternehmen, als ich es mir ursprünglich ausgemalt hatte. Dies war mehr als ein im Suff geborener Studentenstreich. Es war eine extreme Herausforderung, die uns körperlich, emotional und geistig alles abverlangte, was wir aufbieten konnten, wenn wir sie erfolgreich bestehen wollten.

NORDAMERIKA

DURCH DEN DEEP SOUTH SKATEN

Was ist das Leben? Es leuchtet auf wie ein Glühwürmchen in der Nacht. Es vergeht wie der dampfende Atem des Büffels im Winter. Es ist wie der kurze Schatten, der über das Gras huscht und sich im Sonnenuntergang verliert.

– Letzte Worte von Crowfoot, *Häuptling vom Stamm der Blackfoot*

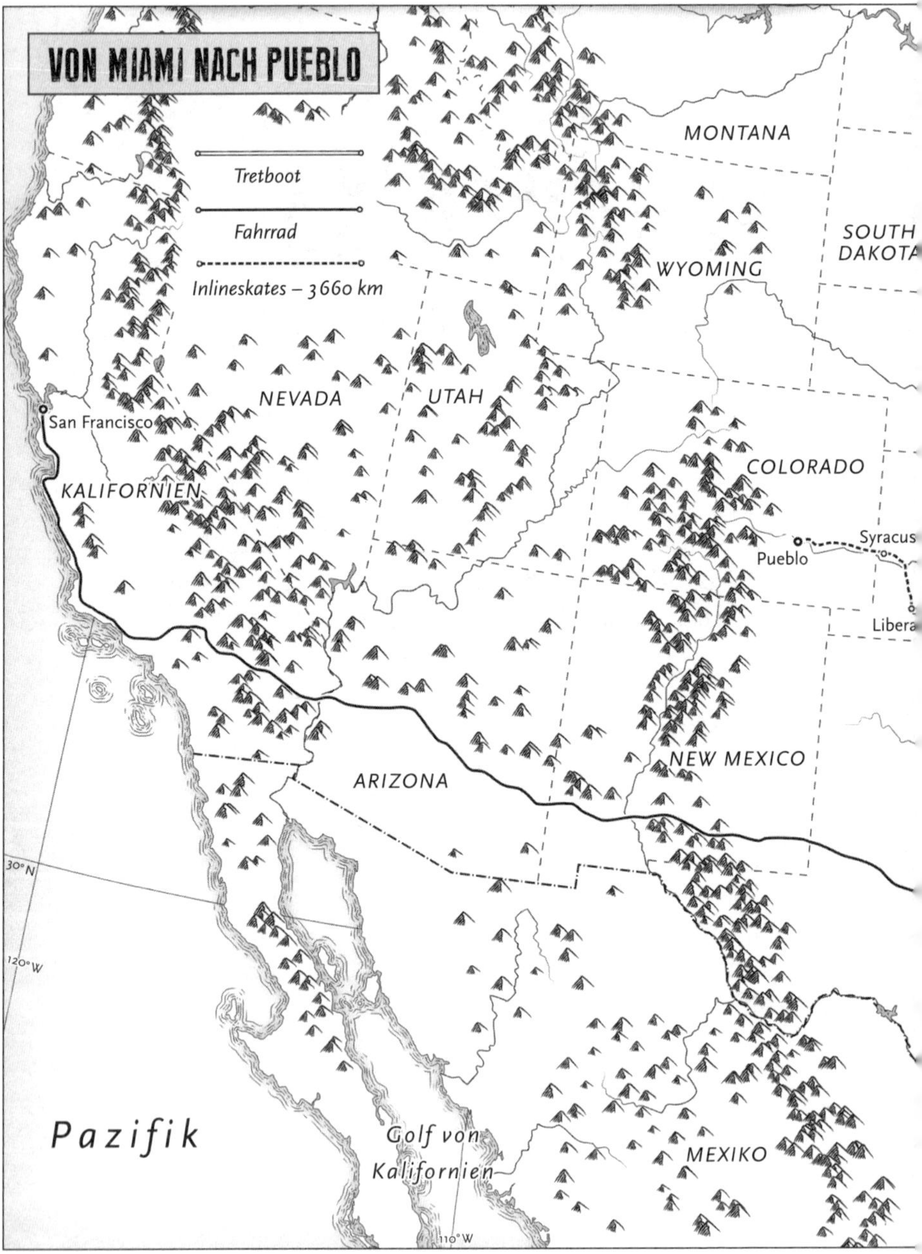
VON MIAMI NACH PUEBLO
Tretboot
Fahrrad
Inlineskates – 3660 km
MONTANA
SOUTH DAKOTA
WYOMING
NEVADA
UTAH
San Francisco
COLORADO
KALIFORNIEN
Syracus
Pueblo
Libera
NEW MEXICO
ARIZONA
30° N
120° W
Pazifik
Golf von Kalifornien
MEXIKO
110° W

NORTH DAKOTA
MINNESOTA
WISCONSIN
MICHIGAN
NEW YORK
PENNSYLVANIA
NEBRASKA
IOWA
OHIO
ILLINOIS
INDIANA
WEST VIRGINIA
KANSAS
VIRGINIA
MISSOURI
KENTUCKY
Canton Lake
akwood
Ft. Smith
NORTH CAROLINA
TENNESSEE
OKLAHOMA
SOUTH CAROLINA
Lula
Winona
ARKANSAS
ALABAMA
Macon
Montgomery
LOUISIANA
GEORGIA
TEXAS
MISSISSIPPI
Tallahassee
30° N
New Orleans
Saint Petersburg
FLORIDA
Lake Okeechobee
Golf von Mexiko
Miami
90° W

ATLANTIKÜBERQUERUNG: TAG 111, ANKUNFT IN MIAMI, 17. FEBRUAR 1995

Es war echt was los. Über unseren Köpfen knatterte ein Hubschrauber von NBC News, und Dieseldämpfe der *Reel Time*, eines Sportanglerboots, das BBC *News at Ten* eigens gechartert hatte, um unseren Zieleinlauf zu dokumentieren, stachen uns in der Nase. Steve stand auf dem Deck und präsentierte den Kameras voller Stolz unsere Fahne mit der Aufschrift: »Sponsor gesucht!«

Am Horizont dräute das Bankenviertel von Miami, das von Weitem aussah wie ein überfüllter Friedhof mit hässlichen Grabsteinen. Nach den fließenden, unbestimmbaren Formen des Meeres wirkte die menschengemachte Architektur fremd und unheimlich, nur gerade Linien, Linien, Linien …

Diesmal mussten wir keine tückischen Riffs überwinden, es lockten uns auch keine hinterhältigen Sirenen. Einzig ein verwirrendes Labyrinth von Kanälen, durch das wir navigieren mussten, um an unser Ziel, den Miami Jacht Club, zu gelangen. Dort würde uns der Großteil der Presse erwarten. Glücklicherweise führte uns der Kutter der US-Küstenwache die letzten Seemeilen, die sich als die quälendsten der ganzen Reise erwiesen. Fünf Minuten fühlten sich an wie eine Stunde. Und eine Stunde erschien wie ein gesamtes Leben.

Und dann: eine letzte Brücke, über deren Eisenkonstruktion der Verkehr donnerte, eine letzte Biegung, und wir konnten endlich das Klubhaus sehen, umgeben von einem Meer aus Masten, die in den Himmel ragten wie die Borsten einer Haarbürste. Ein einsamer Ponton symbolisierte das Ende unserer Reise.

Aber irgendetwas stimmte nicht.

Ich saß mit gekreuzten Beinen auf dem Kabinendach, Steve strampelte. Die erstaunlich kleine Menschengruppe auf dem Holzpier schien nicht gerade enthusiastisch. Ich entdeckte Kenny, der seine Kamera in Bereitschaft hielt, und Martin und Catriona, die beide herübergeflogen waren, um bei der PR-Arbeit zu helfen. Auch Stuart war da, der wie üblich mit seinem Katzengrinsen die obligatorische Sektflasche umklammerte. Eigentlich grinsten sie alle etwas dümmlich.

Wo zum Teufel sind die Fernsehkameras und Reporter?

Die *Moksha* stieß längsseits an den Landungssteg. Ich warf Kenneth Crutchlow, dem Direktor der Ocean Rowin Society, die Leine zu. In diesem Moment ließ Stuart den Korken knallen – ein bisschen zu begeistert. Eine bescheidene Fontäne brach hervor, ging vollständig am Boot vorbei und landete mit einem lauten FLOP! auf dem Wasser.

Das leichte Plätschern wurde von Steve übertönt, der mit einem lauten »Yeehaaaa!« aus dem Pedalsitz sprang und seinem Vater die Flasche abnahm. Und schon war alles wieder vorbei. Keine Kamerablitze. Keine sich auf uns stürzenden Fernsehteams. Wie wir später erfuhren, waren ein Reporter und ein Fotograf vom *Biscayne Bay Tribune* aufgetaucht, jedoch wie Ratten von einem sinkenden Schiff geflohen, als sie spitzkriegten, dass sie das gesamte Pressekorps darstellten.

Ich verbarg meine Verlegenheit, trat auf den schwankenden Ponton und schüttelte allen die Hand, was nicht allzu lange dauerte.

»Heiratet hier jemand?«, fragte eine ältere Dame. Sie hatte einen New-Jersey-Akzent, blondiertes Haar und eine rosafarbene Cateye-Brille, wahrscheinlich eine Rentnerin, die der Eiseskälte im Nordosten entflohen war.

»So ähnlich«, erwiderte ich. »Es ist, ähm … Wir haben soeben … ähh …«

Die Worte blieben mir im Halse stecken. Mir kam in den Sinn, dass das, was ich sagen wollte, für einen normalen Menschen, der sich fragte, was der ganze Zirkus zu bedeuten hatte, absolut lächerlich klingen musste. »Wir sind soeben in einem Tretboot über den Atlantik gestrampelt …« Bestimmt hätte sie gedacht, ich würde sie auf den Arm nehmen. Vielleicht war ja deshalb niemand von der Presse erschienen?

So geschah es, dass ich eine Minute nach einer 5641 Seemeilen und 111 Tage langen Atlantiküberquerung ein ganz normales Gespräch mit Joan, einer völlig Fremden, über ihren kranken Kater Boo-Boo führte.

»Boo-Boo frisst im Moment einfach nicht richtig«, sagte sie sorgenvoll.

»Wirklich? Das hört sich nicht gut an.«

»Ja, genau. Ich war gestern schon mit ihm beim Tierarzt, aber dort sagten sie, es fehle ihm nichts.«

»Vielleicht ist es ein Haarballen.«

»O nein, ich achte sehr darauf, dass sein Fell sauber bleibt. Ich bürste ihn dreimal am Tag!« Sie hob ihre Brille, um sich die Augen abzutupfen. Sie tränten, schwer zu sagen, ob das von der Sonne beschienene Wasser sie so blendete oder ihr Kummer so groß war, weil Boo-Boo nicht richtig fraß.

»Hat er ein langes Fell?«, fragte ich.

Joan schüttelte den Kopf. »Nein. Er ist ein Kurzhaarkartäuser. Kennen Sie sich damit aus?«

»Nein, ich glaube nicht.«

»Oooh! Es sind schöne Tiere. In Frankreich gab es sie schon im 16. Jahrhundert, wissen Sie ...«

Das Rätsel des Pressedebakels entschlüsselte sich am Nachmittag. Nach einer Woche telefonischer Bearbeitung der Medien im ganzen Land hatte unser PR-Team die letzte Pressemitteilung an 700 Fernsehsender, Printmedien und Radiostationen verschickt – einen gut durchdachten, prägnanten Einseiter, in dem alle wichtigen Punkte aufgeführt waren. Bis auf einen. Es gab nicht weniger als sieben Miami Jacht Clubs in der Gegend, und unsere Leute hatten vergessen mitzuteilen, an welchem wir ankommen würden.

*

Am nächsten Morgen fuhr uns Stuart zur Bootspräsentation. Amerika zeigte sich uns durch die offenen Wagenfenster als unendliche Ansammlung bunter Schnappschüsse: eine blinkende Neonreklame über einem Spirituosenladen, abblätternde Reklametafeln, die für einen Bananen-Blaubeer-Joghurt-Kuchen warben, Obdachlose, die auf dem Gehsteig billiges Bier süffelten, der Verkaufsladen einer Tankstelle mit einem Fernseher, in dem *Schweigen der Lämmer* lief. Und all das hinter einer Fassade rastloser Energie, dem Lebenselixier unendlicher Möglichkeiten, an dessen Tropf der amerikanische Traum hing. Die Aufgabe, an einem so grässlichen Ort nicht nur überleben zu müssen, sondern auch noch 24 000 Pfund aufzutreiben, jagte mir plötzlich Angst ein.

Doch wir waren in Amerika, also bot sich auch uns eine Chance – obwohl eine, die ich jederzeit gegen einen weiteren Atlantiktrip in der *Moksha* eingetauscht hätte. Innerhalb einer Stunde hatte Stuart uns in neue Expeditions-T-Shirts gesteckt, körperbetont, und er hatte uns verboten, uns mehr als drei Meter von der *Moksha* zu entfernen.

Unser VIP-Podium befand sich auf dem Parkplatz neben dem jüdischen Friedhof. Trotz des seltsamen Standorts schlenderte ein steter Strom von Interessierten herbei, angelockt von der merkwürdigen Gestalt unseres Boots, an deren Rumpf noch fette Seepocken klebten, oder von Stuart mit aller Gewalt zusammengetrieben. Steve und ich standen als »die Jungs, die es tatsächlich geschafft hatten«, bereit, alle Fragen zu beantworten und von der Reise zu schwärmen.

»Wo hatten Sie den größten Sturm?«

»Wie hoch war die höchste Welle?«

»Ihre schönsten und Ihre schrecklichsten Augenblicke?«

In Amerika ging es immer nur um Superlative.

»Wurden Sie von Haien gefressen?«, fragte ein Mann, ohne auch nur mit der Wimper zu zucken.

Natürlich nicht, du verdammter Idiot, hätte ich beinahe gesagt. Sonst stünde ich ja wohl nicht hier und würde mit dir sprechen, oder? Aber ich beherrschte mich und biss mir auf die Zunge. Ob wir über Fliegende Fische, Monsterwellen oder menschenfressende Haie – besser gesagt, deren Ausbleiben – sprachen, im Grunde ging es bei diesen weitschweifigen Frage-Antwort-Spielchen nur um eines: ob man einem Opfer 20 Dollar für ein T-Shirt mit Unterschrift oder für seinen Namen in Klebebuchstaben auf dem Rumpf der *Moksha* abluchsen konnte.

Als Spendeneintreiber war ich ungeeignet. »Du musst schneller auf den Punkt kommen«, zischte mir Stuart mehrmals über die Schulter zu, als ich mal wieder einen potenziellen Sponsor mit den Feinheiten des menschlichen Bewusstseins zu Tode langweilte. »Wenn sie innerhalb von zwei Minuten keine Kohle rausrücken, ZACK, weiter zum Nächsten!«

Natürlich hatte er recht, aber ich war nicht so berechnend. Der Durchschnittsamerikaner war einfach zu vertrauensselig, und mir kam das alles vor, als würde man Seehundbabys keulen. Hier war nichts von der höhnischen Skepsis und dem verhaltenen Misstrauen zu spüren, das jeden hart errungenen Verkauf bei der Londoner Bootsausstellung ein Jahr zuvor zu einem Sieg himmlischer Gerechtigkeit gemacht hatte. Keine Spur von jenen Geizkrägen, die wegen eines losen Fadens an einem T-Shirt einen Preisnachlass verlangten. Kein Schachern um den Gegenwert eines Namens in Klebebuchstaben. Im Gegensatz zu den knauserigen Briten waren die Amerikaner von dem Gedanken erfüllt, dass ein Traum, ob der eigene oder der anderer, ein Geburtsrecht ist, sakrosankt und unantastbar. »Wenn man eine Idee hat«, sagten sie, »nichts wie ran!« Und sie meinen es ernst.

Mit dieser Haltung hatten sie ihr Land aufgebaut.

Vielleicht war das der Grund, warum der Inhaber einer lokalen Telekommunikationsgesellschaft, Richard Pudsey, uns einen zinsfreien Kredit in Höhe von 2000 Dollar für das Bedrucken der ersten 400 T-Shirts anbot, rückzahlbar, wenn wir dazu in der Lage waren. Und warum sich Nancy Sanford, die sich für alles begeisterte, was mit Pedalen angetrieben wurde, und die als Hotelmanagerin in Saint Petersburg arbeitete, eine Woche freinahm und aus 800 Kilometer Entfernung anreiste, um uns bei der Bootspräsentation zu helfen.

Nach dem ersten Tag hatten wir 600 Dollar eingesammelt, womit wir alle recht zufrieden waren. In einem Land wie Amerika konnte die Expedition zweifellos überleben.

*

22. MÄRZ, SUNRISE MIDDLE SCHOOL, FORT LAUDERDALE

»Und wie gehen Sie auf die Toilette?«, fragte ein hübsches Mädchen mit rotblonden Zöpfen in der ersten Reihe. Einer ihrer Schulkameraden hatte bereits dieselbe Frage gestellt, aber angesichts des Risikos, dass dafür die ganze uns zur Verfügung stehende halbe Stunde draufgehen könnte – die Beantwortung würde unfehlbar einen Tumult auslösen –, war ich darüber hinweggegangen. Jetzt sah mich die komplette sechste Klasse flehentlich an. Sie hatten von »Lolita der Lockenden« gehört, von dem Wal, den es am Rücken gejuckt hatte, und vom Kentern der *Moksha*. Aber was sie eigentlich wissen wollten, war, wie wir gekackt hatten.

Ich seufzte. »Stu, kannst du das mal übernehmen?« Es war ja auch erst das fünfte Mal, dass eine Klasse uns an diesem Morgen die Frage gestellt hatte.

Stuart kletterte auf das Lehrerpult, ließ den Hintern über den Rand hängen und demonstrierte eindrucksvoll den Toilettengang an Bord der *Moksha*. Wie erwartet, tobte die ganze Klasse – dreißig Kinder kreischten unisono auf.

»Iijuuuhhh!« Es war ohrenbetäubend.

Die Bootspräsentation, bei der wir insgesamt beachtliche 6000 Dollar eingenommen hatten, lag nun einen Monat zurück. Doch nachdem wir Martins, Catrionas und Kennys Auslagen beglichen hatten, die allesamt nach England zurückgekehrt waren – Kenny wollte einen einstündigen Dokumentarfilm für Discovery Europe schneiden –, reichte der Restbetrag gerade noch, um Richard Pudsey auszuzahlen. Außerdem war das Leben in Miami äußerst kostspielig. Wir brauchten dringend eine Stadt, die groß genug war, um wichtige Kontakte zu knüpfen und in die Presse zu kommen, aber nicht so groß, dass wir darin untergingen.

Und so wurde die *Moksha* eine Woche nach der Präsentation wieder in die geschützten Gewässer des Intracoastal Waterway gelassen, und wir strampelten fünfundzwanzig Seemeilen die Küste nordwärts nach Fort Lauderdale hinauf. Diesmal sorgten wir dafür, dass der genaue Ort unserer Ankunft dick und fett unter der Pressemitteilung stand. Am nächsten Morgen erschien auf der ersten Seite des *Sun Sentinel* ein Artikel, worauf eine Reportage im *Miami Herald Tribune* folgte, dessen Journalisten uns ironischerweise in Miami verpasst hatten.

Nun, da die Geschichte einmal in Umlauf war, kam einiges in Bewegung. Dr. Richard Harris, ein Psychologe, stellte uns einen Büroraum in seiner Praxis im benachbarten Plantation zur Verfügung. Kelly und Neil Lawrence boten ein freies Zimmer in ihrem Haus an sowie einen Platz für die *Moksha* in ihrem Hof. Kimberli Swann half bei der Organisation der Schulbesuche.

Stuart und ich karrten mit vereinten Kräften das Boot zu Festivals, Ausstellungen und Flohmärkten, überall dorthin, wo man es an den Mann bringen konnte. Kein Straßenfest ließen wir aus. Und stets arbeiteten wir prima und einträchtig zusammen. Bei Vorträgen in Schulen, die wir kostenlos durchführten, übernahm Stuart den unterhaltsamen Part, während ich mich mehr darauf konzentrierte, den Schülern etwas von den Erkenntnissen zu vermitteln, die man auf solch einer Reise gewinnen konnte.

Unterdessen hielt Steve in Jacht-, Rotary- und Kiwanis-Klubs fleißig Diavorträge. Seine Mutter und seine Exfreundin hatten uns mit einem Kredit am meisten finanziell unterstützt, entsprechend hatte er es besonders eilig, Geld einzutreiben. Doch nach einem Monat unermüdlicher Spendensammelei war er ziemlich ausgebrannt. Er sah erschöpft aus und zog sich in sich zurück. Die Ironie des Schicksals wollte es, dass sich das Leben an Land nach all den Monaten auf dem Meer, in denen wir davon geträumt hatten, wieder festen Boden unter den Füßen zu haben, als ebensolche Plackerei erwies.

»Gut!«, überschrie ich die schwatzenden Kinder. »Wer möchte ein Crewmitglied auf der *Moksha* sein?«

Ein Meer von Händen, die in die Höhe schossen, dazu ein Chor schriller Stimmen: »Ich! Ich! Ich! Ich! Ich!«

Stuart übernahm die Rolle des Dompteurs: »Erst einmal aber Ruhe. Alle Kinder stellen sich an der Tür brav in einer Reihe auf.«

Der alte Rattenfänger führte die Schar der hüpfenden Kinder zur *Moksha*, die vor dem Haupteingang geparkt war. Die erste vierköpfige Mannschaft bestand aus einem Mädchen mit blonden Zöpfen (sie war die Kapitänin), ihrer besten Freundin, einem schüchternen Kind mit Brille (Erste Offizierin), einem Jungen mit Wuschelkopf (Bootsmann) und seinem pummeligen Kumpel mit rötlich braunen Sommersprossen (Koch). Zunächst bekamen die Kinder ein paar Minuten Zeit, das Innere des Boots zu erforschen. Sie schlüpften in das Rattenloch, lasen den Kompass ab, brieten fiktive Fliegende Fische auf dem Herd und strampelten sogar ein paar Runden, sodass sich die Schiffsschraube in der Luft drehte. Stuart stand beim Dollbord, bombardierte die Kinder mit Anweisungen und riss Witze. Selbst ein großes Kind, war er ganz in seinem Element.

»Könnt ihr euch noch an die Monsterwelle erinnern, von der euch Jason erzählt hat?«

Die Mannschaft nickte eifrig. Die Klasse, die vor ihnen an der Reihe gewesen war, hatte ihnen bereits verraten, was als Nächstes kam. Stuart und ich nahmen unsere Plätze zu beiden Seiten des Cockpits ein.

»Fertig?«, brüllte Stuart. »Jetzt alle zusammen WELLENREITENNNN!«

Ausgelassenes Kreischen erfüllte die Luft, als wir die *Moksha*, so fest wir konnten, hin und her schaukelten und damit die letzten Augenblicke vor dem sensationellen Kentern nachstellten.

Während Stuart die nächste Crew zusammenstellte, nahm ich Fragen vom Rest der Klasse entgegen. Zwei Mädchen ließen kichernd die Arme hochschnellen.

»Hast du eine Freundin?«, fragte eine der beiden.

Meine Güte!, dachte ich. Diese amerikanischen Kinder kennen wohl gar keine Scheu!

Ich fasste mich und sagte: »Nein. Es wäre nicht sehr fair, jemanden so lange warten zu lassen, meinst du nicht?«

Die Mädchen blickten geziert auf ihre Füße.

»Frag du ihn«, flüsterte die eine.

»Nein, du!«, zischte die andere.

Schließlich sah die Selbstbewusstere der beiden mir geradewegs in die Augen und sagte: »Hättest du gerne eine?«

Die Klasse brach in allgemeines Kichern aus. Ich klappte den Mund auf, schloss ihn aber gleich wieder. Mir fehlten einfach die Worte.

*

VIEREINHALB MONATE SPÄTER …

Zwei Dinge beherrschten jeden wachen Moment meines Tages. Eine Liste mit der Überschrift *Anrufe* und eine mit dem Titel *Zu erledigen*. Mein Leben war buchstäblich zu einem Filofax mutiert, einer in Leder gebundenen Hydra, der zwei neue Einträge für jede abgehakte Aufgabe nachwuchsen. Aber nach einem Augenblick der Zerstreutheit wurde dieses »Leben« in alle Winde zerstreut. Stuart und ich hatten die *Moksha* zum Kinderlesefest einer Bücherei gebracht. Am Ende waren wir mit dem Filofax auf dem Dach losgefahren.

Während wir den flatternden Seiten auf dem Highway nachjagten, wurde mir bewusst, in wie vielen Zwängen ich steckte. In den ersten Wochen in Fort Lauderdale war es mir gelungen, mir wenigstens einen Teil der geistigen Klarheit zu bewahren, die ich auf der Reise gewonnen hatte, schlief in einem Wäldchen in der Nähe von Neil und Kelly, stand früh auf, um zu meditieren und meine Übungen zur Stärkung meines kritischen Bewusstsein zu machen. Doch solche erdenden Momente der Verbundenheit mit der Natur wurden seltener, je mehr sich der Kalender mit Terminen füllte. Die objektive Wirklichkeit nistete sich wieder wie Unkraut in meinen Kopf ein und übernahm die Kontrolle über meinen Alltag.

Am Abend zuvor hatte sich Dr. Harris in seinem Büro ähnlich geäußert. Er und seine Familie waren soeben von einer Campingreise nach Oregon zurückgekehrt, und jetzt zog es ihn schon wieder fort. »Ich glaube nicht, dass ich noch länger in Fort Lauderdale leben kann«, sagte er müde. »Überall nur Beton, ich halte das nicht mehr aus.

Er starrte aus dem Fenster auf den trostlosen Parkplatz. »Noch vor zehn Jahren war das hier alles Sumpfgebiet, und es wimmelte darin von Leben. Schauen Sie sich an, wie es jetzt hier aussieht.« Er fuhr sich mit den Fingern durch das ergrauende Haar und seufzte.

Ich konnte mir die Stadt Plantation kaum anders als in ihrer jetzigen Gestalt vorstellen: eine riesige Betonplatte, bebaut mit Bürohäusern und Einkaufszentren.

»Ich wünschte, ich wäre frei wie du, Jason, und könnte einfachen abhauen, wenn mir danach ist.«

Nicht gerade der günstigste Augenblick, ihn noch mehr zu desillusionieren und ihm zu erklären, wie sehr ich durch meine Schulden gebunden war. Also sagte ich nur: »Warum ziehst du nicht einfach mit deiner Familie nach Oregon, Rick?«

»Das würde ich liebend gern tun, auf der Stelle. Aber ich lebe schließlich – wie soll ich sagen – von Leuten, die nicht ganz richtig im Oberstübchen sind, verstehst du?«

Nein, tat ich nicht.

»In Oregon drehen die Leute nicht durch«, fuhr er fort. »Jedenfalls nicht so wie hier in Südostflorida. Da sind die Menschen mehr draußen, in der Natur, und sie verhalten sich, wie Menschen es tun sollten – sie gebrauchen ihren Kopf *und* ihren Körper. Sie verbringen nicht acht Stunden im Büro, dann noch zwei in einem Verkehrsmittel und schließlich den Rest des Abends auf dem Arsch vor dem Fernseher, um sich schwachsinnige Talkshows anzuschauen.«

Ich begriff, in welchem Dilemma er steckte. *Beton*. Und der wurde auch uns zum Problem.

*

Eine Woche später sprachen Steve, Stuart und ich bei einem Bier im Falcon, einem britischen Pub, über unsere weiteren Aussichten. Steve zog Bilanz: »Wir haben ungefähr 5500 an Schulden zurückgezahlt.« Er hatte rote Augen und völlig abgekaute Fingernägel. »Zwanzig Riesen sind noch offen.«

Stuart kehrte mit einer Runde Bier vom Tresen zurück und zog sich einen Stuhl an den Tisch.

»Hm, ich weiß nur eines«, murmelte ich dunkel, »wenn mich noch einmal jemand fragt, ob uns auf dem Atlantik Haie angegriffen hätten, werde ich mich selbst in ein Raubtier verwandeln und ihm an die Kehle gehen!« Ich blickte zu Steve und schüttelte den Kopf. »Ich weiß nicht, wie lange ich das noch aushalte.«

Steve hatte darauf beharrt, jeden Penny zurückzuzahlen, bevor wir unsere Expedition fortsetzten, aber bei den momentanen Einnahmen würden wir noch zwei Jahre lang Geld eintreiben müssen. Dann wären die Schulden vielleicht beglichen, aber wir hätten die Schnauze voll von der Expedition und noch mehr voneinander.

»Andererseits«, warf Stuart ein, »wenn du jetzt das Handtuch wirfst, könnte es ein Leben lang dauern, um das alles zurückzuzahlen, und du müsstest zu Hause in England für drei Pfund die Stunde arbeiten.«

Er hatte recht. Paradoxerweise bestand die einzige Möglichkeit, aus den Schulden herauszukommen, darin, die Expedition fortzusetzen. Vielleicht konnten wir die Sponsoringnuss ja in San Francisco knacken. Ich würde antreten, als Erster die Vereinigten Staaten auf Inlineskates zu durchqueren. Darin steckte ein gewisses PR-Potenzial, das vielleicht hilfreich war.

Auf dem Atlantik war das nur so eine Idee gewesen, und ich hatte angefangen, ernsthaft darüber nachzudenken, nachdem ich die Bewegungen der Schönheiten mit den bronzefarbenen Beinen studiert hatte, die auf der Strandpromenade am South Beach von Miami hin und her glitten. Ich wollte nicht nur einen Rekord aufstellen, sondern auch herausfinden, wie die verschiedenen Formen menschlicher Fortbewegung die Reiseerfahrung beeinflussten. In Europa hatten wir Fahrräder benutzt und auf dem Atlantik ein pedalbetriebenes Boot. Konnten Inlineskates, so unkonventionell, wie sie waren, vielleicht ein Katalysator für neue Erfahrungen und Abenteuer der besonderen Art im kleinstädtischen Amerika sein? Zumindest ließ sich damit die Theorie überprüfen, nach der die Reise umso intensiver wird, je langsamer man sich fortbewegt und je unorthodoxer die Mittel sind. Die Menschen sind dann neugieriger, lassen sich eher auf Gespräche ein und offenbaren ein authentischeres Bild von den verborgenen Seiten ihrer Kultur.

Ich hatte Steve schon früh gefragt, ob er sich das irgendwie vorstellen könne.

»Das ist doch totale Scheiße!«, antwortete er wie aus der Pistole geschossen. Später, nachdem er gründlicher darüber nachgedacht hatte, erklärte er mir, wie sehr er die Freiheit liebe, die das Fahrrad böte, wegen der großen Räder könne man auch mal spontan einen Schlenker ins Gelände machen – mit Inlineskates sei das unmöglich.

Im Falcon hatten sich die Mittagsgäste verflüchtigt, und das Stimmengewirr im Hintergrund ebbte ab. Steve trank sein Glas aus. »Ich denke, wir müssen erst unsere Geldgeber fragen, ob wir nicht noch ein bisschen mehr Zeit bekommen können«, meinte er resigniert. »Die Frage, Jase, ist doch, ob Radfahren und Inlineskaten überhaupt zusammengehen.«

Er spielte auf die unterschiedliche Geschwindigkeit an. Dabei hätte er einen weitaus gewichtigeren Einwand erheben können, den er aber, großmütig, wie er war, nicht erwähnte.

Ich hatte noch nie auf Inlinern gestanden.

*

Vierzehn Tage später verließen Steve und ich Fort Lauderdale, während Stuart bei der zuvorkommenden Familie Pudsey blieb und die *Moksha* in die kompetenten Hände einer Werft namens Rolly Marine gegeben wurde.* Ängstlich an Steves Schulter geklammert, unternahm ich meine ersten staksigen Schritte am At-

* Die große Frage war noch, wie die *Moksha* zum Pazifik gelangen sollte. In England hatten wir die Möglichkeit erwogen, ein Amphibienfahrzeug zu bauen, das sowohl an Land als auch auf dem Meer benutzt werden konnte. Aber die physikalischen Eigenschaften, die ein solches Fahrzeug haben musste – einerseits stabil, um heftigem Seegang standzuhalten, aber leicht genug, um damit auch übers Gebirge zu kommen –, erwiesen sich als unvereinbar.

lantic Boulevard Richtung Norden. Wenn ich einen Kilometer auf diesen Dingern schaffe, dachte ich, kriege ich auch 6000 hin, vorausgesetzt, ich habe genügend Zeit …

Mitglieder des Skater-Clubs New River Rollers begleiteten uns am ersten Tag. Es war alles eine Frage der Technik, stellte ich bald fest, als ich die Cracks beobachtete, die mühelos dahinglitten wie Schwäne in Flugformation. Ihre Beine schwangen elegant mal nach rechts, mal nach links aus, während sich ihr Oberkörper kaum bewegte. Ich watschelte hinter ihnen her und versuchte es ihnen nachzumachen, aber ich blieb das hässliche Entlein auf dem Eis, schwitzte und fluchte viel und verpulverte riesige Mengen Energie.

In Lake Worth bogen wir landeinwärts nach Saint Petersburg ab. Steve fuhr mit dem Rad nebenher und schützte mich so davor, wie die platt gefahrenen Viecher zu enden, die den Straßenrand säumten: Gürteltiere, Schildkröten, Eichhörnchen und Waschbären. Er hatte eine Engelsgeduld, dabei musste er länger in der heißen Sonne auf dem Sattel ausharren, als wenn wir beide geradelt wären. Auch musste er noch den Großteil meiner Sachen mitschleppen.

Am dritten Tag konnte ich mich hundert Meter am Stück aufrechthalten, ohne in den Straßengraben zu fallen. Allerdings bekam meine feste Überzeugung, bis San Francisco zu skaten, sei eine gute Idee, einen argen Dämpfer durch einen älteren Herrn, der im Norden von Lake Okeechobee mit seinem Pick-up direkt neben mir entlangfuhr.

»Junge, willst du dich umbringen?«

Mit seiner Latzhose und seiner Kappe mit dem Ford-Tractors-Logo erinnerte er mich an Onkel Jesse aus dem Film *Ein Duke kommt selten allein*.

»Nein, wieso?«, erwiderte ich und schnappte nach Luft wie ein gestrandeter Fisch. Ich schwitzte und hatte einen Sonnenbrand. Es war 42 Grad heiß, und die Luftfeuchtigkeit betrug 96 Prozent.

»Du kommst da nie an.«

In die Sonne blinzelnd, folgte ich seinem Blick. »Wo komme ich nicht an?«

Er wies mit dem Kopf in die Richtung, in die wir unterwegs waren. »Na, da. Wo immer du auch hinwillst.«

»Warum?«

»Weil's einfach nicht geht. Die fahren dich platt. Die fahren dich einfach … über den Haufen.«

Es war das übliche Geschwätz, wie wir es an die hundertmal von selbstgefälligen Langweilern und Wichtigtuern gehört hatten, das aber unserer Entschlossenheit weiterzumachen keinerlei Abbruch tat. In diesem Fall aber hatte die Art, wie der alte Griesgram *Die fahren dich platt* sagte, etwas wirklich Beunruhigendes, weil es aus seinem Mund wie eine unvermeidliche Tatsache klang.

Als wir uns Tampa Bay näherten, schaffte ich bereits über dreißig Kilometer am Tag, bevor ich zu Boden sackte und den Rest des Nachmittags an einer Flasche mit einem Elektrolytgetränk nuckelte. Steve hingegen hatte seit dem Verlassen der Küstenstraße kaum einen Schweißtropfen verloren. Wie erwartet, wurde unser unterschiedliches Tempo zum Problem. Außerdem schwelte die Spannung vom Atlantik weiter. Wir waren zu lange auf engstem Raum zusammengepfercht gewesen, waren einander nicht nur tage-, sondern wochenlang auf die Nerven gegangen. Die fünf Monate Spendensammelei in Fort Lauderdale hatte die Belastung noch erhöht. Die Landstrecke durch die USA bot uns nun die Chance, ein wenig Abstand voneinander zu gewinnen, bevor wir bei der achtmonatigen Pazifiküberquerung wieder aufeinanderhocken würden.

Steve entschied sich für eine Strecke über Land im Süden. Er wollte sich nah an der Golfküste halten und von New Orleans aus quer durch Arizona nach Südkalifornien radeln. Ich hatte eine Route weiter im Landesinneren gewählt, wollte mir den wahren Süden, den Deep South, bis Oklahoma reinziehen, dann nach Nordwesten in die Prärie von Kansas schwenken und die Rocky Mountains in Colorado überqueren. Wenn nichts dazwischenkam, würden wir uns Mitte Oktober in San Francisco wieder vereinen, bevor der Schnee die Pässe über die Sierra Nevada unbefahrbar machte.

Den letzten gemeinsamen Abend verbrachten wir, um uns vor einem sintflutartigen Regen zu schützen, in einem undichten Gartenschuppen neben einem faul stinkenden, von Mücken verseuchten Sumpf. Aber es war ein Palast, verglichen mit den vorangehenden Nächten, in denen wir unter unseren Regencapes, angezogen wie Imker in Mückenschutzanzügen der Marke »Buzz Off!«, gelegen und gegen marodierende Horden von Feuerameisen gekämpft hatten. Eine improvisierte Lampe – bestehend aus einem in Speiseöl getauchten Stück Stoff, das um den Griff eines Rechens gewickelt war – verschaffte uns jetzt etwas Licht und diente dazu, einen Topf mit Regenwasser für Reis und Tee zu erhitzen.

»Ich überlege, ob ich nicht Eilbhe bitten sollte, rüberzukommen und mit mir zu fahren«, verkündete Steve plötzlich, während er beim flackernden Licht den Inhalt einer Thunfischdose mit einer Gabel auskratzte.

»Die Frau, die du in Südfrankreich kennengelernt hast?«

Er nickte. Die Silhouette seiner Gesichtsumrisse tanzte und wand sich auf der Hüttenwand. »Ist ja ziemlich kurzfristig, aber sie ist sehr spontan.«

Ich wusste ja bereits seit einiger Zeit, dass sich Steve total in diese Frau verknallt hatte. Seit wir in Miami angekommen waren, schickten sie sich regelmäßig Briefe.

»Hättest du etwas dagegen, wenn sie mit deinem Rad fahren würde?«

»Nein, natürlich nicht. Dann müssen wir es nicht zur Westküste transportieren lassen.«

Ich saß auf einem Gartenstuhl und pellte Streifen von Zinkpflaster von meinen Fersen und Schienbeinen. Blutige, nässende Hautfetzen, die durch das Scheuern meiner neuen Skateschuhe entstanden waren, lagen auf dem Boden. Manche Stellen waren bereits entzündet.

Steve beugte sich vor, um sie zu inspizieren. »Besser, du lässt die Beine mal ansehen, wenn wir bei Nancy sind.«

Später fand er noch unvermutet eine Dose mit warmem Bier in einer seiner Gepäcktaschen. Er riss sie auf, und wir tranken schon mal auf die Ankunft in San Francisco. Der Regen prasselte aufs Dach, und wir schwiegen, beide ziemlich bedrückt. Irgendwie kam es mir seltsam vor, dass wir uns trennen sollten, so als dürfte es nicht sein.

Natürlich konnten wir nicht wissen, dass wir uns viel eher wiedersehen würden, und zwar unter schlimmen Umständen.

*

21. JULI, IM PUB ROSE & CROWN,
SAINT PETERSBURG, FLORIDA

»Wenn ihr es in dem beschissenen Tretboot über den Atlantik geschafft habt«, grölte der Barmann in seinem schottischen Akzent, »dann wirst du mit diesen verflixten Rollerblades auch bis nach San Francisco kommen.«

Alles grölte. Es war noch nicht einmal Mittag, und die Stammgäste, die sich hier versammelt hatten – vor allem schottische, englische, irische und walisische Expats –, waren bereits ziemlich abgefüllt.

Al Andersons knallrotes Gesicht kam mir ziemlich nahe. »'tschuldige diesen Höllenlärm«, fuhr er fort, so laut, dass es jeder im Raum hören konnte. »Jemand muss aus Versehen einen Haufen Waliser reingelassen haben!«

Es folgte eine wüste Schimpfkanonade. Wie wir schon in Lagos und Fort Lauderdale festgestellt hatten, klammerten sich Expats an ihre Heimattraditionen wie Katzen an ein schwimmendes Wrackteil. Ständig betonten sie ihre Stammeszugehörigkeit, und kulturelle Eigenarten wurden zu einer Art Schutzmechanismus in der Fremde.

Aber all das geschah humorvoll. Michael Morris, ein Landsmann von mir, schenkte mir im Namen des British Floridian Club eine Goldmedaille mit einem aufgeprägten »VICTORY!«.

»Wie aufmerksam.« Ich fühlte mich geschmeichelt durch den Vorschuss an Vertrauen in den Ausgang meiner Unternehmung.

Auf der Rückseite der Medaille stand: »Danke, dass Sie mit REGENCY CRUISES reisen«.

Egal, es ist trotzdem eine nette Geste.

»Wir schätzen alle, dass du es schaffst, Junge.« Al klopfte mir mit seiner fleischigen Hand auf die Schulter. »Also können wir jetzt schon feiern, he! Was möchtest du – ein Guinness?«

Ich sollte mich jetzt wirklich zum Pinellas Trail aufmachen, dachte ich. Noch ein paar Kilometer auf mein Konto schaufeln, bevor es dunkel wird …

Ich wandte mich an Nancy, eine sportliche Frau Anfang vierzig. Sie beobachtete die zankenden Insulaner mit einem verzückten Ausdruck, als wären wir Tiere im Zoo. »Was meinst du, Nance?«

»Das musst du selber wissen, Jason. Du bist derjenige, der quer durchs Land skaten muss.«

Nancy behauptete, in einem früheren Leben einmal ein Bugsierschiff gewesen zu sein. Und tatsächlich hatte sie einiges für uns angeschoben, seit Steve und ich eine Woche zuvor das Ostufer der Tampa Bay erreicht hatten. Sie vermietete Tretboote im Jachthafen Apollo Beach, und mit diesen Dingern waren wir am nächsten Morgen quer über die Bucht nach Saint Petersburg gestrampelt, womit wir uns achtzig Kilometer auf der Straße erspart hatten. Während Steve nach Tallahassee weiterfuhr, war ich in dem Hotel geblieben, das Nancy leitete, und hatte meine Füße gepflegt.

Hm, vielleicht ist noch Zeit für ein schnelles …

Drei Stunden später begann Nancy zu lallen. »Musst du nich noch über 'n ganz 'n Kontinent skaten, Jason?« Ich war ebenfalls ziemlich knülle. Jedes Mal, wenn wir aufbrechen wollten, hatte Al eine weitere Runde Guinness auf die Theke gestellt.

»Ach ja, schsch…timmt. Dieses … Amerika-Dingsbums. Wie weit ist es noch mal bis San Francisco?«

»6500 Kilometer, so um den Dreh.« Sie bekam einen Kicheranfall.

»Genau! Is wohl besser, wenn ich mal aufbreche.« Ich griff nach meinen Inlinern und einem mittelgroßen Rucksack, in dem ein Regencape, ein ultraleichter Schlafsack, der Mückenschutzanzug, ein Kochtopf, ein Becher, eine Wasserflasche, 120 Dollar in bar und ein Kasten mit Dias von der Atlantikfahrt für Vorträge steckten. »Al, keinen Alk mehr, mein Freund. Wir sind abgefüllt, echt.«

Unter lautstarken Wortgefechten schwappten sämtliche Gäste hinter uns aus der Kneipe und folgten uns zu der Stelle, wo ich in den Pinellas Trail nordwärts einsteigen würde. Ich lehnte mich an Nancy und schlüpfte in meine Skates, zog die Schnallen fest und schulterte meinen Rucksack. Er wog bloß fünfunddreißig Pfund, gefühlt allerdings das Dreifache. Ich trug ihn zum ersten Mal voll beladen auf dem Rücken.

Als ich Nancy zum Abschied umarmen wollte, wäre ich beinahe umgekippt. »Danke für alles, Nance. Ich rufe dich morgen früh an und sage dir, wie weit ich gekommen bin, ja?«

Unter Gejohle und Pfiffen unternahm ich meine ersten Schritte. Die Räder rollten bereitwillig vorwärts.

Okay, auf geht's …

Ich musste mich erst an das größere Gewicht gewöhnen. Die Räder beschleunigten sich. Meine Arme wirbelten herum. Und plötzlich schossen die Füße unter mir weg wie zwei Seifenstücke.

RUUUMS!

Ich starrte in den Himmel, alle viere von mir gestreckt wie ein Käfer. Im nächsten Moment knallte die VICTORY!-Medaille gegen meinen Kopf.

Die Menge grölte vor Vergnügen. »Huuraaa!«

Ich fluchte leise. »Scheiße, Mist, verdammte Kacke«, das ewige Mantra, das ich seit Fort Lauderdale immer wieder vor mich hin leierte.

Genau in dem Augenblick schoss ein kleines Mädchen auf Rollerblades und mit flatternden rosafarbenen Quasten an mir vorbei.

»Achtung, die zeigt dir, was eine Harke ist!«, schrie jemand.

Derart provoziert, kämpfte ich mich hoch und setzte neu an.

Also dann, los geht's … denk dran, immer schön nach vorn beugen … Gut, das ist schon besser! Uhh … Oh nein …

Die Skates hatten ihren eigenen Kopf und rollten einfach von der Fahrbahn. Die Räder gerieten auf Schotter und wurden abrupt abgebremst. Wieder lag ich auf der Nase.

»Das kann ja dauern, bis du ankommst, Jason«, hörte ich Al rufen, woraufhin unisono raues Gelächter folgte.

Nach zwei weiteren demütigenden Stürzen schaffte ich endlich die erste Kurve und war außer Sichtweite meiner johlenden Landsleute. Mir fiel allerdings fast der Kopf von den Schultern, so anstrengend war es. Vor mir tauchte ein Gebüsch unter einer Fußgängerbrücke auf.

Eine ideale Stelle für ein kurzes Nickerchen …

Als ich die Augen aufschlug, war es Morgen.

Ich schlüpfte in meine Sandalen, torkelte die hundert Meter zur Telefonzelle vor dem Rose & Crown und wählte eine Nummer.

»Hi, Nancy«, krächzte ich in den Hörer. »Hier ist Jason.« In meinem Kopf pochte es.

»Oh … huh … ja … Hallo.« Die Stimme am anderen Ende klang nicht gerade aufmunternd. »Wie steht's bei dir? Kann eigentlich kaum schlimmer als bei mir sein.«

»Tja, ich lebe noch. Dachte nur, ich meld mich mal, wie wir vereinbart haben.«*

»Bist du schon auf dem Highway 19?«

»Hm, nicht ganz.«

*

Obwohl mich noch immer ein furchtbarer Kater quälte, war meine Motorik halbwegs wiederhergestellt, sodass ich mich aufrecht halten konnte. Bald fegte ich in beachtlichem Tempo dahin, genoss die glatte Bahn und die Abwesenheit jeglichen Verkehrs.

Dann tauchte abseits des Trails ein alter Eisenbahnwagen auf, auf dem ein schlichtes Schild für »Dino's Toy Shop« warb. Da ich

* Nancys Büro im Hotel bildete unser Basislager. Alle paar Tage riefen Steve und ich dort an, um unsere Position durchzugeben.

eine Verschnaufpause brauchte, legte ich meine Skates ab und tapste hinüber, um ihn genauer in Augenschein zu nehmen. In dem Waggon fand ich einen alten Mann in einem blauen Overall, vermutlich Dino selbst, der auf einer Drechselbank Spielzeug herstellte. Als er mich bemerkte, stellte er die Maschine ab. Wir unterhielten uns über die amerikanische Art, Weihnachten zu feiern, den Unterschied zu England und über Ginger, den Hund seines Nachbarn, ein Fellknäuel, das sich zu meinen Füßen legte.

»Er ist bloß eine Promenadenmischung«, sagte Dino liebevoll und beugte sich vor, um das Tier hinter den Ohren zu kraulen. »Nichts Besonderes. Aber weißt du was? Er hat von allen Hunden, denen ich jemals begegnet bin, den besten Charakter. Ein Mischling eben.«

Das Gespräch kam dann auf Geld, Karriere, die Jagd nach dem amerikanischen Traum. Ich fragte Dino mit seinen beinahe achtzig Jahren, was seiner Meinung im Leben wirklich zähle.

»Nimm dir nur, was du brauchst«, erwiderte er. »Dann verlässt du die Welt weitgehend so, wie du sie vorgefunden hast.«

Er schenkte mir einen kleinen aus Holz geschnitzten Alligator. Als ich ihn auf meine Handfläche stellte, wackelte er mit Kopf und Schwanz.

Ein Glücksbringer, dachte ich, er wird dafür sorgen, dass ich unbeschadet nach San Francisco komme …

»Und denk daran«, rief mir der weise Alte nach, als ich wieder in meine Inliner stieg. »Das Leben. Bevor du dich versiehst, ist es vorbei.«

*

Der Pinellas Trail endete in Port Richey, einem totalen Drecknest, ein trostloser Schuppen neben dem anderen – Dunkin' Donuts, Cash-n-Go Pawn, Fast Cheap Divorce. Ab hier blieb mir nichts anderes übrig, als den stark frequentierten State Highway 19 zu nehmen, und so mischte ich mich in den dichten, nach Norden in Richtung Tallahassee, der Hauptstadt des Bundesstaats, strömenden Verkehr.

Es war ein Albtraum. Autos und Laster rasten vorbei, manchmal fehlten nur Zentimeter, und sie hätten mich gestreift. Ein Taxifahrer fuhr sogar auf dem Grasstreifen an mir vorbei, nur um mir zu zeigen, was für eine Landplage ich war. Jemand warf eine mit Pisse gefüllte Bierdose nach mir. Meist aber hieß es nur: »Verschwinde von der verdammten Straße!« Das kam so oft, dass ein angehängtes »Du blödes Arschloch« eine wohltuende Abwechslung bot.

In Weeki Wachee überholte mich ein Streifenwagen mit Blaulicht, sodass ich stoppen musste. Zum x-ten Mal an diesem Morgen musste ich mir anhören, ich solle die gottverdammte Straße verlassen. Sonst müsse ich mit 200 Dollar Bußgeld rechnen, mehr als mein gesamtes Budget für die Fahrt durch das Land.

»Es ist zu Ihrer eigenen Sicherheit«, blökte der Officer. »Wenn die alten Leute Sie nicht überfahren, weil sie schlecht sehen, dann ein Redneck rein aus Spaß. Außerdem ist es verboten, auf Highways zu skaten.«

Als er abzwitscherte, setzte ich mich an den Straßenrand und schaute dem dröhnenden Verkehr zu. Ich fühlte mich absolut miserabel. Die ganze Sache erschien mir auf einmal völlig unmöglich. Die Beinaheunfälle und die Flut von Beschimpfungen waren das eine, aber wie lange würde es noch dauern, bis man mich festnahm? San Francisco war immer noch fast 6500 Kilometer entfernt, und die Nummer mit dem ahnungslosen Touristen würde auf lange Sicht nicht funktionieren. Es war nur eine Frage der Zeit, bis ein übereifriger Cop meine Daten überprüfte und entdeckte, dass ich die Zoll- und Einwanderungsbehörde umgangen hatte.* Ich würde kurzerhand ausgewiesen werden. Und dann war's aus mit der Expedition.

Fix und fertig legte ich mich ins Gras und begann zu flennen.

Als ich aufwachte, erfüllte der Verkehrslärm meine Ohren, aber mein Kopf war klar. Ich wusste, was ich zu tun hatte. Ich nahm

* Mein Pass lag immer noch in Großbritannien. Dank des vermasselten Mediencoups und weil die USA damals die Grenzsicherung noch ziemlich locker nahmen, hatten wir uns in Miami unbehelligt an Land schleichen können.

meine Skates unter den Arm und marschierte los. Mein Versuch, quer durchs Land zu skaten, war gescheitert. Ich musste nach Saint Petersburg zurück und mir ein vernünftigeres Transportmittel besorgen, eines, das ich von Anfang an hätte nehmen sollen.

Ein Fahrrad.

An einer Kreuzung bog ich in die 476 Richtung Osten ab. Vielleicht gab es in der Nähe eine Stadt mit Busverbindung. Es tat gut, einfach nur zu gehen. Doch nach einer Stunde hatte ich erst fünf Kilometer geschafft. Meine Arme schmerzten vom Tragen der Skates. Es war bereits vier, um sechs ging die Sonne unter.

Was soll's, dachte ich. Hier kann es nicht viele Polizisten geben …

Also wieder rein in die Skates.

Ich befand mich auf einer ruhigen Landstraße, superglatter Asphalt und wenig Verkehr. Eine sich sanft dahinschwingende Allee bot eine Weile Schutz vor der Sonne, und die wenigen Autofahrer, die an mir vorbeifuhren, waren freundlich, winkten und umfuhren mich weiträumig. Pferde schoben den Kopf mit gespitzten Ohren über Zäune. Vor manchen Häusern befanden sich Stände mit Biogemüse, daneben ein leeres Gefäß, die »Kasse des Vertrauens«.

Innerhalb der nächsten Stunde skatete ich gut dreizehn Kilometer bis zum Städtchen Brooksville.

Als ich an eine Abzweigung kam, machte ich am Lake Lindsay Grocery Store halt, um nach dem Weg zu fragen. Es war ein heruntergekommenes Holz- und Backsteingebäude mit einem quietschenden Schild, auf dem »America's Coldest Beer« versprochen wurde. Als ich mich auf einen der Baumstümpfe davor setzte und meine Skates abschnallte, hörte ich eine Stimme.

»Verflucht noch mal! Wenn das nicht der verrückte Kerl mit den Rollschuhen ist, den wir vorhin gesehen haben.«

Als ich mich umdrehte, sah ich zwei ältere Männer, die aus einem mit Holz beladenen Pick-up stiegen.

»Das sind keine Rollschuhe«, sagte der andere. »Das sind diese neumodischen Dinger, mit denen die Kinder heutzutage fahren, mit allen Rädern in einer Reihe.«

Der Fahrer stellte sich als »Bi-hill – mit zwei Silben« vor. Bi-hill hatte einen ziemlichen Brustkasten und die Beine seines Overalls bis zu den Knien hochgekrempelt. »Wohin soll's denn gehen?« Er grinste, beförderte einen tintenschwarzen Schleimbrocken aus der Tiefe seiner Kehle und spuckte ihn fachmännisch zwischen seine Nagelschuhe.

Zur Erklärung fischte ich die Weltkarte aus meinem Rucksack und entfaltete sie auf dem Kies. Als ich begann, die Route um die Welt mit dem Finger nachzuzeichnen, sammelte sich eine kleine Gruppe aus dem Laden um mich.

»In deinem Alter hätte ich das auch so gemacht«, sagte Bi-hill und entledigte sich eines weiteren Strahls Tabaksaft.

»Genau!«, schrie sein Kumpel George. »Das Schlimmste ist, sich immer an die Regeln zu halten. Nehmen Sie nur mal unsere Witzregierung in Washington. Wenn es nach denen ginge, wären wir alle längst ausgeblutet, allein dadurch, dass wir Steuern zahlen und ihre blöden Gesetze befolgen!«

Das war die Kampfansage zweier schwärmerischer Konföderierter, die davon träumten, was hätte sein können. Tief in ihren Rebellenherzen brannte wie ein loderndes Feuer die Hoffnung, dass sich der Süden eines schönen Tages wieder erheben würde.

Bis dahin mussten sich die alten Haudegen damit trösten, dass sie alte Geschichten aus ihrer Jugendzeit aufwärmten und mit der entsprechenden Glorie ausschmückten. Je mehr Zuhörer sie anlockten, desto mehr wurden sie buchstäblich wieder zu Neunzehnjährigen. »Als wir noch Gesetzlose waren …«, tönte George.

Bi-hill brüstete sich, den Steuerprüfer einmal in seinem eigenen Klohäuschen eingesperrt zu haben. »Habe Zimmermannsnägel in den Türrahmen gekloppt.« Er schlug in die Luft. »Dieser Mistkerl von der Regierung kam nicht mehr raus!«

Die Frauen gluckstengleich und verdrehten die Augen.

Inzwischen unterhielt ich den zwölfjährigen Adam mit Atlantikgeschichten. Sein Gesicht nahm träumerische Züge an, als er sich in die Karte vertiefte.

»Dann skatest du den ganzen Weg bis San Francisco?« Er bekam ganz große Augen.

»Nein, nicht mehr.« Ich erklärte ihm, dass ich den Gedanken aufgegeben hätte und auf dem Weg zurück nach Saint Pete sei, wie Saint Petersburg auch liebevoll genannt wird.

Der Junge schien empört. »Was heißt, du hast aufgegeben? Warum?«

Ich seufzte. »Es ist zu schwierig, bei all dem Verkehr und der Polizei und …«

»Aber das darfst du nicht!«, unterbrach mich Adam. »Du hast doch schon mit Steve den Atlantik überquert. Wer das geschafft hat, kann alles!«

Dieser letzte Satz war für mich wie ein Schlag ins Gesicht. Es war letztlich der gleiche, der von den Wänden der Klassenräume widerhallte, in denen wir unsere Vorträge hielten. »Egal, ob es darum geht, ein Meer mit Pedalkraft zu überqueren«, erklärten wir den Kindern, »oder Basketballspieler, Tierärztin, Krankenschwester oder Schauspielerin zu werden – wenn ihr einen Traum habt, gebt ihn auf keinen Fall auf, ja? Ihr könnt alles schaffen.«

Adam hatte recht. Ich war ein Weichei. Man kann alles schaffen. Man muss nur fest an sich glauben. Mit einem Dank an den Jungen, dass er mir einen ermunternden Tritt in den Hintern gegeben hatte, schnallte ich meine Skates an, winkte Bi-hill und George zum Abschied zu und nahm die County Road 41 in Richtung Norden. Ich hatte wertvolle Zeit verloren, aber jetzt beflügelte mich neue Energie.

Schließlich musste ich mit Inlineskates ein ganzes Land durchqueren.

*

Oft ist es jedoch mit dem Wollen allein nicht getan. Manchmal muss man querdenken, das kritische Bewusstsein bemühen und eine Korrektur vornehmen. Ich lachte laut, als meine Skateräder auf dem Asphalt summten. *Was zum Teufel hast du dir dabei gedacht, auf dem großen Highway zu skaten?* Ich hätte mir kleinere Straßen mit weniger Verkehr und weniger Polizei aussuchen sollen, die aber noch groß genug für einen ebenen Belag waren. Und wenn sie weniger direkt zum nächsten Ziel führten? Solange sie ungefähr in nordwestlicher Richtung verliefen, würden die »C«-Straßen weitaus angenehmer sein. Schon das ließ die Zeit schneller vergehen und die Entfernung kürzer erscheinen.

Zwei Tage später stieß ich auf den Withlacoochee Trail, eine ehemalige Bahntrasse, die sich durch die Sümpfe Zentralfloridas wand. Schon wegen seines schrägen Namens war er für mich eine verführerische Alternative selbst zu der einsamsten County-Straße. Louisianamoos baumelte wie Hexenbärte von den überhängenden Ästen, Grillen zirpten in der dichten Vegetation am Rand des schmalen Pfads.

Im Kampf gegen die Hitze war es von entscheidender Bedeutung, früh aufzustehen und bei Sonnenaufgang loszufahren. Trotzdem war ich am Mittag völlig erledigt, musste bis zum Nachmittag pausieren und Flüssigkeit tanken. Erst gegen Abend flaute die Hitze so weit ab, dass ich weiterskaten konnte. Das wiederum hieß, dass ich oft bis zum Einbruch der Dunkelheit fuhr, um mein Tagespensum von etwa sechzig Kilometern zu schaffen. Dann bestand das Problem darin, eine passende Baumgruppe zu finden, um mein Cape dazwischen aufzuhängen, das einen gewissen Schutz vor den Regengüssen in der Nacht bot.

Auf dem Trail begegneten mir ein paar Jogger und Wanderer sowie ein Radfahrer namens Jack, der ebenfalls quer durchs Land fuhr, allerdings von West nach Ost. Wir blieben beide stehen und unterhielten uns kurz. Bevor er weiterstrampelte, gab er mir seine Ersatzdose Pfefferspray. »Gegen die Hunde und die Spinner«, sagte er.

Doch in den Sümpfen lauerten noch andere Gefahren. Einmal wachte ich in der Morgendämmerung am Rand des Tsala Apopka auf. Nackt schlüpfte ich in das klare, grüne Wasser, dessen spiegelnder Fläche helle Dampfsäulen entstiegen. Als ich, auf dem Rücken liegend, verträumt in den Himmel blickte, tauchten plötzlich neben mir zwei Augäpfel auf.

Ein paar Tage zuvor hatte ich mich in Lee's Coffee Shop nach Alligatoren erkundigt, und Robert Zimgg hatte mir versichert, da bräuchte ich mir keine Sorgen zu machen. »Wenn du im Wasser einen Alligator siehst, tu so, als wärst du selbst einer, und schwimm unter Wasser auf ihn zu.«

Umgeben von Kaffee schlürfenden Stammkunden und einer im Hintergrund gurgelnden Espressomaschine, hatte sein Rat ganz plausibel geklungen. Jetzt aber teilte ich tatsächlich das Badewasser mit so einem Tier, und der Gedanke, mich absichtlich einer Kreatur zu nähern, die zusammen mit den übrigen Dinosauriern schon vor Millionen Jahren hätte aussterben sollen, erschien mir plötzlich extrem tollkühn. Auch wenn sie nur ein Gehirn von der Größe einer Eichel haben: Können Alligatoren so bescheuert sein und einen Menschen für ein Wesen der eigenen Spezies halten?

Folglich entfernte ich mich langsam, darauf bedacht, kein Wasser aufspritzen zu lassen oder Panik zu zeigen. Das Reptil folgte mir in einiger Entfernung, eher neugierig als aggressiv. Wahrscheinlich fragte es sich, was dieser seltsame Albino, der eindeutig nicht für den Aufenthalt im Wasser geeignet schien, in seinem Revier zu suchen hatte.

*

23. JULI, 11.45 UHR

»Ooch, mir geht's gut! Heute Morgen hat mich der Herr aufgeweckt.«

Ich saß im Dixie Country Store, gut fünfzehn Kilometer westlich von Tallahassee entfernt, und wartete, dass die Hitze nachließ. Eine Clique älterer schwarzer Männer diskutierte über Politik und die Bibel und erging sich über Dinge wie die, dass »der Herr mir einen weiteren Tag geschenkt hat, jawohl«.

Jetzt war ich wirklich im Deep South angekommen, im Land der Sümpfe und Viehweiden, der Eukalyptusbäume und der gottesfürchtigen Männer und Frauen, in dem Schwarze und Weiße Seite an Seite lebten wie die Tasten auf einem Klavier, jedoch, so schien es, selten in Harmonie miteinander.

»Mein Nigger hat mich heute Morgen wegen eines Ausritts angerufen«, hatte zuvor einer der weißen Gäste seinen Kumpels erzählt. »Aber er war betrunken, also hab ich ihm gesagt, er soll sich morgen wieder melden.«

Sie wandten die Köpfe und starrten mich, auf meine Reaktion wartend, an. Bei meinem Eintreten war ihnen gleich mein langes Haar aufgefallen. Ich tat, als hätte ich nichts gehört, und schrieb weiter in mein Tagebuch. Der Weiße versuchte es erneut und entlud eine Tirade gegen Greenpeace. »Und wenn die Umwelt verschmutzt wird, dann ist das eben so, Amerika braucht eben den Stahl, oder etwa nicht?«

Die Rednecks stimmten ihm grummelnd zu und sahen erneut zu mir herüber. Einer von ihnen deutete schließlich auf die Inliner unter meinem Stuhl. »Wo willst du denn hin mit diesen Dingern?«

Ich blickte von meinem Gekritzel auf. »Montgomery, Alabama. Oklahoma. Kansas. Und dann San Francisco.«

Meine Antwort brachte ihn nicht im Geringsten aus der Fassung. »Dann bist du also heute Abend bei den Bimbos, oder?« Er blickte mich mit einem anzüglichen Grinsen an, bei dem seine verfaulten und abgebrochenen Zähne sichtbar wurden, während seine Kumpels fröhlich husteten und sich räusperten und mit den Fäusten den Tisch bearbeiteten.

Wenn sie nicht gerade Beleidigungen ausstießen oder Dosen mit Pisse nach mir warfen, reagierten die Autofahrer im Süden im Großen und Ganzen gleichgültig auf den Anblick von jemandem, der in Inlinern über den Highway sauste. Manche winkten beim Vorbeifahren. Andere schüttelten den Kopf und lächelten und zeigten ein strahlendes Gebiss. »Wohin geht die Reise?«, riefen sie aus dem Fenster. Oder: »Heiliger Jesus! Auf *Rollerblades* …«

Aber nicht alle waren freundlich. Als ich in Gretna neben einem giftgrün gestrichenen Haus pausierte, stieg der Besitzer, ein übergewichtiger Schwarzer, in seine Benzinschleuder, fuhr die hundert Meter zu der Stelle, wo ich saß, und sagte zu mir: »Hau ab hier!«

Ich erklärte ihm, dass ich nirgendwohin abhauen würde. Mir war heiß, ich fühlte mich belästigt und befand mich auf öffentlichem Gelände.

Der Mann schnitt eine Grimasse und fuhr sofort die hundert Meter zu seinem Haus zurück. Dann streckte seine Frau den Kopf aus der Haustür und kreischte. Ich verstand nur »Verzieh dich, sofort!« und »Schmarotzer!«

Neun Kilometer hinter Chattahoochee bog ich nach Norden Richtung Dothan ab. Östlich von mir lag der See Seminole. Ein Schild – von Kugeln zersiebt, wie hätte es anders sein können – markierte die Grenze zum Staat Alabama. An die Stelle der Sümpfe trat Ackerland mit niedrigen Erdnusspflanzen und Baumwollsträuchern, gesäumt von hoch aufragenden Holzstapeln. Nach über 1100 Kilometern skatete ich mittlerweile ganze Tage ohne Stürze und hatte auch den T-Stop raus. Dabei muss man den rechten Fuß in einem Winkel von neunzig Grad hinter den linken ziehen, was effizienter zum Bremsen ist als die Benutzung des Gummistoppers an der Ferse des Schuhs. Aber wenn die voll mit Holz beladenen Trucks vorbeidonnerten, musste ich im entscheidenden Augenblick nach hinten beugen, damit ich nicht von ihrem Luftzug wie ein Kegel umfiel.

Die einzige Möglichkeit, das Kindersommercamp in Wetumpka zu erreichen, wo ich einen Vortrag halten sollte, bestand darin, die Route 231 zu nehmen, eine Hauptverkehrsstraße. Eingeschüchtert von dem starken Verkehr und dem Fehlen eines Standstreifens, versuchte ich, nachts zu skaten. Nach Mitternacht war der Highway praktisch leer, und die wenigen Fahrzeuge warnten mich mit ihrem Fernlicht rechtzeitig. Außerdem herrschte eine relativ angenehme Kühle. Der einzige Nachteil waren die überfahrenen Tiere. Seit Fort Lauderdale war ich beim Skaten in der Dunkelheit mehrmals mit voller Wucht über ein verwesendes Gürteltier gerast. Damit sich das nicht wiederholte, kaufte ich mir vor der etwa achtzig Kilometer langen Fahrt von Troy nach Montgomery in einem Haushaltsgeschäft eine Taschenlampe.

Es würde meine bislang längste Strecke werden, und ich würde nach einer ganzen Nacht erst am Vormittag Wetumpka erreichen.

Meist verließ ich am Abend die Straße, sammelte etwas Kleinholz und kochte mir in meinem Topf Reis, den ich mit einer Dose Sardinen ergänzte. Dafür blieb mir dieses Mal keine Zeit.

Kurz nach neun kündigte eine Neonreklame »Ed's Diner – Eröffnung« an. Ohne meine Skates abzulegen, schaute ich durch die offene Eingangstür. Im Radio lief ein Song der Country-Rock-Band Confederate Railroad, und Sänger Danny Shirley brachte gerade seine unsterbliche Liebe zu »Frauen der billigeren Sorte« zum Ausdruck.

»Haben Sie ein Gericht für unter drei Dollar?«, fragte ich die Bedienung, die dabei war, die Tische abzuräumen.

Sie blickte auf. »Oh, tut mir leid, Süßer. Die Küche hat schon geschlossen.«

»Macht nichts.« Als ich mich umdrehte, um wieder hinaus in die Dunkelheit zu stolpern, knurrte ein älterer Motorradfahrer an der Theke: »Wohin bist du unterwegs?«

Das war Tom. Er trug einen grauen Pferdeschwanz und war der Besitzer der klapprigen Kawasaki, die vor der Tür stand. Als ich ihm von der Expedition erzählte, hörte das ganze Personal zu. Auf magische Weise tauchte plötzlich ein Burger mit Fritten auf, und der Besitzer des Diners, Ed, telefonierte mit dem lokalen Radiosender.

Das Stück war zu Ende, und die Stimme des DJs dröhnte aus den Lautsprechern. Er hatte eine Funkmeldung für Trucker: »Ich bin der Erste, der jederzeit zugeben würde, in meinem Leben schon viele seltsame Dinge gesehen zu haben. Aber nun hört euch das an: Auf der Route 231, zwischen Ed's Diner und Montgomery, ist ein Brite mit seinen Rollerblades unterwegs – im Namen Gottes, ich weiß beim besten Willen nicht, wozu. Hier eine Warnung an alle Trucker da draußen: Seid vorsichtig. Überfahrt den verrückten Kerl nicht. Man braucht ihn morgen oben in Camp Chandler für einen Vortrag vor Schulkindern, und zwar LEBEND!«

Ed und die beiden Kellnerinnen Linda und Janet heulten wie Kojoten. Tom meinte, das Eröffnungsschild hänge schon weit über einen Monat da, aber der Diner kämpfe immer noch um Kunden. Das hier sei die beste Werbung seit Wochen.

Wie gerufen, rollte ein Sattelzug auf den Parkplatz.

»Und schon sind sie da!«, brüllte Ed und warf die Faust triumphierend in die Luft.

Ein dickbäuchiger, gangsterhaft wirkender Trucker mit Schnauzbart erschien in der Tür.

»Wo ist dieser verrückte Wichser von einem Rollerblader?«, donnerte er. »Ich werd ihm seinen britischen Arsch abfahren!«

»Ach komm, Rusty«, gurrte Linda und legte einen Arm um die behaarten Schultern des Truckers. »Warum spendest du dem Mann nicht was?« Sie zwinkerte mir zu. »Der alte Rusty bellt nur, der beißt nicht. Du bist doch nur ein großer Teddybär, stimmt's, Rusty?« Der Trucker gluckste, als sie an seinem Schnurrbart herumzwirbelte.

»Ich zahle niemandem etwas dafür, dass er Selbstmord begeht«, schnaubte Rusty. Dabei schob er mir über die Theke einen Fünf-Dollar-Schein zu.

Als das Diner schloss, war der Verkehr so weit abgeebbt, dass ich weiterskaten konnte. Tom bot mir an, mich auf seinem Motorrad zu begleiten, aber ich lehnte ab. Er habe sich mit Tequila zugeschüttet, erinnerte ich ihn, und auf dem Highway lägen schon genug überfahrene Kreaturen herum.

Der Belag war schön glatt, und meine Taschenlampe bot genügend Licht, dass ich die herumliegenden Tierkadaver rechtzeitig erkennen und so eine gleichmäßige Geschwindigkeit halten konnte. Das Problem war die Eintönigkeit. Ich sah immer nur den tanzenden gelben Strahl vor mir, und schließlich ging ich dazu über, die Kilometer zu zählen, um wach zu bleiben. Als ich einmal abdriftete und in die Straßenmitte ausscherte, brachte mich die Hupe eines auf mich zukommenden Wagens wieder zur Besinnung und zurück an den Straßenrand.

Nach vier Stunden zuckten meine Wadenmuskeln vor Erschöpfung, die Sehnen in meinem linken Fuß spannten sich. Ich brauchte dringend eine Pause. Aber die Ringstraße um Montgomery war immer noch mehr als fünfzehn Kilometer entfernt. Ich musste weiterlaufen, um nicht in die Rushhour zu geraten.

Auf einem Abschnitt mit Gefälle hörte ich dicht hinter mir die knarzende Druckluftbremse eines Sattelschleppers. Da ich zu schnell war, um anhalten zu können, presste ich die Knie zusammen wie beim Skifahren, um mich möglichst schmal zu machen. Plötzlich tauchte ein weiterer Lastwagen auf, allerdings aus der Gegenrichtung. Mein Gehirn kalkulierte blitzschnell: Wir würden alle drei zum selben Zeitpunkt an einer bestimmten Stelle der Straße sein.

Beide Fahrer eröffneten mit ihren Signalhörnern ein Hupkonzert und ließen das Fernlicht aufleuchten, sodass man die Einzelheiten der Bäume am Rand genau erkennen konnte. Das Donnern der Räder und das Quietschen der Bremsen vereinten sich zu einem ohrenbetäubenden Lärm. Im letzten Augenblick – in den Strahlen der Scheinwerfer wurde die Nacht zum Tage, das glänzende Chrom der Kotflügel stach mir in die Augen – ließ ich mich fallen. Im selben Augenblick fegte mich die Druckwelle der vorbeirasenden Trucks von den Füßen, mein Körper wirbelte herum, und ich wurde in ein Dornengestrüpp geschleudert.

Dort blieb ich mehrere Minuten liegen und wartete, dass mein Adrenalinpegel wieder sank. Ich musste daran denken, was der ältere Mann in der Nähe von Lake Okeechobee gesagt hatte: *Die fahren dich platt. Die fahren dich einfach … über den Haufen.*

*

Seit dem Verlassen der Atlantikküste hatte ich mich hin und wieder gefragt, ob es wirklich eine gute Idee war, durch die Südstaaten zu skaten. Angesichts meiner langen Haare und meiner Ohrringe war die Frage berechtigt. Schon Peter Fonda und Dennis Hopper hatten in *Easy Rider* die Erfahrung gemacht, dass Rednecks Hippies einfach nur hassen und sie am Ende umbringen. Aber das war ja nur Fiktion, sagte ich mir. Jetzt, da ich tatsächlich mit meinen Inlinern unterwegs war, fühlte ich mich nicht ernsthaft in Gefahr. Noch nicht.

Was, wenn ich eine schwarze Hautfarbe hätte oder einer anderen nichtweißen Ethnie angehörte? Wie lange würde es dann dauern, bis ein Redneck nur so zum Spaß mal auf mich schießen würde?

In Wahrheit, so entdeckte ich allmählich, folgen Vorurteile nicht starren Grenzen, weder südlich des 36. Breitengrads in den USA noch irgendwo sonst auf der Welt. Südstaatler wurden nämlich zu meinen besten Freunden, sobald sie einmal über die Ohrringe hinwegsehen konnten: «Erst dachten wir, du wärst eine miese Schwuchtel, aber du bist in Ordnung.« Fromme Christen hingegen verschlossen sich mir gegenüber, sobald sie meine Tattoos sahen. Sie bekamen offenbar Angst, sie könnten ihre Scheinheiligkeit besudeln, wenn sie mich über die Schwelle ließen. Und was die Afroamerikaner betraf, so überschritt trotz allen freundlichen Lächelns nicht ein Einziger den Graben zwischen den Hautfarben und begann von sich aus ein Gespräch.

Nein, schrieb ich in mein Tagebuch, *Vorurteil ist nur ein anderes Wort für Angst. Angst vor allem, was anders ist. Angst vor jedem, der die eigenen tief sitzenden Überzeugungen, Gewohnheiten, Denkweisen oder Meinungen, die zentral sind für die Identität eines Menschen und seinen Platz in der Welt, infrage stellt …*

Kurz gesagt, man tut so, als gehörte man einem bestimmten Stamm an. Die Besonderheit der Südstaaten bestand einzig und allein darin, dass die Zeit an ihnen vorbeigegangen war und sie die Entwicklung zu immer mehr politischer Korrektheit und zur Angst davor, jemanden auf die Füße zu treten, nicht mitgemacht hatten. Zu einer Welt, in der die Menschen lernen, den Mund zu halten und Vorurteile zu verbergen, um im Leben voranzukommen – was nur eine weitere angstbedingte Verhaltensanpassung war.

Natürlich gab es eine Fülle von Ausnahmen. Als ich an einem Spätnachmittag durch die Stadt Coosada skatete, kam ich an einem Haus vorbei, in dessen Vorgarten eine Familie beim Grillen saß.

»Der sieht aus, als würde ihm ein Bier guttun«, rief ein kahlköpfiger Mann mittleren Alters, der eine Dose Bud Light hochhielt. Die Spätnachmittagsluft war feucht und klebrig wie Sirup, ich selbst schwitzte nonstop, so sehr hatte ich mich verausgabt.

Als eine Frau mit sandfarbenem Haar mir etwas zu essen anbot, nahm ich dankbar an.

Von all den Anwesenden zeigte niemand auch nur das geringste Interesse an meinem Aussehen oder meinem Vorhaben. Für sie war ich einfach jemand, der von A nach B vorbeifegte. Sie fragten mich ebenso wenig, warum ich mit Inlineskates statt mit einem Auto oder Fahrrad unterwegs war. Es waren bodenständige, bescheidene und ernsthafte Menschen, ohne jede Künstlichkeit oder aufgesetzte Freundlichkeit.

In ein paar Tagen würde die ganze Familie mit einem Lieferwagen nach Colorado umziehen, erzählte mir die Frau.

»Und warum?«, fragte ich.

Sie saß auf einem Gartenstuhl, auf ihrem Schoß stritten sich zwei kleine Kinder. »Uns ist einfach danach, denke ich.« Sie zuckte die Achseln. »Haben es erst gestern beschlossen. Mein Mann baut Häuser, also werden wir uns eine andere kleine Stadt suchen und wieder ganz von vorn anfangen. Es wird schon irgendwie gehen.«

Drei Tage später erreichte ich Aliceville. Als ich in die Stadt rollte, war es schon nach zehn Uhr abends. Es dauerte nicht lange, da lief mir der Sheriff der Stadt über den Weg. Inzwischen wusste ich, dass die lokalen Ordnungskräfte sympathischer waren als die Polizisten auf den Highways, die gern überheblich auftraten. Der Sheriff bot mir an, mich in einem Motel unterzubringen – eine freundliche Geste, dennoch lehnte ich ab.

Stattdessen schlief ich unter einem Zierbaum, der auf dem Rasen der überall anzutreffenden Baptistenkirchen wuchs. Als es zu regnen begann, kauerte ich mich unter das kleine Kirchenvordach am Eingang. Am Morgen wachte ich erschrocken auf. Über mir eine dunkle Gestalt.

»Das ist Hausfriedensbruch«, sagte der Pastor. Er trug ein weißes Kollarhemd und schwarze Jeans, die Hände hatte er in die Hüften gestützt.

»Wirklich?«, murmelte ich und rieb mir die Augen, um die Erscheinung genauer zu betrachten.

»Ich erwarte eine Gemeinde zum Frühgottesdienst. Besser, Sie hauen ab, sonst muss ich den Sheriff rufen.«

Offenbar hatte er noch nie eine Predigt über den barmherzigen Samariter gehalten. Ich richtete mich in meinem Schlafsack auf, um meinem Gegenüber besser ins Gesicht sehen zu können.

»Hm, das wäre gar nicht so übel«, erwiderte ich, um ein wenig den Wind aus den Segeln zu nehmen. »Dann kann ich mich bei ihm noch einmal für sein christliches Angebot von gestern Abend bedanken, mich in einem Motel unterzubringen.«

Entweder entging dem Priester die leise Ironie, oder er ignorierte sie, jedenfalls keifte er weiter.

»Scheiß drauf«, grummelte ich. Es war zu früh für einen Hahnenkampf. Also schlüpfte ich in meine Skates, stopfte den Schlafsack zusammen und trat eiligst den Rückzug an.

Eins zu null für den bibeltreuen Christen gegen den Ungläubigen.

Nach einem besonders miserablen Streckenabschnitt mit zahllosen ausgeflickten Schlaglöchern – Kiessplitter auf frischem Teer –, auf dem ich mir so ziemlich die Räder ruinierte, legte ich mich unter einen herrlichen, viel Schatten spendenden Baum, um zu verschnaufen. Ich nickte bereits ein, als ein glänzender schwarzer Buick vor mir hielt. Vorne saßen zwei alte Vogelscheuchen, die mich scharf angingen.

»Sie dürfen hier nicht bleiben«, krächzte die Fahrerin. Sie sah mürrisch aus wie ein Geier, und ihre knochigen Finger umgriffen das Steuerrad wie Klauen. »Verschwinden Sie gefälligst hier.«

»Ich ruhe mich nur ein wenig von der Hitze aus«, sagte ich.

»Das interessiert uns nicht«, kreischte die andere mit ebenso griesgrämiger Miene. »Sie befinden sich auf Privatgrund.«

Ich lag im frisch gemähten Straßengraben. »Das hier gehört zum Highway«, entgegnete ich.

»Nein.« Ihr rötliches Haar war vorn in eine Dauerwelle gelegt, die aussah wie ein Hahnenkamm. »Es ist Kircheneigentum.«

Erst jetzt bemerkte ich die Baptistenkirche hinter mir.

Ach du meine Güte, dachte ich, schon wieder … Aber diesmal war ich, gestärkt nach einem Kaffee, kampfbereit.

»Sie sind sicher treue Dienerinnen des Herrn?«, fragte ich, um das Thema zu wechseln.

Die Schreckschraube auf dem Beifahrersitz starrte mich an. »Was hat das mit dieser Sache hier zu tun?«

»Was, wenn ich Ihnen sage, ich sei Jesus von Nazareth, der sein müdes Haupt am Straßenrand ausruhen möchte?«

Das gefiel ihnen ganz und gar nicht. »Wir würden Ihnen nicht glauben!«, schrie mich die Fahrerin schließlich an.

»Und warum nicht?«

»Weil Sie bloß ein Gammler sind!«

»Jesus war auch ein Gammler, der nur mit einem Hemd am Leibe durch Galiläa streifte.«

Beide bebten jetzt so vor Zorn, dass ihnen der Dutt wackelte. »Wie können Sie es wagen!«, schnaubte die Beifahrerin. »Sie sind ein böser Mann, Mister, ein Gotteslästerer, der den Namen des Herrn missbraucht.«

»Ja, Sie haben in beiden Punkten recht«, räumte ich ein. »Ich bin nicht Jesus. Und ich bin ein Gammler.«

Damit stand ich auf, drehte mich um, zog mir die Shorts herunter und streckte ihnen meinen nackten Hintern entgegen.

Ich hörte beide scharf einatmen.

Nach dieser infantilen, aber äußerst befriedigenden Tat setzte ich mich wieder hin. Reifen drehten durch. Schotter spritzte hoch. Nur zwei Wörter drangen durch die Wolke aus Staub und Kies: »Sheriff« und »verhaften«. Was hatten diese heuchlerischen Betschwestern bloß, dass sie, sobald ihr Glaube infrage gestellt wurde, zum Sheriff rannten wie Petzen zum Lehrer?

*

ROAD-KILL-SPEISEKARTE VOR DEM CAFÉ COCHRANE

»Auf der Flucht erwischt – nur das Beste kommt hier auf den Tisch.«

Platte Katze (einzeln oder gestapelt) $ 2,95

Hähnchen (kühlergerupft) $ 3,95
Schildkröte Rigor Mortis (Panzer mit 500 PS geknackt) $ 6,75
Wenn Sie erraten, was auf Ihrem Teller liegt, ist das Essen gratis.

3. *AUGUST*

Von Macon nach Louisville durchgeskatet ... auf den ersten zehn Kilometern grauenhafter Straßenbelag ... sehr müde Beine und wunde Füße ... weiter ... Hügellandschaft beginnt ... Wasser wird knapp, Dunkelheit bricht herein ... Riesenanstieg in zwei Abschnitten bewältigt ... Vor einem Farmhaus spielende Kinder um Wasser gebeten ... Vater kommt raus und bietet mir ein Bier an ... Kinder ziehen ihre eigenen Inliner an und skaten ein paar Hundert Meter mit ... Weiterskaten ohne Beleuchtung ... Noch vierzehn Kilometer bis Louisville ... Halte an einem Laden mit regionalen Produkten und kaufe eine Dose Frühstücksfleisch und Brot. Bin gerade sehr müde ... Schwerer Sturz auf der Ausfahrt ... beschließe, im Wald zu schlafen, statt womöglich auf der Straße umgenietet zu werden.

Hatte die ganze Nacht ständig mit Ameisen zu kämpfen ... Das Frühstücksfleisch hat sie ganz verrückt gemacht ... andauernd griffen sie von allen Seiten an. Und dann kamen auch noch diese riesigen schwarzen Exemplare aus dem Boden. Sie wollten mich mit ihren haarigen Zungen abschlecken – wegen des Salzes und der Feuchtigkeit, nehme ich an ...

(Tagebuch)

Über Nacht war der Wind stärker geworden. Im Tageslicht sah ich, wie die Baumwipfel hin und her schwankten. So erreichte ich schon am Vormittag Louisville, der Rückenwind hatte mich die zehn Kilometer buchstäblich vorwärtsgeblasen.

Als ich kurzzeitig Schutz in einem Geschäft an der Main Street suchte, erfuhr ich, dass bei Pensacola, Florida, ein Hurrikan über die Golfküste zog, etwa 200 Kilometer weiter südlich. Verne, der Ladenbesitzer, meinte, der Sturm wandere Richtung Norden, dann erklärte er sich bereit, in einem Motel im Ort anzurufen und zu fragen, ob sie ein freies Zimmer hätten. Als ich ihm zu verstehen gab, für einen solchen Luxus reiche mein Budget nicht, bot er mir an, mich in seinem Haus unterzubringen, bis der Sturm vorübergezogen sei.

Er gab mir eine handgezeichnete Straßenkarte und einen Schlüsselbund für sein Haus.

Die Eingangstür öffnete sich knarrend, innen zogen sich die Schatten zurück. Plötzlich durchfuhr mich ein Frösteln. Die losen Bodendielen hatten etwas Beunruhigendes, und der Wind schien geheimnisvolle Dinge durch die Ritzen der nackten Wände zu flüstern, als hätte hier das Glück schon vor langer Zeit seine Sachen gepackt.

Verne traf ein paar Stunden später ein und zeigte mir einen Raum im Souterrain, in dem ich schlafen konnte. Sehr spartanisch mit einer blanken Matratze und vernagelten Fenstern, um die sich Spinnweben rankten.

Draußen ließ Hurrikan »Erin« seine Muskeln spielen, riss Äste von den Bäumen und schleuderte sie durch den Garten. Von den Starkstromleitungen wand sich ein tiefes Stöhnen in den Himmel hinauf, der fast ganz von einem riesigen, dunklen, wie auf der Töpferscheibe gedrehten und geschichteten Wolkenteller ausgefüllt wurde.

Dann Finsternis.

»Ich bin nur ein einfacher Mensch, wissen Sie.« Mein Gastgeber sprach langsam und überlegt, um seine Mundwinkel breiteten sich tiefe Falten aus. »Und nicht besonders klug.«

Wir saßen am Küchentisch und unterhielten uns. Besser gesagt, ich hörte ihm zu. Das Holz knarzte, und eine einzige Glühbirne flackerte.

»Unsinn, Verne!« Ich lachte nervös – die morbide Atmosphäre machte mir ein wenig Angst. »Sie sind genauso klug wie jeder andere.«

Aber er hörte mir gar nicht zu. »Ich würde mich gern noch ein wenig länger mit Ihnen unterhalten, wissen Sie. Sie sind gebildet, waren in London auf der Universität.« Er sah mich mit gelblichen, feuchten Augen an. »Gebildete Menschen sind bessere Menschen.«

»Wieso?«

»Eine gebildete Person hat Moral.«

»Sagt wer?«

»Mutter.«

Ich schüttelte den Kopf. »Denken Sie nur mal an Hitler, Machiavelli, Stalin, sie waren alle gebildete …«

Verne schwadronierte jetzt über sexuelle Perversionen, die er verabscheue, und über Winston Churchill, den er schätze. »Er war ein gebildeter Mensch, wissen Sie …«

Als ich später im Keller lag, begannen meine Gedanken zu rasen. Vernes leise Art zu sprechen und wie er mich mit seinen feuchten, leeren Augen angesehen hatte – ich konnte nicht einschlafen. Ich hatte Angst, nicht mehr aufzuwachen.

Amerika ist voll von verrückten Eigenbrötlern, schoss es mir durch den Kopf. Von einsamen Menschen wie den Serienmördern Jeffrey Dahmer und Ed Gein, die mit ihrer toten Mutter sprachen. Was, wenn ich am Ende unter einem Rosenstrauch begraben liege und mein Penis in der Gefriertruhe landet? Ich habe Nancy schon seit über einer Woche nicht mehr angerufen. Die Leute wüssten nicht einmal, wo sie mit der Suche anfangen sollten …

Beim ersten Tageslicht schlich ich mich, feige, wie ich war, aus dem Haus und hinterließ nur eine eilig hingekritzelte Notiz auf dem Küchentisch.

Der Wind tobte immer noch und peitschte die Bäume. Riesige Regentropfen trommelten auf das Pflaster. Dennoch hatten die Menschen in Louisville Glück gehabt. Das Auge des Sturms hatte sich nach Westen verzogen. Da ich auf einer nassen Straße voller Trümmerteile nicht skaten konnte, machte ich mich entlang der Eisenbahntrasse Richtung Ackerman zu Fuß auf den Weg.

Am frühen Nachmittag hörte der Regen auf, der Wind ebbte ab, und die Sonne schien jeden Augenblick durchbrechen zu wollen. Im üppigen Grün am Rand der Bahnstrecke erwachte wieder das Leben. Meine Ohren waren erfüllt vom Klang quakender Frösche, zirpender Grillen und all dem Widerhall eines urtümlichen

Sumpfes, der sich seit drei Milliarden Jahren kaum verändert hatte. Ich hatte ein schlechtes Gewissen, weil ich mich aus dem Staub gemacht hatte, ohne mich von Verne zu verabschieden. Er war vielleicht ein bisschen verrückt gewesen, ja, aber trotzdem freundlich, und ich hatte ihm seine Südstaatlergastfreundschaft mit Paranoia vergolten.

Andererseits, rief ich mir ins Gedächtnis, ist es nun mal so, wenn man allein reist. Man muss auf seinen Bauch hören.

Ich marschierte weiter, und zum ersten Mal seit meiner Ankunft in den USA sah ich Tiere, die keine auf der Straße herumliegenden Fußabstreifer waren. Rehe grasten in den lichtgesprenkelten Schatten, und ein Biber, der einen See durchschwamm, wedelte mit dem Schwanz, um vor mir zu warnen. Zwischen den von Menschen ausgelegten Stahlschienen herrschte jedoch der Tod: das Skelett eines Hundes, der mit dem Halsband noch an einer Schwellenschraube festhing; ein Opfer menschlicher Grausamkeit. Und alle hundert Meter die Überreste einer Schildkröte in Gestalt eines leeren Panzers.

Ein dunkelhäutiges Kind, das mir trödelnd entgegenkam, erklärte mir, die unglücklichen Kreaturen würden bei den Bahnübergängen, hätten sie die Hälfte geschafft, fatalerweise oft nach rechts oder links wandern. Dann landeten sie zwischen den Schienen und könnten weder darüber hinwegklettern noch darunter hindurchkriechen.

»Sie laufen einfach weiter und weiter, bis sie verdursten. Oder sie werden gefressen.«

Was für eine Art zu sterben, dachte ich. Mit hängender Zunge zwischen Schienen vorwärtszuschleichen, während das Blut langsam den Siedepunkt erreicht …

Ich dachte über das Leben nach, über den Tod und den schmalen Grat zwischen beidem. Und darüber, dass man manchmal eine Entscheidung treffen kann und manchmal nicht. Darüber, dass die Trennlinie oft so dünn ist, dass man sie kaum erkennen kann und man am Ende einfach auf sein Glück vertrauen muss.

*

Um drei in der Früh schlugen die Feuerameisen zu. Erstaunlich, welchen Schmerz diese winzigen, leuchtend orangefarbenen Tierchen verursachen können. In Scharen krabbeln sie klammheimlich an ihre Beute heran und beißen dann wie auf Kommando gleichzeitig zu, um die maximale Wirkung zu erzielen. Seit sich mein *Buzz-Off!*-Anzug eine Woche zuvor aufgelöst hatte, rieb ich mich vor dem Schlafengehen mit einem Insektenschutzmittel ein. Doch die kleinen Mistviecher attackierten mich natürlich nicht einfach irgendwo. Oh nein, keinesfalls! Sie ließen sich etwas einfallen und wählten gezielt den Teil meiner Anatomie aus, den ich nicht mit Diethyltoluamid behandeln konnte, wenn ich nicht gleich ins Krankenhaus wollte.

Meinen Pimmel.

Am Morgen war alles so entzündet, dass ich kaum skaten konnte. Ich schleppte mich bis nach Winona und suchte dort als Erstes das Postamt auf, um ein Set Ersatzräder für meine Inliner abzuholen, die mir Cyko, ein Sponsor, geschickt hatte. Als Nächstes musste ich unbedingt etwas gegen das furchtbare Jucken unternehmen. Ich fand einen vielversprechenden Secondhandladen, aber als ich nach weiten Shorts fragte, schüttelte die Alte hinter der Theke nur den Kopf.

»Ich hab nur diese Shorts hier für Frauen«, antwortete sie, schlurfte zu einem Regal und kam mit einem knielangen, rotweiß karierten Hosenrock zurück. »Culottes nennt man so was.«

Der Preis betrug 75 Cent. Was soll's, dachte ich. Wen interessiert es schon, wie das Ding aussieht? Hauptsache, ich kann damit skaten.

Wie sich herausstellte, interessierte es natürlich jeden. Doch erst einmal bezahlte ich, schlüpfte hinein und machte mich auf den Weg. Die Erleichterung war sofort spürbar, ein Unterschied wie Tag und Nacht zu dem eng anliegenden Lycra-Ding. Ein beständiger Luftstrom zog das eine Bein hinauf und das andere hinunter, was meinem geschwollenen Glied angenehme Kühlung verschaffte. Die anderen Verkehrsteilnehmer schienen ebenfalls beeindruckt. Autofahrer hupten im Vorbeifahren, Trucker ließen die Scheibe herunter und pfiffen mir hinterher. Doch wenn sie im Vorbeiziehen den Bart und das Klebeband sahen, das ich mir als Schutz vor Sonnenbrand über die Brustwarzen geklebt hatte, fiel ihnen die Kinnlade herunter.

Aber das war erst der Anfang. Auf der Straße nach Grenada hörte ich Sirenengeheul, und als ich mich umwandte, fuhr hinter mir ein Polizeiwagen an den Straßenrand. Ihm entstieg ein an die zwei Meter großer, stiernackiger Polizist. Er setzte sich seinen breitkrempigen Hut auf und stapfte auf mich zu.

»Wir hatten eine Meldung. Was von 'nem Transvestiten-Hippie, der auf dem Highway herumkurvt.«

»Wenn ich einen sehe, Officer, sag ich Ihnen Bescheid«, antwortete ich gut gelaunt.

Er starrte mich ungläubig an. »Was zum Teufel denkst du dir eigentlich dabei, mein Freund? Skaten auf dem Highway ist verboten! Hast wohl getrunken?«*

»Nein, Sir.«

»Und was soll das da …« Er wedelte in Richtung meiner Culottes.

»Das ist so, ich bin gestern Nacht von Feuerameisen gebissen worden, und zwar, ähm« – ich beugte mich vor und senkte die Stimme –, »an meinem *Zipfelchen.*«

Der Officer verzog das Gesicht. »Steig mal in den Wagen, mein Sohn. Ich glaube, ich muss dir mal 'n bisschen auf den Zahn fühlen.«

Mir war unbehaglich zumute auf dem Rücksitz. Was meinte er mit *auf den Zahn fühlen* – hoffentlich nicht mit seinen Fäusten? Und warum nur wollte mir dieser eine Film nicht aus dem Kopf gehen? Der, in dem ein Kanufahrer in den Appalachen von einem Redneck vergewaltigt und dabei gezwungen wird, wie ein Schwein zu quieken. Ich merkte, dass er mich im Rückspiegel musterte. Und grinste er dabei nicht sogar?

»Woher kommst du, Sohn?«

»England.«

---

* 1995 war das Skaten in jedem Bundesstaat, jedem County anders geregelt. Teilweise war es verboten, teilweise wurden Skater als Fußgänger betrachtet.

»En-gör-land!«, betonte er jede einzelne Silbe. »Dann ist das also so 'ne Art Brauch, was du hier machst? Ich meine, ziehen sich die Typen dort Röcke an und skaten durch die Gegend, damit sich alle schlapplachen, oder was?«

Aus Angst, dass er eine falsche Vorstellung von meinen Absichten bekam, wagte ich es nicht, noch einmal mein *Zipfelchen* ins Gespräch zu bringen. Stattdessen kramte ich in meinem Hirn nach englischen Traditionen. Morris-Tanz, Brennnesselessen, Schafherden aufstören fielen mir ein. Aber all das konnte natürlich nicht im Entferntesten erklären, warum ich im Rock durch Mississippi skatete.

Die Schotten andererseits …

»Ein Brauch, ja, könnte man so sagen«, antwortete ich. »In Schottland nennt man das ›Kilt‹.«

Der Officer hob die Augenbrauen. »Scho-hott-land? Zum Teufel noch mal … Mein Großvater stammte aus Scho-hott-land!«

»Ach ja?«

»Und liegt Scho-hott-land nicht irgendwo in der Nähe von diesem En-gör-land?«

»Direkt vor der Haustür sozusagen.«

»Tatsächlich? Und essen dort alle dieses Zeug aus, hm, Hirn und Sägemehl – wie heißt das noch mal?«

»Haggis.«

»Ja, genau das meine ich. Hat meine Frau auch mal gemacht.« Er lachte. »Hat geschmeckt wie 'n überfahrenes Stinktier, das zwei Wochen in der Sonne gelegen hat.« Ich lachte mit, um das Fünkchen, das übergesprungen war, weiter anzufachen. Es dauerte nicht lange, und wir tauschten uns über lauwarmes Bier, Margaret Thatcher, Biskuitkuchen und Cricket aus.

Als der Wagen an einem Fußgängerübergang im Zentrum hielt, spähten eine Frau und ihr kleines Kind durch die Fenster, neugierig, wer da wohl wieder verhaftet worden war.

Der Polizist drehte sich zu mir um. »Hör mal, Jason. Ich kann dich nicht auf die Wache bringen. Die lachen dich aus. Außerdem, irgendwie gehörst du ja zur Familie. Zu Besuch aus der guten alten Heimat, stimmt's?«

Ich lächelte schwach und nickte. Abgesehen von der Wahrscheinlichkeit, eine der Hauptrollen in der Gefängnisversion von *Beim Sterben ist jeder der Erste* zu spielen, würden sie bestimmt auch meine Personalien überprüfen. Und dann würden sie in null Komma nix herausfinden, dass ich mich illegal im Land aufhielt.

»Ich lass mir auch so 'n Kilt machen«, sagte der Officer mit einem neidischen Blick auf meine Culottes. »Zurück zu den Wurzeln!«

Während ich noch versuchte, mir den 120 Kilo schweren Polizisten in einem rot-weiß karierten Hosenrock vorzustellen, wendete er und fuhr mich zu der Stelle zurück, an der er mich aufgegriffen hatte. Als ich meine Sachen von der Rückbank klaubte, ließ er das Wagenfenster herunter und wedelte mit einem Zehn-Dollar-Schein.

»Für 'n Happen.«

»Wie bitte?«

»Ich sagte, für 'n Happen.« Er zeigte mit dem Finger auf seinen Mund.

»Ach so. Ich habe schon gegessen, danke.«

Er drückte mir den Schein in die Hand. »Nimm's ruhig. Kauf dir mal was Ordentliches zu essen, damit du etwas Fleisch auf diesen dürren Hintern kriegst. So, wie du aussiehst, gehst du jedenfalls nicht als ein Mädchen aus dem Süden durch. Und besorg dir Shorts. Bevor die Feuerameisen deine komische En-gör-land-Hose entern.«

Ein paar Kilometer weiter, kurz vor der Abzweigung Richtung Grenada, flatterte etwas aus dem Fenster eines vorbeifahrenden Kombis. Es waren rote Basketballshorts; in einer Tasche steckte ein Zettel mit der handschriftlichen Notiz: »Die kannst du sicher brauchen!«

Sachen gibt's, dachte ich.

Ob mein Officer dahintersteckte? Ich würde es nie erfahren. Doch eines war wenigstens sicher: Endlich würden mich diese notgeilen Trucker in Ruhe lassen.

*

Am Freitag, dem 11. August, überquerte ich spätnachmittags den mächtigen Mississippi. Fast augenblicklich befand ich mich in einer völlig anderen Welt. Man konnte das Geld förmlich riechen, dickbäuchige weiße Unternehmertypen kurvten auf Rasentraktoren herum, während die schwarzen Einwohner der Sozialsiedlung »Helena Projects« nur halb verborgen hinter Maschendrahtzäunen herumschlichen. Offiziell gehört auch Arkansas zu den Südstaaten, aber in Wirklichkeit ist es nicht zu vergleichen mit den urtypischen Südstaaten Mississippi und Alabama, die ich hinter mir gelassen hatte.

Doch bevor ich hier ankam, erlebte ich noch ein kleines Abenteuer.

Auf der Ostseite der Brücke hatte ein roter Pontiac vor mir angehalten. Auf der Fahrerseite ging die Scheibe herunter, und eine Dose Budweiser tauchte auf, lässig gehalten von Fingern mit rot lackierten Nägeln. Im Heranrollen warf ich einen Blick in den Außenspiegel und sah eine Sonnenbrille.

»Menschenskind«, sagte eine Frau mit tiefer, verführerischer Stimme. »Ganz schön heiß heute, was?« Die Fahrerin, eine umwerfende Brünette, musterte mich mit blitzenden braunen Augen über den Rand ihrer Sonnenbrille hinweg von oben bis unten und schaute mir dann tief in die Augen. »Warum steigst du nicht ein und machst es dir auf der Rückbank bequem? Trink ein Bier mit uns.«

Auf dem Beifahrersitz räkelte sich eine weitere Schönheit, die Beine übereinandergeschlagen, die Lippen sinnlich geschürzt. Mir blieb fast das Herz stehen.

»Ich sollte ... also, ich muss wirklich weiter«, stammelte ich. »Über den Fluss, bevor es dunkel ...«

»Papperlapapp.«

Na schön, ein kleines Bierchen ...

Ich zog meine Inliner aus und nahm zögerlich auf dem Rücksitz Platz.

»Wir haben dich drüben in Lula gesehen. Da dachten wir, du hättest vielleicht Lust auf eine kleine Party.«

Die beiden Mädels kicherten anzüglich.

Mein Blutdruck schnellte hoch. Wann hatte ich zuletzt was mit einer Frau gehabt? Und jetzt gleich ein Dreier. Ich fühlte mich etwas überfordert.

Die beiden waren zwei nüchterne, bodenständige »Southern Girls«, geboren und aufgewachsen in Mississippi. Janelle arbeitete in einem Friseursalon, Mary Ann war Croupier auf der *Lady Luck*, einem zum Spielkasino umgebauten Mississippi-Dampfer.

Es entwickelte sich ein fröhliches Gespräch, bei dem die Mädchen viel kicherten. Janelle reichte mir noch ein Bier. »Menschenskind«, gurrte sie, »hast *du* einen süßen Akzent.«

Da sei ich etwas anderer Ansicht, erwiderte ich. Ihre Stimmen waren bezaubernd, die Worte perlten wie Honigtau von ihren feuchten Zungen und perfekt geschminkten Lippen in meine Ohren. Ich war wie in Trance. Niedlich, wie Janelle immer wieder »Menschenskind« sagte …

»Also, kommst du nun mit, zu unserer kleinen Party?«

Sie lachten aufmunternd. Aber irgendwie stimmte die Synchronisation nicht mehr. Es war, wie wenn beim Fernseher Bild und Ton auseinanderdriften. Mary Ann sprach, Janelle lachte, ihre Münder bewegten sich im Zeitlupentempo, ihre Stimmen gurgelten wie unter Wasser. Das schrille Zirpen der Grillen wurde lauter und lauter. Ich hatte das Gefühl, von den weichen, scharlachroten Polstern verschlungen zu werden. Das Blut hämmerte in meinen Ohren, mir brach der Schweiß aus. Alles um mich herum begann sich zu drehen.

Ich hörte, wie der Motor ansprang, vermochte mich aber nicht zu rühren. Meine Arme und Beine waren wie mit unsichtbaren Seilen gefesselt. Sprechen konnte ich auch nicht. Mein Gesicht war völlig starr. *Haben die mir was ins Bier getan?* Nur meine Ohren erfüllten noch ihren Dienst, passive Zeugen von Ereignissen, auf die ich keinen Einfluss hatte.

Panik stieg in mir auf. Ich musste raus aus diesem Auto.

WOOOOH-HOOOOO WOOOH-HOOOOO!

Das Tuten eines Güterzugs brachte mich wieder zur Besinnung.

»Tut mir leid … Ich muss jetzt wirklich …« Hektisch suchte ich nach dem Türgriff. »Ich muss wirklich weiter.« Endlich hatte ich ihn gefunden, drückte die Wagentür mit der Schulter auf und purzelte auf die Straße, meine Inliner und meinen Rucksack hinter mir herziehend.

Zwei Loks der Union Pacific, die eine endlose Reihe klappernder Waggons westwärts zogen, schoben sich in mein Blickfeld.

»Menschenskind! Wo willst du denn hin, mein Süßer?«, rief mir Janelle nach. »Der Spaß fängt doch erst an!«

Die frische Luft trocknete den Schweiß auf meinem Gesicht und verschaffte mir wieder einen klaren Kopf. Etwas unsicher rappelte ich mich auf, schnappte mir meine Sachen und stolperte Richtung Brücke. Als ich einen Blick zurückwarf, hatten die beiden Frauen einen völlig veränderten Gesichtsausdruck. Statt von Sehnsucht und Verlangen waren ihre Augen von Grausamkeit und Spott erfüllt, ihre Münder waren höhnisch verzerrt. Und ihr Lachen wirkte gemein und abfällig, bis es in der Ferne verklang.

*

Inzwischen hatte ich ein Drittel der Strecke quer durch die USA hinter mir und kam immer schneller voran. Nicht selten legte ich achtzig Kilometer am Tag zurück, und schon seit einer Woche war ich kein einziges Mal mehr gestürzt. Es gelang mir mittlerweile sogar, über die linke Schulter nach heranbrausenden Autos Ausschau zu halten, ohne dabei auszuscheren und ihnen in die Quere zu kommen. Ein Wimpel in leuchtendem Orange, den ich am Straßenrand gefunden hatte, flatterte an einem langen weißen Stab über meinem Rucksack und minderte die Wahrscheinlichkeit, als Tagesmenü auf der Speisekarte eines auf »Road Kill«, Fleisch von überfahrenen Tieren, spezialisierten Restaurants zu landen.

Andererseits waren es gerade die Tiere der Region, die mir das Leben schwer machten.

Als ich eines Abends am Ufer des White River kampierte, stürzten sich bei Einbruch der Dämmerung ganze Wolken von Stechmücken auf mich. Da mein Insektenschutzmittel aufgebraucht war, zündete ich ein wenig Treibholz in einer der dafür vorgesehenen Feuerschalen an, in der Hoffnung, die Biester durch Rauch vertreiben zu können. Doch die blutrünstigen Insekten blieben völlig unbeeindruckt. In meiner Not rieb ich mir Arme, Beine, Nacken und Kopf mit Asche ein. Auch das half nicht.

Ich schickte mich in meine Niederlage und wusch im Fluss alles wieder ab. Erst als ich ganz darin eintauchte, war ich die Plage endlich los. Obwohl Stechmücken ihr elendes kleines Leben im Wasser beginnen, lernen sie nie schwimmen. Die Dreiviertelstunde bis zum völligen Einbruch der Dunkelheit legte ich mich an einer flachen Stelle auf den Grund, atmete durch das Röhrchen meines Kugelschreibers und wartete, bis das Schlimmste vorüber war. Die Mistviecher, die sich um ihr Abendmahl betrogen fühlten, zogen mit wütendem Gesumm ihre Kreise über meinem Gesicht.

Und auch mit Hunden war das so eine Geschichte.

Seit Florida hatte ich die Aufmerksamkeit von praktisch jedem räudigen Straßenköter im Südosten der USA auf mich gezogen. Irgendwie alarmierten sie sich alle gegenseitig über Kläffofon, sodass mir aus sämtlichen Höfen, Seitenstraßen und Einfahrten Vierbeiner jeglicher Art entgegenstürzten. Meine Strategie gegen ihre Bisse war primitiv, aber wirkungsvoll. Wenn eine dieser Bestien Anstalten machte, sich einen Happen aus meinen Waden zu reißen, griff ich nach dem Schirm, den ich an meinen Rucksack geschnallt hatte, und setzte die Spitze als Bajonett ein.

Doch als ich in Muldrow, Oklahoma, einen Hügel hinabfuhr, traf ich auf meine Meister.

Drei Rhodesian Ridgebacks der bösartigsten Sorte schossen aus einem Seitenweg und sprinteten kläffend und knurrend hinter mir her. Sie arbeiteten mit Rudeltaktik, zwei flankierten mich, der Dritte versuchte von hinten an meine Waden zu kommen. Ich griff nach dem Schirm, aber er war weg.

Scheiße!

Schlagartig fiel es mir wieder ein: Da hinter Little Rock der nachmittägliche Monsunregen immer seltener geworden war, hatte ich mich am Morgen von diesem unnötigen Ballast getrennt.

Hektisch tastete ich in einer Seitentasche nach dem Pfefferspray. Ich entsicherte die Dose, zielte hinter mich und drückte auf die Düse.

Pffft …

Leer.

Fluchend warf ich mit der Dose nach dem Köter rechts von mir. Sie verfehlte ihn um Längen und landete im Gebüsch.

Nun setzte das Vieh hinter mir zur Attacke an. Aus purem Zufall hob ich in diesem Augenblick den rechten Fuß. Ein mächtiges Gebiss hakte sich in die Räder. Mit Karacho skatete ich auf einem Fuß dahin und zog mit dem anderen eine pelzige Bestie hinter mir her. Deren Spießgesellen, durch die wilde Jagd erst richtig aufgepeitscht, fletschten die Zähne und bellten noch eifriger. Ein altes Männlein, das durch den Radau aufmerksam geworden war, klaubte ein paar Steine auf und vertrieb die Kläffer mit einigen gut gezielten Würfen. Im selben Augenblick verlor ich die Balance und ruderte wild mit den Armen herum. Ein Aufjaulen, und dann war ich wieder frei und machte mich davon.

*

Nach den vielen kurvenreichen kleinen Landstraßen im Süden hoffte ich auf den langen, geraden Straßen von Oklahoma und Kansas, das mir aus dem *Zauberer von Oz* ein Begriff war – als Kind hatte ich das Buch so gemocht –, einige Kilometer gutzumachen. Doch nachdem ich zwei Tage kaum vorangekommen war, fand ich, dass der Zauberer vermutlich recht gehabt hatte. Nach Kansas zu kommen (oder in Dorothys Fall: dorthin zurückzukommen) war eigentlich unmöglich, hauptsächlich weil die gelbe Ziegelsteinstraße in solch einem erbärmlichen Zustand war. Es war ein Hindernisparcours aus klaffenden Löchern und Buckeln, der mir alles abforderte, was ich einst auf dem Spielplatz gelernt hatte – Hopsen, Springen, Slalom laufen. Und Munchkins und fliegende Affen bekam ich auch keine zu sehen

Ich skatete gerade durch das Städtchen Okemah, als ein brauner Pick-up mit mir gleichzog. Der Fahrer, ein unrasierter Typ mit einem fiesen Gesicht und einer Baseballkappe auf dem Schädel, schaute mich aus glasigen, halb geschlossenen Augen an. Sternhagelvoll.

»Blödes Arschloch«, raunzte er. »Runtervonnastraßedublödesarschloch.«

Hätte ich einen Funken Verstand besessen, so hätte ich in Rechnung gestellt, dass Freitag war, also Zahltag, und wir uns in einem sogenannten *wet county* befanden, in dem man problemlos Alkohol kaufen konnte, und dass ein Großteil der männlichen Bevölkerung einem aus eigener Erfahrung etwas über den engen Zusammenhang zwischen Alkoholmissbrauch und Gefängniszellen erzählen konnte. Aber nein, meine Zunge setzte sich mal wieder in Bewegung, bevor mein Hirn den Hauptschalter betätigen konnte.

»Fick dich ins Knie«, gab ich zurück.

Das war es, worauf der stinkige Redneck mit dem Mini-Penis-Syndrom nur gewartet hatte. Er riss das Lenkrad herum, um mich an der Leitplanke zu zerquetschen. Doch die dreispurige Straße bot mir genügend Platz, um ihm in weitem Schwung auszuweichen. Ich sauste an seinem Heck vorbei, überquerte die Straße und rettete mich auf den Parkplatz eines Krankenhauses. Dort saßen drei amerikanische Ureinwohner auf einem Grashügel und ließen eine Flasche kreisen, die sie in einer braunen Papiertüte den Blicken entzogen.

Selbst wenn die schon hackedicht sind, dachte ich, sind sie als Zeugen immer noch besser als keine.

Ich lächelte, sagte Hallo und setzte mich zu ihnen.

Der Pick-up tauchte unweigerlich wieder auf, der Fahrer sah jetzt noch streitlustiger aus als zuvor. Er brachte den Motor zum Aufheulen und umkreiste uns, ließ das Heck mit quietschenden und qualmenden Reifen schleudern und schimpfte dabei aus vollem Hals. Er steuerte mit einer Hand, die andere war nicht zu sehen.

Nach einem Dutzend Umkreisungen war der besoffene Wüterich seiner Rache dafür, dass er fünf Sekunden hinter mir auf eine Gelegenheit zum Überholen hatte warten müssen, noch kein

Stück näher. Mit einem letzten quietschenden Manöver und einem »Blödes Arschloch!« röhrte er in einer Wolke von qualmendem Gummi davon. In diesem Moment sah ich durch das Heckfenster der Fahrerkabine etwas, das mir das Blut in den Adern gefrieren ließ: Er legte einen Revolver ins Handschuhfach zurück.

Ich vergaß eben manchmal, dass ich hier nicht im friedlichen, verschlafenen England war.

*

In Oklahoma City herrschte brütende Hitze: 44 Grad im Schatten bei 97 Prozent Luftfeuchtigkeit. Nachdem ich den neuen Satz Räder von der Post abgeholt hatte, suchte ich ein Münztelefon und rief Nancy an. Steve und Eilbhe – sie war tatsächlich seinem Ruf gefolgt – waren offenbar immer noch in New Orleans, was hieß, dass ich nicht allzu weit zurücklag. Sie hielten dort seit einer Woche Vorträge und warben um Sponsoren. Anschließend wollten sie ihre Südroute durch die USA über East Texas fortsetzen.

Nancy teilte mir mit, dass noch ein zweites Paket auf mich in Oklahoma City warte. Dafür musste ich allerdings quer durch die Stadt zu einer Filiale von Fed Ex. Das kostete mich den Rest des Nachmittags, eine ziemliche Zumutung bei der Hitze und dem Verkehr. Doch ich wusste, dass sein Inhalt möglicherweise mein Lebensretter war: ein revolutionär neues Gleitschirmsystem, das mir eine kontrollierte Abfahrt von den hohen Bergpässen der Rockys in Colorado und der Sierra Nevada in Kalifornien ermöglichen sollte.

Auf dem Gipfel des ersten Hügels westlich von Oklahoma City machte ich damit eine Probefahrt. Ich zurrte das Geschirr an meinem Oberkörper fest, klinkte den Karabinerhaken ein, der mich mit dem Gleitschirm verband, und los ging es. Das hauchdünne Gewebe blähte sich vielversprechend auf und reduzierte sogleich meine Geschwindigkeit. Alles funktionierte zunächst prima – bis ohne Vorwarnung ein Windstoß hineinfuhr. Im Handumdrehen lag ich auf dem Rücken und wurde über die Fahrbahn in den Ge-

genverkehr gezogen. Die einzige Gefahr ging zum Glück von einem Sattelschlepper aus, der sich den Berg hinaufquälte und so langsam war, dass er einen Bogen um mich machen konnte.

Echt geniale Idee, dachte ich wütend, befreite mich aus den verhedderten Schnüren und rappelte mich auf. Da würde ich mir was anderes einfallen lassen müssen, bevor ich die zwanzig Kilometer lange Abfahrt vom 3311 Meter hohen Wolf-Creek-Pass in Colorado wagte.

*

In Geary hörte ich, dass es am nächsten Tag einen Powwow am Canton Lake geben sollte, knapp fünfzig Kilometer nördlich von Watonga. Ich war sehr daran interessiert, mehr über die indianische Bevölkerung Nordamerikas zu erfahren, vor allem über ihr Verhältnis zur Erde. Vielleicht konnte uns ihr Begriff von Verantwortung etwas über die nachhaltige Gestaltung der Zukunft lehren.

Einige Kilometer vor Watonga begann die Abendsonne den Himmel im Westen rot zu färben. Ich beschloss, ausnahmsweise schon früh mein Lager aufzuschlagen. Ein einladender, oben abgeflachter Hügel zeichnete sich im schwindenden Licht ab, einer, wie man ihn in Western zusammen mit einem Indianer zu Pferde sieht. Ich stapfte hinauf, wobei ich nicht vergaß, mit meinem Wimpel aufs Gebüsch zu klopfen, damit sich die Klapperschlangen verzogen. Dann bereitete ich mir meine übliche Portion Reis und Thunfisch aus der Dose zu, meditierte und rollte meinen Schlafsack auf einer Matratze aus getrocknetem Gras aus. Ich sank in einen unruhigen Schlaf; ganz in der Nähe heulten Kojoten. Beim ersten Sonnenstrahl wachte ich bibbernd vor Kälte auf. Ich hatte lebhaft von Jack Londons Alaska und Wölfen geträumt ...

Am Nachmittag erreichte ich den Canton Lake. Am See war unter Pappeln ein Podium mit Lautsprechern aufgebaut, davor Klappstühle. Die dort versammelten Menschen entsprachen nicht gerade meiner Hollywoodvorstellung eines Powwow. Statt

Kriegern im Federschmuck und wilder Bemalung, die um ein Feuer tanzten, sah ich ganz normale Landbewohner in Jeans, T-Shirts und Cowboyhüten, die plaudernd an ihren allradgetriebenen Autos lehnten.

Der Powwow vom Canton Lake war keine unterhaltsame Wildwestshow, stellte ich fest. Es war mehr eine Art Familientreffen. Der Einzige, der auffällig aussah, war ich. Etwas verlegen stand ich da, meine Inliner umklammert.

Aber nicht lange. Ein älterer Herr mit einer zerfledderten Baseballkappe schlenderte heran und streckte mir die Hand entgegen.

»Wo kommst du her?«, fragte er.

Ich sagte es ihm.

»Solange du hier bist, bist du einer von uns.« Er hatte eine weiche, lispelnde Stimme. »Genieße unser Essen, fühl dich ganz wie zu Hause. Die Cheyenne-Arapahos sind das freundlichste Volk, das du je treffen wirst.«

Er lächelte, schüttelte mir noch einmal die Hand und schlurfte zum Podium davon, um eine Ansage zu machen.

»Wer war das denn?«, fragte ich eine Frau in der Nähe.

»Clinton Young Bear. Der Häuptling.«

Wirklich?, dachte ich. Ich hätte ihn eher für einen Hausmeister gehalten.

Sein schlichtes und bedächtiges Reden beeindruckte mich dennoch. Er setzte seine Worte sehr sorgfältig, als käme es weniger auf ihren Inhalt als vielmehr auf die Art an, wie er sie vorbrachte. Aus intuitiver Erfahrung hatte er sich einen ganz persönlichen Sprachgebrauch geschaffen.

»Wenn ich eine Minute eure Aufmerksamkeit haben könnte.« Die Stimme von Clinton Young Bear drohnte über die Lautsprecher. »Wie ich sehe, haben wir heute Dolly Parton zu Gast. Ach nein, Entschuldigung, das sind nur zwei glatzköpfige weiße Bauerntrottel, die die Köpfe zusammenstecken.«

Ein paar Leute kicherten. Die meisten rollten mit den Augen. Der Häuptling hatte offenbar ein Faible für zweifelhafte Witze.

»Aber ein junger Mann ist hier, der den weiten Weg von England auf sich genommen hat, um heute bei uns zu sein.« Alle drehten sich nach mir um. »Kümmert euch ein wenig um ihn, damit er sich wie zu Hause fühlt.«

Sogleich schleppte mich eine Frau mit schwarzen Zöpfen zu einem Tisch, der sich unter hausgemachten Speisen bog: Brathähnchen, Reis, Bratkartoffeln, Maiskolben und das beliebteste Arteriengift der amerikanischen Ureinwohner, frittiertes Brot.

»Am ersten Tag sorgt immer die Familie des Häuptlings für das Essen«, erklärte mir Louise Hamilton. »Morgen ist eine andere Familie dran.«

Als die Dämmerung einsetzte, erklangen vor dem Hintergrund der im Licht der Lagerfeuer goldbraun aufscheinenden Pappeln laute Trommeln. Der Platz fühlte sich rasch mit etwa fünfzig Tänzern. Es war der Eröffnungstanz, jeder durfte mitmachen. Männer, Frauen und Kinder, nun doch in bunten Kostümen aus Perlen, Federn und Quasten, bewegten sich, jeder in seinem ganz eigenen Stil: Sie hüpften, stampften, sprangen und drehten sich.

»Es kommt auf den individuellen Ausdruck an«, erklärte mir Louise, die ein selbst genähtes Lederkleid trug. »Jeder Tänzer erzählt eine traditionelle Geschichte, aber es gibt viele Arten, sie zu interpretieren, so viele, wie es Tänzer gibt. Und alle sind wahr.«

Bevor sie selbst die Tanzfläche betrat, stellte sie mich noch einem Cheyenne mit schwarzem Cowboyhut namens Bill vor. Er beantwortete bereitwillig meine Fragen.

»Wir suchen geistige Führung von Wakan Tanka, dem Großen Geist.« Er sprach genauso leise und näselnd wie Häuptling Young Bear. Seine Haut zeigte tiefe Furchen, wie von der Eiszeit gezeichnete Felsen. »Unsere Jugendlichen gehen auf Visionssuche … Sie begeben sich an einen einsamen Ort, in eine Höhle zum Beispiel … sie fasten … nehmen nur wenig Wasser zu sich …«

Er machte merkwürdig lange Pausen zwischen seinen Sätzen, manchmal ließ er sie ganz in der Luft hängen.*

---

* »Unterhaltungen begannen nie sogleich, man ließ sich immer Zeit. Niemand stellte sofort eine Frage, auch nicht, wenn etwas Wichtiges anlag, und niemand beeilte sich mit seiner Antwort. Eine Pause, die Zeit zum Nachdenken ließ, galt als die höfliche Art, ein Gespräch zu beginnen und zu führen. Schweigen hatte

Unvorstellbar, dass Steve und ich mit dieser Nussschale den Atlantik überqueren wollen: Chris bei der optischen Überprüfung der Kiellinie

Wir testen die Selbstaufrichtungsfähigkeit der *Moksha*.

Mit dem Fahrrad durch Europa: Steve und ich bei einer Pause in Sierra de Fuentes, Spanien

WC-Training auf der *Moksha*. Kameramann Kenny schwimmt auf einer Luftmatratze nebenher.

Kap St. Vincent, Portugal:
letzter Sichtkontakt mit Land

Steve misst mit einem Sextanten die Sonne über dem Horizont und pumpt H_2O, während meine Beine für Antrieb sorgen.

Bordalltag auf dem Atlantik: Abendessen und traditionelle Zeiterfassung. Steve kämpft gegen den »Schleichenden Graubammel«.

Waschtag auf der *Moksha*

Unser Angelköder »Lolita die Lockende« nach der Schönheitskur

Zurück an Land: Wir verlassen Fort Lauderdale, Florida.

Mit Mückenschutzanzügen verteidigen wir uns in der Nacht gegen marodierende Horden von Feuerameisen.

Pause in der Mittagshitze, Alabama

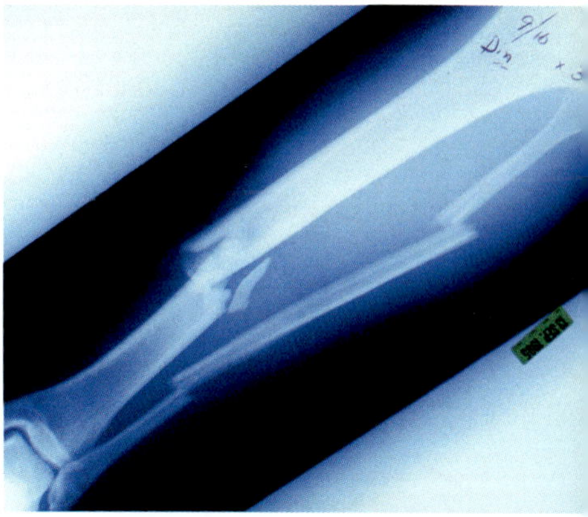

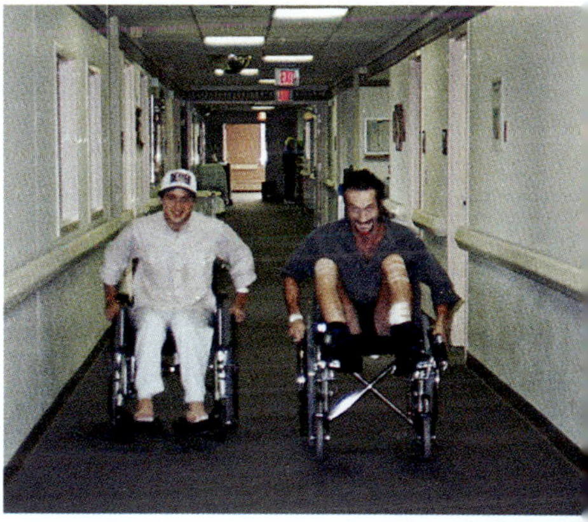

Als lebende Zielscheibe in Arkansas und wenig später mit gebrochenen Beinen beim Rollstuhlrennen im Krankenhaus von Pueblo

Besuch in der Rye Elementary School, Colorado

On the road again: westwärts Richtung Monument Valley, Arizona

April auf der Mother Road bei Ashfork

»Wie bitte? Was macht ihr?« Buttonwillow, Kalifornien

Abfahrt von Bahía de los Ángeles: Theresa, Jenny, Carole, John (sitzend), Ollie und ich (v. l.)

Mit dem Kajak im Golf von Kalifornien

Stuart, der Vater von Steve, auf Sponsorenfang vor dem Monterey Maritime Museum

Abschied von San Francisco: Über den Pazifik geht es Richtung Hawaii.

Steve mit ausgerissener Schraubenwelle

Empfangskomitee: Nancy begrüßt uns in Hilo, Hawaii.

53 Tage auf dem Pazifik, bevor wir auf einer gefährlichen Wanderung Hawaii überqueren und in Kailua-Kona unsere Abfälle recyceln.

Weiter geht's auf dem Pazifik: Ich kontrolliere die Pedaleinheit.

Der halbe Weg um die Erde – Internationale Datumsgrenze, mitten im Pazifik

Die Intertropische Konvergenzzone, auch Kalmengürtel genannt, wurde schon vielen Seeleuten zum Verhängnis.

Nach einem frischen Anstrich bringe ich die Namen von den 3862 Unterstützern der Expedition wieder an die *Moksha* an.

April lernt den Umgang mit dem SOS-Spiegel, denn Salzwasserkorrosion ist nicht die einzige Herausforderung auf dem Korallenmeer.

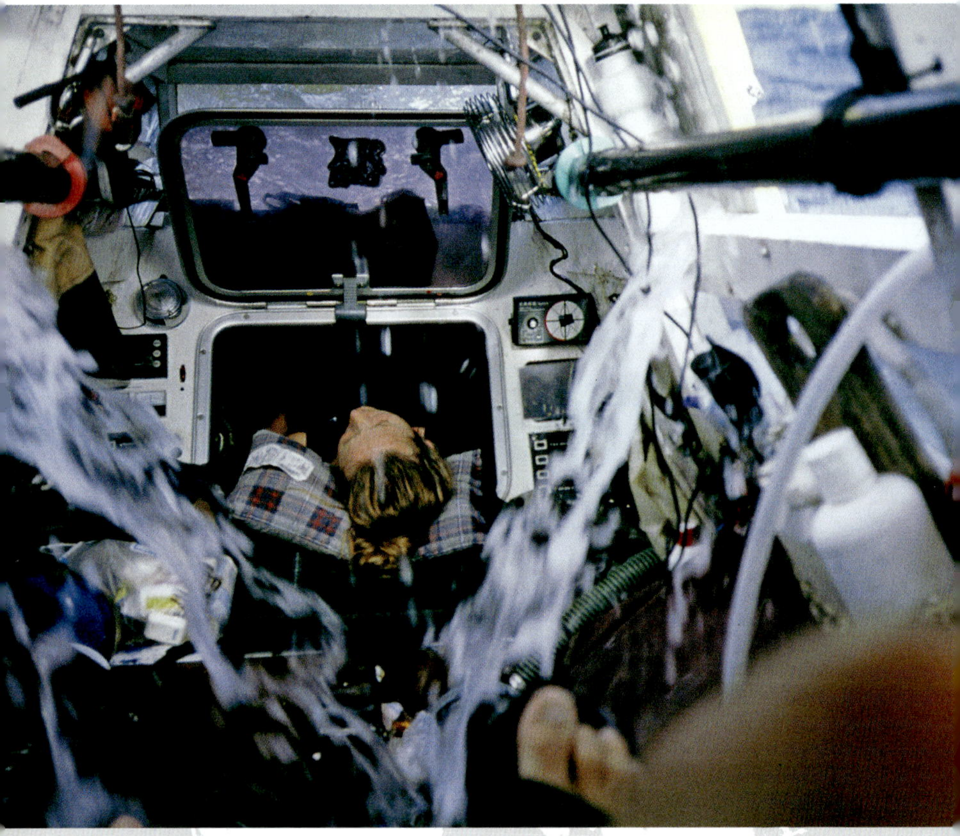

Wohnen und Schlafen auf hoher See

JASON LEWIS

»Sie bleiben dort drei oder vier Tage«, fuhr er fort, »entschlacken ihren Geist von allen unnötigen Gedanken ... richten ihre ganze Aufmerksamkeit nach innen ...«

Verblüffend, wie ähnlich das meiner Erfahrung auf dem Atlantik war.

»Wenn sie Glück haben, zeigt sich ihnen ein Geist, der ihnen den Weg weist ... ein Totemtier ... das sie für den Rest ihres Lebens führt ... Das kann ein Falke sein, wie im Fall von Crazy Horse ... oder ein Wolf ...«

Ich erwähnte, dass ich auf dem Hügel geschlafen hätte – dem »Indianerhügel«, so hatte ich ihn in meinem Tagebuch genannt – und dass ganz in der Nähe Kojoten geheult hätten.

Bill nickte. »Wir nennen ihn den Red Hill ... mein Volk hat dort seit alters Visionen gesucht ... die Lösung für schwierige Fragen ... oder den rechten Weg, wenn sie nicht mehr weiterwussten ... Auch wenn wir schon älter sind, müssen wir manchmal dorthin zurückkehren, von wo wir gekommen sind ... in die Wildnis ... um uns an unsere wahre Natur zu erinnern ... Und um besser unsere Verantwortung für die Erde und die Menschen, die auf ihr leben, zu verstehen ...«

Später lag ich am See und lauschte den an- und abschwellenden Falsettstimmen, den reihum laufenden Trommelschlägen, die schneller und schneller wurden, und dachte über all das nach, was ich gehört hatte. »Du solltest länger bleiben und mehr lernen«, sagte ich zu mir. Doch am Morgen stand ein Besuch in der Grundschule von Watonga an, und die Zeit drängte, wenn ich vor dem ersten Schnee die Sierra Nevada überwinden wollte.

Über dem Zählen von Glühwürmchen schlief ich ein. Sie hingen als Leuchtpunkte über dem dunklen Wasser und blinkten wie die Lichter weit entfernter Schiffe in stürmischer See.

*

große Bedeutung bei den Lakota, und dem anderen einen Augenblick des Schweigens zu gewähren und sein eigenes Schweigen zu achten galt als die wahre Höflichkeit und als Respekt vor dem Grundsatz: ›Denken kommt vor Sprechen.‹« Luther Standing Bear, Häuptling der Oglala-Sioux

DEDE'S HILLTOP TAVERN,
23.45 UHR

»He, Engländer! Kennst du den: Weißt du, was ein richtiger Redneck ist? Wenn dein Vater und dein Lieblingsonkel ein und dieselbe Person sind!«

Ich kannte den Witz, aber ich war so sternhagelvoll, dass ich trotzdem lachen musste.

»Der ist gut, Wad!«

Mein Saufkumpan grinste über beide Ohren. »Ich hab noch einen … Was sind die letzten Worten eines Rednecks? ›Halt mal mein Bier, ich zeig dir was!‹«

Wade, der zu seinen Vorfahren Deutsche, Cheyenne und Schweden zählte – »Und ein bisschen Kojote ist auch dabei!«, rief jemand quer durch die Bar –, bezeichnete sich selbst als »Promenadenmischung«. Und er brüstete sich damit, ein Vollblut-Redneck zu sein. Falls jemand daran Zweifel hegte, wies er auf sein T-Shirt. Dort stand zu lesen: »Meine Frau hat den geilsten Arsch der Welt – mich!«

Ich befand mich in Oakwood, Oklahoma, einem Kaff ungefähr 250 Kilometer von der Grenze zu Kansas entfernt. »Wenn du einmal blinzelst, bist du schon vorbeigefahren«, hatte man mir in Watonga gesagt.

Ein paar Stunden zuvor hatte ich meine Wasserflaschen an der Tankstelle aufgefüllt, in der Wade arbeitete. Sein goldblondes Haar quoll unter einer schmierigen orangefarbenen Kappe hervor. »Was machst du denn da auf diesen komischen Dingern?«, fragte er mich.

Es war 18.00 Uhr. Er hatte genug Benzin verkauft für heute. Ob ich Lust auf ein Bier hätte?

Nachdem ich den ganzen Tag unter der sengenden Sonne Oklahomas bei Gegenwind bergauf gefahren war, kostete mich die Antwort auf diese Frage ungefähr so viel Überlegung wie auf die, ob der Papst katholisch sei.

Dede's Hilltop Tavern konnte es sich leisten, Gastfreundschaft nach eigenen Regeln auszulegen – es war die einzige Kneipe im

Umkreis von mehr als fünf Kilometern. Über der Küche hing ein Schild mit dem Hinweis: »Was auf den Teller kommt, bestimmt hier der Koch. Wenn dir das nicht passt, geh zu Burger King.« Und über der Bar stand zu lesen: »Ich lasse mich nicht hetzen, schließlich bin ich auf der Arbeit, nicht auf der Flucht.« Direkt daneben las ich einen »Erlass«, dem zufolge unbeaufsichtigte Kinder als Sklaven verkauft würden. Ein gerahmtes Foto zeigte einen dümmlich grinsenden Gast, der seinen Arm tief ins Maul eines dreißig Kilo schweren Katzenwels gesteckt hatte, der nicht minder dämlich zu grinsen schien.

Mit meinem Plan, auf Inlinern das Leben einer amerikanischen Kleinstadt zu erforschen, kam ich hier voll auf meine Kosten. Die Kneipe war in dieser Hinsicht eine wahre Goldgrube.

Wade, der neben mir an der Bar saß, fiel plötzlich ein, dass sein Sohn heute seinen zehnten Geburtstag hatte. Ich kramte ein nicht mehr einsetzbares Skaterrad aus meinem Rucksack und signierte es mit einem Filzstift. Dafür schob er mir einen Zehn-Dollar-Schein unter mein Bierglas. Damit fing der Abend erst an. Es dauerte nicht lange, bis sämtliche Gäste, die das Lokal im Vollbesitz ihrer geistigen Kräfte betreten hatten, sternhagelvoll waren und ihr Geld auf fette, glänzende Schaben verwetteten, die aus Dedes Küche zu Wettrennen auf dem Billardtisch zwangsrekrutiert wurden.

Gegen Mitternacht fing Wade an zu schielen und hatte dreißig Grad Schlagseite. »Du kannst bei mir pennen«, sagte er unter heftigem Schluckauf. »Morgen früh hau ich uns was leckeres Überfahrenes in die Pfanne.«

Auf dem Parkplatz zeigte er mir, dass das nicht nur so dahingeredet war. Auf der Ladefläche seines Pick-ups lag ein totes Reh mit gebrochenen Hinterbeinen.

»Habe ich vom Straßenrand aufgelesen.« Wade kicherte. »Wäre einfach zu schade, so was verkommen zu lassen!«

Ich nickte zweifelnd. Wie lange das tote Tier wohl in der Sonne gelegen hatte?

Kurz darauf fuhren wir über einen unbefestigten Weg zu seinem Haus.

»Wenn du schon mal hier bist«, stammelte mein Gastgeber unvermittelt, »dann kann ich dir ja auch gleich die Sehenswürdigkeiten von Oakwood zeigen, oder?«

Ich schaute ihn an, aber da war kein Fünkchen Ironie in seinem Gesichtsausdruck. Der erste Stopp war ein Wohnwagen, in dem Wade zur Welt gekommen war. Als sich die Schuhschachtel vor uns im Scheinwerferlicht enthüllte, fiel ihm die Kinnlade herunter. Alle Scheiben waren eingeworfen, die Wände mit Graffiti beschmiert.

»Mannomann!«, entfuhr es Wade. »Diese Kinder heutzutage, die verschandeln alles, keinen Respekt vor der Geschichte.«

Die nächste Station sollte der Fluss sein, in dem Wade als Kind geangelt hatte. Nachdem wir eine halbe Ewigkeit durchs Gelände gekurvt waren, kletterten wir aus seinem Wagen und machten uns zu Fuß auf. Wade versicherte mir, das Flüsschen sei ganz in der Nähe, aber nachdem wir eine halbe Stunde lang zwischen einem Gestrüpp aus Weiden herumgestolpert waren, gab er zu, dass er sich verlaufen hatte. Wären wir nicht so hoffnungslos besoffen gewesen, hätte einer von uns vielleicht daran gedacht, eine Taschenlampe mitzunehmen. Doch wie die Dinge lagen, war Geistesgegenwart etwas aus einer anderen Welt. Wade zog sein Feuerzeug hervor, das natürlich leer war. Und so blieben wir weiter blind, trampelten in praktisch jeden Kuhfladen von Oklahoma, ohne einen Fluss zu finden. Schließlich blieb Wade stehen.

»Zwei Sachen sind hier komisch, Engländer.«

Ich schöpfte Hoffnung. Dass Oakwood in Oklahoma es nicht mit den Pyramiden oder dem Tadsch Mahal aufnehmen konnte, hatte ich geahnt. Trotzdem waren seine »Hauptsehenswürdigkeiten« eine Enttäuschung. Ich war müde und wollte nur noch ins Bett.

»Erstens, der Scheißfluss ist verschwunden.«

»Was du nicht sagst, Wade. Und die zweite Sache?«

Er lachte unbekümmert auf. »Dass uns noch keine Wassermokassinschlange gebissen hat.«

Ich erstarrte. Wassermokassinschlangen finden sich in und an Wasserläufen in Südamerika, und ihr Biss kann tödlich sein.

»Äh, vielleicht können wir die Besichtigung morgen fortsetzen?«, fragte ich verstört.

Nachdem wir zufällig über Wades Wagen gestolpert waren, rumpelten wir vierzig Minuten später auf sein Grundstück. Es war ein Stück verbrannte Erde, übersät mit verrosteten Autowracks und landwirtschaftlichen Geräten, die aus prähistorischen Zeiten zu stammen schienen.

»Such dir selbst ein bequemes Plätzchen«, lallte er, strauchelte durch die Eingangstür und krachte auf ein hinfälliges Sofa. »Weil es keiner für dich tun wird.« Mein freundlicher Gastgeber fing an zu schnarchen.

*

Am nächsten Morgen unterdrückte ich meine kaum zu bezähmende Lust auf ein Frühstück aus einem schon halb von Fliegen aufgefressenen Reh, ebenso auf die Fortsetzung der Sumpfexpedition mit ungewisser Wiederkehr und schlich mich einfach aus dem Haus. Die Aussicht, bei steifem Gegenwind und mit einem heftigen Kater bergauf in den ödesten Teil von Oklahoma zu skaten, war einfach zu verlockend.

Nördlich von Liberal, Kansas, führten die Straßen im Zickzack durch ein Schachbrett von Feldern, auf denen Mais, Alfalfa und Weizen angebaut wurde. Wie ein Pac-Man auf Rädern fuhr ich jetzt immer schön rechtwinklig, aber niemals diagonal durch die Landschaft.

Die Eintönigkeit der Gegend bot nicht gerade eine Abhilfe gegen die Langeweile. Der Anblick der weitläufigen Grünflächen war so spannend, wie Farbe beim Trocknen zuzuschauen. Ich nahm mir die großen Silos – auch »Präriekathedralen« genannt – als psychologischen Anreiz. Diese riesigen Getreidespeicher erschienen zuerst nur als winzige Buckel am baumlosen Horizont, wuchsen langsam himmelwärts und bewiesen so im Zeitlupentempo die Erdkrümmung, bis sie schließlich bis zu hundert Meter hoch über mir aufragten und ich wie eine Ameise an ihnen vorbeikroch.

Am Abend des 7. Dezember erreichte ich auf dem Highway 50, einer Ost-West-Verbindung über die Rockys nach Kalifornien, eine Filiale von Loaf 'N Jug. Ich ließ mich an einem Tisch nieder, breitete meine inzwischen mit viel Klebeband zusammengeflickte Karte der USA aus und versuchte herauszufinden, wo genau ich mich befand. Die Stadt Syracuse lag ziemlich genau in der Mitte zwischen Fort Lauderdale und San Francisco, in beide Richtungen waren es 3660 Kilometer. Die Hälfte der Strecke geschafft zu haben war ein wichtiger Meilenstein. Immerhin hatte ich vor gar nicht so vielen Wochen noch an der State Road 19 in Florida gehockt, geflennt wie ein Baby und war entschlossen gewesen, das Land lieber mit dem Fahrrad als auf Inlinern zu durchqueren. Leider hatte meine zusammengeschmolzene Barschaft einen alarmierend niedrigen Stand erreicht. Ich zählte die wenigen Münzen auf der rote Tischplatte.

Drei Dollar und zehn Cent …

Die nächste Stadt, die groß genug war, um dort mit Vorträgen ein paar Spenden zu kassieren, war das noch 275 Kilometer entfernte Pueblo. Drei Tage hintereinander neunzig Kilometer zu skaten war nicht das Problem, aber ein Dollar pro Tag für Verpflegung war doch etwas spärlich. Mir knurrte jetzt schon der Magen.

Ich nahm mir zwei Tüten Orangenscheiben für 99 Cent aus dem »Nimm zwei, zahl eins!«-Süßwarenregal und reichte der Kassiererin das Geld.

»Wohin geht denn die Reise?« Sie warf meine Münzen in die Kasse. Jetzt blieben mir noch zwei Dollar und elf Cent.

»San Francisco«, antwortete ich, und sogleich entspann sich ein Gespräch über die Expedition.

»Klingt nach einem tollen Abenteuer!« Die Frau wirkte sehr nett. Sie hieß Nina. »Hören Sie mal, mein Vater ist Lehrer an der Grundschule hier. Haben Sie nicht vielleicht Lust, morgen früh vor den Kindern einen kleinen Vortrag zu halten?«

Leider kam als Antwort nur ein freundliches, aber entschiedenes Nein infrage. Ich hatte unterwegs schon viel zu viele unbezahlte Vorträge in Sommerlagern, vor Jugendgruppen und Schulklassen gehalten. So abgebrannt, wie ich war, musste ich

Prioritäten setzen. Je früher ich am nächsten Tag wieder loszog, desto größer waren meine Chancen, Pueblo zu erreichen, bevor ich den letzten Cent ausgegeben hatte.

»Klar doch«, schoss es aus meinem Mund. Ich hätte mir in den Arsch treten können. Wann lernte ich endlich das Neinsagen?

Nach einer eiskalten Nacht, die ich zusammengerollt in meinem Ultraleicht-Schlafsack auf der Betonfläche hinter dem Laden verbrachte, wurden aus dem »kleinen Vortrag« drei einstündige Diavorführungen, die sich bis in den Nachmittag hinzogen. Als ich die Schachtel mit den Dias in meinem Rucksack verstaute und mich zum Aufbruch anschickte, war mir ganz schwindlig vor Hunger. Alles, was ich in den letzten vierundzwanzig Stunden gegessen hatte, waren fünf Orangenscheibchen – kaum mehr als Zucker und ein wenig Farbstoff.

»He, Jason, einen Augenblick!«

Das war der Schuldirektor, Mr Birch. »Die Lehrer und die Kinder haben eine kleine Sammlung für deine Reise veranstaltet.« Er reichte mir einen Umschlag. »Ist nicht viel, fürchte ich, knapp 100 Dollar, aber vielleicht hilft es trotzdem.«

Nicht viel? So ausgehungert und abgebrannt, wie ich war, kam das einem Lottogewinn gleich. Das war mehr als genug, um es bis Pueblo zu schaffen. Vielleicht reichte es sogar, um mir ein paar warme Sachen zu kaufen? Für die Berge konnte ich eine Fleecejacke, Socken, eine Isomatte und lange Unterhosen gebrauchen.

Bei der Abfahrt vom Schulhof musste ich an ein Gespräch denken, dass ich mit Steve und Stuart geführt hatte. Eine Weltumrundung, »bei der man außer den eigenen Fingernägeln nichts zu knabbern hat«, konnte, wie Stuart des Öfteren erklärte, nur unter ganz bestimmten Voraussetzungen gelingen. Dazu gehörten vor allem die Hilfsbereitschaft von Fremden und von unserer Seite eine ordentliche Portion Entschlossenheit, Anpassungsfähigkeit und Einfallsreichtum. Am wichtigsten aber war vielleicht der Glaube. Der Glaube daran, dass sich unser Schuldenproblem irgendwie lösen würde, wenn wir nur durchhielten. Der Glaube daran, dass sich alles Notwendige auf wundersame Weise rechtzeitig finden würde.

Wenn der Weg, den man eingeschlagen hat, in den Nebel der Unsicherheit gehüllt ist, wenn es kein Netz gibt, das einen auffangen könnte, und die Logik geradezu verlangt, dass man klein beigibt und nach Hause zurückkehrt, gerade dann muss man unbekümmert weitermachen, sich ins Nichtwissen fallen lassen. Denn das Universum hat die erstaunliche Fähigkeit, einem genau dann eine sanfte Landung zu bieten, wenn man blind in den Abgrund springt. Alles, was man braucht, sind ein freier Kopf, ein offenes Herz und ein Glaube. Den Rest hat man nicht in der Hand.

*

Zwei Tage später kampierte ich in der Nähe von Bent's Old Fort, einem wiederaufgebauten Handelsposten für Trapper und Indianer, der aus dem 19. Jahrhundert stammte. Hier, auf fast 1500 Meter Höhe, war die Luft schon merklich dünner, die Nächte kälter. Ich machte mir ein Feuer und stand zwischendurch immer mal wieder auf, um neues Holz nachzulegen.

5.15 Uhr. Beim ersten Sonnenstrahl war ich auf den Beinen und schnallte mir zähneklappernd meine Inliner an. Bis Pueblo waren es noch 140 Kilometer, der bisher längste Tagesabschnitt. Wenn alles problemlos verlief, war ich am Abend am Fuß der Rocky Mountains. Dann eine kurze Verschnaufpause, bevor es wirklich ernst wurde: Die Nordamerikanische Wasserscheide musste erklommen werden.

Der Tag ließ sich ganz gut an, ich fand am Straßenrand eine Cantaloupe-Melone, die ich mir im Fahren als Frühstück schmecken ließ. Doch als ich westlich von La Junta in das weite, fruchtbare Tal des Arkansas River kam, verwandelte sich der Himmel auf einmal in einen ölverschmierten Lappen, der dunkel und drohend über mir hing. Die Rockys, die am westlichen Horizont wie eine Reihe Babyzähne aufschimmerten, verschwanden hinter einer Staubwolke von biblischen Ausmaßen. Wo ich eben noch frische Bergluft geatmet hatte, schlug mir auf einmal ein säuerlicher, scharfer Gestank entgegen. Bald hatte ich die Ursache vor

Augen: Tausende eingepferchter Rinder, die ihre eigene Scheiße aufrührten. Nirgends ein Grashälmchen zu sehen. Ein Feedlot, ein gigantischer Mastbetrieb im Freien, angelegt, um Amerikas unstillbaren Appetit auf Rindfleisch zu befriedigen.

Ich hatte schon mehrere dieser riesigen Plumpsklos passiert, aber so richtig klar, was sie bedeuteten, wurde mir erst jetzt. Hier wurden einjährige Rinder, die mit 450 Kilo von der Winterweide kamen, in kürzester Zeit auf stattliche 700 Kilo gemästet, bevor sie in die Schlachthöfe verladen wurden. Nicht lange nach dieser unappetitlichen Begegnung mit der millionenschweren, von Hormonen und Antibiotika befeuerten Turbomastindustrie wurde ich Vegetarier.*

14.35 Uhr. Ich fuhr mit ziemlichem Tempo auf der Standspur dahin, als aus dem Nichts eine Rüttelspur auftauchte. Zum Anhalten war es zu spät, und ein Sattelschlepper hinter mir machte ein Ausweichmanöver unmöglich. Die 84-Millimeter-Räder meiner Inliner passten perfekt in die Rillen, sodass ich mich unweigerlich langlegte. Ich landete ziemlich unsanft auf den Unterarmen und schürfte mir die gerade von einem früheren Unfall wieder nachgewachsene Haut auf. Fluchend rappelte ich mich auf, pflückte mir ein dickes Stück Rollsplit aus dem rechten Ellbogen und fuhr weiter.

Dann begann es zu regnen. Ich befand mich auf dem offenen Land, es gab kaum Bäume, die mir hätten Schutz bieten können. Mir blieb nichts anderes übrig, als bis zum nächsten Ort durchzuhalten. Jetzt geht's ans Eingemachte, dachte ich. Es war gar nicht so einfach, auf dem rutschigen Asphalt nicht das Gleichgewicht zu verlieren. Aber so widrig die Bedingungen auch waren, vor mir lagen noch einige böse Überraschungen. Das war erst der Anfang dieses Katastrophentags.

Kurz hinter Fowler hielt ein blaues Auto. Ein geschminkter Typ Anfang zwanzig ließ die Scheibe herunter. Ist alles in Ordnung?, fragte ich.

* Einsteins Worte inspirierten: »Nichts wird die Chance auf ein Überleben auf der Erde so steigern wie der Schritt zur vegetarischen Ernährung.«

Er sah mich verlegen an und lispelte: »Ich wollte nur wissen, ob du vielleicht einen geblasen haben willst.«

Ich schluckte. »Wie bitte? Ob ich was will?«

»Einen geblasen kriegen.«

»Habe mich also doch nicht verhört.« Ich schüttelte den Kopf und machte Anstalten weiterzufahren. »Besten Dank, wirklich nicht.«

»Oh bitte ...«

Ich schaute mir meinen Möchtegernliebhaber an. Ein bleichsüchtiges Kerlchen mit eingesunkenen Augen und farblosen, zitternden Lippen.

Da gingen die Pferde mit mir durch. »Scheiße, nein! Hör zu, man fährt nicht durch die Gegend und schlägt wildfremden Leuten vor, sie zu lutschen. Du kannst von Glück sagen, dass ich nicht von hier bin. Wahrscheinlich hätte ich dich dann schon abgeknallt!«

Seine Lippen zitterten noch stärker. »Aber du bist doch nicht von hier. *Bitte*, ich will dir doch nur einen blasen.«

Und er brach in Tränen aus.

Das gibt's doch nicht, dachte ich. Da stehe ich hier mitten im Regen, Blut tropft mir vom Unterarm, und ich muss mich mit einer durchgeknallten Heulsuse herumschlagen, die meinen Pimmel als Zahnstocher benutzen will.

»Vergiss es einfach«, murmelte ich vor mich hin und sprintete davon.

Westlich von Fowler riss die Regenwand auf, und am Himmel zeigten sich die friedlichsten Schäfchenwolken. Am Nachmittag brach die Sonne durch, Scharen von gelben Schmetterlingen landeten auf dem dampfenden Asphalt, um sich an der Feuchtigkeit zu laben.

16.55 Uhr. Mir blieben nur noch anderthalb Stunden Tageslicht, und bis Pueblo waren es ungefähr fünfzig Kilometer. Normalerweise hätte ich mein Lager vor der Stadt aufgeschlagen und das letzte Stück der Strecke am Morgen zurückgelegt. Aber hier lockte eine besondere Belohnung, ein schlichtes Vergnügen, das ich lange entbehrt hatte.

Ein Bett.

Kurz vor der Grenze nach Colorado hatte ich in Lamar die Familie Grett kennengelernt, deren Tochter an der University of Southern Colorado in Pueblo studierte. Ein Anruf genügte. Das ausziehbare Sofa in Jills Studentenbude war für mich reserviert. Elmer, der stolze Vater, zeigte mir ein Foto seiner Tochter und ihrer Zimmergenossin Alexis. Sie sahen beide umwerfend aus.

Ich aktivierte meine letzten Reserven und setzte meine müden Beine in Bewegung. Um 18.40 Uhr erreichte ich die Stadt. Nur noch fünf Kilometer …

Da brach von Süden her das nächste Gewitter los. Diesmal waren es wahre Sturzbäche, an Skaten war nicht mehr zu denken. Ich gesellte mich zu einem Motorradfahrer, der unter einer Eisenbahnbrücke Zuflucht gesucht hatte. Gemeinsam beobachteten wir die Pendler, die auf der vierspurigen Straße dahinschwammen, und die Lichter ihrer Scheinwerfer, die sich in den Pfützen spiegelten.

18.50 Uhr. Der Regen ließ einigermaßen nach, sodass wir unseren Weg fortsetzen konnten. Die Luft war frisch und energiegeladen, der Geruch feuchter, modriger Erde erfüllte meine Lungen. Ich kam zu einer Auffahrt, wartete auf eine Lücke im Verkehr und setzte meinen Weg auf der sicheren Standspur fort. Ich erinnere mich noch daran, dass ich eine Fußgängerbrücke sah und ein wenig von der Straße zurückgesetzte beigefarbene Bungalows. Ich summte einen Song von Merle Haggard vor mich hin, den ich in einem Laden in Fowler gehört hatte. In der einsetzenden Dämmerung tauchte vor mir eine Geschwindigkeitsbegrenzung auf: achtzig Stundenkilometer und nicht mehr. Und dann …

PENG!

Die Gewalt war unglaublich, ein alles durchdringender Stoß von der Wucht eines Güterzugs. Galle stieg in mir hoch. Ich lag auf dem Rücken und schaute in den sich verdunkelnden Himmel. *Was war passiert?* In meinem Kopf rotierte alles. Hatte mich ein Außenspiegel erwischt? Hatte mir irgendein Arschloch im Vorbeifahren einen Schlag auf den Kopf versetzt?

Du hast keine Schmerzen. Kann also nicht so schlimm sein.

Ich versuchte aufzustehen, aber irgendwie ging das nicht. Ich blickte an mir herab: Meine Inliner zeigten in die falsche Richtung. Statt meiner Füße sah ich nur meine Unterschenkel, die Schienbeine in den Boden gerammt.

Mit Entsetzen nahm ich die porzellanweißen Knochen wahr, die aus der zerfetzten Haut schauten, und fiel auf den Rücken. Übelkeit stieg in mir auf. Und Zorn. »Du verdammter Idiot«, schimpfte ich über mich selbst. »Warum hast du nicht früher aufgehört?« Dann, einen Augenblick später, eine Welle von Erleichterung: »Aber ich bin noch am Leben. Gott sei Dank, ich bin noch am Leben!«

Ich rief nach Hilfe, aber die Nacht verschluckte meine Schreie. Noch einmal, noch lauter, schrie ich aus Leibeskräften: »Hilfe! Bitte, HILFE!« Ich griff nach dem orangefarbenen Wimpel und wedelte wie verrückt in Richtung der vorbeifahrenden Autos. Niemand hielt an. Ich wedelte und schrie ... wedelte und schrie ...

Die Sekunden dehnten sich zu Minuten. Dann wurde alles schwarz.

*

Etwa eineinhalb Kilometer von der Stelle entfernt, wo ich an diesem 10. September 1995 mit schrecklichen Beinbrüchen auf der Straße lag, zog ein zerbeulter Nissan-Pick-up vor einen silberfarbenen Cadillac und zwang ihn, stehen zu bleiben. Ein Hispanoamerikaner mit einem Menjoubärtchen stieg aus und lief auf das größere Fahrzeug zu. Vorbeifahrende Autofahrer dachten womöglich, eine Autoentführung sei gerade im Gange. Schließlich befanden wir uns in Dogpatch, einem Stadtviertel von Pueblo, das für seine Gewaltverbrechen berüchtigt war. Tatsächlich aber war Ed Apodaca entsetzt. Er und seine kleine Tochter waren soeben Zeugen eines furchtbaren Unfalls mit Fahrerflucht geworden – der Cadillac hatte eine einsame Gestalt, die den Seitenstreifen entlangskatete, umgenietet, den Körper aufgegabelt und wie eine Stoffpuppe über das Autodach geschleudert.

Ed befürchtete das Schlimmste. Die Insassen des Cadillacs waren zweifellos gefährlich, aller Wahrscheinlichkeit nach Gangmitglieder auf einer Spritztour. Die einzigen Zeugen einer fahrlässigen Tötung zu erschießen war eine Kleinigkeit für sie. Als Ed durch ein Loch in der zerbrochenen Windschutzscheibe spähte, erwartete er eine auf ihn gerichtete Pistole. Stattdessen blinzelte ihn ein älteres Paar an.

»Jesus!«, rief Ed aus, dessen Angst inzwischen Zorn gewichen war. »Wissen Sie eigentlich, was Sie gerade angerichtet haben?«

Wilbur Ladds Hände lagen zitternd auf dem Steuerrad. Seine Frau hatte meinen Rucksack auf dem Schoß. »Wir dachten, wir hätten ein Reh überfahren«, flüsterte sie.

»O mein Gott! Das darf ja nicht wahr sein!«

Als ich zu mir kam, beugte sich ein schlanker Mann über mich und blickte voller Entsetzen auf meine Beine. Wie lange hatte ich dort gelegen? Fünf Minuten? Zehn? Der Schock ließ allmählich nach, und Schmerzen jagten wie glühende Nadeln durch meine Unterschenkel.

Ed kniete sich neben mich. »Es kommt alles in Ordnung, Kumpel. Ein Rettungswagen ist schon unterwegs.« Ein bestürzt wirkender älterer Herr ging hinter ihm auf und ab, auf seinem Festjackett glitzerten Glassplitter. Ein anderer Autofahrer sprach hektisch in ein Mobiltelefon.

Minuten verstrichen. Ed redete ununterbrochen mit mir. »Woher bist du? Wo willst du hin?« Schließlich hielt ein Streifenwagen mit Blaulicht neben uns. Nachdem er Wilbur freundlich die Hand geschüttelt hatte, schlenderte der Officer zu der Stelle herüber, wo ich mit herausstehenden Schienbeinknochen auf dem Rücken lag, und fing an, sich Notizen zu machen.

»Sie sind auf der falschen Seite des Highways geskatet.« Seine Stimme klang flach und emotionslos. »Wie lautet Ihre Adresse?«*

Es war ein langer Tag gewesen: Rindermastfarmen, bei deren Gestank sich mir der Magen umdrehte, bleichgesichtige Spin-

* Im Pueblo County wurden 1995 Skater noch als Fußgänger kategorisiert.

ner, die Blowjobs anboten, und dann dieser zweiundachtzigjährige Betrunkene mit grauem Star, der mich mit zwei gebrochenen Beinen einfach hatte liegen lassen.* Mir ein Bußgeld einzuhandeln hätte dem Fass den Boden ausgeschlagen.

Ich schloss die Augen und schwieg. Die Schmerzen wurden unerträglich.

»Ich brauche eine Adresse«, wiederholte der Polizist ungehalten. »Sonst gibt's noch eine Vorladung wegen Landstreicherei.«

Meint der Typ das ernst?, dachte ich. Der Scheißkerl sollte Komiker werden.

»Er wohnt bei mir«, warf Ed plötzlich ein. »Notieren Sie meine Adresse.«

Der barmherzige Samariter kannte mich kaum, stellte aber aus freien Stücken seine Adresse für einen Strafzettel zur Verfügung, den zu bezahlen ich nicht die Absicht hatte.

Schließlich wurde diese Farce durch Sirenen beendet, und die blinkenden Lichter des Rettungswagens färbten die Gesichter um mich blau, orange und weiß. Zwei Sanitäter in fluoreszierenden gelben Jacken übernahmen das Feld, sanfte Hände untersuchten meinen Kopf, meinen Hals und mein Rückgrat, bevor sie mich auf eine Tragbahre hievten. Ein Nadelstich in beide Oberschenkel, und schon breitete sich die schmerzdämpfende Wirkung des Morphiums in meiner unteren Körperhälfte aus. Dann befand ich mich auf der mobilen Transportliege, die in den Rettungswagen geschoben wurde.

Als ich aus dem Narkosenebel erwachte, saß Ed neben mir. Der Rettungswagen stand immer noch.

»Was fehlt mir?«, fragte ich matt.

»Dein Ohr ist fast abgerissen. Man kümmert sich gerade darum, dass nichts von dir zurückbleibt.«

---

* Das Ehepaar Ladd befand sich auf dem Heimweg von einer Veranstaltung einer Freimaurerloge, deren Würdiger Meister Wilbur war. Bei seiner Zeugenaussage gab Ed Apodaca an, Mr Ladds Atem habe nach Alkohol gerochen. Der Polizist hatte geflissentlich darauf verzichtet, einen Test zu machen. Außerdem hieß es im Protokoll, Wilbur habe einen Termin für eine Operation des grauen Stars. Nach dem Unfall wurde ihm der Führerschein entzogen.

Ein Cartoon aus *The Far Side* kam mir in den Sinn: Ein aasfressender Straßenköter macht sich mit einem menschlichen Körperteil aus dem Staub, dicht gefolgt von Rettungssanitätern.

Als klar war, dass nichts fehlte, wurden die Türen geschlossen, und der Sanitätswagen nahm Fahrt auf. Plötzlich fiel mir ein, dass Steve heute Geburtstag hatte. Was würde ihm dazu einfallen, wenn er mich so sähe?, fragte ich mich.

»Hab ich's dir nicht gesagt?« Wahrscheinlich.

COLORADO

FRISCHES BLUT AUF DER STRASSE

Hier wurde ein Mensch nicht danach beurteilt, ob er lesen oder schreiben konnte oder welches seine Hautfarbe war, aus welcher Familie er stammte oder wie viel Geld er hatte, sondern nach seinen Fähigkeiten am Berg.

– WIN BLEVINS, *Give Your Heart to the Hawks. A Tribute to the Mountain Men*

VIERUNDZWANZIG STUNDEN SPÄTER …
PARKVIEW MEDICAL CENTER, PUEBLO

Ich wurde in eine Welt der Schläuche wiedergeboren. Schläuche in meinen Armen, Fingern, Beinen, in meiner Nase und in meinem Penis – anscheinend in jeder Körperöffnung außer meinem Anus. Das Aufleuchten der Bildschirmmarkierungen und das Schnaufen der Krankenhausmaschinen erfüllten den sonnendurchfluteten Raum. Mich überfiel eine Welle der Übelkeit, die himmelblauen Wände und die eierschalenfarbene Zimmerdecke verschwammen ineinander. Gerade noch rechtzeitig tauchte eine Krankenschwester mit einer Schüssel auf.

Dann verdüsterte sich der Raum wieder.

Als ich zum zweiten Mal aufwachte, hörte ich Stimmen.

»Gut, dass das Ding in seinem Rucksack war«, sagte jemand mit einem Näseln. »Hat ihm wahrscheinlich das Leben gerettet, als er auf die Windschutzscheibe aufschlug.« Dann eine vertrautere Stimme, lachend: »Trotzdem glaube ich nicht, dass er damit noch kochen wird!«

Stuart. Was macht der denn hier?

Langsam wurden die Konturen des Zimmers deutlicher. Ein kräftig gebauter Mann in einem blauen OP-Kittel hielt meinen Kochtopf in der Hand. Er war platt wie eine Flunder, als wäre ein Mack Truck darüber hinweggefahren. Ich hätte keine bessere Lebensversicherungspolice haben können als den für 50 Cent in einem Gebrauchtwarenladen in Saint Petersburg erstandenen Topf, denn er hatte den Zusammenprall mit der Windschutzscheibe abgedämpft und einen Wirbelsäulenbruch verhindert.

Das Gespräch wurde lebhafter. Stuart, der, wie ich später hörte, in Fort Lauderdale sofort ins Flugzeug gesprungen war, nachdem er von dem Unfall erfahren hatte, drängte auf eine zweite Meinung zu dem Vorhaben, Titanstäbe in die Überreste meiner Schienbeine zu hämmern. Wie Grillspieße verschiedene Fleischstücke zusammenhalten, würden die Stäbe die zerbrochenen Teile meiner Unterschenkel neu ausrichten, bis die Knochen wieder zusammengewachsen waren.

So hoffte man.

Doktor Ken Danylchuk, der mich mit seiner langen Nase und dem schulmeisterlichen Gesichtsausdruck an einen Adler erinnerte, schien das Kreuzverhör eigentlich nur zu amüsieren. Er gehörte zu den besten Knochenchirurgen Kaliforniens, und da stand nun dieser Brite vor ihm, der nur die antiquierten Methoden der nationalen Gesundheitsfürsorge kannte, und stellte seine Expertenmeinung infrage.

»Gut, Doktor Stuart!«, grinste er. »Sie sind der Boss. Ich werde sehen, ob ich einen Kollegen bitten kann, sich die Röntgenbilder anzusehen, damit Sie Ihre … zweite Meinung bekommen.«

Dies war der Anfang, der Anfang einer besonderen Verbindung, die im Operationssaal geschmiedet und bei Kens täglichen Besuchen auf der Intensivstation gefestigt wurde. An den meisten Tagen schweifte das Gespräch vom Zustand meiner Beine ab zu dem der internationalen Rugbyszene und landete am Ende unausweichlich beim Eishockeyteam Colorado Avalanche, das sich für die Saison klassifiziert hatte. Ken war Kanadier. Er war versessen auf Hockey.

Als er bemerkte, dass ich wach war, wandte er sich mir gut gelaunt zu und fragte: »Und wie behandelt dich Pueblo, Jason?«

War das die kanadische Art, einen zu veräppeln? Obwohl seit vielen Jahren in den USA ansässig, hatte sich der Expat zweifellos seinen trockenen Humor bewahrt.

»Großartig«, krächzte ich. »Besonders die Polizei hier ist sehr freundlich.«

Ken inspizierte meine blutdurchtränkten Verbände nach Anzeichen einer Primärinfektion. Am Abend des Unfalls hatte er die offenen Brüche ausgespült, um so viel Schmutz und Kies wie möglich aus den Wunden zu entfernen. Das Risiko einer Vereiterung musste minimiert werden, bevor die ineinandergreifenden Stäbe eingepflanzt würden. In den folgenden drei Tagen sollte ich völlig ruhig liegen, denn es bestand die Gefahr, dass die Knochen bei der geringsten Bewegung aneinanderrieben.

»Sieht so aus, als hätte der Kotflügel zuerst dein linkes Bein zwischen Knöchel und Knie erwischt.« Der Chirurg gestikulierte mit einer gummibehandschuhten Hand. »Mit ein bisschen Glück werden wir dich so weit zusammenflicken, dass du wieder skaten kannst, Jason. Aber ich bin verpflichtet, dich auf die Möglichkeit einer Osteomyelitis aufmerksam zu machen.«

»Das klingt nicht gut«, sagte Stuart. Sein ernster Gesichtsausdruck korrespondierte mit den Falten in seinem Lederhut, seinem Markenzeichen. »Was ist das?«

»Eine Knochenmarkentzündung«, erklärte Ken.

»Kann man das behandeln?«

»Je nachdem, wie weit die Entzündung fortgeschritten ist, habe wir gute Erfahrungen mit Antibiotika gemacht. Dennoch kann es zu Komplikationen kommen.«

»Welcher Art?«

Ken zögerte. »Hm, die Infektion kann in das umliegende Weichteilgewebe übergreifen. Im schlimmsten Fall müsste dein Unterschenkel amputiert werden. Andernfalls besteht das Risiko, dass sich Wundbrand bis übers Knie ausbreitet, und dann hätten wir ...«

Ich hörte nicht weiter zu. Die Wörter *Wundbrand* und *amputiert* hatte ich bislang immer mit der Medizin des Mittelalters in Verbindung gebracht. Wenn ich mein Bein verlor, war die Expedition für mich zweifellos vorbei. Ich würde als Krüppel nach England zurückkehren und nicht mal mehr als Fensterputzer meinen Lebensunterhalt verdienen können. Trostlose Aussichten.

Doch später, als ich in der Dunkelheit lag und mir ein Leben als Einbeiniger vorstellte, dachte ich: Paralympioniken in Rollstühlen können schnell sein wie der Wind. Wenn ich einen Kilometer am Stück schaffe, kann ich auch die übrigen dreieinhalbtausend Kilometer bis San Francisco bewältigen, ähnlich wie mit den Inlineskates – vorausgesetzt, ich habe genügend Zeit.

Aber dann meldeten sich Zweifel. Wie lange ist Steve bereit zu warten? Woher soll das Geld für die Krankenhausrechnungen kommen? Und selbst wenn ich mir einen speziell für meine Bedürfnisse konstruierten Rollstuhl leisten kann, ist es überhaupt möglich, die Rocky Mountains allein mit der Kraft meiner Arme zu erklimmen?

Von Nancy über meine Situation informiert, trafen Steve und Eilbhe am Abend meines vierten Tages im Krankenhaus ein. Sie waren von Flagstaff aufgebrochen, sahen fit aus, waren sonnengebräunt und offenbar sehr verliebt. Eilbhe, das Gesicht von einer Kaskade rotbrauner Locken umrahmt, erinnerte an eine keltische Waldelfe, deren Qualität sich offensichtlich nicht nur auf ihre natürliche, schlichte Schönheit beschränkte.

»Sie kann auf einem Bein stehen und gleichzeitig furzen und die irische Nationalhymne pfeifen«, sprudelte es aus Steve heraus, der stolz die Arme um Eilbhe legte und sie, schlaksig, wie er war, von oben auf die ihm entgegengestreckte Stirn küsste. Ich stimmte zu, dass dies eine seltene Begabung war, und verfiel sofort ihrer unkomplizierten Art.

Als das Gespräch auf den Unfall kam, wartete ich schon auf den Vorwurf: »Inlineskates, habe ich es dir nicht gesagt, Jason?«

Aber nichts dergleichen. »Hauptsache, du hast überlebt, Kumpel«, sagte Steve sanftmütig und fixierte mich mit seinem durchdringenden Blick. »Ich warte in San Francisco auf dich. Egal, wie lange es dauert, ja?«

Ich lächelte matt durch das Gewirr von Schläuchen und spürte, dass meine Augen feucht wurden. Steve, dachte ich, ist ein loyaler Freund – und ein besserer Freund, als ich es ihm jemals gewesen bin.

*

Nach einem geglückten Einbringen der Titanstäbe war ich für zwei Wochen ans Bett gefesselt. Dann begann die lange Rehabilitationsphase. Die erste Aufgabe, die mir mein Reha-Pfleger Eric stellte, bestand darin, mit einem Rollstuhl zur Toilette zu fahren. Abgesehen davon, dass ich mich damit nicht mehr in meinem Bett erleichtern musste, erlöste mich der zehn Meter lange Trip auch von dem elektrischen Beintrainer, der zur Kreislaufstabilisierung installiert worden war. Eine willkommene Verbesserung. Die Maschine war so eingestellt, dass beide Beine in einem Winkel von dreißig Grad angehoben wurden, und Stuart hatte die Begabung, unabsichtlich den Knopf bis zum Anschlag zu bringen, sodass mein Füße bis zur Decke hochgeschraubt wurden und wieder zurück.

Nachdem ich drei Wochen lang mit einem anderen Patienten namens Jack, dessen Becken durch eine Industriemaschine zerschmettert worden war, Wettrennen im Rollstuhl veranstaltet hatte, konnte ich entlassen werden. Wilbur Ladds Versicherung kam für die medizinischen Kosten auf – saftige 110 000 Dollar. Ich verdankte also Ed Apodaca nicht nur mein Leben. Da ich nicht versichert war, wäre die Expedition ohne ihn wohl unter dem neuen Schuldenberg zusammengebrochen.

Ken und seine Frau Cathy boten Stuart und mir großzügig an, die nächste Zeit auf dem Feriengut der Familie zu verbringen, einer Ranch mit 160 Hektar Fläche, die sich in die Vorberge der Rockys schmiegte. Inzwischen war es Ende Oktober. Der erste Herbstschnee war gefallen, hatte die Bäume bestäubt und das Vorgebirge in ein Winterwunderland verwandelt. Abgesehen von dem Wind, der durch die Gelbkiefern um die Hütte strich, erschien es mir als der stillste Ort der Welt.

Wenn er nicht damit beschäftigt war, sich um meine Bedürfnisse zu kümmern, begab sich Stuart hinaus auf die Weideflächen, wo er nicht selten hüfttief im Schnee versank, und versorgte einundachtzig nordamerikanische Bisons mit Heu. Seine ungebrochene Begeisterung und gute Laune belebten mich. Ich versuchte unterdessen, mich an ein Leben in Bodennähe zu gewöhnen, und rutschte auf dem Hintern durchs Haus, da der Rollstuhl zu breit für die schmalen Türen der Hütte war. Auf diese Weise wurde ich leichte Beute für die kleinwüchsigen Bewohner des Hauses. Mein Gesicht etwa befand sich in der idealen Abschleckhöhe für Wilson, Kens geliebten schokoladenfarbenen Labrador, und mein Rücken eignete sich für die beiden Kätzchen hervorragend als Kratzbaum. An den Wochenenden wurde mein ganzer Körper zum Klettergerät für Tyler, den zweijährigen Sohn der Familie Danylchuk.

Um einen Hüttenkoller zu verhindern, nahmen Stuart und ich unsere Besuche in Schulen wieder auf. Ganz in der Nähe, in der

Rye Elementary School, lernten wir April kennen: eine lebhafte Frau Mitte vierzig mit klaren blauen Augen und wallenden, seidigen Locken. Ihre fünfte Klasse hatte gerade erst frühe Forschungsreisende wie Vasco da Gama, Francisco Vasquez de Coronado und den englischen Freibeuterhelden Sir Francis Drake durchgenommen. Es war also der ideale Zeitpunkt, den Kindern zu zeigen, wie sich das Abenteurertum im Lauf der Jahre verändert hatte, vor allem, was Entermesser und riesige Schnurrbärte betraf.

Lebendige Geschichte war Aprils Leidenschaft. Sie zeigte uns einige ihrer geliebten indianischen Artefakte, unter anderem auch ein Tipi, und erklärte uns, dass Lernhilfen zum Anfassen dazu beitrügen, Schüler mit der Nomadenkultur der Prärieindianer vertraut zu machen. Konkrete Erfahrungen regten mehr als alles andere zum lebenslangen Lernen an, behauptete sie. »Erklär es mir, und ich werde es vergessen. Zeig es mir, und ich erinnere mich vielleicht. Beteilige mich, und ich begreife«, zitierte sie Benjamin Franklin.

Ich erwähnte eine bevorstehende Präsentation an einer Schule für Taube und Blinde in Colorado. »Das Problem ist nur«, fragte ich besorgt, »wie sollen wir Kindern, die nicht sehen können, die Expeditionsroute zeigen?«

April dachte einen Augenblick nach. Dann meinte sie: »Ich habe eine Idee.« Ein Satz, den ich in den kommenden Jahren noch oft aus ihrem Mund hören sollte.

In den folgenden beiden Wochen bastelte ihre Klasse eine spezielle Wandkarte der Welt. Die Kinder schufen ein einfaches Braille-System: Sie klebten Spaghetti als Umrisse der Kontinente auf, gespaltene Erbsen für die Route und Schleifpapier unterschiedlicher Körnung für die verschiedenen Fortbewegungsarten. Die fertige Karte war sowohl essbar als auch ein Mittel zur Orientierung, auf jeden Fall aber die Sensation des Tages. Seh- und hörbehinderte Kinder machten sich im Kopf ein Bild von der Expeditionstour, indem sie ihre Finger über die verschieden strukturierten Flächen huschen ließen wie Schmetterlingsflügel.

Da wurde mir klar: Eine erfahrene Lehrerin wie April mit ihrer Befähigung, Kommunikationsschranken zu überwinden, würde dazu beitragen können, Kinder verschiedener Kulturen zusammenzubringen und damit die nächste Stufe unserer Präsentationen zu erklimmen.

Im März konnte ich meinen Rollstuhl gegen einen Holzstock austauschen. Mein rechtes Bein heilte gut, über dem linken aber hing immer noch ein Fragezeichen. Nachdem er, so weit er konnte, geholfen hatte, kehrte Pfleger Stuart nach Florida zurück, während ich in die Nähe des Schulbezirks 60 in Pueblo zog. Mein neues Heim war ein freies Zimmer in einem Backsteinbungalow, der Dick und Sharon Conger gehörte, einem bescheidenen, unaufdringlichen Paar, mit dem sich Stuart im Parkview Medical Center angefreundet hatte.

Eines Nachmittags traf ich mich mit April in einem Café der Stadt, um über den Weltbürgerfilm für die UNESCO zu sprechen, und klagte darüber, dass es nicht voranging.

»Kenny kann es sich nicht leisten, die ganze Zeit auf der Straße zu stehen«, grollte ich. »Das ganze Programm ist praktisch zum Stillstand gekommen.«

April dachte über das Dilemma nach. »Wie wär's, wenn die Kinder das mit dem expeditionseigenen Camcorder übernehmen würden? Ich bin mir sicher, dass sie Spaß daran hätten, ein Video zu drehen, besonders wenn sie wissen, dass Gleichaltrige auf der ganzen Welt es sehen werden.«

Ich durchfurchte die Schaumschicht auf meinem Cappuccino mit dem Kaffeelöffel. Der Gedanke, Kinder einen Film machen zu lassen, klang fast zu simpel. Jedenfalls würde es allen gängigen Regeln zuwiderlaufen. Im Jahr 1996 wurden Filme noch von professionellen Kameraleuten mit Profigeräten gedreht und anschließend von Profi-Cuttern zu Hochglanzprodukten verarbeitet. Dieses Prinzip aufzugeben bedeutete sicherlich einen Qualitätsverlust, versprach aber eine weitaus unvoreingenommenere Darstellung des Lebens der Kinder als durch Erwachsene, die sie mit riesigen Kameras einschüchtern konnten. Außerdem würde es uns eine Menge Geld sparen.

»Sie müssten aber erst ein paar Dinge lernen, was den Umgang mit der Kamera betrifft«, antwortete ich schließlich. »Zum Beispiel, wie man sie ruhig hält und nicht aus Versehen die Zoomfunktion betätigt. Aber sonst, warum nicht? Wenn wir mit dem VHS-System arbeiten, könnten sie sogar beim Schneiden helfen.«

Nach sechs Wochen war unser erstes Video fertig, ein zehnminütiger Einblick in das Leben Elfjähriger, die im ländlichen Teil Colorados aufwuchsen. Der Spanischlehrer der Highschool von Rye übersetzte Untertitel für die Schulen, die wir in Zentral- und Südamerika besuchen würden. Und auf den weiteren Etappen würden Filme aus anderen Ländern zum Tauschpool hinzukommen und Jugendlichen ermöglichen, »in die Welt ihrer globalen Nachbarn einzutreten«.*

Das »Videoaustauschprogramm«, wie wir es nannten, beinhaltete das UNESCO-Thema der Weltbürgerschaft, aber die Philosophie, die ihm zugrunde lag, reichte weiter. »Wir sind schwarz«, hatte der Häuptling amerikanischer Ureinwohner, Spokane Garry, einmal gesagt, »doch wenn wir uns eine Wunde zufügen, kommt rotes Blut heraus. Und bei den Weißen ist es genauso, obwohl ihre Haut weiß ist. Ich gehöre einer anderen Nation an. Wenn ich spreche, versteht ihr mich nicht. Wenn ihr sprecht, verstehe ich euch nicht.«

Kurz vor dem Ende der Atlantiküberquerung und nach Monaten meditativer Kontemplation war ich in einem transzendenten Zustand nichtdualistischen Bewusstseins zu demselben Schluss gelangt. Auf dem Höhepunkt des Samadhi hatte sich mein Bewusstseinsstrom immer schneller im Raum-Zeit-Kontinuum ausgedehnt, bis ein unabhängiger Geist, der sagte, was Wirklichkeit war und was nicht, aufhörte zu existieren – Beobachter und Beobachtetes wurden eins. Einige Zeit später, als ich durch das kosmische Kaninchenloch wieder in die normale dualistische Erfahrungswelt gespuckt wurde, dominierte vor allem eine Erkenntnis:

---

* Im vordigitalen Zeitalter stellte die Verbreitung von Filmen eine gewisse Herausforderung dar. Wir transportierten VHS-Kassetten in unseren Fahrradtaschen und suchten uns über das UNESCO Associated Schools Project Network Schulen, wo wir die Filme vorführen konnten. Gruppen ohne Zugang zu einem Fernseher und einem Videorekorder boten wir Programme an, in denen sie Fotoalben gestalteten oder Brieffreundschaften schlossen.

Die Unterschiede zwischen dem sogenannten Selbst und anderen waren lediglich Erfindungen des Geistes, vom Bewusstsein geschaffene und verzerrte Etiketten, die mir, ihrem Hausherrn, das falsche Gefühl gaben, eine abgetrennte Einheit zu sein. Jenseits dieser Illusionen aber herrscht eine gemeinsame Chemie, reine Energie.

Illusionen sind natürlich manchmal notwendig, denn sie geben uns die Mittel an die Hand, durch unsere Umwelt zu navigieren: bewerten und reagieren, überleben und wachsen; fünf Millionen Jahre der Evolution von Hominiden gipfelten in der Erfolgsgeschichte des *Homo sapiens*. Doch wohin führt das alles angesichts der natürlichen Selektion? Es gibt kaum Anzeichen dafür, dass die vorherrschenden Begleiterscheinungen des Neotribalismus – Krieg, Verfolgung, Fanatismus, Ausbeutung der Natur – abnehmen, während die Weltbevölkerung sprunghaft zunimmt.

Solange sich Menschen von Rassendenken, Religion, Sprache, Kultur, nationaler Identität, ja auch von persönlicher Identität blenden lassen, wird unsere Spezies nicht zur Ruhe kommen. Und genau das war der eigentliche Gedanke hinter den Zehn-Minuten-Filmen: Kinder, noch frei von den Täuschungen, denen Erwachsene unterliegen, würden der Welt den Spiegel vorhalten und sagen: »Seht, wir sind alle eins.« Mit dem Abbild eines wahreren Selbst konfrontiert, würden ihre Altersgenossen auf der ganzen Welt sicher eine größere Verwandtschaft untereinander empfinden und das Bedürfnis verspüren, das Verbindende zwischen allen Wesen zu sehen.

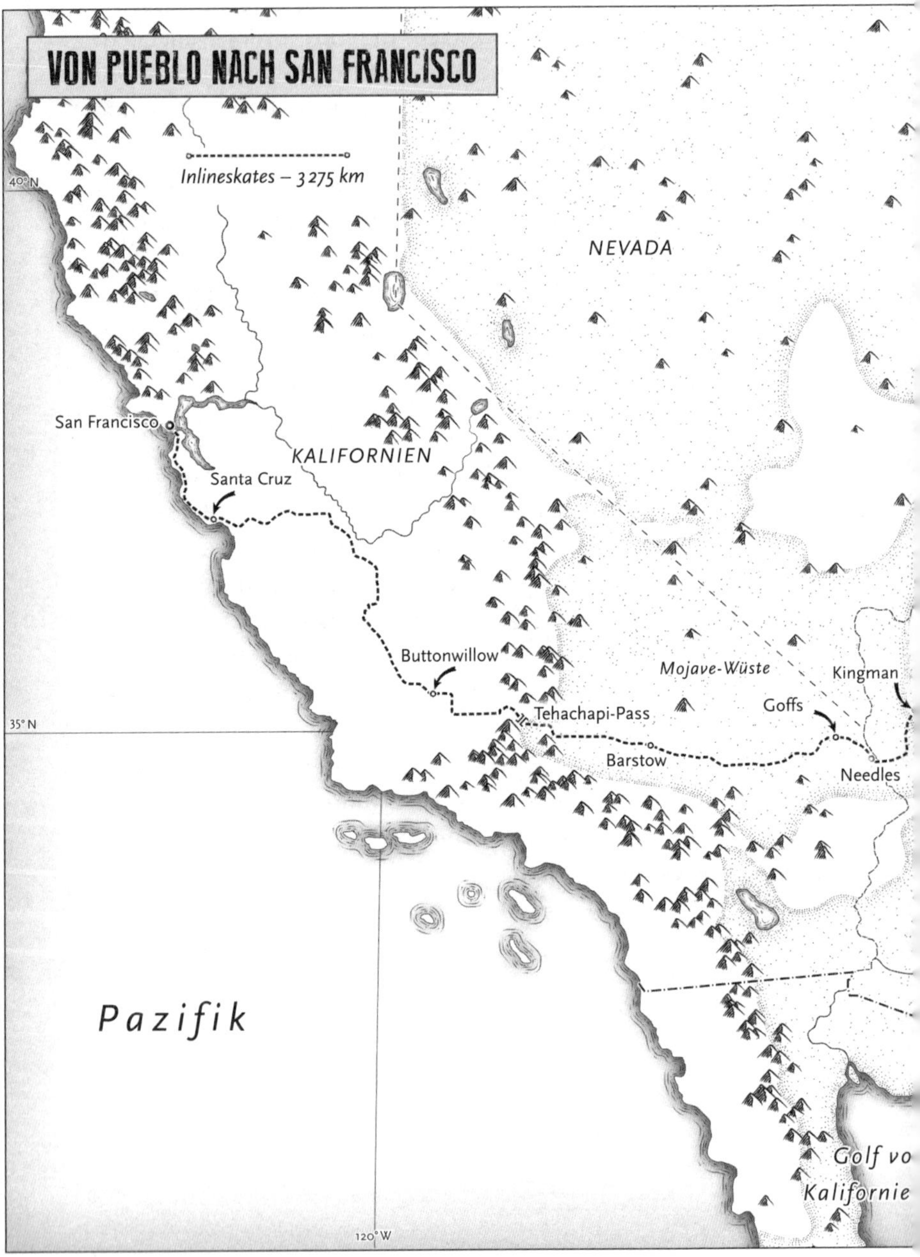

VON PUEBLO NACH SAN FRANCISCO
Inlineskates – 3 275 km
40° N
NEVADA
San Francisco
KALIFORNIEN
Santa Cruz
Buttonwillow
Mojave-Wüste
Kingman
Goffs
Tehachapi-Pass
35° N
Barstow
Needles
Pazifik
Golf vo
Kalifornie
120° W

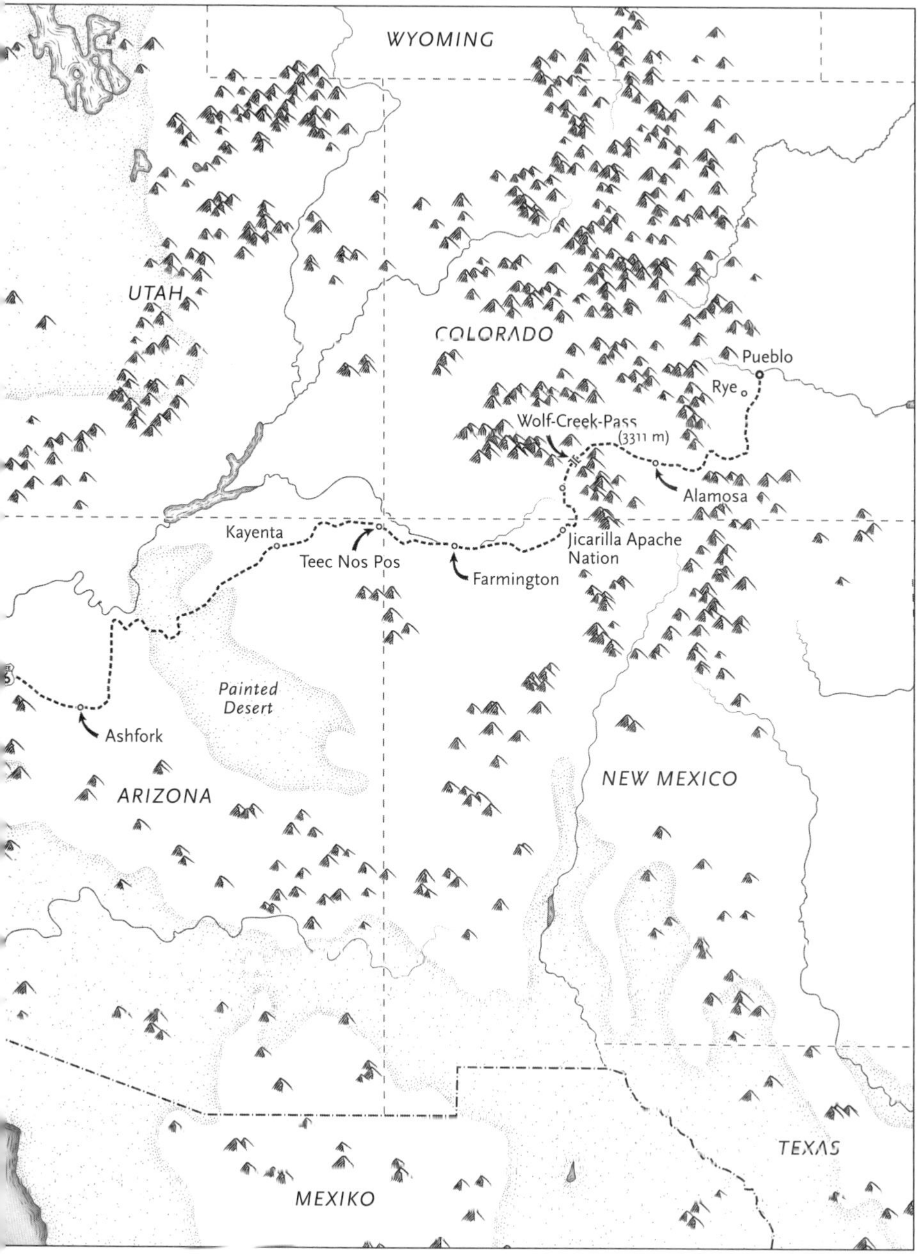
WYOMING
UTAH
COLORADO
Pueblo
Rye
Wolf-Creek-Pass
(3311 m)
Alamosa
Kayenta
Teec Nos Pos
Farmington
Jicarilla Apache
Nation
Painted
Desert
Ashfork
ARIZONA
NEW MEXICO
TEXAS
MEXIKO

AMERIKANISCHER WESTEN

WIEDER ATMEN LERNEN

Frauen sind wie Teebeutel. Man weiß erst, wie stark sie sind, wenn man sie in heißes Wasser steckt.

– ELEANOR ROOSEVELT

29. JUNI 1996

»Was war bisher deine längste Strecke, April?«

Ich befestigte die Lenkergriffe, während sie versuchte, eine zweite Schlafmatte unter einen Spanngurt zu stopfen, der bereits bis zum Zerreißen gedehnt war. Ein chaotischer Berg aus Zelten, Schlafsäcken, Wasserflaschen, Luftpumpen und anderem Campingzubehör verdeckte den ganzen hinteren Teil ihres Rads.

»Etwa zwölf Kilometer«, antwortete sie nervös und quetschte die Matte zusammen. Unter ihrer grauen Baseballkappe kullerte eine Schweißperle hervor und verschwand hinter ihrer Fliegersonnenbrille. Es war bereits nach Mittag und glühend heiß. »Und das war eine gerade, ebene Strecke auf der Startbahn vor meinem Haus. Nichts mit Bergen. Nichts mit Hitze.«

»Bedenken?«

Sie sah auf, schob sich eine feuchte Haarsträhne aus dem Gesicht und runzelte die Nase. »Hmm, Berge jagen mir ziemliche Angst ein.« Angesichts der Tatsache, dass uns unsere Route über einen der größten Gebirgszüge der Welt führen würde, die Rockys, erschien mir das eher ungünstig. »Aber im schlimmsten Fall«, fuhr sie fort und grinste breit, »muss ich mich eben zusammenreißen und durchhalten.«

Wir standen auf dem Seitenstreifen des Highway 50, genau an der Stelle, wo ich neuneinhalb Monate zuvor zur Strecke gebracht worden war. Jedes Mal, wenn ein Auto vorbeiraste, zuckte ich zusammen – so hatte sich der Aufprall in meine mentale Netzhaut gebrannt.

Alle Behandlungen, mit denen das Zusammenwachsen der Knochenteile in meinem linken Bein angeregt werden sollte – Physiotherapie, Osteopathie, Elektropulstherapie, Beinwellspritzen oder Magnetfeldtherapie –, waren wirkungslos geblieben. Im Mai hatte Doktor Ken eine dritte Operation vorgeschlagen, um das Schienbein erneut zu brechen und Knochensubstanz von meiner Hüfte dorthin zu transplantieren. Damit hätte alles von vorn begonnen. Weitere neun Monate Rekonvaleszenz. Weitere neun Monate, in denen Steve in San Francisco Däumchen drehen müsste. Beides war undenkbar. Angesichts dessen, dass der Titanstab auf der linken Seite vorerst die Aufgabe des Schienbeins übernahm, stand ich damit vor der Wahl, jetzt zur Westküste vorzustoßen – zumindest es zu riskieren – oder Steve aufzufordern, sich einen neuen Expeditionspartner zu suchen.

Die Last eines voll beladenen Rucksacks aber wäre eine zu große Strapaze gewesen. Und so hatte ich einen Monat vor dem Aufbruch April gefragt, ob sie einen Radfahrer kenne, der bereit sei, die ersten 300 Kilometer bis Pagosa Springs meine Ausrüstung zu schleppen, vielleicht auch noch weiter, je nachdem, wie meine Beine mitmachten. Einen Radfahrer an meiner Seite zu haben hätte auch noch einen anderen Vorteil. Wenn es mir gelang, den Wolf-Creek-Pass zu erklimmen – ein fast zwanzig Kilometer langer Anstieg –, konnte ich bei der Abfahrt auf der anderen Seite meine Geschwindigkeit kontrollieren, indem ich das Fahrrad meines Begleiters als Bremse benutzte.

»Ich mach's selbst«, erwiderte sie voller Begeisterung.

Das haute mich um. Die blonde, manchmal ein bisschen alberne April in der Rolle der erfahrenen Abenteurerin war ungefähr so überzeugend wie Britney Spears als Hamlet. Sie lebte auf einer Viehfarm und unterrichtete in einer kleinen, wohlhabenden christlichen Gemeinschaft, wo man schon die Spitzenvorhänge lupfte, wenn draußen ein Andersdenkender vermutet wurde. Nein, sagte ich mir, ich brauche jemanden mit Erfahrung. Jemanden, der nicht am zweiten Tag aufgibt, wenn sich die romantischen Vorstellungen als Illusion erweisen.

Andererseits war ich gerade der Richtige, so etwas zu sagen. Steve und ich hatten fast ein Drittel unserer Erdumrundung mit eigener Muskelkraft hinter uns gebracht, ohne mehr als eine vage Ahnung zu haben, was alles auf uns zukommen würde. Warum nicht auch April?

Ich hielt das Fahrrad fest, damit meine neue Reisebegleiterin aufsteigen und starten konnte. Die ersten zehn Meter hoppelte sie mit einem Fuß auf dem Boden voran, während ich hinterherskatete und ihren hoffnungslos überladenen Gepäckträger im Gleichgewicht hielt. Wieder meldeten sich Bedenken. Vielleicht war es falsch, davon auszugehen, dass wir den ersten Tag durchhalten würden. Bei diesem Tempo konnten wir von Glück sagen, wenn wir die ersten fünf Minuten schaffen würden.

Dann nahm das Rad Fahrt auf, der Lenker hörte auf zu wackeln, und schon waren wir unterwegs.

Bald bogen wir nach Süden auf die Interstate 25 in Richtung Walsenburg ab. Hier war der Seitenstreifen mit dem gefürchteten Rollsplitt bedeckt. Starkstromartige Schocks schossen durch meine Beine. Und als es auch noch zu regnen anfing und April ihren ersten Sturz hinlegte, sodass unsere Schlafsäcke unter einen Sattelzug rollten, dachte ich: Das war's dann wohl. Aber zumindest haben wir es versucht. Ich hob das Knäuel aus Ersatzspeichen und Ausrüstungsteilen von Aprils knapp fünfzig Kilogramm schwerem Fahrrad, kramte die Videokamera heraus und richtete das Objektiv auf ihr tiefrotes Gesicht.

»Na, April, bereit, alles hinzuschmeißen, oder?«

Die Laster, die ziemlich nah an uns vorbeidonnerten, und das Zischen von Reifen auf dem nassen Asphalt nervten. Schwarze Wolken jagten am Himmel dahin, schluckten Licht und machten die ganze Szene noch trüber.

Aber April, deren patschnasses Haar wie Seetang an den Ohren klebte, lächelte strahlend in die Kamera. »Aber nein«, sagte sie. »Für mich ist das ein einmaliges Abenteuer!«

Die Frau ist unzurechnungsfähig, dachte ich. Jeder normale Mensch würde in so einem Augenblick ein Taxi rufen.

*

Die zweispurige Straße, die Richtung Westen aus South Folk hinausführt, war tückisch. Schmal und ohne Seitenstreifen wand sie sich durch eine schattige Schlucht. Zu beiden Seiten ragten hohe Felsformationen auf, deren metamorphes Gestein durch Netze fixiert war, um Bergstürze zu verhindern.

»Beim Skaten bergauf kommt es vor allem auf die Technik an«, keuchte ich in die Kamera, dabei filmte ich meine Skates, die ich wie im Fischgrätmuster an den Hang gestellt hatte. »Mit der richtigen Technik ist es ein Kinderspiel.« Ich kicherte in mich hinein. »Das Problem ist nur, dass ich die richtige Technik nicht kenne.«

Hinter mir strampelten Aprils Beine wie die Flügel eines Propellers. Sie fuhr im niedrigsten Gang, das für die steilsten Steigungen vorgesehen war, also auf dem Oma-Zahnrad. Ihr Gesicht zeigte grimmige Entschlossenheit.

Am Abend zuvor, als wir am Fuße des Wolf-Creek-Passes bei Regen unser Lager unter einer Gruppe von Gambeleichen herrichteten, hatte sie ernste Bedenken angemeldet, ob sie es wirklich bis nach oben schaffen würde. Sie sei einfach erschöpft. Sie habe sich wund gefahren. »Und der Anstieg ist so steil!« Wichtiger noch: Sie hatte die ganze Zeit ein Geheimnis mit sich herumgetragen. »Ich hatte mal ... wie soll ich sagen ... ein medizinisches Problem auf dem Wolf Creek.«

Während sie sprach, versuchte ich, mit Seiten aus Charles Bukowskis *Burning in Water, Drowning in Flame* ein Feuer zu machen. »Medizinisches Problem?«, fragte ich nach, während ich mich über die zerknitterte Poesie beugte und ein Streichholz anzündete. Das Poem »A 340 Dollar Horse and a Hundred Dollar Whore« flammte auf und ließ die Blätter der Pflanzen rundherum, die im Regen glitzerten und wippten, aufleuchten.

April erzählte, dass sie einst bei einer Busfahrt über den Pass mit Notfallsauerstoff hatte versorgt werden müssen. Wie sie so dasaß, die Beine an die Brust gezogen, das Kinn auf den Knien, sah sie mitleiderregend aus. Zuvor, als wir von Alamosa das San Luis Valley hinaufgefahren waren, hatte sie über eine schwere Migräneattacke geklagt. Einmal im Monat fühle sie sich, als würde ihr Kopf mit einer Axt in zwei Hälften gespalten, erklärte sie. Und was alles noch schlimmer machte: Wir hatten keine Vaseline dabei, um das unvermeidliche Wundwerden in Grenzen zu halten. Der Behelf, ein Stück vom Schlafsack, zugeschnitten in der Form ihres Sattels, erwies sich als mehr oder weniger nutzlos.

»Hattest du nicht das kleine Kästchen in deiner eidesstattlichen Erklärung angekreuzt, mit dem man die Frage nach bisherigen Atemwegserkrankungen verneint?«, scherzte ich.

Aprils Hundeblick wurde noch erbarmungswürdiger.

»Ich rede bloß Blödsinn«, sagte ich lachend. »Wir bewegen uns ja viel langsamer als ein Bus, und wir können so viele Pausen einlegen, wie wir wollen. Du hast also jede Menge Zeit, dich beim Aufstieg allmählich zu akklimatisieren.«

»Da ist noch etwas, was du vielleicht wissen solltest.«

Ich legte das Stück Feuerholz ab, das ich in der Hand hielt. »Nur zu.«

»Vor zwei Jahren hatte ich eine Lungenentzündung. Ich hatte Wasser in der Lunge. Der Arzt hat gesagt, wenn ich übertreibe, könnte es auch jetzt noch zu einem Kollaps kommen.«

Das rückte die Dinge in ein anderes Licht. Langsam drang dieses Last-Minute-Geständnis in mein Bewusstsein, bis endlich der Groschen fiel: *Deshalb hat sie solche Angst vor Bergen.*

Dass ich erst jetzt in dieses entscheidende Detail eingeweiht wurde, ärgerte mich ein wenig. Mit dem Fahrrad die Rocky Mountains zu überqueren war offenbar eine Riesenherausforderung für April, eine Gelegenheit, ihre Angst vor hohen Bergen zu überwinden. Aber um welchen Preis? Selbst wenn wir beiden kranken Hühner es bis zum Gipfel schaffen würden, die Wahrscheinlichkeit, dass einer von uns in einem Rettungswagen abtransportiert werden musste, war plötzlich dramatisch gestiegen. Andererseits: Wenn sie jetzt abbrach, wie sollte ich dann die Abfahrtsgeschwindigkeit unter Kontrolle halten?

Kurz nach acht fielen die ersten Sonnenstrahlen auf unsere Gesichter und die Schluchtwände, die in Geröllhalden ausliefen. Stechfichten reckten sich gen Himmel wie Cocktailspieße – eine atemberaubende Szenerie.

Wir hielten an, um eine Pause zu machen. »Und, wie steht's, April?«

»Gut, gut«, kicherte sie. »Die Trockenpflaumen zum Frühstück helfen offenbar.«

»Ein Düsenantrieb. Ist das nicht gemogelt?«

»He, das ist auch Körperkraft.«

Die Strecke über die kontinentale Wasserscheide war in erheblich besserem Zustand als zur Zeit der Autopioniere. Damals war die Überquerung eine zweitägige Tortur mit einem Ford T (»Tin Lizzie«) gewesen, der sich auf einem ausgewaschenen, aus der Bergflanke gesprengten Schotterweg hinaufschinden musste. In Anbetracht unserer jeweiligen Handicaps schätzte ich dennoch, dass wir fast einen ganzen Tag dafür brauchen würden.

Je steiler die Straße wurde, in desto flacherem Winkel setzte ich die Skates an, um nicht zurückzurollen. Dafür aber benötigte ich mehr Platz auf der Straße, was nicht ungefährlich war, wenn nicht gnädigerweise wieder ein befestigter Seitenstreifen auftauchte.

Es war das Wochenende nach dem 4. Juli, in den USA der Tag, an dem man zur Feier der Unabhängigkeit von König George III. große Mengen Dünnbier in sich hineinschüttete. Auf der Straße herrschte dichter Verkehr: Geländelimousinen mit Quads auf dem Anhänger, schwere doppelachsige Pick-ups, die unter der Last von Campingausrüstungen ächzten, und riesige schwerfällige Geländewagen von der beängstigenden Sorte wie *Wilderness Intruder* und *Komfort King*, gesteuert von Sturköpfen, die offenbar keinen Gedanken daran verschwendeten, wie lang und breit ihre Gefährte waren.

Gut drei Kilometer vor dem Gipfelpunkt, nach sechsstündigem Anstieg, hielten wir erneut, um eine Pause einzulegen. Hier, auf über 3000 Meter Höhe, war die Luft merklich dünner. April sackte über dem Lenker zusammen und ließ den Kopf schlaff herunterhängen. Allem Anschein nach war sie genauso erledigt wie ich.

»Was meinst du, Miss A«, schnaufte ich. »Ist es Zeit, den Sanitätswagen zu holen?«

Sie schüttelte nur den Kopf, ihr Brustkorb hob und senkte sich in schnellen, flachen Stößen. Mein Gott, diese Frau kennt wohl kein Jammern und kein Klagen, dachte ich. Es vergingen zehn Minuten. »Okay«, flüsterte sie und nahm einen Schluck aus ihrer dunkelroten Wasserflasche. »Zeigen wir's dem Berg.«

Angespornt durch den typisch amerikanischen Spruch, fuhren wir mit gesteigertem Tempo durch einen Lawinentunnel. Die Ohren dröhnten uns vom Donnern der Motoren, bis wir in blendendem Sonnenlicht wieder auftauchten. Jetzt waren wir umgeben von Almwiesen voller Gänseblümchen und blauer und malvenfarbener Wildblumen. Eine Ansammlung von Wintersporthotels kam ins Bild, auf den Hängen dahinter Flecken von Restschnee. Noch eine Serpentine. Noch einmal dreißig Meter Steigung. Dann lag endlich die Passhöhe vor uns, angekündigt durch ein großes orangefarbenes Schild.

Am Gipfelpunkt blieb April stehen, je ein Rad auf beiden Seiten der kontinentalen Wasserscheide, so benannt, weil sie Nordamerika in der Mitte teilt – der Regen, der östlich davon fällt, fließt in den Atlantik, der im Westen in den Pazifik.

»Ich … ich hab's geschafft«, jubilierte sie und reckte triumphierend beide Fäuste in die Luft.

»Ja, April, echt! Eine fantastische Leistung!«

»Und … weißt du was?«, stieß sie japsend aus. »Ich glaube, das war … schlimmer als … Wehen.«

Nachdem wir uns vor dem Schild der Touristeninformation fotografiert hatten, bereiteten wir uns auf die knapp vierzig Kilometer lange Abfahrt nach Pagosa Springs vor. Ich setzte mich auf den Bordstein, um meine Inliner festzuschnallen. Als ich aufstand und losfahren wollte, war April nicht mehr zu sehen.

Ungefähr fünf Kilometer abwärts holte ich sie ein. Sie stand an einem Aussichtspunkt und genoss den Blick in die Weite, wobei sie glücklich auf einem Donut herumkaute. Als sie mein staubbedecktes Haar und meinen blutbeschmierten Oberkörper sah, verdüsterte sich ihr Gesicht. Obwohl ich auf den ersten eineinhalb Kilometern meinen rechten Schuh in der T-Stop-Position hielt, hatte ich doch zu viel Tempo aufgenommen und musste mich schließlich auf eine Lkw-Fangspur mit einer dicken Kiesschicht retten.

»Hast du nicht was vergessen?«, fragte ich wütend.

»Menschenskind, klar. Tut mir wirklich wahnsinnig leid.«

»Was zum Teufel hat dich geritten?«

»Ich glaube, ich … ich habe mich einfach hinreißen lassen. Es war so schön, bergab zu fahren. Da habe ich komplett vergessen, was ich zu tun habe. Ich meine, dass du mich gerade deswegen mitgenommen hast.«

»Genau, darum ging es ja.«

»Heißt das jetzt, dass ich gefeuert bin?«

Natürlich gab es keinen Job, aus dem ich sie hätte feuern können. Schließlich tat sie mir ja einen Gefallen.

»Vergiss es«, erwiderte ich, mein Ärger verrauchte bereits wieder. »Meine Beinmuskeln fühlen sich allmählich ein bisschen kräftiger an. Sobald wir in Pagosa sind, kann ich meinen Rucksack wohl wieder selbst tragen. Dann kannst du den Bus zurück nach Pueblo nehmen.«

Sie zuckte zusammen.

Schon seit einer Weile vermutete ich, dass April von dem Gedanken besessen war, den Fußspuren der frühen Pioniere – legendären Trappern wie Jedediah Smith, Jim Bridger und den Entdeckungsreisenden Meriwether Lewis und William Clarke – nach Westen zu folgen. Sie hatte Geschmack daran gefunden, als Vorkämpferin ein Leben auf der Straße zu führen, in das echte, ungebändigte Amerika vorzudringen, das sich bis zum Pazifik erstreckte, daran, unter freiem Himmel zu übernachten, dem Heulen der Kojoten in der unendlichen Leere zu lauschen. Trotz Kälte, Regen, wund gefahrenem Hintern und einem griesgrämigen Reisegefährten hatte sie Lust auf mehr.

»Du würdest gern weiter mitfahren, stimmt's?«, fragte ich sie leise.

Sie nickte bedächtig.

»Aber was ist mit …«

»Meinen Pflichten?«

»Hm, ja.«

Sie seufzte. »Weißt du was, Jason? Ich habe mein ganzes Leben Verantwortung getragen. Immer habe ich mich an die Regeln gehalten, bin ohne Murren mit der Herde gelaufen. Doch wie Thelma und Louise sagten: ›Ich hab jetzt wirklich die Schnauze voll.‹« Sie lächelte und wandte den Blick ab. »Oh, ich weiß, ich bin egoistisch, aber … Ich brauche einfach genau das, dieses eine Mal, für mich. Wieder atmen lernen. Meinen Traum leben.«

»Aber durch die Wüste zu fahren wird höllisch«, gab ich zu bedenken. »Da gibt's Klapperschlangen und Skorpione und Sandstürme. Und was, wenn uns das Wasser ausgeht? Außerdem kann ich ein Riesenarschloch sein, vergiss das nicht. Was passiert, wenn …«

April hörte nicht mehr zu. Sie stierte mit verschleiertem Blick auf das Tal, das sich vor uns ausdehnte, die grünen Wiesen, gesprenkelt mit faul daliegenden, wohlgenährten Rindern und den typischen Satteldachscheunen. Und in der Mitte schlängelte sich der San Juan River bis zum dunstigen Horizont und verband eine Reihe glitzernder Seen wie Edelsteine an einer Halskette. April war bereits wieder unterwegs, auf der Mother Road, der alten Route 66, die sie immer schon hatte fahren wollen.

*

In Pagosa Springs bellte mich ein im Streifenwagen vorbeifahrender Polizist durch ein Megafon an: »Ziehen Sie die Skates aus, und verlassen Sie sofort die Straße!« Ich gehorchte und ging zu Fuß weiter, doch kaum dass er außer Sichtweite war, zog ich die Inliner wieder an. Eine Stunde später, am Ende des über drei Kilometer langen Anstiegs vor Durango, tauchte derselbe Streifenwagen aus der Gegenrichtung auf. Diesmal blieb der Polizist stehen und schrieb einen Strafzettel über 17 Dollar aus. »Das nächste Mal geht's ab in den Knast, Mister«, warnte er mich. »Die Lady darf hier fahren, aber Sie müssen zu Fuß gehen.«

In gedrückter Stimmung trotteten wir in die Stadt zurück, April schob ihr Fahrrad. Um unseren schmerzenden Muskeln ein wenig Ruhe zu gönnen und unsere Möglichkeiten durchzugehen – die ganze Strecke bis San Francisco zu laufen gehörte eindeutig nicht dazu –, fragten wir nach dem Weg zu den heißen Mineralquellen, um ein Bad zu nehmen.

Bis wir sie fanden, war es schon dunkel geworden. Auf dem Parkplatz davor liefen wir Jerry Knox in die Arme, einem Viehhirten aus Missouri, den wir auf der Ostseite des Wolf-Creek-Passes kennengelernt hatten. Mit seinem breitrandigen Cowboyhut, dem Holzfällerhemd und dem rotbraunen Bart sah Jerry aus wie einem Wildwestroman entsprungen. Er war auf dem Weg zum

Grand Canyon, um dort als Saisonarbeiter Maultiere zu führen. Wir luden ihn ein, sich uns anzuschließen.

»Ah, ich weiß nicht«, sagte er schroff. »Hier stinkt's.«

April lachte. »Das ist der Schwefel in den heißen Quellen, Jerry.«

»Und da wollen wir rein?«

Jerry sprach langsam und bedacht wie die Cheyenne-Arapahos, die ich beim Powwow am Canton Lake in Oklahoma kennengelernt hatte, oder die Rancher in der Gegend um Rye herum in Colorado. Je weiter man in Amerika in den Westen kommt, desto strenger das Land und die Menschen. Es zeigt sich in der Art, wie sie sprechen, die so karg ist wie ihre Lebensweise.

Mit der gezackten Seite seines Jagdmessers begann Jerry, seine Jeans über den Knien abzuschneiden. »Passe mich nur der Kleiderordnung an«, erklärte er. »Möchte niemanden vor den Kopf stoßen.«

»Das wird 'ne richtig schöne Badehose«, bemerkte April. »Vielleicht löst du damit sogar einen neuen Modetrend aus!«

»Man weiß nie«, stimmte Jerry ihr zu. »Warte, bis du meine weißen Beine siehst. Danach möchtest du dich nie mehr lange im Schatten aufhalten.«

Am nächsten Morgen waren April und ich einer Lösung keinen Schritt näher. Nach faulen Eiern stinkend, saßen wir im Junction Family Dining, tranken den ständig nachgeschenkten Kaffee und grübelten, wie ich aus Colorado auf Skatern herauskommen könnte, ohne verhaftet und ins Gefängnis geworfen zu werden.

April war bei ihrer dritten Tasse angelangt, als ihre Augen plötzlich aufleuchteten. »Ich habe eine Idee«, sagte sie mal wieder, nahm eine Handvoll 25-Cent-Stücke und lief hinaus zum Münztelefon. Zwanzig Minuten später kam sie mit fantastischen Neuigkeiten zurück. Nach einem halben Dutzend Anrufen bei verschiedenen Regierungsbehörden hatte man sie schließlich ans Büro des Gouverneurs in Denver weiterverwiesen.

»Ich habe der Assistentin des Gouverneurs von deinem Unfall erzählt. Sie meinte, das Mindeste, was Colorado tun könne, nachdem es dir deine Knochen gebrochen und die Expedition so lange aufgehalten habe, sei zu erlauben, dass du das Land verlässt.«

Sobald per Fax eine Kopie meines Passes und ein Empfehlungsschreiben der UNESCO eingetroffen seien, erzählte April weiter, werde mir der Gouverneur die Genehmigung erteilen, den Staat mit Inlineskatern auf einer wenig befahrenen Straße zu verlassen.

»Ich habe sofort die Polizei in Pagosa Springs angerufen, um sie über deine Sondererlaubnis für die Fahrt bis zur Grenze von New Mexico zu unterrichten.« April lächelte verschmitzt. »Sie waren nicht besonders erfreut, ihre Autorität untergraben zu sehen, noch dazu von einem Politiker.«

Die uns vorgeschriebene Strecke führte Richtung Süden nach Chama an der State Road 84. Vier weitere Stunden Plackerei auf einer ansteigenden Straße mit entnervendem Rollsplittbelag, dann sahen wir die Staatsgrenze. »Auf Wiedersehen im farbenprächtigen Colorado«, stand auf einem Schild, »Berge und noch vieles mehr«. Die Landschaft hatte sich inzwischen stark verändert: Zerklüftete Gipfel waren einem freundlicheren, sanft gewellten Hochland gewichen, durchflochten von schroffen Tafelgebirgsformationen. Im Norden schwebten untertassenförmige elfenbeinfarbene Wolkengebilde wie UFOs am Horizont und brachten die riesigen Haufenwolken noch besser zur Geltung, die wie von schwelenden Vulkanen ausgestoßen in die Troposphäre wuchsen.

Auch April hatte sich verwandelt – Ergebnis des Besuchs in einem Sportgeschäft auf dem Weg nach Pagosa. Ausstaffiert mit einer Radlerhose aus Lycra, einem schwarzen Sport-BH und einem schwarzen Camelbak Rucksack, sah sie jetzt aus wie eine schnittige Profitriathletin beim Ironman.

Wir bogen nach rechts Richtung Farmington ab und folgten einer kurvenreichen Schlucht, in der überall Wüstenbeifuß und Kiefern wuchsen. Verstreut zwischen Buschwerk lagen aufgelassene Gehöfte, würdige Zeugen der zu Asche gewordenen Träume von Siedlern, die hier einst den Buckel krumm gemacht hatten, um das Land zu bearbeiten, den Boden aufzubrechen und ihre

Ersparnisse in eine unwirtliche, gnadenlose Gegend zu investieren, selbst einst von Elementen geformt, die keine Barmherzigkeit kannten.

Um acht, weit nach Sonnenuntergang, waren unsere Beine müde und unsere Kehlen ausgetrocknet. In der Hoffnung, auf eine Tankstelle oder einen Laden zu stoßen, in dem es kaltes Bier gab, waren wir länger gefahren als sonst. Als ein Schild anzeigte, dass wir ins Gebiet der Jicarilla Apache Nation einfuhren, schwand jedoch jede Aussicht darauf. In der Mehrzahl der Indianerreservate landesweit war der Verkauf von Alkohol verboten. Also sahen wir uns nach einem Plätzchen um, wo wir haltmachen und unser Lager aufschlagen konnten. Doch dann tauchte am Westhimmel das verwitterte gelbe Neonschild der Gomez Bar auf wie der aufgehende Stern von Bethlehem.

»Was für ein Anblick für ausgedörrte Kehlen«, sagte ich.

Nachdem wir Aprils Fahrrad abgestellt hatten, traten wir in einen nach Desinfektionsmitteln stinkenden Blechverschlag mit Alkoholverkauf auf der einen, einer Toilette auf der anderen Seite und zwei heruntergekommenen Billardtischen in der Mitte. Düster dreinblickende Taugenichtse hingen an der Theke, schütteten Flaschenbier in sich hinein und beugten sich besoffen über die Jukebox. Unter den starren Blicken aller Augenpaare im Raum schritten April und ich zur Bar und bestellten zwei Bier. Dann noch zwei – schließlich war es ein langer, glühend heißer Tag gewesen. Ein Typ mit stahlhartem Blick und einer schwarzen Haarmatte, die nur dürftig von einem verknoteten Bandana zusammengehalten wurde, torkelte mit einem Billardstock in der Hand auf uns zu. Sein Totenkopf-T-Shirt war an der Schulter zerrissen, sodass man die eintätowierte Vogelspinne erkennen konnte.

Verdammte Scheiße, dachte ich, während das Adrenalin durch meinen Körper schoss. Gleich geht's los!

»Les Howland.« Er bot mir seine freie Hand. »Möchten Sie und Ihre Freundin mit mir und meinem Bruder Scott eine Runde spielen?«

Ich rang um Fassung und würgte heraus: »Klar doch, was ist der Einsatz?«, wobei ich als Antwort erwartete: »Deine Freundin.«

»'ne Runde Bier?«

»Klingt gut.«

Sie waren die Haie im heimischen Billardpool und witterten leichte Beute. April, mit ihrem weißen T-Shirt, weißen Socken und weißer Kappe das Abbild der Tugend schlechthin, begann das Spiel. Wendy Darling gegen den niederträchtigen Piraten Captain Hook. Aber die Brüder hatten offensichtlich einen schlechten Abend. Zwei Stunden und fünf Biere später führten April und ich vier zu drei, ein nie da gewesener Erdrutsch im Kosmos der Jicarilla Apache Nation.

»Und wo übernachtet ihr?«, fragte Scott, der zwischen den Billardstößen ein wenig Small Talk machen wollte.

»Wir breiten einfach unsere Schlafsäcke draußen aus«, antwortete ich.

»Vorsicht. Da liegen 'ne Menge Glasscherben herum.«

In den nächsten drei Spielen schlugen uns die Howlands, dann luden sie uns ein, in ihrem Mobilheim zu übernachten. Ohne uns Zeit für eine Antwort zu lassen, warf Les Aprils Rad auf das Dach seiner Klapperkiste und fuhr zur Durchfahrtsbedienung. »Einsteigen«, befahl er. »Ich möchte euch jemandem vorstellen.«

Der Verkäufer, womöglich der alte Gomez persönlich, zog in seinem Kabäuschen die Stirn in Falten und schüttelte den Kopf. »Seid vorsichtig«, formte er mit seinen Lippen, als die Brüder einen Kasten Bier in den Kofferraum stellten. Offenbar wusste er etwas, was wir nicht wussten. Hatten die Brüder womöglich Vorstrafenregister, die länger waren als ihre Billardstöcke? Waren andere müde Reisende, die ihre Gastfreundschaft in Anspruch genommen hatten, auf Nimmerwiedersehen verschwunden?

Vielleicht wollte er uns auch vor der dreißig Zentimeter langen Ratte warnen, die in Les' Trailer hauste. Während wir alle vier auf dem Boden saßen, Bier tranken und jammten – Les auf der Gitarre, ich auf der Mundharmonika –, trippelte Houdini die Ratte hin und her, verschwand, tauchte wieder auf, um dann erneut zu verschwinden.

»Deshalb nenne ich sie Houdini.« Les grinste zufrieden.

April klatschte entzückt in die Hände, als der Nager über ihren Schoß sauste. »Ooh, wie süß!«

»Ja, echt, ein niedliches kleines Kerlchen«, sagte ich gleichgültig und unterdrückte die Frage, ob es wirklich immer dieselbe Ratte sei, die wir zu sehen bekämen. Diese Hütte ist doch voll von Ungeziefer, dachte ich. Es beherbergt wahrscheinlich eine ganze Menagerie von Houdinis.

Für die Fahrt durch Farmington mit seinen aggressiven Autofahrern, seiner dreckigen Öl- und Gasindustrie und den unzähligen Händlern muskelstarrender Pick-ups brauchten wir länger, als wir gedacht hatten. Wie konnte man nur an einem so grässlichen Ort leben?, fragten wir uns. Mobilheime, von denen die Farbe abblätterte, standen einsam in der Hitze und erfüllten die Luft mit dem beständigen Summen der Klimaanlagen. Durch das Rautenmuster eines Maschendrahtzauns fiel mein Blick auf ein junges Mädchen, dessen Hautfarbe dem tiefdunklen Ocker des für diese Gegend typischen Entrada-Sandsteins glich und in krassem Kontrast zu der weißen Bettwäsche stand, die auf einer durchhängenden Leine im Wind flatterte. Für einen kurzen Moment sah ich ihre Augen. Ihr leerer, gelangweilter, lustloser und resignierter Blick sprach Bände.

Doch ein häufiger Irrtum beim Reisen besteht in der vermessenen Annahme, sich in kürzester Zeit ein Bild von den verschiedenen Orten machen zu können. Im Westen der Stadt bremste ein heruntergekommener Kombi neben der erschöpften April ab, die entsprechend genervt darauf reagierte. Dann wurde die Scheibe auf der Beifahrerseite heruntergelassen, und eine alte Navajo-Frau reckte in freundlicher Solidarität eine runzelige Faust in die Luft. »Weiter so, Straßenkriegerin«, krächzte sie. »Du schaffst es.« Dann beschleunigte der Wagen, sauste davon und ließ uns kleinlaut und des voreiligen Urteils über Farmington überführt zurück.

Weiter ging es nach Teec Nos Pos, einem öden Kaff, kaum mehr als eine Kreuzung, wo die Staaten Colorado, New Mexico, Arizona und Utah aneinanderstoßen. Es war eine urzeitliche, faszinierende Landschaft. Im Süden durchbrachen die zwei Spitzen des Shiprock-Monolithen die Horizontlinie wie ein gespaltenes Schwert, das sich durch die Erdkruste gebohrt hatte. Im Norden erhoben sich geologische Formationen, die aussahen wie Wichtelmützen in einer kargen, von der Zeit in sanfte Falten gelegten Ebene. Wir erreichten nun das trostlose Land der Navajo Nation.

Als wir nach ein paar Kilometern an einer Leitplanke eine Verschnaufpause machten, hielt hinter uns ein weißer Chevrolet-Transporter.

»Wir haben gerade was über euch gelesen.«

Ein Navajo mittleren Alters kam mit einer Zeitung in der Hand zu uns herübergeschlendert und schüttelte uns die Hand. Am Morgen zuvor hatten wir uns lange genug in der Stadt aufgehalten, um ein Interview zu geben. Das Resultat war ein überraschend schmeichelhafter ganzseitiger Artikel in den *Farmington Daily News*.

Der Mann – er hieß Charley – klopfte hoffnungsvoll auf die Zeitung. »Wir dachten, ob ihr vielleicht eure Unterschrift daruntersetzen würdet.«

April suchte in ihrem Gepäck nach einem Stift. »Für wen soll die sein?«

»Für die Familie Interpreter. Ja, genau, wie Dolmetscher.«*

Während April etwas auf die Zeitung kritzelte, wechselte ich die üblichen Worte mit dem Mann.

»Woher kommt ihr?«, fragte ich.

»Kayenta. Wir waren mit unseren Kindern im Kino drüben in Farmington.«

April sah auf. »Wie weit ist es noch bis Teec?«

»Oh, das ist gleich dahinten.« Charley drehte sich um und streckte den Finger aus. »Es liegt hinter der Staatsgrenze, noch etwa dreizehn Kilometer.«

Das waren gute Nachrichten. An diesem Tag herrschte eine Affenhitze. Vielleicht würden wir dort ein wenig Schatten finden.

---

* Charleys Großvater war Dolmetscher bei der US Army gewesen und hatte den Namen angenommen.

»Na dann, viel Glück.« Charley machte kehrt und lief zu seinem Transporter.

»He, Moment noch.« April eilte ihm nach. »Gib mir doch deine Mailadresse.« Sie werde ihm eine Weltkarte schicken lassen, erklärte sie, damit die Kinder in der Schule der Expedition folgen könnten. Obwohl das World Wide Web noch in den Kinderschuhen steckte, konnte Nancy doch hin und wieder unsere nagelneue Website aktualisieren.

Bevor Charley weiterfuhr, kam er noch einmal mit einem Zehn-Dollar-Schein zurück. »'n bisschen was für eure Reise«, sagte er.

April wurde verlegen. »Oh … nein, nein.«

»Komm schon, nimm es ruhig.« Charley drückte ihr den Schein in die Hand. »Kauft euch was zu essen dafür oder so.«

Während wir dem Transporter nachschauten, sagte ich zu April: »Weißt du was, wir sollten die nächsten Tage diese Strecke hin- und herfahren und Kasse machen, solange die Geschichte noch heiß ist.«

April, die gerade an einem Haferriegel knabberte, prustete plötzlich vor Lachen los, sodass ein Brocken Getreide durch die Luft flog. »Ich wusste einfach nicht, ob ich das Geld nehmen sollte oder nicht!«

»Ich finde, es ist okay, wenn jemand direkt vor dir steht und du ihm in die Augen schauen kannst.«

»Während du ihm Geld abnimmst?«

»Ja. Und dann lässt man ihn gefesselt und geknebelt am Straßenrand zurück.«

»Und macht sich mit seinem Auto aus dem Staub.«

Nach meiner Erfahrung konnten die meisten Amerikaner mit dieser Art boshafter Scherze nichts anfangen und zogen den leichten Witz und sonnenklaren Klamauk vor. April aber, die süße, freundliche April, amerikanisch von den Zehenspitzen bis zu ihrer Colorado-Rockys-Kappe, trieb den schwarzen Humor gern auf die Spitze, schlimmer als mancher Brite.

Auf dem Grenzschild wurde Arizona als DER HEISSE STAAT bezeichnet. Nirgendwo aber wurde man vor dem Wind gewarnt, der uns unerbittlich schikanierte, uns in den Ohren dröhnte und unsere Haut angriff. Er blies uns direkt ins Gesicht und gab, unbeeindruckt von den niedrigen Meldensträuchern und den versprengten Kiefern, sein Äußerstes, um uns nach New Mexico zurückzudrängen. Die Straße führte auf und ab wie eine riesige Achterbahn und schraubte sich jeweils mit 800 Meter langen Anstiegen nach oben. Der Asphalt glänzte in der Nachmittagssonne, und in dem flirrenden Dunst täuschte uns ein Gipfel nach dem anderen vor, der letzte zu sein.

Etwa dreizehn Kilometer vor dem Handelsposten Red Mesa holte ich April ein, die mit dem Kopf auf den Unterarmen zum Stehen gekommen war.

»Sieht man schon das Meer?«, fragte sie mit jämmerlicher Stimme.

Als ich den Kopf hob, sah ich vor mir tatsächlich ein Meer, aber es war ein Meer schimmernder Bergrücken, das bis zum Horizont reichte, eine grausame Illusion, der wir bis hin zum Pazifik nachjagen würden. Denn die nächsten tausend Kilometer, bis zur Sierra, erwartete uns reine Wüste.

»Wir sind bald da«, log ich. »Nur noch ein paar Kilometer bis Red Mesa. Schau einfach nicht auf deinen Fahrradcomputer. Es deprimiert dich bloß.«

Es war drei Uhr nachmittags, die heißeste Zeit des Tages. Weit und breit bot sich kein Schatten, und unsere Körpertemperatur stieg stetig. Die einzige Möglichkeit bestand darin weiterzufahren, bevor einer von uns einem Hitzschlag erlag, der häufigsten Todesursache bei den Hunderten illegaler Einwanderer, die jedes Jahr von Mexiko aus die Wüste von Arizona durchqueren.*

Ein wenig später sagte ich, um erneut die Moral zu heben: »Ich glaube, ich sehe die Stützen eines Wasserturms. Das wird es sein.«

April blinzelte in das gleißende Licht. »Hmm, ich sehe nichts.«

»Na, dann stell dir einfach vor, dass er da ist.«

* Laut der US-Grenzkontrolle starben zwischen 1996 und 2004 beim Übertritt über die amerikanisch-mexikanische Grenze 2190 Menschen. Ein Hitzschlag wird verursacht durch ein Versagen der Temperaturregulation des Körpers bei extrem großer Hitze. Die Symptome sind Fieber und Bewusstlosigkeit, die schließlich zum Tod führen können.

Wir schafften es kaum noch, uns im Gehtempo fortzubewegen, erreichten aber schließlich doch den Handelsposten. Dort verbrachten wir die nächste halbe Stunde damit, in einem Raum mit Klimaanlage schlückchenweise Eiswasser zu schlürfen, schweigend und mit geschlossenen Augen. Es war wieder so eine seelenlose Bude – kahle Betonwände, Gitter vor den Fenstern, glimmende Lampen und der Brechreiz auslösende Geruch nach süßem Popcorn und abgestandenem Kaffee –, aber für uns war es eine Oase des Lebens.

Am nächsten Tag wieder dasselbe: um zehn eine Hitze wie im Hochofen und auf jedem Zentimeter ein brüllender Gegenwind. Laut Landkarte fuhren wir nun am nördlichen Rand der Painted Desert entlang, ein abgenagtes Skelett in Elfenbeinweiß und blutlosem Pink, über Jahrtausende von Wind und Wasser ausgelaugt. Von Westen rasten, den Wind im Rücken, fünf Radfahrer in greller Lycrakleidung auf uns zu. Die Gesichter starr vor Konzentration, den Blick fest auf den Asphalt geheftet, nahmen uns die Teilnehmer des Race Across America nicht einmal wahr.* Das war typisch für Ausdauersportler. Selbst wenn Petrus im Turnanzug Fandango getanzt hätte, sie hätten es nicht bemerkt.

Westlich von Kayenta versanken meine Skateräder im geschmolzenen Teer, mit dem man die Straße geflickt hatte, und es roch nach Brathähnchen. Wenn die Haut zu brutzeln beginnt, ist es Zeit, in den Schatten zu kommen.

Ting-ting-ting-ting …

Ich sah April an. »Bilde ich mir das nur ein?«

»Glocken. Ja, ich höre auch welche.«

Wir folgten dem Geräusch bis zu einem Durchlass unter der Straße, einem quadratischen Tunnel, angelegt für die Blitzfluten, die entstehen, weil hier kein Wasser im Boden versickert. Kleine, vom Wind geformte Sanddünen säumten das Innere, grobe, mit Holzkohle gemalte Navajo-Graffitis zierten die Wände. Im Ge-

* Das Race Across America (RAAM) ist ein Ultra-Ausdauer-Radrennen quer durch die Vereinigten Staaten. Es gibt weder Etappen noch Ruhepausen. Die schnellsten Fahrer bewältigen die fast 5000 Kilometer lange Strecke in acht bis neun Tagen.

genlicht sah man die Silhouetten von einem Dutzend Schafen, die hechelnd dalagen. Eines trug eine Glocke um den Hals.

Ting-ting-ting-ting …

»Was dagegen, wenn wir auch ein bisschen in den Schatten kommen?«, rief ich.

Ein tiefes Knurren aus der Dunkelheit war die Antwort. Ein Hund!

»Bitte«, bettelte April und kam auf Zehenspitzen näher. »Wir bleiben auch hier drüben sitzen. So können wir uns alle ausruhen.«

Ich dachte an das Schwanenhaus von Madeira, den sintflutartigen Regen und daran, dass ich die Bewohner ohne Bedenken vertrieben hatte. Nun befanden wir uns in einer ähnlichen Notlage, nur diesmal wegen Außentemperaturen von gut 38 Grad statt Regen. Vielleicht war es der Geruch von gegrilltem Fleisch, der seine Wirkung tat, denn plötzlich erhob sich die ganze Truppe einschließlich ihres Aufpassers und trottete auf der anderen Seite hinaus.

Ich hatte ein schlechtes Gewissen. Für etwa zwei Sekunden. Der Fluttunnel war wie ein Kühlschrank – köstlich kalt. Wir lehnten uns mit dem Rücken an die kalten Betonwände, sodass sich unsere Körperkerntemperatur rasch stabilisierte. Ich schloss die Augen und stellte mir vor, dass unsere Höhlen bewohnenden Vorfahren im Kampf um Schutz mit ganz anderen, weitaus gefährlicheren Konkurrenten konfrontiert gewesen waren.

Ich wurde von läutenden Glocken geweckt.

Ting-ting-ting-ting …

Die Herdentiere kehrte paarweise zurück, wie Noahs kleine Schar von Vierbeinern. Die unbarmherzige Sonne war zu viel für sie. Plumpsend ließen sie sich im Schatten nieder und käuten wieder.

Ting-ting-ting-ting …

Kurz darauf kniff April ihren Nasenrücken mit Daumen und Zeigefinger zusammen, wie sie es auch machte, wenn sie Migräne hatte.

»Das Geräusch wird allmählich unerträglich«, murmelte ich.

Dann näherte sich das Gebimmel weiterer Glocken, diesmal eher ein *Kläng* als ein *Ting*. Zwei Dutzend Langhaarziegen mit schön verzwirbelten Hörnern marschierten herein, die Hälfte mit Glocken um den Hals. Es entstand eine wahre Kakofonie, vorgetragen von einer Band paarhufiger Quasimodos, die auf den Inhalt des Besteckkastens losgelassen worden waren.

Ting-Kläng-Ting-Kläng-Ting-Kläng-Ting-Kläng …

Wir warfen unsere Sandalen nach ihnen. Wir brüllten sie an. Ich spielte sogar auf meiner Mundharmonika, was normalerweise jedes lebende Wesen in die Flucht schlägt. Vergebens. Und so stopften wir die Finger in die Ohren und traten den Rückzug in der Gluthitze an, dorthin, wo eine himmlische Ruhe herrschte.

KALIFORNISCHE WÜSTE

AUF DER ALTEN ROUTE 66

If daisies are your favorite flower,
*keep pushing up that engine power.**

Werbeplakat für die Rasiercreme Burma-Shave
an der Route 66

* Sinngemäß: »Willst du Radieschen von unten seh'n, musst du den Motor höher dreh'n.«

Ab Flagstaff war es, als strebte alles nach Westen in Richtung Pazifik: Elektroleitungen, die Santa-Fe-Bahnlinie und die historische Route 66, auf die wir bei Williams auffuhren. Einst das Paradebeispiel für ein goldenes Zeitalter der Kraftfahrt –»If you ever plan to motor west, travel my way, the highway that's best. Get your kicks on Route 66!«, sang damals Bobby Troup –, war die Mother Road jetzt kaum mehr als ein Relikt, ein Denkmal, das mehr und mehr verfiel, seit nach dem Krieg unter Dwight D. Eisenhower das Interstate-Highway-System angelegt worden war. Aus Rissen, die so breit waren, dass sie meine Skateräder verschluckten, wuchsen üppige Grasbüschel, und auf der windgepeitschten Ebene erhoben sich klapprige Geisterstädte. Die wenigen verbliebenen Läden und Restaurants waren auf ein paar hier strandende Nostalgiker angewiesen, um ihre ziemlich teuren Andenken und ihr lausiges Essen an den Mann zu bringen.

April, selbst eine hoffnungslose Romantikerin, schreckte der Verfall nicht im Geringsten: »Das ist ja echt cool!«

Als es dämmerte, fuhren wir in Ashfork ein. An den maroden Motels und Tankstellen schien seit den Fünfzigerjahren nichts mehr gemacht worden zu sein. Hunde sprangen an Maschendrahtzäunen hoch, und Kinder auf Trickfahrrädern zogen auf dem Hinterrad Schlangenlinien zwischen den verblassten Straßenmarkierungen. Aus der Crow Bar an der Main Street, deren rotes Neonschild im Halbdunkel flackerte, schwappte der Gesang von Hank Williams zu uns herüber.

»Das ist sie, Jason. Unsere Heimat Amerika. Genauso wie in meiner Kindheit.«

Wir schlugen unser Nachtlager in einem Luzernenfeld am Stadtrand auf und kochten uns ein typisches Abendessen: pfannengerührte Pilze mit Paprika, Ingwer und Knoblauch, dazu gekochten Reis. Zum Nachtisch gab es S'Mores und gesüßten schwarzen Tee.*

---

* S'More, in den USA gern am Lagerfeuer zubereitet und gegessen, ist ein »Sandwich« aus zwei Keksen, zwischen denen sich eine Schicht aus Schokolade und warmen, geschmolzenen Marshmallows befindet.

Der Hitzeindex stieg weiter, als wir auf unserer längsten Tagesetappe, 143 Kilometer auf der Interstate 40, die glatt war wie Seide (irgendwie hatten wir die 66 verpasst, als wir Kingman verließen), zum Colorado River hinuntersausten. Am nächsten Tag in Needles, Kalifornien, erreichte die Temperatur 51 Grad Celsius.

»Das ist verdammt heiß!«, rief April aus und verzog das Gesicht, als sie zum digitalen Thermometer auf der Townhall hochsah.

Während die Polizei von Arizona angesichts der Radlerin und des Inlineskaters auf der Autobahn die Augen zugedrückt hatte, machte uns die California Highway Patrol (CHP) – die gleichen kantigen Helden wie in der Siebzigerjahre-Polizeiserie *CHiPs*, die ich als Kind gesehen hatte – von Anfang an das Leben schwer. Etwa sechzehn Kilometer westlich von Needles wurden wir ohne viel Federlesen von der I-40 gejagt und auf die alte Straße geschickt, deren Verfall so weit fortgeschritten war, dass sie kaum noch als solche bezeichnet werden konnte.

»Ich hoffe, wir haben genügend Wasser dabei«, sagte ich zu April, als wir uns die mäßige, aber scheinbar endlose Steigung nach Barstow hochplagten. Vor uns lagen über 240 hirnversengende Kilometer durch die Mojave-Wüste. Wegen der Steigung und des miserablen Straßenbelags schafften wir im Durchschnitt keine zehn Kilometer pro Stunde. Meine Reisepartnerin nickte bloß, damit ihr Mund nicht austrocknete.

In Needles waren wir davon ausgegangen, uns an den Highway-Tankstellen und Raststätten mit Nachschub versorgen zu können, und hatten uns dafür entschieden, Gewicht einzusparen und nur den Camelbak und drei Halbliterflaschen zu füllen. Ein schwerer Fehler, wie ich jetzt feststellen musste. Auf der alten Straße wusste man nie, wo man auf die nächste Wasserstelle stoßen würde.

Zwei Stunden lang fuhr nicht ein einziges Auto an uns vorbei. Um drei hatte April nur noch ein paar Schlucke in ihrem Camelbak. Wir hielten an einer alten Trestle-Brücke der Bahnstrecke, die parallel zur 66 verlief. Unter den teerbeschichteten Schwellen war gerade genug Platz, dass wir uns in den Schatten kauern konnten. April nahm ihre Baseballkappe ab und kühlte ihren Körper am kalten Schwemmsand.

»Einfach göttlich.« Sie erschauderte vor Wohlbehagen.

Es war nicht mehr als ein Unterschlupf vor der Sonne, der uns ein wenig Zeit schenkte, um zu überlegen, was wir tun sollten. Ich dämmerte fast sofort ein, wurde aber bald von einem grässlichen Lärm aufgeschreckt, einem entsetzlichen Dröhnen, das durch die Wüste schallte, als rückte eine Armee heran. Noch bevor wir aus unserem Reptilienloch hervorkriechen konnten, war der Frachtzug bereits über uns, Güterwagen fuhren kreischend und mahlend direkt über unsere Köpfe hinweg. Dann ratterte der letzte Waggon vorbei, und das rumpelnde Blechmonster verschwand im Osten.

Ich blickte zu April. »Alles in Ordnung?«

Ihre Augen waren weit aufgerissen. »Einen Moment lang war ich ein bisschen irritiert.« Sie lachte nervös. »Ich habe Züge schon immer ziemlich, hm … beängstigend gefunden.«

Als der Nachmittag voranschritt, ließ die dumpfe, drückende Hitze ein wenig nach, und es wurde ein wenig erträglicher. Am vernünftigsten wäre es, überlegten wir, nach Needles zurückzukehren und es im Morgengrauen erneut zu versuchen. Da es bis Barstow noch drei oder vier Tage waren, mussten wir so viel Wasser wie möglich mitnehmen.

Als ich auf der Straße meine Inliner wieder festschnallte, hielt ein weißer Pick-up, das erste Fahrzeug, das wir seit dem Verlassen der I-40 sahen. Mein Blick fiel auf einen Aufkleber der Union Pacific. »Lokführer«. Das Seitenfenster wurde heruntergeschraubt, und mir wehte eine Welle kühler Luft aus der Klimaanlage entgegen. Ich musste mich schwer zusammenreißen, nicht den Kopf in das Auto zu stecken.

»Alles in Ordnung?«, fragte der bärtige Fahrer.

April lächelte betont freundlich. »Ehrlich gesagt, sind unsere Wasservorräte etwas knapp.« Das war eine starke Untertreibung. Wir hatten keinen Tropfen mehr. »Sie haben nicht zufällig etwas übrig?«

Der Beifahrer griff nach hinten in eine Kühltasche und reichte mir ein paar eisgekühlte Flaschen durchs Fenster. Ich gab April eine und schraubte eine weitere auf. Als die ersten Tropfen meine

Kehle hinunterrannen, war mir, als würde ich Woody Allens »Orgasmatron« betreten. Aprils beduselter Blick ließ darauf schließen, dass sie Ähnliches empfand.

So gestärkt und mit ein paar Flaschen Wasser ausgerüstet, dankten wir unseren barmherzigen Samaritern und kehrten zu unserem ursprünglichen Plan zurück. Die Bergbaustadt Goffs sei nur noch gut fünfzehn Kilometer entfernt, hatten sie gesagt. Dort könnten wir unsere Wasserflaschen auffüllen.

Als wir eintrafen, dämmerte es bereits. Die Stadt war wie ausgestorben: keine Tankstellen, keine Läden, keine öffentlichen Wasserhähne weit und breit. Goffs' Puls ging so flach, dass er gar nicht zu spüren war. Das Pferd war entweder gestorben oder schon vor langer Zeit davongaloppiert. Jetzt beherbergte die Stadt nur noch eine Ansammlung verfallener Schuppen, vertrocknete Kakteen und eine knarzende Windmühle, die aussah, als hätte sie schon ein halbes Jahrhundert lang kein Wasser mehr geschöpft.

Im Stadtzentrum gabelte sich die Straße. Rechts ging es nach Norden in Richtung der Soda Mountains, einer dunklen, Unheil verkündenden Gebirgsmasse, die sich drohend vom Abendhimmel abhob. Die linke Abzweigung führte zurück zum Highway, im Halbdunkel erkennbar an der Karawane blinkender Scheinwerfer, die langsam durch die Wüste zog. Entweder wir ließen es darauf ankommen und quälten uns weiter durch diese wasserlose Hölle aus Hitze, Wind und von Maden befallenen Geisterstädten, oder wir gingen das Risiko ein, auf der I-40 erneut den Jungs in Blau zu begegnen. Wenn es uns gelang, uns durchzuschlagen, bot Letzteres eine glatte, gepflegte Straße bis nach Barstow.

Ich fragte April: »Was meinst du, Thelma?«

Die Lehrerin starrte in die orangefarbene Glut der westlichen Wüste und seufzte schwer. »Also, eines kann ich dir sagen, von der alten Route 66 habe ich die Schnauze voll.«

»Sie müssen die Interstate an der nächsten Ausfahrt verlassen«, erklärte der Polizist affektiert – er war bis hinunter zu seiner die Hoden betonenden Hose ein Ebenbild von Officer Frank Poncherello. Dann begann er seine Predigt darüber, wie gefährlich es für uns auf dem Highway sei, eine Predigt, die er, wie ich seinem gelangweilten Gesichtsausdruck entnahm, im Lauf der Jahre bereits Legionen von Radfahrern, Skateboardern, Pogo-Stick-Hüpfern und allen möglichen anderen Möchtegern-Forrest-Gumps auf dem Weg quer durch den Kontinent gehalten hatte.

April und ich standen nur da und guckten angemessen zerknirscht aus der Wäsche. Unsere einstudierte Antwort lautete, wir hätten eine Sondererlaubnis vom Büro des kalifornischen Gouverneurs.

»Ich habe gestern dort angerufen«, erklärte ich in sachlichem Ton. »Man hat mir mitgeteilt, dass sie die Genehmigung an die nächste Tankstelle auf dem Highway gefaxt haben. Hat Ihr Büro sie denn nicht erhalten?«

Ponch verneinte, was in Anbetracht dessen, dass es diese Genehmigung gar nicht gab, nicht besonders überraschte.

»Hm, merkwürdig.« April gab sich erstaunt. »Allerdings öffnet das Büro des Gouverneurs erst um neun. Vielleicht kommt es in den nächsten Stunden.«

Es war 7.40 Uhr. Ponch schnaubte, stakste zu seinem Wagen zurück und brauste davon. Unsere Mordsflunkerei hatte uns kostbare Zeit eingebracht.

Doch so viel auch wieder nicht, wie sich herausstellte. Zwei Stunden später war er wieder da, diesmal sichtlich aufgebracht.

»Diese Genehmigung«, blaffte er, »ist immer noch nicht eingetroffen.«

Das Spiel war aus. Ab ging's, hintereinander, während die vorbeifahrenden Autos höhnisch hupten. Ich verfluchte unser Pech. Mit zwei Liter Trinkwasser auf der vergammelten alten 66 bis Barstow weiterzufahren war Wahnsinn. Denselben Weg nach Needles zurückzukehren, ohne zu dehydrieren, war auch kein Kinderspiel.

Doch wieder einmal griff das Schicksal zu unseren Gunsten ein. Als wir uns der Ausfahrt näherten, gab der Streifenwagen plötzlich – »Juchhuu!« – Gas und brauste mit Blaulicht davon. Eine dringende Meldung an alle Polizeiwagen hatte uns eine weitere Verschnaufpause verschafft.

Ponchs Anweisung missachtend, legten April und ich weitere dreißig Kilometer unbehelligt zurück und erreichten den Zufluchtsort Ludlow, der allerdings aus kaum mehr als einer Ansammlung von Zapfsäulen und Getränkeautomaten mitten in der Wüste bestand. Eine Leuchtweste, das Geschenk einer Truppe von Arbeitern, die den Straßenbelag erneuerten, erleichterte den letzten Achtzig-Kilometer-Sprint bis Barstow, verlieh uns doch das weithin sichtbare leuchtende Orange den Anschein des Amtlichen, von dem sich die beiden Streifenwagen, die vorbeifuhren, täuschen ließen.

Als wir in die Stadt einfuhren, lernten wir als Erstes die Bürgermeisterin kennen. Sie aß in einem Restaurant von Taco Bell zu Mittag, der mexikanischen Fastfoodkette, wo das Essen angeblich billiger ist als Katzenfutter.

»Wie gefällt euch Barstow?«, fragte sie uns.

Gerade erst in der Stadt angekommen, hatten April und ich den Eindruck gewonnen, sie bestehe nur aus seelenlosen Autoverkaufshäusern, eingequetscht zwischen Kakerlakenhotels und schmierigen Taco-Kaschemmen. Doch wie unsere kürzliche Erfahrung in Farmington uns gelehrt hatte, erwies sich der erste Eindruck fast immer als falsch.

»Es ist wunderbar«, erwiderte ich. Und das meinte ich tatsächlich auch so.

Der Interstate Highway und der schlimmste Teil der Wüste lagen hinter uns. Ich hatte das Gefühl, dass unser Ziel, San Francisco, zum Greifen nahe sei.

Schlafsäcke baumelten am Lenkrad, Emaillebecher und andere Ausrüstungsgegenstände klapperten in den Fahrradtaschen. Aprils Gepäck sah mittlerweile ziemlich anders aus als fünf Wochen zuvor beim Start in Colorado. Auch die Person, die auf dem Rad saß, hatte sich verändert. Mit ihren kupferfarbenen Armen, den gestählten Beinen und jener Unbeschwertheit und Selbstsicherheit, die aus Erfahrung resultiert, zählte April schon zu den Profis, als wir in John Steinbecks sagenhaftes San Joaquin Valley hineinrollten.

Wir waren am Abend zuvor, nachdem wir uns den ganzen Weg von Barstow gegen einen unerbittlichen Westwind hatten stemmen müssen, in der wuchernden Stadt Mojave am Fuß der Sierra Nevada angekommen. Selbst die Josuabäume hatten sich fügsam dem Sturm gebeugt. Kurz vor der Abenddämmerung hatten wir die Kühle des Tehachapi-Passes mit seinem Stachelwald aus Windturbinen genossen und waren anschließend zwischen Hügeln bergab gefegt, die geformt waren wie dicke Kugeln und in eine schachbrettartige Ebene aus Quadraten in unendlichen Grüntönen ausliefen.

Straßen und Hecken zum Schutz gegen den Wind schlängelten sich durch die Talsohle und verloren sich in der Ferne im feuchten Dunst. Wir fuhren über Arvin in das Reich der Migranten. Arvin war ein rückständiges bäuerliches Nest voller finster dreinblickender Hispanoamerikaner, und die Luft war »von den Bewässerungsanlagen so feucht, dass man hier nur als Amphibie überleben kann«, wie April bemerkte.

Wir sausten sofort weiter, auf einem herrlich glatten Straßenbelag nach Buttonwillow, vorbei an üppig grünen Weinbergen und Baumwoll-, Tomaten- und Knoblauchfeldern, Zitronenhainen und weitläufigen Maschinenhöfen mit verschlungenen Bewässerungsrohren. Es gab unzählige überfahrene Pflanzenfresser, von denen wir den einen oder anderen in die Fahrradtaschen quetschten und abends zu einem Eintopf verarbeiteten. Hier und da begrüßten uns Herden nickender Esel, mit fast religiöser Hingabe beugten sie sich hinunter zu Mutter Erde, als verneigten sie sich vor dem schwarzen Gold, das darunter verborgen lag. Dann war bis Santa Cruz nur noch ein Höhenzug zu überwinden, und im Abendlicht gaben wir noch ein letztes Mal richtig Gas. An die Stelle farbenfroher Strandhütten traten Sandsteinfelsen, in den zarten Pinkfarben der Dämmerung leuchtend. Und dann lag er endlich in all seiner Pracht vor uns: der mächtige Pazifik.

Aber unsere Fahrt war noch nicht ganz zu Ende.

*

7.45 UHR, 1. SEPTEMBER 1996,
ACHTZIG KILOMETER VOR SAN FRANCISCO

»Ich finde, das ist unser bester Lagerplatz bis jetzt«, murmelte April.

Ich nickte und blickte aufs Meer. »Yup. Kaum zu überbieten.«

»Und er kostet noch nicht mal was.«

Wir saßen, vor dem Wind geschützt, in einer ausgehöhlten Senke des Kliffs, ein Teppich aus Mittagsblumen mit ihren fleischigen Blättern bildete ein Polster für unsere schmerzenden Knochengestelle. Über uns kreisten Seevögel und ließen sich vom Aufwind in die Höhe tragen. In mittlerer Entfernung saugte und zupfte die Brise am Pazifik und ließ unzählige weiße Pferde darauf tanzen. Weiter draußen schimmerte ein sich zum Horizont hin verjüngender Keil wie ein Spiegel – die Sonne tanzte in ihrem eigenen Abbild.

Wir fühlten uns wie Könige! Genossen wir doch das Privileg, einen kleinen Winkel des Planeten unser Zuhause nennen zu können – zumindest für ein paar Stunden – und niemandem etwas schuldig zu sein. Keine Gebühren. Keine Steuern. Keine Gesetze. In einer mit der Erfindung des Eigentums vor Raffgier verrückt gewordenen Welt, in der jeder Cent dem Gewinn des Einzelnen diente, waren solche Zufluchtsstätten nur noch selten anzutreffen.

»Das ist *Freiheit*!«, rief April plötzlich aus, als sie einen Schwarm von Pelikanen in V-Formation beobachtete, der nach Norden zog – breite Schwingen, deren präzise Schläge ganz mühelos wirkten.

Ihr Ausruf war nicht etwa überzogen. In wenigen Tagen begann die Schule wieder. Aprils großes Abenteuer näherte sich seinem Ende.

»Und das Ende unserer Reise«, stellte ich nüchtern fest, hob einen losen Stein auf und warf ihn in die tosende Brandung.

Wir sahen dem Abschied beide mit gemischten Gefühlen entgegen und schwiegen. Als wir sieben Wochen zuvor in Pueblo gestartet waren, hatte ich fast hundertprozentig damit gerechnet, dass einer von uns schon am ersten Tag aufgeben würde – sehr wahrscheinlich ich selbst, weil mein linkes Schienbein noch nicht verheilt war. Aber aus den Stunden waren Tage geworden, aus den Tagen Wochen; die stechenden Schmerzen hatten nachgelassen, je mehr meine Muskeln wieder ihre einstige Kraft zurückgewannen, und jetzt stand ich kurz davor, als erster Mensch die USA auf Inlinern durchquert zu haben. Du solltest stolz sein, sagte ich mir. Keine schlechte Leistung für jemanden, der nie zuvor auf solchen Dingern gestanden hat. Die Kehrseite war, dass wir wieder einmal ohne einen Cent in der Tasche in einer lärmenden Metropole ankommen würden und die weitere Finanzierung so unsicher war wie eh und je. Wie viele Monate nervtötender Spendensammelei würde es diesmal dauern, bis die Expedition weitergehen konnte?

Am nächsten Tag rissen wir die verbliebenen neunzig Kilometer bis zur nördlichsten Spitze der San-Francisco-Halbinsel herunter: über den Cabrillo Highway zur Point Lobos Avenue, vorbei am Cliff House und dann die kurvige Straße durch das Labyrinth des ehemaligen Militärstützpunkts Presidio. Die Dämmerung brach herein, als wir an den fuchsroten Pylonen der Golden Gate Bridge stehen blieben.

Ein flanierendes Pärchen bot uns an, eine Aufnahme von uns zu machen. »Unglaublich!«, rief die Frau aus, als April ihre Geschichte erzählte. Sie war Mitte zwanzig und chinesischer Herkunft. In stiller Bewunderung musterte sie die Lehrerin. »Das haben Sie wirklich gemacht? Haben Sie vorher gewusst, wie lange es dauern würde?«

April blickte verschämt auf ihre Füße. »Nein. Ich … ich bin einfach losgefahren, weil ich meinen Schülern erzählen wollte, wie es ist, selbst an einer Expedition teilzunehmen.«

Wie ein stolzer Vater schaltete ich mich ein. »Und das, wo sie vorher nie mehr als ein paar Kilometer am Stück gefahren war.«

»O mein Gott. Unfassbar. Haben Sie in Hotels übernachtet?«

Ich dachte daran, wie in New Mexico die Ratte Houdini in Les Howlands Trailer über unsere schlummernden Körper getrippelt war. »Nein, wir haben Schlafsäcke dabei. Meistens rollen wir sie abends einfach am Straßenrand aus.«

»Ich kann das alles nicht glauben.«

Die beiden gingen kopfschüttelnd und flüsternd weiter, und April und ich sannen über das Ende unserer Reise nach. In der East Bay flackerten die Straßenlaternen auf. Just in dem Augenblick, als der Mond schwer und tiefrot über dem östlichen Rand der Welt aufstieg, dröhnte ein einsames Nebelhorn durch die Finsternis, ein dumpfer, klagender Gesang, der mir ans Herz ging wie zuvor die Güterzüge in Alabama und Mississippi. Meine Gedanken wanderten zu den Menschen, denen ich unterwegs begegnet war, zu all den guten Amerikanern, die mich aufgenommen und mir etwas zu essen gegeben, die mir Schutz geboten, mich vom Straßenrand aufgelesen und mich wieder zusammengeflickt hatten, mich teilnahmsvoll und mit guten Wünschen, die mir noch lange in den Ohren klingelten, hatten weiterziehen lassen, westwärts in den Fußstapfen ihrer Urgroßväter. Ich stellte mir vor, dass entlang der Tausende Kilometer umfassenden Strecke bis zum Atlantik, irgendwo auf dem trächtigen Leib des in der Dunkelheit versunkenen Kontinents, alle gerade unter demselben blutroten Mond tief und fest schliefen. Und während ich darüber nachdachte, was für ein Glück es war, dies zu erleben, hier am äußersten Rand der westlichen Welt zu stehen, zog der Nebel herein, ein großer wachsbleicher Schleier, der tief über den Pazifik strich, sich unter der Brücke hindurchschob und die Klippen der South Bay hinaufstieg, bevor er uns wie ein lautloser Meuchelmörder einhüllte.

SAN FRANCISCO

VERBORGENE SAAT

Es gibt kein sichereres Mittel festzustellen, ob man einen Menschen mag oder nicht, als mit ihm auf Reisen zu gehen.

– MARK TWAIN, *Tom Sawyer im Ausland*

Steve und Eilbhe waren sieben Monate zuvor in San Francisco eingetroffen. Angefangen mit der Telefonnummer des Freundes eines Freundes, hingekritzelt auf eine Serviette in einem Coffeeshop in New Orleans, hatten sie sich mit der Zeit immer mehr vernetzt und couchsurfend die Stadt kennengelernt. Eilbhe fertigte Hüte, Pullover und Schals, um über die Runden zu kommen, und verkaufte ihre Waren auf Flohmärkten. Steve hielt Vorträge bei Firmenmittagessen und in Klubs und übernahm jede Schwarzarbeit, deren er habhaft werden konnte, vom Aktmodellsitzen bis hin zum Betreiben eines Imbissstands auf einer der Fähren zur Insel Alcatraz.

Ich traf die beiden auf einer gemieteten Jacht mit dem Namen *Aqui No Mas* im Hafenviertel Fisherman's Wharf. Als ich sah, wie eng es auf dem Boot war, nahm ich das Risiko auf mich, im Fort Mason Park mein Nachtlager aufzuschlagen. In einer Großstadt im Freien zu schlafen war etwas völlig anderes als das Kampieren an Landstraßen. Hinzu kamen einige Besonderheiten San Franciscos. Meine Nachbarn entpuppten sich als homosexuelles, methamphetaminsüchtiges Paar, das seine Tage damit verbrachte, im Touristenbezirk North Beach zu betteln, und abends über unbedeutende Alltagsdinge stritt. Ihre Stimmen wurden laut. Fäuste flogen. Und am Ende, wenn der Streit beigelegt war, versöhnten sie sich wie jedes liebende Paar mit lautem, wildem Sex.

Auch die *Moksha* war in der Stadt. Nach meinem Vortrag an der Colorado State University in Pueblo hatte einer meiner Zuhörer, ein Technikstudent, sein Auto zur Verfügung gestellt, ein Riesending mit einem Achtzylinder-V-Motor, der stark genug war, die *Moksha* durch das Land zu ziehen. Die erste Etappe von Fort Lauderdale nach Colorado hatte Kenny den »Behemoth« gesteuert. Der nächste Abschnitt bot die Gelegenheit, Chris Tipper ein Friedensangebot zu machen, der immer noch gekränkt war, weil Steve ihn zweieinhalb Jahre zuvor nicht gut behandelt hatte. Doktor Ken spendierte ihm ein Flugticket, und Chris nahm sich Urlaub und half mir, die *Moksha* den Rest der Strecke bis San Francisco zu transportieren. Außerdem erklärte er sich bereit, das Boot für die Überfahrt über den Pazifik fit zu machen. Das Gehäuse des Kielschwerts war nach dem Aufprall auf das Riff vor Providenciales immer noch defekt, und später war durch einen Auffahrunfall auf dem Weg zu einer Schule in Colorado Springs auch das Steuerruder beschädigt worden.

Aber eine anhaltende Versöhnung mit dem Schiffsbauer kam nicht zustande. Ein Missverständnis hinsichtlich der Werkzeugnutzung in der neuen Unterkunft der *Moksha*, dem Meeresmuseum am Hyde Street Pier, führte dazu, dass das Boot beschlagnahmt wurde und für 250 Dollar wieder ausgelöst werden musste. Steve war außer sich vor Wut. Ungeachtet der Umstände waren am Ende Chris und ich schuld, und der Bootsbauer fühlte sich erneut brüskiert und gedemütigt. Er erklärte, nichts mehr mit der Expedition zu tun haben zu wollen, und kehrte nach England zurück.

Fairerweise muss man sagen, dass es nicht leicht war, in San Francisco ein bezahlbares Quartier für ein acht Meter langes Tretboot zu finden. Bootswerften und Jachtklubs lehnten reihenweise ab. Nachdem sich der Sekretär des renommierten Saint Francis Jacht Club die *Moksha* in ihrem heruntergekommenen Zustand angesehen hatte (sie hatte vierzehn Monate lang in Fort Lauderdale unter einer Plane vor sich hingegammelt), setzte er uns vor die Tür. Am Ende aber erwiesen sich all die Abfuhren als Segen, denn so machten wir auf Umwegen Bekanntschaft mit dem überragenden Kameradschaftsgeist des Delta House, das dem legendären Bay View Boat Club gehörte.

Der Klub, der anfangs seinen Sitz auf einer schwimmenden Plattform in der San Francisco Bay hatte – ein schlauer Trick, um die Beantragung einer Schanklizenz zu umgehen –, war ein bekannter Treffpunkt für eigenbrötlerische Kapitäne, ausgefuchste Exzentriker und zwielichtige Halbalkoholiker, die bis zum Hals in alle möglichen Gaunereien verstrickt waren. Da fügten sich die *Moksha* und die Expedition gut ein. Der Klub wurde unsere neue Operationsbasis, sozusagen das amerikanische Pendant zum besetzten Haus in der Guilford Street.

In einer anrührenden Zeremonie, durchgeführt von Flottillenadmiral Arf Pitney, einem augenzwinkernden Galgenvogel mit grau meliertem Bart und bröckelnden Zähnen, machte die *Moksha* hier erste Bekanntschaft mit dem Pazifik. Arf war der Chefexzentriker des Irrenhauses, ein ausgemachter Individualist mit einem Hang zu gewählter Ausdrucksweise. Nachdem wir die *Moksha* im China Basin zu Wasser gelassen hatten, zog er Steve und mich zur Seite und legte uns beflissen dar, welche Vorteile es hätte, uns gegen Möchtegernpiraten zu bewaffnen.

»Meine Herren Smith 'n Lewis«, deklamierte er und hüllte uns, während sein rotes Gesicht immer näher auf uns zukam, in eine Whiskeywolke. »Zur Abschreckung unerwünschter Gäste – darf ich Ihnen vorschlagen, auf dem Vordeck der guten Lady eine leichte Kanone zu installieren? Außerdem halte ich es für zweckdienlich, eine gewisse Menge Traubenkartuschen zur Hand zu haben, die Sie allen Nichtsnutzen vor den Bug schießen können.«

Mit einem triumphierenden Grinsen hielt er einen Augenblick inne und glättete seinen Schnauzbart, bevor er zu einer feurigen Rede über den Einsatz menschlicher Körperkraft ausholte, der seiner Meinung nach sträflich vernachlässigt werde.

»Luftschiffe!« Er musste fast schreien, um die stampfenden Rhythmen der Hausband JimBo Trout and the Fish People zu übertönen, die mit Banjos, Geigen und Tonnenbässen sägend und zupfend eine schwungvolle Bluegrass-Session hinlegten. »Bei der Jungfrau Maria und ihrem Josef, meine Herren Smith 'n Lewis, Sie sind mit eigener Körperkraft über Land und Meer gefahren. Wie wäre es zum Abschluss – über den Kanal und die Themse hoch – mit einem pedalbetriebenen Zeppelin?«

Im Bay View Boat Club traf ich mich auch mit Steve, um die bevorstehende Etappe nach Australien zu besprechen. Kenny hatte die Idee aufgebracht, durch Zentral- und Südamerika zu radeln, bevor wir den Pazifik anpackten. Damit würden wir von denselben Winden und Strömungen im Gegenuhrzeigersinn profitieren, die ein halbes Jahrhundert zuvor bereits Thor Heyerdahls Floß aus Balsaholz, der *Kon-Tiki*, nach Polynesien geholfen hatten. Die Alternative, auf dem direktesten Weg von Kalifornien nach Queensland zu strampeln, würde möglicherweise ein unüberwindliches Hindernis mit sich bringen: eine etwa 650 Kilometer breite Gegenströmung nördlich des Äquators, die sogenannte Intertropische Konvergenzzone (ITCZ), in der das Wasser mit eineinhalb Knoten ostwärts fließt. Seefahrtsexperten hatten ernste Zweifel geäußert, ob es die *Moksha* unter diesen Bedingungen überhaupt auf die südliche Halbkugel schaffen würde.

Die von Kenny vorgeschlagene Route war gut durchdacht, hatte aber auch ihre Nachteile. Sie bedeutete nicht nur zusätzliche 11 000 Kilometer. Darüber hinaus würden wir uns durch 160 Kilometer malariaverseuchten Urwald zwischen Panama und Kolumbien schlagen müssen. Umkämpft von schwer bewaffneten Milizen, die auf der Gehaltsliste rivalisierender Drogenkartelle standen, galt der gesetzlose Tapón del Darién außer für die Wahnsinnigen unter den Reisenden als unpassierbar. Im Jahr 1972 hatte die Trans-Amerika-Expedition trotz beträchtlicher Unterstützung durch die britische Armee neunundneunzig Tage gebraucht, um das Gebiet mit Range Rovern zu durchfahren, also im Durchschnitt eineinhalb Kilometer pro Tag zurückgelegt. Zu Fuß benötigte man nicht einmal ein Viertel der Zeit, schätzten wir. Und um zu zeigen, was für Waschlappen die Streitkräfte Ihrer Majestät waren, beschlossen wir außerdem, einen Teil der Strecke in Frauenkleidern und mit Stöckelschuhen zu absolvieren.

Wichtiger als diese Überlegungen war für mich allerdings ein besonderes Anliegen, über das ich so bald wie möglich mit Steve sprechen musste.

Ich wollte nicht mit ihm über den Pazifik strampeln.

Es ist schwierig, wenn man erkennt, dass die eigene Ehe nicht funktioniert. Nach unserer stürmischen Atlantiküberquerung hatte ich gehofft, dass uns das getrennte Reisen durch die USA die Verschnaufpause verschaffen würde, die uns eine Weiterfahrt im Team ermöglichte. Und natürlich hatten sich alle noch verbliebenen Bedenken in Luft ausgelöst, als Steve im Parkview Medical Center an meinem Bett aufgetaucht war – seine unerschütterliche Loyalität hatte mich dazu bewogen, eine neue Seite aufzuschlagen. Dann aber folgte Steves prompte diktatorische Reaktion auf die Beschlagnahmung der *Moksha*. Und damit kamen auch wieder die schlechten Erinnerungen hoch. Hatte sich wirklich etwas zwischen uns verändert? *Auch wenn wir im sesshaften Leben die besten Freunde sind, vielleicht sind wir einfach nicht für eine gemeinsame Expedition geschaffen.* Der Gedanke, Zellengenossen auf dem Pazifik zu sein – dreimal so lange wie auf dem Atlantik –, war für mich der reinste Horror.

»Ich fahre mit dem Rad nach Alaska«, sagte ich. »Irgendwie werde ich die Beringstraße überqueren, nach Süden radeln und dich dann in Asien treffen.« Wir saßen auf einer Holzbank im Garten des Klubs und blickten über das aufgewühlte Meer Richtung Oakland. »In der Zwischenzeit kannst du dir einen anderen Reisepartner suchen, jemanden, der besser zu dir passt, der mehr Teamgeist hat. Eilbhe vielleicht.«

Steve sah mich entsetzt an, niedergeschmettert und zutiefst enttäuscht. Ich konnte mir gut vorstellen, was in seinem Kopf vorging: *Da habe ich sieben Monate auf diesen Mistkerl gewartet, und das ist jetzt der Dank dafür!*

»Hör zu, Jason. Klar, wir hatten unsere Meinungsverschiedenheiten …« Vor Rührung konnte er einen Augenblick lang nicht weitersprechen. Dann: »Ich kann mir aber nicht vorstellen, diesen Trip mit jemand anderem zu machen.«

Ich war der Verräter. Der Judas. Und mir wurde klar, dass ich an einem bestimmten Punkt immer die Wahl würde treffen müssen zwischen Pflicht und Freiheit, zwischen Schuldigkeit und Wahrheit, zwischen Treue zu einer fixen Idee und dem Alles-infrage-Stellen, das Steve und ich uns an der Universität angewöhnt hatten. Das war die intellektuelle Landschaft, die unsere Freundschaft zu Beginn ausgemacht und Steve überhaupt dazu veranlasst hatte, mich auf die Reise mitzunehmen, der Hintergrund, der in uns beiden den Wunsch geweckt hatte, sie zu einem Instrument der Aufklärung zu machen. Nur dass innerhalb der streng logistischen Parameter einer Expedition einer immer der Verlierer ist.

»Über längere Zeit mit ein und derselben Person zu reisen kann schwierig werden«, sagte ich in möglichst versöhnlichem Ton. »Es liegt nicht an dir oder mir. Es ist einfach das Unterwegssein.«

Natürlich war das nur die halbe Wahrheit. Letzten Endes musste Steve meine Abneigung gegen eine gemeinsame Pazifiküberquerung persönlich nehmen.

»Aber du hasst die Kälte, Jason. Sicher, wenn jemand das schafft, dann du, aber ich glaube immer noch, dass es ein großer Fehler wäre, getrennt den Pazifik zu überqueren.«

»Trotzdem kann ich mir nichts anderes vorstellen. Du etwa?«

Steve zog eine Augenbraue hoch und dachte nach. »Hm, vielleicht gibt es doch noch eine Möglichkeit, als Team weiterzumachen, mit mehr Leuten zum Beispiel, um ein bisschen Abwechslung hineinzubringen. Wir könnten andere auffordern, in die Pedale zu treten. Und wer gerade nicht in der *Moksha* fährt, könnte sich von einem Segelboot mitnehmen lassen oder so.«

Ich bekam eine Gänsehaut wie vor Jahren in Paris, als Steve mir seine Idee von einer Weltumrundung mit reiner Körperkraft dargelegt hatte. »Ja«, sagte ich und nickte langsam.

»Es wäre echte Teamarbeit«, fuhr er fort, »aber immer noch eine Weltumrundung. Nancy, Dad, Eilbhe … Bestimmt würden sie es alle gern mal ausprobieren.«

»Wir könnten auch Leute vor Ort fragen«, fügte ich hinzu. »Frauen, Jugendliche, Rentner. Ja, warum nicht!«

Steves unkonventionelle Art zu denken hatte mal wieder die Messlatte höher gelegt. Die Expedition war nicht einfach eine Linie auf der Landkarte. Sie war die Saat, die tief im Herzen jedes Menschen vergraben lag, der je davon geträumt hatte zu erfahren, was jenseits seines Horizonts lag, und der sich auf ein Abenteuer begab, um es herauszufinden. Es war nicht so, dass jemand zur Expedition gehörte. Die Beteiligten *waren* die Expedition.

»Jeder kann ein Meer aus eigener Kraft überqueren«, sagte Steve, und seine blauen Augen leuchteten wieder. »Gewöhnliche Menschen sind sehr wohl zu Außergewöhnlichem fähig.«

*

Angeregt durch unsere neue Vision und ermutigt von der Unterstützung durch die Menschen vor Ort, begannen wir ernsthaft mit den Vorbereitungen für die nächste Etappe. Die erfahrene Unternehmensberaterin Shirley Nice stellte uns ihr Telefon und Faxgerät sowie ihren Computer zur Verfügung, damit wir um Sponsoren werben konnten. Außerdem ließ sie mich auf dem Wohnzimmerboden ihres Appartements in Bernal Heights übernachten, eine enorme Verbesserung gegenüber dem Gebüsch im Park. Morgens saßen wir meist draußen auf der rückwärtigen Terrasse, umringt von einer kleinen Wildnis aus Rosensträuchern, blühenden Büschen und hochwachsenden Bambusgewächsen, zwischen denen Steinbuddhas meditierten, tauschten Ideen über den Bildungsaspekt der Expedition aus und schliffen an unserem Konzept. Danach übten wir Yoga und ließen uns Shirleys atemberaubendes Frühstück aus Waffeln und frischem Obst schmecken.

Obwohl ich möglichst wenig für meine Lebenshaltung ausgab, war meine finanzielle Situation inzwischen ziemlich prekär. Shirley stellte mich einem guatemaltekischen Unternehmer vor, der im Auftrag von Disney gerade 300 kindsgroße Mickymäuse aus Holz fertigte. Er bot mir an, ich könne ihre Augen und Ohren mit schwarzer Acrylfarbe bemalen. Für 15 Dollar die Stunde, dachte ich, mache ich so ungefähr alles. Aber die Farbe troff herunter – ich hatte zu viel aufgetragen –, und am Ende des ersten Tages heulten sich alle Mickymäuse die Augen aus. Ich sah mich nach einem anderen Job um.

Etwa um diese Zeit stellte Shirley mich Rong Rong Zheng vor, einer Ärztin, die in Traditioneller Chinesischer Medizin bewandert war. Da eine Knochentransplantation in meinem linken Bein immer noch nicht vom Tisch war, erkundete ich weiterhin andere Heilmethoden, auch sehr unkonventionelle. Ihrer Freundin zuliebe erklärte sich die Ärztin bereit, mich zu behandeln, und zwei Monate lang skatete ich einmal in der Woche durch die Stadt zu ihrer Praxis, einem beengten Raum ohne Klimaanlage, in dem es vor Insekten wimmelte. Beim letzten Besuch wusste ich, was mich erwartete.

»Kommen Sie, England-Son!« Die Ärztin hatte krauses Haar und eine Stimme, die Gehorsam verlangte. Rong Rong schloss die

Tür hinter mir und hantierte an ihrem geheimnisvollen Gerät, einer Metallkiste von der Größe eines Schuhkartons mit chinesischen Buchstaben. Aus der Rückseite spross ein Gewirr von Drähten hervor, die zu einer Reihe mörderischer Akupunkturnadeln führte.

»Heute gehen wir auf acht, okay?«

»Das erscheint mir ein bisschen hoch, Doktor.«

»England-Son, Sie wollen doch Ihr Bein aufwecken, oder nicht?«

»Ja, ja, natürlich.« Ich zog meine Socken aus und legte mich auf der schmalen Liege auf den Rücken. »Aber letztes Mal sind wir nur bis fünf gegangen, erinnern Sie sich? Vielleicht lieber nur eine Stufe höher, also auf sechs.«

Rong Rong war damit beschäftigt, die Drähte zu entwirren und an einem Knopf mit Zahlen zu drehen. Dann wählte sie eine siebeneinhalb Zentimeter lange Nadel aus, stach sie in den Muskel unterhalb meines linken Knies und rollte sie zwischen Daumen und Zeigefinger hin und her. Danach setzte sie weitere Nadeln um einen Krater irritierten roten Narbengewebes, das die Bruchstelle markierte. »Sie müssen jetzt stark sein, England-Son.« Die Ärztin schüttelte ihre Fäuste wie ein siegreicher General und stellte den Drehknopf auf sieben. »Nerven und Blutgefäße in Bein heilen Knochen nicht. Wir müssen Bein aufwecken!«

Bevor ich weiter protestieren konnte, betätigte Rong Rong den Hauptschalter. Mein Bein schoss mehrere Zentimeter in die Höhe – und blieb dort in der Schwebe.

»Jesus«, wimmerte ich. »Das tut ... ziemlich ... verdammt, tut das weh.«

Aber Doktor Zheng hatte kein Herz für Warmduscher. Sie war in den Achtzigern aus China emigriert und mit 100 Dollar in der einen Hand und ihrem Foltergerät in der anderen in die USA gekommen. Nach echter amerikanischer Pionierart hatte sich die unerschütterliche Ärztin dann ein neues Leben aufgebaut und mit der Zeit so viel Geld zusammengespart, dass sie ihren Mann und die übrige Familie nachholen konnte.

Ohne meinem Einspruch Beachtung zu schenken, drehte sie den Knopf auf acht, womit sich mein Bein um weitere zweieinhalb Zentimeter hob.*

Als der Herbst in den Winter überging, nahmen die Arbeiten an der *Moksha* Fahrt auf. Je besser sie für den Start vorbereitet war, bevor sie nach Peru transportiert wurde, desto weniger Verzögerungen würde es in einem unbekannten Hafen geben, von dem wir nicht wussten, welche Einrichtungen es dort gab. Der Rumpf wurde gelb gestrichen, damit das Boot besser sichtbar war, und wir installierten eine Menge gespendeter Elektronikgeräte, etwa eine Kollisionswarnanlage, das Kommunikationssystem Inmarsat C für E-Mails, weitere Sonnenkollektoren sowie einen Windgenerator, um den Strom für alles zu erzeugen. Eine Reportage im *San Francisco Chronicle* öffnete uns die Tür zum Design Loft der Stanford University, wo wir das Know-how erhielten, um das defekte Triebwerk und die frei liegende Schraubenwelle durch ein neues und verbessertes Antriebssystem zu ersetzen. Im Rahmen ihres Herbstsemesterprojekts entwarfen die Studenten eine Box aus Edelstahl, die vor den Pedaleur eingesetzt wurde und durch die eine aus einem Stück bestehende Antriebseinheit ins Wasser gelassen werden konnte. Die Einheit selbst ähnelte einem Außenbordmotor, war allerdings kleiner und hatte anstelle eines Motors einen Tretantrieb. Anstatt von achtern geschoben zu werden, würde die *Moksha* von nun an durch eine in der Mitte des Boots angebrachte Schiffsschraube gezogen werden. Das ersparte uns das Skeg und die hochseetaugliche Wellendichtung, Dinge, die leicht beschädigt werden konnten oder einfach mal so kaputtgingen. Die Reibungsverluste wurden reduziert, und es war mög-

* Die drakonische Behandlung tat offenbar ihre Wirkung. Bei dem Aufprall auf Wilbur Ladds Cadillac war an meinem linken Schienbein das Periosteum, eine Haut, die den Knochen umhüllt, zerstört worden. Mithilfe der Akupunkturnadeln Strom tief in das Bein zu leiten war eine einfache, aber effektive Methode, das Periosteum so zu stimulieren, dass es wieder nachwuchs, indem die Durchblutung angeregt wurde, zugleich wurden auch andere Heilungsprozesse bei den Knochenfrakturen angeregt. Monate später wurde Entwarnung für beide Beine gegeben, womit die gefürchtete Knochentransplantation vom Tisch war.

lich, im Notfall unverzüglich ein Teil auszutauschen. Schluss mit nervenaufreibenden Stunden nach dem Auflaufen auf ein Korallenriff! Die Nachrüstung wurde noch vervollständigt durch zwei schöne neue Schiffsschrauben, eigens von der ozeanografischen Abteilung am MIT auf unsere Bedürfnisse zugeschnitten und liebevoll von einem lokalen Handwerker namens Scott Morrison aus Edelstahl handgefertigt.*

Gemäß unserer neuen Politik der Beteiligung Außenstehender testeten wir das gerade installierte System zusammen mit einer Reihe von Freunden und Bekannten auf einer gut hundert Seemeilen langen Tour entlang der Küste nach Monterey. Nach einer, wie nicht anders zu erwarten, feuchtfröhlichen Abschiedsfeier im Bay View Boat Club begleitete mich auf der ersten Etappe Flottillenadmiral Pitney. Doch was als zweistündiger Ausflug zur Nordseite der Golden Gate angedacht war, bei dem uns die nachmittägliche Gezeitenströmung aus der Bucht tragen sollte, endete in einem Desaster. Aus unerfindlichen Gründen hatte unser neu erworbenes GPS den Weg an Bord nicht gefunden, sodass wir, als der Nebel aufzog, völlig die Orientierung verloren. Aber ein GPS-Gerät hätte uns auch nicht viel genutzt. Bei seiner dritten Umrundung der Insel Alcatraz verkündete Arf, er habe seine Brille vergessen und könne den Kompass nicht lesen.

Es war fast Mitternacht, als wir in den Jachthafen von Fort Baker einfuhren, wo Arfs Partnerin Barbara uns schluchzend und reichlich hysterisch am Kai erwartete.

Stuart, der kurz zuvor aus Florida eingetroffen war, um uns beim Spendensammeln zu helfen, strampelte mit mir den vorletzten Abschnitt von Santa Cruz nach Moss Landing. Dann war die Profifotografin Theresa Ortolani an der Reihe, eine portugiesisch-italienische Schönheit mit rabenschwarzem Haar, südländischer Hautfarbe und einem umwerfenden Lächeln. Wir hatten

* Wir hatten die *Moksha* mit einem Rennboot durch das Pueblo Reservoir gezogen. Durch Messung des Rumpfwiderstands bei verschiedenen Geschwindigkeiten konnten die Techniker des MIT die optimale Größe, Form und Blattsteigung der Schiffsschraube berechnen. Am Ende wurde es eine mit zwei Blättern und einem Durchmesser von fünfunddreißigeinhalb Zentimetern.

uns kennengelernt, als die *Moksha* zu Wasser gelassen wurde, und für ein Foto im Cockpit posiert. Unsere nackten Arme hatten sich berührt, Funken flogen. Im November lebten wir bereits zusammen.

Es war ein herrlicher Tag, als wir über die Monterey Bay fuhren. So herrlich, dass wir es nackt taten. Wir konnten uns gerade noch rechtzeitig bedecken, bevor ein Fotograf des *Monterey County Herald* uns mit seinem Teleobjektiv vom Ende des Kais aus ins Visier nahm.

Die *Moksha* wurde aus dem Wasser gehoben und mit dem Hänger zu ihrem vorübergehenden neuen Heim transportiert, dem Monterey Maritime Museum. Dort wurde sie im Freien ausgestellt und bot Stuart eine Plattform für Sponsoren, bis sie in Peru gebraucht wurde. Das neue Antriebssystem funktionierte inzwischen einwandfrei und brachte eine Temposteigerung von über 20 Prozent, was die Zeit auf dem Pazifik um siebzig Tage verkürzen würde. Wie hatte noch unser inzwischen verstorbener Mentor Peter Bird einmal gesagt? »Je weniger Zeit du auf dem Wasser verbringst, desto höher deine Überlebenschancen.«

Der Einzige, der fehlte, war Steve. Er und Eilbhe waren Anfang Dezember nach Dublin gereist, um ihre Familie zu besuchen und sich von der Expedition zu erholen. Die Anstrengung, all die Monate auszuharren, dabei von der Hand in den Mund zu leben und darauf zu warten, dass ich aus Colorado nachkam, hatte ihren Tribut gefordert. Er befand sich am Rande eines Burn-outs.

»Das Ganze sollte eine Art Befreiung sein«, rief er mir ins Gedächtnis, bevor er abfuhr. »Befreiung von der Mittelmäßigkeit und den Fallen einer seichten Konsumgesellschaft. Deshalb haben wir das Boot *Moksha* getauft, stimmt's?«

Ich verspürte Gewissensbisse und nickte.

»Aber jetzt fühle ich mich versklavter als zuvor, von den Schulden und dem unstillbaren Hunger des Monsters, das wir geschaffen haben. Ich bin nicht bereit aufzugeben. Ich muss mir nur beweisen, dass ich mich davon lösen kann. Dass ich immer noch die Wahl habe, ob ich es will, und es kein Zwang ist.«

MITTELAMERIKA

LIEBE IN DER BAJA

*Wir haben bewusst keine festen Pläne gemacht,
weil Fahren uns wichtiger ist als Ankommen.*

– ROBERT PIRSIG, *Zen und die Kunst ein Motorrad zu warten*

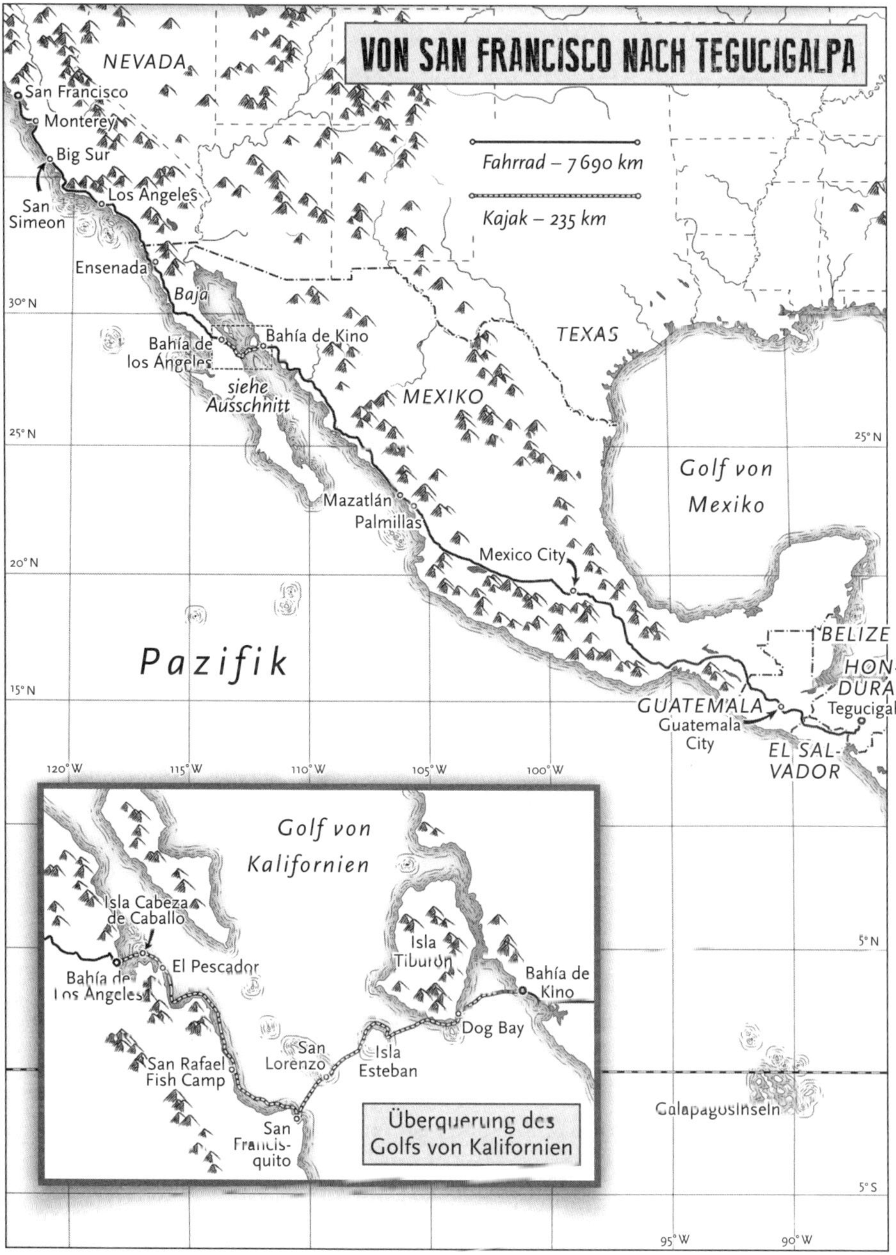

VON SAN FRANCISCO NACH TEGUCIGALPA
Fahrrad – 7690 km
Kajak – 235 km
NEVADA
San Francisco
Monterey
Big Sur
San Simeon
Los Angeles
Ensenada
Baja
Bahía de los Ángeles
Bahía de Kino
siehe Ausschnitt
TEXAS
MEXIKO
Golf von Mexiko
Mazatlán
Palmillas
Mexico City
Pazifik
BELIZE
HONDURAS
GUATEMALA
Guatemala City
Tegucigalpa
EL SALVADOR
30° N
25° N
20° N
15° N
5° N
5° S
120° W
115° W
110° W
105° W
100° W
95° W
90° W
Galapagosinseln
Golf von Kalifornien
Isla Cabeza de Caballo
Bahía de Los Angeles
El Pescador
Isla Tiburon
Bahía de Kino
Dog Bay
San Lorenzo
Isla Esteban
San Rafael Fish Camp
San Francisquito
Überquerung des Golfs von Kalifornien

»Das war der Letzte«, flüsterte Jenny, als der Streifenwagen vorbeirumpelte. Wir sahen die roten Rücklichter nordwärts Richtung Big Sur verschwinden, dann war es wieder dunkel.

»Zeit, unsere Franzosen zu wecken«, sagte ich.

Ollie und Carole schliefen hinter uns im Gebüsch tief und fest, in seliger Unkenntnis der Nachtwache, die Jenny und ich seit Sonnenuntergang gehalten hatten. Jetzt war es zwei Uhr morgens. Wir hatten vier Stunden, um die fünfundzwanzig Kilometer bis Gorda zu fahren, bevor die Polizisten zurückkommen würden.

Zu jeder anderen Jahreszeit wäre das auf dem Highway 1 ein Kinderspiel gewesen, aber nach einer Reihe von Winterstürmen war die Küstenstraße an mehreren Stellen durch Erdrutsche blockiert. Wenn man dem bärbeißigen Gesetzeshüter, mit dem wir zuvor gesprochen hatten, glauben konnte, war der Weg vollkommen abgeriegelt. »Wer die Absperrungen zu umgehen versucht, landet automatisch im Gefängnis«, hatte er mit misstrauischem Blick auf unsere Fahrräder gewarnt. Offenbar bestand unsere einzige Möglichkeit darin, nach Monterey zurückzukehren und den Highway 101 zu nehmen, ein Umweg von 480 Kilometern. Eine ziemlich düstere Aussicht, zumal wir bereits 80 Kilometer in die falsche Richtung gefahren waren.

Kommt gar nicht in die Tüte – einhellig waren wir dieser Meinung.

Wir waren zu viert. Mein alter Freund Ollie Briche aus Südfrankreich, den ich dort zwei Sommer zuvor zuletzt gesehen hatte, schickte mir eine E-Mail: »Die Froschfresser machen mit beim ultimativen ›muskelkraftbetriebenen Albtraum‹. Wollen dir helfen, deinen Tommie-Arsch nach Peru zu kriegen.« Begleitet wurde er von seiner unwiderstehlich schwungvollen Freundin Carole, ein einziger Lachanfall mit wilder Haarmähne und strahlend weißen Zähnen. Zusammen gaben sie ein entzückendes Paar ab. Sehr französisch. Sehr lässig. Und vom praktischen Standpunkt aus gesehen, waren Caroles spanische Sprachkenntnisse hochwillkommen, um unterwegs in Schulen unsere Vorträge zu halten.

Außerdem war da noch Jenny, dreiundzwanzig, aus Minnesota, die ich bei meinem Vortrag im Redwood City Jacht Club kennengelernt hatte. Als ich die Zuhörer einlud, auf der nächsten Etappe dabei zu sein, hob sie die Hand und erkundigte sich schüchtern nach den Voraussetzungen. Jenny war übergewichtig, hatte keine Fahrraderfahrung und bezeichnete sich selbst als Stubenhockerin. Und war jetzt die Vierte im Bunde.

Ich hatte gehofft, uns würde noch eine fünfte Person begleiten, eine grazile Schönheit, in die ich mich ziemlich verguckt hatte. Aber mit Theresa war es nicht so einfach. Es wurde nicht viel aus unserer kleinen Romanze. Der Grund? Ian McLaughlin, das Objekt unerwiderter Liebe und vergangenen Herzschmerzes, der eigentliche Grund, warum sie aus New York geflohen war.

Nachdem wir Ollie und Carole geweckt hatten, packten wir unsere Sachen und rollten die Straße in Richtung Gorda hinab. Die Dunkelheit verstärkte die Geräusche – Wellen schlugen an die Felsen unter uns, Wasser spritzte von den Reifen hoch, unsere Herzen klopften heftig in dem Gefühl, willentlich das Gesetz zu brechen.

Vor uns tauchte ein Schild auf: »Straße gesperrt«. Wir stiegen ab und schoben unsere Fahrräder bis zu der Stelle, an der unvermittelt der Asphalt endete. Wo einst die Straße gewesen war, führte nun ein kurzer Hohlweg in eine Grube aus Schlamm und Felsbrocken. Dicht an der Hangkante entlang – hier war weniger heruntergekommen – kämpften wir uns mit unseren schwer beladenen Fahrrädern durch den Morast.

Dann – Murphys Gesetz – öffneten sich die Himmelsschleusen, und es begann in Strömen zu regnen. Rutschend und fluchend stapften wir voller Panik durch das Gelände, das jeden Moment abrutschen und uns in den Pazifik reißen konnte. Ich warf einen Blick zurück zu Jenny, deren nagelneues Fahrrad und fleckenlose Gepäcktasche nun mit Matsch überzogen waren. Ihr im Mondlicht totenbleiches Gesicht verriet eine Fülle widerstreitender Emotionen – Unsicherheit, Angst und Spannung.

»Das ist schon ziemlich gut.« Sie kicherte nervös.

Viereinhalb Stunden später schoben wir unsere Ausrüstung müde, dreckig und patschnass einen letzten morastigen Abhang hinauf und zogen ins Örtchen Gorda ein. Im Morgengrauen passierten wir einen Trupp Straßenarbeiter, die zur Arbeit aufbrachen. Ein Gorilla mit orangefarbenem Käppi musterte uns von oben bis unten, als wären wir gerade aus einem Erdloch gekrabbelt – was in gewisser Weise ja auch zutraf.

»Und wo zum Teufel wollt ihr Typen hin?«, fragte er herausfordernd, denn er wusste genau, dass wir illegal von Monterey gekommen waren.

»Lima, Peru!«, rief Jenny und grinste ausgelassen über unseren gelungenen Streich.

Darüber mussten wir alle lachen.

*

Am äußersten Rand des nordamerikanischen Kontinents windet sich, wie einem höheren Willen folgend, der Highway 1 mehr als 160 Kilometer an der wild gezackten und windgepeitschten Küste von Big Sur entlang, um in der Tiefebene von San Luis Obispo auszulaufen. Insbesondere dieser Abschnitt, so wussten wir, würde mit unserem schweren Gepäck anstrengend sein, denn die Straße verlief selten mehr als ein paar Meter horizontal. Schon wand sie sich wieder das nächste zerklüftete Kap hinauf. Aber die Tatsache, dass ich für die Südamerikaetappe ein Raleigh-Dreigangrad Baujahr 1968 fuhr, versprach noch ganz andere Dimensionen des Leidens. Außerdem standen uns die sengenden Wüsten Mexikos, die schwülen Regenwälder von Chiapas, El Salvador, Costa Rica und Nicaragua sowie die aufreibenden Serpentinen der Panamericana durch Ecuador und Peru bevor.

Meine Entscheidung, ein so lächerlich vorsintflutliches Gefährt zu benutzen, beruhte auf jener Logik, die mich auf die Idee gebracht hatte, die USA auf Inlineskates zu durchqueren. Unterschiedliche Fortbewegungsmethoden verändern die Reiseerfahrung, beeinflussen die Wahrnehmung von Menschen und Orten. Je langsamer das Tempo, fand ich heraus, desto bereichernder die Begegnungen. Zugegebenermaßen trieb ein Dreigangdrahtesel meine Theorie auf die Spitze, aber ich hasste es, ohne einen echten Grund das Vorankommen zu beschleunigen. Der Gedanke, über Monate hinweg auf Asphalt zu starren, nur um einen Geschwindigkeitsrekord aufzustellen, ließ mich kalt.

Am 29. Januar zog von Süden ein weiteres Unwetter heran. Einen ermüdenden Tag lang kämpften wir gegen peitschenden Regen und heftigen Gegenwind. Carole hatte es besonders schwer, weil sie auf einem Schrottrad unterwegs war, das in irgendeiner Garage in Santa Cruz vor sich hingerostet hatte. Im Lauf des Nachmittags klagte sie zunehmend über schmerzende Stellen und fiel mehr und mehr zurück.

In der Dämmerung, die sich früh herabsenkte und unsere Sicht trübte wie ein sich verschlimmerndes Glaukom, wägten wir unsere Möglichkeiten ab. Entweder wir stellten im strömenden Regen die Zelte auf, oder wir versuchten, noch bis nach San Simeon zu kommen. Die erste Option war natürlich die Vernünftigere. Alle waren fertig. Schlussendlich wurde die Entscheidung für uns getroffen. Aus dem strömenden Regen tauchte eine Hinweistafel auf: »San Simeon – 9 Kilometer«.

»Hey, Mann!«, rief Ollie mir zu. »Wir sind fast da.«

Nachdem wir Fahrradlampen und hinten rote Blinklichter montiert hatten, traten wir mit neuer Hoffnung und besserer Laune kräftig in die Pedale. Eine halbe Stunde verging. Dann noch eine. Nach anderthalb Stunden war San Simeon immer noch nicht in Sicht.

Jenny brachte ihr Rad mitten auf der Straße zum Stehen und schaute auf ihren Fahrradcomputer. »He, wir sind seit dem letzten Schild schon zwanzig Kilometer gefahren.«

»Ich glaube, ich weiß, was passiert ist«, sagte ich grimmig. »Jemand muss es manipuliert haben. Ich wette, vor der 9 stand einmal eine 2.«

Ollie sah entmutigt aus. »Du meinst, es war eine zweistellige Zahl? Was für ein Arschloch würde so was machen?«

»Jedenfalls jemand mit einem saukomischen Humor«, murmelte Jenny voller Abscheu.

Es schüttete immer noch, und die Nacht klebte an uns wie ein feuchter Schleier. Nur unsere blassen Gesichter reflektierten in der Finsternis das Licht unserer Fahrradlampen.

Carole kapierte plötzlich, was los war. »Also meint ihr … es waren eigentlich in die Wirklischkeit *neunundzwanzig* Kilometer nach San Simeon?«

»Oder, wenn vor der 9 eine 3 stand, vielleicht auch neununddreißig«, erwiderte ich.

Das gab der armen Carole den Rest. »Ufff! Das ist jetzt äscht zu viel.« Sie warf verzweifelt die Arme in die Luft. »Meine Hände sind im Arsch und meine Knie auch. Ja, und langsam« – sie zog eine Grimasse und rutschte auf dem Sattel hin und her – »ist auch meine Pussy im Arsch.« Wir anderen blickten uns einfach nur an, sprachlos angesichts dieser Enthüllung. »Und vor allem«, fuhr die kleine Französin wütend fort, »hab isch die Nase voll von diesem ganzen Mist hier!« Und mit diesen Worten stieg sie ab, schleuderte ihr Fahrrad ins Gebüsch und marschierte, laut vor sich hinschimpfend, in Richtung San Simeon davon.

»*C'est vraiment de la* MERDE, *cette histoire d'avancer avec sa seule énergie humaine. Ollie, pourquoi m'as tu embarquée dans cette galère?*« Das ist ein totaler Scheiß, diese Idee, sich nur mit Muskelkraft fortzubewegen. Ollie, warum hast du mich da reingezogen?

Und so weiter.

Fünf Kilometer später tauchten aus dem Nebel wie leuchtende Wattebäusche die Lichter von San Simeon auf. Wir kamen gerade noch rechtzeitig, bevor der Spirituosenladen schloss, und stiegen im erstbesten Motel mit Badewanne ab. 60 Dollar für ein Zimmer war nicht wenig, selbst zu viert, aber Carole war inzwischen kurz vor dem Totalstreik.

Wir zahlten auch den vollen Preis dafür, dass wir heimlich das von Erdrutschen heimgesuchte Gebiet durchquert hatten. Als wir am folgenden Nachmittag San Luis Obispo erreichten, waren wir voller Beulen und nässender Wunden. Jennys Arme und Beine waren so von Blasen übersät, dass sie sich in einem Krankenhaus Spritzen geben lassen musste. Der Grund? Das Gebüsch, in dem wir uns vor der Polizei versteckt hatten, war mit Gifteiche durchsetzt gewesen.

Weiter südlich ließ der Dauerregen nach, was zusammen mit unserer zunehmenden Fitness und den flacheren, geraderen Straßen unsere Kilometerleistung in die Höhe trieb. Wir gewöhnten uns an, am Strand zu zelten, schliefen beim Geräusch der ans Ufer schlagenden Wellen ein und erwachten, wenn das erste Tageslicht den Himmel rosa färbte und im Westen die Mondsichel hing.

Einen solchen Morgen erlebten wir in Oxnard Beach. Ohne lange zu überlegen, kroch ich aus meinem Schlafsack und rannte nackt ins eiskalte Wasser. Die erste Welle nahm mir alle Luft aus den Lungen, und ich rang um den kostbaren Sauerstoff, als wäre es der erste Atemzug meines Lebens.

Ich lebe. Ja, ich lebe wirklich!

Während mein Innerstes von Hitze durchflutet wurde, schritt ich zurück zum Camp und fühlte mich wie ein Wikinger. Als Erstes nahm ich den Kocher in Betrieb, um Tee zu machen. Dann Porridge, angereichert mit der üblichen Dosis Sand, der zwischen den Zähnen knirschte. Als wir unsere Schlafsäcke zusammenrollten und uns aufs Weiterfahren vorbereiteten, tauchte über unseren Köpfen ein Schwarm kreischender Möwen auf, der sich auf unsere Reste stürzte.

»Schau dir das an«, sagte Ollie und warf eine meiner Sandalen in die Luft. Sofort segelte eine Möwe heran und schnappte sie sich.

Entsetzt musste ich zusehen, wie mein fliegendes Schuhwerk weiter und weiter den Strand entlangschwebte und dabei von einem gierigen Schnabel zum nächsten wanderte. »Das ist meine Sandale, ihr Biester«, protestierte ich. Schließlich fiel sie herunter, weil sie nicht der saftige Brocken war, den die Vögel erwartet hatten.

Zwei Abende später fanden wir uns an einem Ort wieder, an dem das Campen verboten war: Also teilten wir uns an der Strandpromenade von Venice Beach eine Flasche Old Milwaukee. Es war spät, und die brausende Metropole Los Angeles zog sich noch weitere achtzig Kilometer gen Süden. Wir würden die Nacht durchfahren müssen, um einen Schlafplatz zu finden.

Ollie deutete mit dem Kinn in Richtung der Villen hinter uns. »Frage mich, was so ’n Ding kostet.«

Es waren Anwesen in erstklassiger Strandlage, die reinsten Paläste, jedes mehrere Millionen Dollar wert. Am nächstgelegenen Haus hing ein »Zu verkaufen«-Schild. Die Vorhänge waren zugezogen, die Villa wirkte verlassen.

Ich sprang über den Zaun und kroch zum Seiteneingang, der, unglaublich, aber wahr, unversperrt war. Alarmanlage gab es auch keine. Fünf Minuten später standen unsere Fahrräder in der Küche, und unsere Schlafsäcke lagen im Wohnzimmer. Von einer Straßenlaterne drang ein wenig gelbliches Licht herein, ansonsten war es vollkommen dunkel. Niemand traute sich, eine Taschenlampe anzumachen.

»Für Hollywoodstars wie uns nur das Beste«, witzelte Jenny.

Aber die schönen Dinge sind leider nie von Dauer. Unser Flirt mit dem Luxus fand am nächsten Morgen um acht Uhr ein jähes Ende, als sich die Vordertür öffnete und ein Anzugträger mit Clipboard hereinfegte, Kaufinteressenten im Schlepptau. Der Immobilienmakler musste zweimal hinschauen, als er uns entdeckte.

Jenny und ich genossen es, einmal richtig ausschlafen zu können, und lagen noch in unseren Schlafsäcken. Carole machte in der Küche Kaffee. Ollie hatte gerade eine Sitzung im angrenzenden Badezimmer und pfiff bei angelehnter Tür zufrieden vor sich hin. Es war das Standbild einen typischen Morgens. Nur dass wir uns heute zufällig in einem Haus befanden.

Die Augen des Maklers wurden ganz schmal. »Ihr habt genau zwei Minuten, sonst rufe ich die Polizei.«

*

ENSENADA, MEXIKO, 7. APRIL

Nach der Pass- und Zollkontrolle in Tijuana flitzten wir Richtung Süden, um jene Grenzregion, die für Diebstähle, Drogendelikte und bewaffnete Banden berüchtigt ist, schnellstmöglich hinter uns zu bringen. Noch am Abend zogen wir in Ensenada ein, kauften auf dem nächtlichen Fischmarkt, dem *mercado de mariscos*, frischen Fisch und ließen ihn dort grillen. Vier Fisch-Tacos mit Guacamole und Kohl für vier Pesos, nur 50 Cent pro Person. Anschließend gab es *cervezas*. Immerhin hatten wir es bis Mexiko geschafft! Und obwohl ich eigentlich den Wunsch geäußert hatte, mit zwei großen Fischern Sex zu haben (*Me gusta dos pescadores grande*), anstatt zwei große Fisch-Tacos zu bestellen (*Me gusta dos tacos grandes de pescado*), hatten wir unsere erste Mahlzeit auf mexikanischem Boden bestellt – Caroles Spanischkenntnisse hatten uns gerettet.

Mit gefüllten Mägen und ein wenig angesäuselt, eierten wir aus der Stadt heraus, um einen Platz zum Übernachten zu suchen. Vor uns tat sich ein Pfad auf, der durch dunkle Felder verlief. Wir schlugen ihn ein. Zu müde, um die Zelte aufzustellen, lehnten wir einfach die Räder aneinander, rollten unsere Schlafsäcke aus und schliefen ein. Morgens fehlten fünf Fahrradtaschen.

»Ich glaub's einfach nicht«, jammerte Carole. »Diese Schufte. Sie haben meine Kamera und all meine Filme geklaut.«

»Meine Vordertaschen auch«, sagte Jenny, während sie durchsah, was noch vorhanden war. »Mein Erste-Hilfe-Päckchen ist weg. Das Werkzeug. Der Kocher. Die Ersatzradlerhosen. Becher. Oh Scheiße, und mein Tagebuch!«

Meine Taschen waren seltsamerweise alle noch da, obwohl sie leichter als die anderen zugänglich gewesen waren – mein Fahrrad war das Erste von allen. Die Diebe hatten einen Laptop, zwei Camcorder und einen Fotoapparat unangetastet gelassen.

»Es ergibt einfach keinen Sinn«, bemerkte ich später an diesem Morgen einem Wachmann gegenüber. Wir standen vor einem Supermarkt und bewachten die Räder, während meine Teamkollegen Ersatzausrüstung einkauften. »Sie haben von jedem Fahrrad etwas gestohlen. Warum nicht von meinem?«

Der Wachmann, ein älterer Herr mit grauem Hamsterbart, drohte mir wissend mit dem Finger. »Weil es fromme Leute waren, *Señor*.«

»Diebe? Fromm? Das glaube ich kaum.«

Er deutete auf die kleine Plastikfigur, die mit Klebeband am Lenker des Raleigh befestigt war. Ich hatte es als Zugabe bei Taco

Bell in San Diego bekommen, im Rahmen einer Werbekampagne für den neusten *Star-Wars*-Film, und als Maskottchen behalten. »*Mira, Señora de Guadalupe.*«

Ganz in Weiß und mit ihrer typischen Schneckenfrisur hatte Prinzessin Leia wirklich etwas von einer Heiligen.

»Sie hält das Kreuz ihres Sohnes, *Jesús*, in der Hand.«

Ich blickte genauer hin. Das kämpferische Mädchen hatte ein Lichtschwert in den Armen – allerdings nicht sehr sorgfältig dargestellt. Da es sich nur um ein billiges Spielzeug handelte, konnte man die Waffe aus dem Weltraumzeitalter leicht für ein Kruzifix halten.

Der Wachmann senkte ehrerbietig die Stimme. »Selbst *ladrones* würden niemals die gesegnete Jungfrau Maria bestehlen.«

Unser weiterer Weg führte über 800 Kilometer durch die Baja California, die schmale Landzunge südlich von Kalifornien, die vom mexikanischen Festland durch den Golf von Kalifornien getrennt ist. Ödes, flaches Ackerland machte gleißender Wüste Platz. Südlich von El Rosario quälten wir uns die zentrale Hochebene hinauf und erreichten das Cataviña Boulder Field. Riesige Granitblöcke liegen dort verstreut herum, dazwischen wachsen alle möglichen Kakteenarten, die wie Abbilder der kampflustigen Kali, der vielarmigen Göttin der Zerstörung, ihre Arme gen Himmel recken.

Ziemlich passend, denn 150 Kilometer nördlich von Bahía de los Ángeles überholte uns ein Chevy Blazer mit US-Kennzeichen, dem eine andere, nicht weniger dornige Göttin entstieg.

An diesem Punkt unserer Reise hatte ich mir Theresa schon fast aus dem Kopf geschlagen. Sie und Ian hatten sich versöhnt und ein Haus gekauft, Kinder waren unterwegs. Und wenn sie nicht gestorben sind, so leben sie noch heute – bla, bla, bla. Schluss, aus, fertig, Punkt.

In der Realität hatte ein Technologieunternehmen, Tandem Computers, Geld für ein Fotoprojekt nach dem Vorbild des Videoaustauschprogramms gespendet. Dabei sollten Kinder entlang unserer Reiseroute mit einfachen Fotoapparaten ausgestattet werden, um ihre Welt einzufangen. Die Ergebnisse sollten entweder ausgestellt oder in Fotoalben gesammelt werden, die Gleichaltrige in anderen Ländern sich dann ansehen konnten. Ein erfolgreiches Pilotprojekt am Richmond Arts Center hatte unserer neu gegründeten gemeinnützigen Organisation diesen Sponsor beschert.

Hinter dem Lenkrad saß Ian, und eine Schrecksekunde lang dachte ich, er wollte sich ebenfalls der Expedition anschließen – der Gedanke daran, die beiden könnten im Nachbarzelt herumpimpern, war mehr, als ich verkraften konnte. Aber es wurde rasch klar, dass sie getrennter Wege gingen. Die Gruppe kampierte in dieser Nacht in den Dünen, und morgens machte sich Ian auf den Rückweg nach San Francisco, um von dort aus nach New York zu fliegen.

So doll kann die Versöhnung nicht gewesen sein, dachte ich, und ein Fünkchen Hoffnung glomm auf.

*

Der Golf von Kalifornien ist eines der verrücktesten Gewässer der Welt. In der einen Minute glatt wie Seide, verwandelt er sich in der nächsten in ein wild brodelndes Nebenmeer. Die Strömungen zwischen den einzelnen Inseln erreichen bei Springflut acht Knoten. El Norte, der Nordwind, kommt ohne Vorwarnung und peitscht die See zu einem Mahlstrom auf. Gerät man dort in Schwierigkeiten, ist man schon so gut wie gesunken. Die nächste Küstenwache, die diesen Namen verdient, ist im über 2400 Seemeilen entfernten Honolulu stationiert.

Trotzdem (oder vielleicht gerade deswegen – uns allen war das Radfahren inzwischen langweilig geworden, und wir sehnten uns nach ein bisschen Aufregung) – war es unser Plan, von Bahía de los Ángeles aus 140 Seemeilen an der Ostküste entlang im Kajak zurückzulegen, bis zu einer Verengung des Golfs bei San Francisquito. Anschließend wollten wir die Midriff Islands nutzen, um die knapp sechzig Seemeilen bis Bahía de Kino, gelegen auf der Festlandseite, zu hüpfen. Alles in allem würde das zwei Wochen dauern, schätzten wir. Höchstens drei.

Natürlich gab es noch ein paar Kleinigkeiten zu klären, ehe wir uns auf den Weg machen konnten. Wir hatten keine Kajaks. Keiner von uns wusste auch nur, wie man richtig mit so einem Ding umgeht. Und die ganz große Frage war, wie unsere Fahrräder nach Bahía de Kino gelangen sollten. Aber was uns an Planung fehlte, glichen wir durch blinde Vermessenheit aus. Außerdem hatten wir eine Geheimwaffe, eine, die in einem hauptsächlich von Männern bewohnten Fischerdorf wie Bahía de los Ángeles todsicher funktionierte.

Frauen.

Carole, Jenny und Theresa scharten rasch eine begeisterte Hilfstruppe männlicher Bewunderer um sich. Ein amerikanischer Wildwasser-Kanulehrer, der mit seinem Vater in Bahía de los Ángeles Urlaub machte, drillte uns im flachen Wasser unweit seines Strandlagers in Sachen Sicherheit. John Weed war etwas über vierzig, bärtig und von sehniger Gestalt. Merklich hinkte er. Da er Lust auf ein Abenteuer hatte, bot er an, uns als Führer zu begleiten, und lieh mir sein Ersatzkajak zur Ergänzung der drei Sit-on-Tops, die wir vor Ort hatten mieten können.

Durch John, der offensichtlich ahnte, dass sich eine Katastrophe anbahnte, lernten wir schließlich auch Ed Gillette kennen, einen weiteren erfahrenen Kajakfahrer, der sich dadurch einen Namen gemacht hatte, dass er in sechzig Tagen von Kalifornien nach Hawaii gepaddelt war. Ed landete eines Abends mit einer zahlenden Kajakgruppe im Schlepptau am Strand und übergab uns seine Bibel für die Region, einen nautischen Almanach, der alle Informationen enthielt, die verhindern konnten, dass wir früher als unvermeidlich ertranken: Gezeitentabellen, Karten, Strömungsstärken und -richtungen, jahreszeitliche Windmuster und so weiter.

Die Begegnung mit dem Vater-Sohn-Duo Gil und Javier Romero, die anboten, unsere Räder und den Rest der Ausrüstung in ihrem Fischerboot nach San Francisco zu transportieren, machte die Sache komplett. Im Gegenzug brachten wir einen Tag damit zu, das Dach ihres Hauses neu zu teeren – ein ziemlich vorteilhaftes Geschäft für uns.

Fünf Tage nachdem wir mit nichts als schrundigen Hintern und ein paar verschwommenen Ideen im Kopf angekommen waren, stachen wir in See. Wir paddelten in Formation über die spiegelglatte Bahía de los Ángeles auf die fünf Seemeilen östlich gelegene Isla Cabeza de Caballo (Pferdekopfinsel). Ollie und Carole saßen in einem blauen Doppel-Sit-on-Top, ihre Schlafsäcke und trockene Kleidung in Müllsäcken aus Plastik verstaut und mit Spanngurten gesichert. Theresa und Jenny paddelten in Einzelbooten, eines lila, eines gelb. Jenny wirkte beim Umstieg aufs Wasser genauso verängstigt wie vor vielen Wochen, als wir auf dem Fahrrad Monterey verließen. Der Einzige von uns, der sich eindeutig wohlfühlte, war John, der in seinem Wildwasserkanu mühelos dahinglitt, eine Art Kentaur, halb Mensch, halb Boot.

Hinter uns erhoben sich die ausgedörrten Hügel der Baja über den weiß getünchten Gebäuden der Stadt. Ich hielt inne, um ein Foto zu machen, und saß dann da und sah zu, wie die anderen davonzogen wie Motten, angezogen vom Licht der aufgehenden Sonne. Paddelblätter hoben und senkten sich im Gegenlicht. Der Anblick von Theresas Silhouette zur Rechten versetzte mir einen Stich. Die gesamte Zeit in Bahía über war sie auf Distanz geblieben. Sieht aus, als wären wir jetzt wieder bloß Freunde, dachte ich kläglich.

Aus der Nähe betrachtet, hatte die Isla Cabeza de Caballo überhaupt nichts, was auch nur im Entferntesten an ein Pferd erinnert hätte. Nur ein paar abgeschlagene Köpfe von Haien grinsten uns am Strand dämonisch an, Überreste, die Fischer weggeworfen hatten. Hier und da verwesten Kadaver an seichten Stellen. Der Tod schmückte das felsige Ufer. Und als ich ein Stück höher kletterte, um unsere Route küstenabwärts auszuspähen, sah ich mich plötzlich dem frisch abgetrennten Kopf einer Möwe gegenüber, der in einer Mulde in der Klippe lag und mit leblosen Augen aufs Meer hinausstarrte.

Etwas erschüttert, aber entschlossen, uns die Abfahrtseuphorie nicht verderben zu lassen, bestieg die Gruppe wieder die Boote und begann sofort eine wilde Wasserschlacht. Mit den Paddeln bespritzten wir einander und johlten vor Freude. Ich blieb mit dem Ruderblatt hängen und stand augenblicklich kopf, strampelte im eiskalten Wasser. John hatte uns beigebracht, was man in so einem Fall tut – man schlägt auf die Unterseite des Bootsrumpfs. Das fiel allen sofort ein, aber keiner konnte rechtzeitig manövrieren. Meine Lungen drohten zu bersten. Ich musste den Klettverschluss der Spritzdecke öffnen und aussteigen.

Nach drei Stunden Paddeln bibberte ich immer noch. Der Tag hatte strahlend begonnen, doch nun war es bedeckt, die Sonne hatte sich hinter eine undurchdringliche Wolkendecke verzogen. Das glasklare Wasser nahm die Farbe von Rotwein an, und eine steife Brise zerrte an meinem T-Shirt und zog mir den letzten Rest Wärme aus dem Körper.

»Alles klar?«, fragte Theresa, die neben mir fuhr. »Du lieber Himmel, du bist ja käseweiß!«

»Ich friere«, stieß ich hervor.

Der Rest unserer Truppe hatte bereits die nächste Landzunge, El Pescador, umrundet und war außer Sichtweite. Sie wollten das Lager errichten, ehe es dunkel wurde.

Theresa griff mit der freien Hand mein Handgelenk. »Der Puls ist ein bisschen schwach«, sagte sie beunruhigt. »Wahrscheinlich bist du unterkühlt vom Kentern. Du solltest besser an Land gehen, Jase. Die nassen Sachen ausziehen.«*

Die Sandstrände rund um Bahía waren hier, weiter südlich, faustgroßen, scharfkantigen Felsbrocken gewichen. Ungeschickt landete ich an, zerrte mein gelbes Kajak bis zur Flutmarke, zog mich aus und kroch nackt in meinen Schlafsack.

Eine Minute später hörte ich Steine scheppern und sah, dass Theresa ihr Boot neben meines zog. Dann stakste sie barfuß zu mir herüber. Selbst mit dem unvorteilhaften Kajakshirt, das um ihre Taille schlabberte, sah sie wunderschön aus.

»Geht's besser, Jase?«

---

* Unterkühlung (Hypothermie) ist Todesursache Nummer eins im und am Wasser: Die Kerntemperatur des Körpers sinkt ab, die Extremitäten werden blau, die Haut wird fleckig, der Puls schwach und unregelmäßig. Bei unter 25 Grad Celsius erstarren die Pupillen, und die Reflexe hören auf. Dann kommt es rasch zu einem Herzstillstand und zum Tod.

Meine Zähne klapperten immer noch. Steve hatte recht: Bei Kälte war ich zu weniger als nichts zu gebrauchen. Vergiss die Beringstraße, dachte ich verbittert. Ich schaffe es noch nicht mal, im Frühling den Golf von Kalifornien zu überqueren, ohne mich zu Tode zu frieren.

»Werde … einfach nicht warm«, murmelte ich und blies heftig in die Falten meiner Kapuze.

Der Reißverschluss wurde geöffnet. Kalte Luft drang in den Schlafsack.

»Was zum …?«

Theresas Körper war warm und weich. Sie war nackt, ihre Haut roch leicht nach Salz und Lavendelseife. Ich schlang die Arme um ihre Taille, vergrub mein Gesicht an ihrem Hals und schmiegte mich an sie.

Gott segne die Unterkühlung, dachte ich und lächelte.

*

So begannen zehn Tage hemmungslosen Schwelgens à la Serge Gainsbourg: Sea, Sex and Sun, ein berauschender Cocktail, wenn er richtig gemischt wird.

Bei Tage paddelten wir durch das smaragdgrüne Meer, begleitet von Herden tanzender Delfine und ängstlicher Robben, die ihre bartbewehrten Schnauzen aus dem Wasser streckten, um zu schnauben und zu prusten wie erschrockene Pferde. Schwärme silberbäuchiger Makrelen, die wir aus den Tiefen aufstörten, verwandelten auf dem mittleren Abschnitt der Fahrt das Meer gelegentlich in einen brodelnden Kochtopf. Tölpel begeisterten uns mit tollkühnen Sturzflügen, bei denen sie die Flügel erst in letzter Sekunde anlegten. Und einmal, als Theresa und ich lachend und scherzend zusammen paddelten und dabei Zeilen aus Johnny Cashs *A Boy Named Sue* plärrten, hörten wir im milchigen Dunst unverkennbar das Blasen eines Wals. Noch zwanzig Minuten straffes Paddeln, und wir gerieten in eine Familie von Finnwalen, die von den Lagunen, in denen sie gekalbt hatten, südwärts unterwegs waren. Sie tauchten auf Kollisionskurs auf, einer hinter dem anderen, und einen angespannten Moment lang sah es aus, als würden sie uns rammen. Das Leittier nahm, nur einen Steinwurf von uns entfernt, einen letzten tiefen Atemzug und tauchte dann ab, gefolgt von den anderen. Zurück blieb nur ein schaler, übler Geruch.

Gelegentlich fanden sich an der Küste kleine Wunder, wie die Höhle, die Ollie eines Morgens entdeckte. Ein Tunnellabyrinth führte zu einer natürlich entstandenen Felskathedrale. Mit zurückgelegten Köpfen glitten wir leise durch die unterirdische Lagune und bestaunten die Granitbögen, die sich über uns spannten. Eine schimmernde Krypta öffnete sich unterhalb, pulsierend mit kaleidoskopischen Scharen sich wiegender Schwämme, Seeanemonen und umherflitzender Fische. Heerscharen von purpurfarbenen und violetten Krabben marschierten die Säulen aus tropfendem Fels hinauf und hinab wie die Spielkartensoldaten in *Alice im Wunderland*. Es war, als würden sich Jacques Cousteau und William S. Burroughs in dem psychodelischen Schulbus aus Tom Wolfes *Der Electric Kool-Aid Acid Test* treffen.

Gegen Ende jeden Tages, wenn wir unser Pensum, siebzehn Seemeilen, fast geschafft hatten, warf John, ein ebenso versierter Fischer wie Paddler, eine Angelschnur aus. Wenn wir unsere Boote an den Strand zogen, zappelten schon Barsche und Schnapper im Eimer. Dann begann das Abendprogramm: Holz sammeln, Feuer machen, Reis oder Couscous kochen und den Fisch auf heißen Kohlen grillen.

Manchmal saßen wir nach dem Essen schweigend da, schauten ins Feuer oder in den Himmel, reichten eine Flasche Tequila, Jose Cuervo Gold, herum und sinnierten über unser außergewöhnliches Glück, in diesem Moment genau hier zu sein und zu tun, was wir taten. Gelegentlich versank die Nacht auch in einem rasenden Getrommel, jeder schlug wie wild auf einen Topfdeckel, eine Bratpfanne oder einen leeren Wasserbehälter ein. Die Kakophonie trieb Scharen von Skorpionen und Wolfsspinnen aus dem Treibholz, die über unsere sandigen Zehen krabbelten, woraufhin das Franzosenpärchen wie am Spieß kreischte und sich in Sicherheit zu bringen versuchte.

Aber die schöne Zeit währte nicht ewig. Als wir uns dem Fish Camp bei San Rafael näherten, kam es zu Spannungen – es ging um die Häufigkeit der Pausentage. John, den anfangs wippende Brüste und freizügige Nacktheit bei Laune gehalten hatten, regte sich zusehends über unsere Urlaubsbummelei auf.

Am Morgen des elften Tages erwachten wir vom Geräusch eines Motorboots, das seinen Schatten über den Strand warf. Gil und Mario steuerten die *Acapulco,* auf der Suche nach uns. Das Boot war beladen mit Fahrrädern, Essen und Trinkwasser in 200-Liter-Fässern. Jenny paddelte zu ihnen hinaus, während der Rest am Strand herumlief und darüber stritt, wie wir am besten alles entluden. In der Zwischenzeit frischte der Wind auf.

Zehn Minuten vergingen. »He, Leute!«, rief Gil. »Wir müssen rüber zur Bucht bei San Francisquito. Einen Unterschlupf finden, bevor dieser Wind zum Unwetter wird.«

Aber es war schon zu spät. Wie die Hand Gottes kam El Norte herangefegt und peitschte das Meer zu drei Meter hohen Wellen auf. Gil gab Vollgas und warf das Ruder scharf herum. Ich stand gerade mit dem Rücken zu ihnen, als es passierte, darum hörte ich bloß, wie Ollie »*Merde*« flüsterte. Als ich mich daraufhin umdrehte, sah ich gerade noch, wie die *Acapulco* mit fünfzehn Knoten vom Kamm einer Welle trudelte und kieloben in einem Vorhang weißen Schaums landete.

Dann war der Teufel los.

John hatte sein Boot als Erster im Wasser, wie wild stach er mit dem glitzernden Paddel ins Wasser. Ollie und ich schnappten uns Schwimmwesten, bevor wir den Doppelsitzer wie einen Zweierbob ins Wasser schoben. Carole rannte splitternackt am Strand auf und ab, wedelte mit den Armen und schrie: »O Scheiße! O Scheiße! O Scheiße!«

Theresa war nirgendwo zu entdecken, wahrscheinlich irgendwo in den Dünen unterwegs, um Fotos zu machen.

Es war ein Wunder, dass niemand ertrank. Jenny, die zum Zeitpunkt des Kenterns schon auf der *Acapulco* gewesen war, wurde von John auf seinem roten Einer zuerst in Sicherheit gebracht. Als Ollie und ich das Boot erreichten, versuchten sich Gil und

Mario mit letzter Kraft an ihm festzuklammern, mit nackten Pobacken und im Wind flatternden Sombreros.

Am Ende war die *Acapulco* das einzige zu beklagende Opfer. Die Stunden vergingen, während wir sie in wachsender Verzweiflung aufzurichten versuchten, während sie auf die Felsenriffs windabwärts zutrieb. Abends konnten wir nur noch hilflos das schreckliche Schauspiel verfolgen, wie ein Boot, jene hybride Persönlichkeit aus Holz, Harzen und Träumen, an den Felsen zu Bruch ging.

Eines muss man Gil lassen: Angesichts des ganzen Fiaskos blieb er die Ruhe selbst. Niemand sei zu Tode gekommen, betonte er, und alles Übrige sei bloß einfach nur Zeugs – ersetzbar also. »Außerdem«, fügte er beinahe fröhlich hinzu, »habe ich im Lauf der Jahre an dieser Küste schon einige Boote geschrottet. Vielleicht habt ihr auf dem Weg hierher das eine oder andere Wrack gesehen.«

Hatten wir. Ganz schön viele sogar, sechzehn insgesamt, gestrandet wie sonnengebleichte Walskelette.

Unabhängig von Gils Talent zum Schiffbruch war eigentlich ich schuld am Untergang der *Acapulco*. Demokratie ist eine hübsche Idee, wenn man sie sich zeitlich leisten kann, aber wenn die Kacke am Dampfen ist, hängt die Rettung von Leben und Ausrüstung oft davon ab, dass eine Person das nötige Machtwort spricht. Das hätte ich mir schon auf dem Atlantik hinter die Ohren schreiben sollen. Jetzt würde ich es niemals mehr vergessen.

Drei geschlagene Tage hielt uns El Norte in den Dünen fest. An Weiterfahrt war nicht zu denken. Ein provisorischer Unterschlupf, den wir aus Paddeln und einer geborgenen Plane gebaut hatten, schützte uns vor Wind, Sonne und umherfliegendem Sand. Eines der 200-Liter-Fässer mit Trinkwasser wurde an Land gespült, außerdem etliche Päckchen benzindurchtränkter Kekse. Am zweiten Nachmittag kam ein junger Fischer mit schwarzen Locken und zerrissenem Rollkragenpulli in unser Lager marschiert. Er trug ein mit Tintenfischen, Hummer und Kalmaren gefülltes Netz. Gustavo war schüchtern und sprach kein Wort Englisch. Am nächsten Abend tauchte er wieder auf – fast zehn Kilometer betrug der Weg hin und zurück vom Fish Camp zu uns. Diesmal hatte er Gelbschwanz-Schnapper dabei. Er weigerte sich, für seine Gaben auch nur einen einzigen Cent zu nehmen. Nachdem er den Fisch entschuppt hatte, hockte er sich ans Feuer, strich sich über den rabenschwarzen Schnurrbart und plauderte auf Spanisch mit Carole.

»Er sagt, er pflege eine alte Tradition«, übersetzte Carole. »Jenen zu helfen, die in Seenot geraten sind.«

An diesem Abend streiften in der Nähe Kojoten herum, kläfften und heulten. John erwachte in den frühen Morgenstunden und sah eine dunkle Gestalt über Marios schlafender Silhouette stehen. Morgens waren überall Spuren von diesem nächtlichen Besuch zu sehen. Ein Zwanzig-Liter-Kanister mit kostbarem Trinkwasser lag durchlöchert am Strand, und ein stibitzter Energieriegel war gekaut und voller Ekel ausgespuckt worden. Als Carole ihr Kajak inspizierte, stellte sie fest, dass ein Beutel mit teuren französischen Dessous fehlte, was uns Gelegenheit zu einer spannenden Reizwäsche-Schnitzeljagd über den ganzen Strand bot. Die Kojoten der Baja waren in Sachen Energieriegel und Wäsche offenbar sehr wählerisch.

*

Nach diesem Vorfall änderte sich etwas in der Gruppendynamik. Keiner sprach darüber, aber das Kentern der *Acapulco* war das Signal, dass die Party vorbei war. Schluss damit, faul in der Sonne herumzuliegen und sich Busen und Hintern zu bräunen. Ollie und Carole verkündeten, dass sie genug vom Kajakfahren hatten. Nach unserer Ankunft in San Francisquito nahmen sie ihre Fahrräder und machten sich auf gen Süden, nach La Paz. Dort wollten sie die Fähre nach Mazatlán nehmen und sich mit uns an der Straße nach Guadalajara treffen. Auch Jenny lechzte nach einer Veränderung. Sie war inzwischen flügge und wollte ohne festen Plan auf eigene Faust losziehen, ihre eigenen Abenteuer erleben.

»In der Gruppe muss man ständig Kompromisse machen«, stellte sie traurig fest. »Mir war vorher nicht klar, wie schwierig das ist.«

Ich machte ein Foto von ihr, bevor sie, Gil und Mario mit einem Kühltransporter nach Bahía zurückfuhren. Ihr ehemals jungfräuliches Expeditions-T-Shirt, das sie am Ende meines Vortrags in Redwood City erstanden hatte, war inzwischen dreckig bis zur Unkenntlichkeit. Auch ihr Fahrrad hatte gelitten: Es war verbeult, zerkratzt und dreckverkrustet. Ich dachte an die Frau zurück, die vor Monaten in Monterey gestartet war, mit nagelneuer Ausrüstung und weißen, schlaffen Beinen. Der Grünschnabel hatte dermaßen überfordert gewirkt, dass ich mich insgeheim gefragt hatte, wie weit diese Frau wohl kommen würde. Auf dem »Nachher«-Foto, das sie mit Theresa unter einer strohgedeckten Hütte zeigte, einer *palapa*, war sie ein ganz anderer Mensch. Braun gebrannt und dreißig Pfund leichter, strahlte sie mit ihrem frechen Lächeln jede Menge Selbstbewusstsein aus.

So nahmen nur John, Theresa und ich die knapp hundert Kilometer nach Bahía de Kino auf der Festlandseite in Angriff. In letzter Minute tauchte noch Gustavo auf und bettelte, mitkommen zu dürfen. Seinem zweisprachigen Freund Berto zufolge hatte er genug vom Leben im Fish Camp und sehnte sich danach zu reisen. Wie hätten wir das ablehnen können, nach allem, was der Fischer für uns getan hatte?

Die erste Etappe umfasste dreizehn Seemeilen bis zur Insel San Lorenzo. Nachdem wir die Gezeitentabellen in Ed Gillettes Almanach studiert hatten, glitten wir um Mitternacht aus der Bucht – Theresa und Gustavo im Zweisitzer, John und ich jeweils allein –, um den Kanal mit seiner raschen Strömung bei Niedrigwasser zu überqueren. Ohne Kompass oder GPS bei Nacht zu navigieren bedeutete, dass nur das Licht des Mondes uns half, den dunklen Landflecken vor uns und Punta San Gabriel hinter uns im Auge zu behalten. Es war noch dunkel, als wir am felsigen Ufer anlegten und völlig erledigt auf unsere Luftmatratzen sanken. Die nächste Ebbe würde in sechs Stunden sein.

Am Tag darauf, als es zu dämmern begann, fuhren wir auf der Suche nach einem Schlafplatz die Nordspitze der Isla Esteban entlang, der mittleren Insel. Ein Stück Strand oberhalb der Flutmarke tauchte im Zwielicht auf, aber irgendetwas kam uns seltsam vor. Bewegte sich der Strand? Als wir heranpaddelten, zuckte und wand sich der Strand wie eine Leiche voller Maden. Undeutliche Schatten verwandelten sich in Granitblöcke, die sich im Halbdunkel hin und her bewegten. Dann wurde das Bild klar.

Der ganze Strand war voll von schnaufenden, sich gegenseitig rempelnden Seelöwen. Der Gestank war unbeschreiblich.

John und ich hörten auf zu paddeln und beobachteten sie. Die Größeren, wahrscheinlich die Alphamännchen, stürzten sich kraftvoll aufeinander, fletschten die Zähne und bissen sich. Ihre Flanken vibrierten vor Anstrengung. In der Nähe der schwerfälligen Monster zu schlafen schien mir lebensgefährlich. Aber was sollten wir sonst tun? In fünfzehn Minuten wurde es dunkel. Die einzige Alternative war, sich weiter auf die Suche zu begeben – ohne die Garantie, einen anderen Übernachtungsplatz zu finden.

Ich wandte mich John zu. »Wir werden einfach dafür sorgen, dass sie ein bisschen zusammenrücken, was?«

»Also, Jason, diese Tiere sind geschützt, und hier ist ihr natürlicher Lebensraum.« Er warf mir diesen Informationsbrocken im Tonfall eines Schulmeisters zu, der einen Tadel ausspricht. »Wir sollten definitiv weiterfahren.«

John hatte sich selbst gleich zu Anfang zum Sicherheitsbeauftragten ernannt, was ja durchaus in Ordnung war, da sonst keiner von uns eine Ahnung hatte. Aber manchmal ging mir sein Getue zu weit. Gerade waren wir dreißig Seemeilen gepaddelt, in achtzehn Stunden, und Gustavo, der zum ersten Mal in seinem Leben in einem Kajak saß, sah vollkommen erschöpft aus. Wir alle waren müde, hungrig und schon leicht unterkühlt.

Wut stieg in mir auf. »Wir *müssen* aus diesen Booten raus, John.«

»Aber das ist gesetzeswidrig.«

»Scheiß auf das Gesetz. Wir sind in Mexiko!«

»Das heißt nicht, dass wir tun können, was wir wollen.«

Zu jedem anderen Zeitpunkt hätte ich bereitwillig zugegeben, dass John recht hatte. Es gibt nichts Schlimmeres als Gringos, die ins Land einfallen und sich danebenbenehmen. Doch diesmal brachten mich seine Belehrungen auf die Palme. Seit unserer Abfahrt aus Bahía de los Ángeles waren wir immer wieder wegen wichtiger Entscheidungen aneinandergeraten. Seine kühle Besserwisserei in der Frage mit den Seelöwen war der Tropfen, der das Fass zum Überlaufen brachte.

»Das ist Bullshit, John.«

»Ruhig Blut, Jason. Du hörst dich langsam an …«

»Wie?«

»Wie ein Ökoterrorist.«

Ein Ökoterrorist? Vor Zorn blieb mir jede Antwort im Hals stecken.

»Hey, hey, was ist denn los?«, fragte Theresa, die mit Gustavo aufgeschlossen hatte. Ich stand kurz davor, zu explodieren wie der Krakatau, daher hielt ich den Mund, während John ihr das Dilemma schilderte. »Jason meint, wir sollten die Seelöwen vom Strand vertreiben, damit wir uns ausruhen können. Ich meine, wir sollten weiterpaddeln. Vielleicht gibt es gleich um die Ecke noch einen weiteren Strand. Das hier ist der Lebensraum der Seelöwen. Wir dürfen sie nicht stören.«

Theresa verdrehte die Augen. Auch sie war erschöpft, und sie und John waren sich sowieso nicht grün.

»Hör zu, John«, sagte ich eisig. »Das sind Seelöwen. Sie leben im Wasser. Sie können sich einfach einen anderen Platz suchen.«

Seinem gequälten Gesichtsausdruck nach zu schließen, bereute der Kajaklehrer inzwischen, uns überhaupt begleitet zu haben. Betrübt sah er erst Theresa, dann mich an. »Was ist bloß los mit euch? Dauernd gibt es irgendwelche Streitereien, besonders mit dir, Theresa. Es kommt mir vor, als müsstest du alles infrage stellen, was ich sage.«

Das war ein Fehler, und er wusste es. Die hitzköpfige Diva reckte das Kinn und legte los. »Tja, wir sind mit dem Kajak nicht so geübt wie du, John. Wie es den anderen geht, weiß ich nicht, aber ich bin jedenfalls total erledigt.«

Eine heftige Unruhe unterbrach uns, begleitet von einem lauten Bellen und Platschen. Geröll polterte los. Gustavo, der still gewartet hatte, dass *los gringos locos* ihre Auseinandersetzung beendeten und ein Lager aufschlugen, hatte schließlich die Geduld verloren, war ins Wasser geglitten, zum Strand marschiert und hatte die Seelöwen in die Brandung gescheucht.

Augenblicklich war die Situation entschärft. Als einheimischer Fischer, der diese Inseln oft besuchte, hatte Gustavo zweifellos einen Großteil seines Lebens mit den Seelöwen verbracht. Die harte Realität, die es bedeutete, dem Meer seinen Lebensunterhalt abzutrotzen, bot nicht den Raum, Konsens in langwierigen Diskussionen zu suchen. Ebenso wenig war sie geeignet, jeden Seelöwen im Nordpazifik mit universeller Liebe und Güte zu überschütten. Und was hätten wir anderen dazu schon sagen sollen?

*

Am folgenden Nachmittag – vielleicht ein göttlicher Vergeltungsschlag für internationale Verbrechen gegen Seelöwen – explodierte der Campingkocher und verbrannte mir das halbe Gesicht. Schuld war ein kaputter Dichtungsring am Brennstoffkanister. Nachdem ich durch Pumpen Druck aufgebaut hatte, zündete ich den Brennstoff in der Vorheizschale an, als ein Strahl Benzin herausspritzte – direkt in Richtung meiner rechten Gesichtshälfte. Den Bruchteil einer Sekunde später stand mein Kopf in Flammen.

Ich weiß nur noch, dass ich verzweifelt auf den Strand schlug und versuchte, mein Gesicht im Sand zu vergraben, um die Flammen zu löschen. Aber es gab keinen Sand, nur Steine, und das Benzin brannte weiter, bis mein Fleisch Blasen warf und die Konsistenz von Luftpolsterfolie annahm.

Mit Verbrennungen zweiten Grades und nur dem notwendigsten Verbandsmaterial ausgerüstet, war es nicht sicher, ob wir es bis nach Kino schafften, bevor eine Infektion ausgelöst wurde. El Norte hatte jedenfalls, keineswegs überraschend, andere Pläne. Während wir nach Dog Bay an der Südseite der letzten Durchgangsinsel Isla Tiburón paddelten, schlug der gemeine Nordwind mit all seiner inzwischen schon gewohnten grausamen Wildheit zu.

Eine aus Treibholz zusammengenagelte Fischerhütte bot so etwas wie Schutz (unsere Zelte hatten wir in San Francisquito gelassen, um Gewicht zu sparen). Das Dach schepperte, die Wände knarrten, und die Stimmung der Gruppe näherte sich langsam dem Tiefpunkt. John und ich sprachen so gut wie nicht mehr miteinander, und Gustavos verkniffene Miene deutete darauf hin, dass das Leben im Fish Camp ihm mit jeder Minute attraktiver schien. Sogar die Geschichte mit mir und Theresa war auf dem absteigenden Ast, weil Theresa frustriert war, dass sie mit Gustavo im Zweier sitzen musste statt mit mir. Zu allem Überfluss war das Trinkwasser so gut wie aus. Wir hatten die Zeit zu knapp kalkuliert und zu wenig Notreserve eingeplant.

Am nächsten Morgen heulte der Wind immer noch, und Schaum verteilte sich in der Bucht. John und Gustavo suchten die umliegenden Hügel nach einer bestimmten Kaktusart ab, die viel Wasser speichert. Aber die wenigen Exemplare *Ferrocactus covillei*, die sie fanden, waren zu klein, um uns wirklich zu versorgen. In dieser Nacht hatte ich, während die anderen schliefen, mit Destillation experimentiert: Ich hatte in unserem Kochtopf, den ich mit einer Camelbak-Wasserblase verbunden hatte, Salzwasser gekocht und die Schläuche durch kaltes Meerwasser geführt, um den Dampf zu kondensieren. Nach zwei Stunden Plackerei am offenen Feuer – mit versengten Fingern, während aus meinen Verbrennungswunden Flüssigkeit in die Flammen tropfte – hatte ich eine einzige Tasse voll salzfreies Wasser gewonnen. Ich weckte Theresa, um ihr die gute Nachricht mitzuteilen. »Schau!«, flüsterte ich und stellte den Becher neben ihr Gesicht. »Ist nicht viel, aber wenigstens werden wir nicht verdursten.«

»Yrrrphhhmmmm. Wa… was ist los, Jase?«

Gähnend streckte sie die Arme über den Kopf und stieß dabei den Wasserbecher um. Bis das lebensrettende Elixier im Sand versickert war, schlief sie schon wieder tief und fest.

Der dritte Tag brach an, ohne eine Änderung zu bringen. Wir lagen vollkommen regungslos in der Hütte und atmeten nur durch die Nase, um die Verdunstung zu reduzieren. Durst ist ein rasender Tyrann, ein alles verzehrender Dämon, der sämtliche Vernunft verschlingt und jeden anderen Gedanken, jede Sorge auslöscht. Eine halb leere Literflasche Cola stand, zurückgelassen von einem früheren Nutzer, in einer Ecke. Zweifellos war ihr Inhalt schal und lauwarm, aber die Flasche nahm in meiner Vorstellung obszöne Proportionen an. Und ich begann sie überall zu sehen: unter dem Dach, auf meinen Augenlidern, wenn ich döste. Wurde ich wach, nachdem ich in meinen Träumen eiskalte Erfrischungsgetränke heruntergestürzt hatte, nahm ich als Erstes die reale Flasche ins Visier – allmächtig, alles durchdringend, omnipotent wie das Leben selbst.

Aber niemand wagte sie anzurühren. Keiner wollte als Erster klein beigeben.

Am späteren Nachmittag sah es aus, als würde El Norte nachlassen. Unser Wetterfenster, endlich! Allerdings kam nicht infrage, in unserem geschwächten Zustand und ohne Wasser die zweiundzwanzig Seemeilen nach Kino zu paddeln. Zweimal hörten wir in der Ferne das Geräusch von Außenbordmotoren. Zweimal stolperten wir aus der Hütte und rannten auf die nächste Landzunge, winkend und rufend. Beide Male waren unsere Bemühungen vergeblich, die zigarrenförmigen *pongas* setzten ihren Kurs über das silbrige Meer unbeirrt fort.

»Mistkerle!«, fluchte Theresa. »Das letzte Boot war ganz sicher nah genug, um uns zu sehen.«

»Die Sache ist die – sie transportieren auf diese Weise Drogen von Südamerika«, sagte John düster. »Auch Waffen. Wir haben nichts, was die brauchen könnten. Und ihrer Erfahrung nach kann es sein, dass wir sie in einen Hinterhalt locken wollen.«

John, Gustavo und ich gaben uns geschlagen, stapften zurück zur Hütte und fanden uns damit ab, die folgenden Tage mit dem Destillieren von Meerwasser zuzubringen, um die Überfahrt zu schaffen. Inzwischen lief Theresa allein davon, angeblich, weil sie Zeit zum Nachdenken brauchte.

Ein wenig später hörte ich das hohe Dröhnen eines weiteren Motors, bloß dass das Fahrzeug diesmal näher zu kommen schien, statt sich zu entfernen. Ich streckte den Kopf aus der Hütte. Tatsächlich brauste eine *ponga* auf uns zu. Doch erst als ich die Spitze der Landzunge erreicht hatte, sah ich, warum. Am Strand stand Theresa, sprang auf und ab und schwenkte etwas in der Luft.

Ihren Rock.

*

Wir saßen im Schatten einer roten Bougainvillea im Garten von Chi Chi und Marylin, als die Nachricht über ihr Kurzwellenfunkgerät kam. Javiers *ponga* sei auf dem Weg von San Francisquito, um unsere Räder zu bringen und die Kajaks abzuholen. Später am Nachmittag würde er bei uns eintreffen.

Die Zeit wurde knapp. Theresa musste sich auf die eine oder andere Weise entscheiden. Entweder kehrte sie in ihr früheres Leben mit Ian zurück, oder sie fuhr mit mir gen Süden.

Drei Tage zuvor hatten wir, nachdem sie eine verdutzte *ponga*-Crew davon überzeugt hatte, dass wir Wasser brauchten und es nicht darum ging, eine halb nackte *gringa* zu retten, die Überfahrt nach Bahía de Kino in wenig mehr als vierzehn Stunden geschafft. Zwei Amerikaner, Chi Chi und Marilyn Rodriguez, begrüßten uns am Strand. Sie wussten bereits, wer wir waren.

»Langsam haben wir uns Sorgen gemacht«, sagte Chi Chi und kratzte sich den sonnengebräunten Bauch. »Die von der *Beach Bum* sagten, sie hätten euch vor vier Tagen nahe Esteban gesehen.«

Marilyn und ihr Mann gehörten zur Rescue One, einem inoffiziellen Seenotrettungsdienst für Nichtmexikaner. Diskriminierung hin oder her, es war beruhigend zu wissen, dass wir gesichtet worden waren. Wir verstauten die Kajaks in ihrem Hinterhof und taten in den folgenden achtundvierzig Stunden kaum etwas außer Schlafen und Essen. Eine Tube mit Silbersulfadiazin, einer antibakteriell wirkenden Salbe aus der Apotheke, linderte meine Verbrennungen und beschleunigte den Heilungsprozess.

Ich nahm Theresas Hand. »Du wirst jetzt diejenige von uns beiden sein, die sich entscheiden muss, T. Wenn du nicht sicher bist, ist es vielleicht das Beste ...«

»Das Beste für wen?«, fauchte sie. »Für mich zu gehen? Ist es das, was du willst?«

Nein!, schrie eine Stimme in mir. Natürlich nicht. Ich glaube, ich bin …

Ich drückte ihre Hände. »Ich meine nur, dass es deine Entscheidung sein muss, nicht meine. Was sagt dein Herz?«

Theresa trug das elfenbeinfarbene Kleid, das wir zuvor auf dem Markt gekauft hatten. Sie sah großartig aus, das pechschwarze Haar leuchtete mit dem an ihrem Körper herabfließenden Brautkleidweiß um die Wette. Wir gingen barfuß, Hand in Hand, folgten der Linie des ausgebleichten Strandes zum Treffpunkt, wo John und Gustavo uns erwarten würden. Wellen schwappten herauf, um uns zu grüßen, zischten aufgeregt um unsere Knöchel, um sich dann wieder ins Meer zurückzuziehen.

»Lieben wir uns«, flüsterte ich ihr ins Ohr. Sie nickte, und wir rannten in Richtung Dünen. Vorbei an farbenfrohen Fischerbooten, die, beladen mit dem Fang des Tages, im flachen Wasser schaukelten. Vorbei an einer Gruppe Jungen, die hastig Fische ausweideten, vorbei an roten Streifen im Sand und aufblitzenden Stahlmessern.

Plötzlich ein Ruf. Ein Junge rannte über den Strand und deutete dabei hinter sich.

»*Señor y Señora! El ponga ha llegado.*«

Und tatsächlich raste ein torpedoförmiges Etwas den Horizont entlang. Eine *ponga*, Javiers *ponga*, gekommen, um John, Gustavo, die Kajaks mitzunehmen – und …

Theresa wandte sich um, die Wangen tränenverschmiert, ein letztes Mal suchte sie mein Gesicht. Wir hatten gefühlt tausend Leben gemeinsam verbracht, hatten, ohne ein Wort zu wechseln, alles gesagt, was zu sagen war. Als ihre Lippen schmal wurden, wusste ich Bescheid.

Am Ufer hob sie die Falten ihres Kleids an, und ich trug sie auf meinen Armen ins wartende Meer, das immer wartende Meer. Salz brannte mir in den Augen, verflüssigte das Licht, alles verschwamm zu einem unzusammenhängenden Schleier. Fest hielt ich den Blick über die wie Tupfer aussehenden und im tieferen Wasser fahrenden Krabbenkutter hinaus gerichtet. Ihre Ausleger mit den Netzen schienen zu winken. Mein Bewusstsein trübte sich ein. Mir war wirr im Kopf.

So darf es nicht enden.

Aber meine Beine bewegten sich weiter, im Takt eines Liedes aus einem Transistorradio, das über die Wellen zu uns getragen wurde:

»Lonely rivers flow to the sea, to the sea.

To the open arms of the sea.«

Als wir die *ponga* erreichten, hob ich Theresa über das Seitendeck hinauf und schüttelte John und Gustavo mechanisch die Hand, taub für das schwarze Loch, das sich in mir auftat wie ein klaffender Schlund. Der Skipper warf den Außenborder an, und weg waren sie, flogen auf die untergehende Sonne zu. Und erst dann, als ihr Gesicht sich in der Nacht verlor, drohte dieselbe mexikanische Nacht mich in den Falten ihres düsteren Umhangs zu ersticken. Das hier laue Wasser des Golfs von Kalifornien stieg mir bis zur Brust wie ein warmes Bad, und der Refrain des verdammten Lieds wiederholte sich – *»And time goes by, so slowly. And time can do so much«*. Er machte den Verlust nur noch schlimmer, der mir ohnehin schon die Füße wegzog und richtig körperlich wehtat. Diese Erkenntnis grub sich in meine Brust wie zackige Klauen, zerquetschte meine Lungen und riss mir das Herz aus dem Leib.

Denn so schnell, wie diese Frau in mein Leben getreten war, so schnell war sie wieder verschwunden. Und erst jetzt, als mir klar wurde, dass ich sie nie wiedersehen würde, merkte ich, wie sehr ich mich in sie verliebt hatte. Ein Wort von mir hätte genügt, und sie wäre geblieben.

*

Ich fuhr Richtung Süden nach Mazatlán, fast tausend lange, heiße, die Kräfte der Seele aufzehrende Kilometer durch die gottverlassenen Wüsten von Sonora und Sinaloa. Die Leute in Bahía de Kino hatten mir erklärt, um diese Jahreszeit wehe der Wind einzig aus Norden. Das war Schwachsinn. Ich hatte die ganze Zeit über Gegenwind, den nichts bremste als ab und zu ein Kaktus.

Aber das spielte kaum eine Rolle. Innerlich starb ich sowieso. Ich brach in Stücke. *Dead man biking.*

Warum radle ich vor der Frau, die ich liebe, davon?, dachte ich verzweifelt. Auf einem uralten Dreigangrad hinein ins Herz Mexikos, wo sich Hase und Kojote Gute Nacht sagen?

Und doch drehten sich die Pedale weiter, einen elenden Tag nach dem anderen.

Nachts schlief ich in Fluttunneln, die unterhalb der Straße lagen, um nicht ausgeraubt zu werden. Tagsüber fuhr ich auf der linken Straßenseite, dem Verkehr entgegen. Das war ein Tipp von Pepe gewesen, den ich kurz hinter der Grenze in Rosarito kennengelernt hatte. Pepe, der früher Arzt gewesen war (»Bevor ich verrückt wurde«), betrieb nun einen Fahrradladen, wo wir anhielten, um Flickzeug zu kaufen. »Wenn ein Autofahrer nicht aufpasst«, erklärte er, »kannst du noch im letzten Augenblick von der Straße herunterfahren. Wenn die Fahrzeuge von hinten kommen, wirst du nie erfahren, welches dich umgebracht hat.«

Ein vernünftiger Rat, aber nicht deshalb hielt ich mich daran. Die Vorstellung, die vorbeizischenden Autos und donnernden Lastwagen könnten mich zur Strecke bringen, versetzte mich in eine Art Euphorie. Sie war Futter für meine Dämonen.

Ein Wort von mir hätte genügt, und sie wäre geblieben.

In dem Städtchen Palmillas war ich am Ende. Akku leer. Ich stand in der Nachmittagshitze da, meine Eier brieten auf dem Fahrradrahmen, und sah einer Gruppe Jungen zu, die eine menschliche Pyramide bauten, um von einer Palme an der Straße Kokosnüsse zu pflücken. Als das ganze Ding dann wie ein Kartenhaus einstürzte, boten sie mir den ersten Schluck ihrer hart erkämpften Beute an. Ob man hier irgendwo übernachten könne, fragte ich in gebrochenem Spanisch. Der jüngste Bursche, Nata, brachte mich zu seinem Onkel, einem Friseur und Tanzlehrer, der gut Englisch sprach.

»Kein *pensione*.« Der Mann lächelte kokett. »Aber wenn du willst, kannst du bei mir übernachten.«

Chon – das war die Kurzform für Ascension – teilte sich einen Bungalow mit seinem ebenfalls unverhohlen schwulen Bruder

Angel. Das Gerücht, die beiden hätten sich einen Gringo-Lover angelacht, verbreitete sich im Städtchen wie ein Lauffeuer. Mir war das egal. Ich hatte andere Pläne.

Nachdem ich das Raleigh-Rad und meine gesamte übrige Ausrüstung bei den zuvorkommenden Brüdern abgestellt hatte, machte ich mich auf den Weg in die Hügel. Ich nahm nichts mit. Kein Essen. Kein Wasser. Keinen Schlafsack. Nur die Kleider, die ich am Leib trug. Ich würde, so hatte ich beschlossen, fasten und um eine Vision bitten, wie der alte Cheyenne Bill es mir bei dem Canton-Lake-Powwow in Oklahoma beschrieben hatte. Mein Dilemma dem Kosmos anheimstellen und sehen, was zur Antwort kam.

Ich trottete auf den Cerro del Muerto zu, was passenderweise »Berg des Toten« heißt, und die Fragen nahmen in mir Gestalt an. Hat die Expedition einen Verlauf zu meinem Besten genommen? Ist sie nur eine Stufe auf dem Weg zur nächsthöheren Ebene meines Lebens – in der ich mit Theresa eine Familie gründe und die Dinge tue, die normale Menschen tun? Oder muss ich so lange Nomade bleiben, wie es braucht, bis ich die ganze Sache verstehe?

Nachdem ich mich sechs Stunden lang messerscharfe Felsschluchten hinaufgequält und dabei an zeckenverseuchten Pflanzen hochgezogen hatte, hievte ich mich über den letzten Rand einer Felsspitze, die ich vom Talgrund aus gesehen hatte. Nachdem ich all meine Kleider und die Wanderschuhe ausgezogen hatte, setzte ich mich neben einen vertrockneten Kaktus und begann zu meditieren.

Der Plan war: zu sitzen. Und zu sitzen. Und zu sitzen. Wahre Visionssuche bedeutet, auf Essen und Wasser zu verzichten, bis die Erleuchtung kommt. Allerdings hatte ich seit Monaten nicht mehr meditiert. Seit unserer Ankunft in San Francisco hatte die unersättliche Expedition – »das Monster«, wie Steve sie nannte – all unsere Zeit und Aufmerksamkeit in Anspruch genommen. Selbst unterwegs gab es kaum eine freie Minute, weil wir inzwischen eine ziemlich geschichtenhungrige Website zu füttern hatten. Es erwies sich als zweischneidige Angelegenheit, die Möglichkeiten moderner Technik in unsere Reise einzubeziehen.

Jedes Mal, wenn meine Aufmerksamkeit abdriftete, führte ich sie geduldig zurück. Dabei half mir wahrzunehmen, wie kalte Luft durch meine Nasenlöcher hineinströmte und angewärmt wieder herauskam. Als die Dunkelheit hereinbrach, begann sich mein Geist, der sich wie eine Qualle anfühlte, langsam zu ergeben. Immer seltener schnappte er sich mit seinen Fangarmen irgendein Bröckchen Gehirnfutter, das vorbeischwamm – Erinnerungen, Wünsche, Bedauern, *Könnte ich doch bloß die Uhr zurückdrehen und es Theresa sagen* und so weiter. Die wohlige Wärme, die durch schlichtes Dasein im Hier und Jetzt in mir aufstieg, füllte mich aus.

Aber da war noch mein alter Freund Durst, der auch sein Recht verlangte. Um Mitternacht hatte er sich in ein tobendes Kleinkind verwandelt, das rücksichtslos durch die Kammern meines Geistes polterte und dabei brüllte und schrie: *Idiot! Was hast du dir dabei gedacht, hier heraufzusteigen ohne Wasser?* Meine Augen traten aus den Höhlen, meine Kehle brannte. Wie ein gestresster Vater stapfte ich ihm hinterher, zehn Treppen hinauf und zehn Treppen hinunter, beschwichtigend, mitfühlend, nachgebend.

Langsam ging die Nacht in den Tag über. Des unaufhörlichen Gebrülls müde, entschied ich mich, nicht mehr mitzumachen. Ich trat einen Schritt zurück und starrte den Durst einfach an, so lange, bis er seinen Würgegriff löste. Von da an hatte ich kaum mehr Probleme mit ihm oder einem von seinen unverbesserlichen Kumpanen, als da sind: protestierende Knie, schmerzender Rücken, knurrender Magen. Ich beobachtete sie einfach als das, was sie sind: Ausgeburten des Geistes, Illusionen, ohne eigene Kraft.

Am Abend des dritten Tages saß ich immer noch da, als der Himmel sich purpurn färbte und Regentropfen auf meine sonnenverbrannten Schultern platschten. Von Süden her kam ein Unwetter auf. Ich zog Shorts und T-Shirt wieder an und flüchtete mich in eine Felsspalte am Nordhang, bis der Wind auf Nordost zurückdrehte und mich zwang, einen neuen Zufluchtsort zu suchen. Die einzige Alternative war die Schlucht. Vorsichtig ließ ich mich von der überhängenden Felsnase hinunter und benutzte dabei die Kriechpflanzen, um beim Abstieg nicht die Kontrolle zu verlieren. Der Regen fiel nun in Strömen und verwandelte die Schlucht in rutschigen Schlamm. Plötzlich gab die Schlingpflanze in meiner Hand nach. In freiem Fall stürzte ich ins Dunkel.

Kaskaden von Schlamm folgten mir mindestens dreißig Meter hinunter, dazu scharfrandiges Blattwerk, bis mich ein Nest aus Kriechpflanzen auffing. Ich checkte rasch meinen Körper durch.

Kein ernsthafter Schaden. Glück gehabt.

Trotzdem war meine Lage langsam ziemlich verzweifelt. Ich spähte in die Düsternis und sah vor mir ein tiefes, weit aufgerissenes Maul, einen felsigen Überhang, der in einer flachen Höhle auslief. Es war kein Hilton, aber drinnen war es trocken, und ich war vor dem Wind geschützt. Mein durchnässtes T-Shirt streifte ich ab, um es mir unter den Kopf zu legen, dann rollte ich mich zu einer Kugel zusammen, um die Wärme im Körper zu halten.

Das Unwetter ließ in den frühen Morgenstunden nach. Beim ersten Tageslicht mobilisierte ich meine letzten Reserven und kletterte erneut den Steilhang hinauf zu meinem alten Platz. Zum Sitzen war ich inzwischen zu schwach, also legte ich mich auf die Seite und saugte die ersten Sonnenstrahlen in mich auf, beobachtete Adler, die mit der Thermik höher stiegen oder absanken, und Paradiesvögel, die weit unten zwischen den Baumkronen in lauten, ausgelassenen Schwärmen lachend und kreischend herumflatterten.

Es war der Morgen des vierten Tages. Ich hatte um eine Vision gebeten, aber es war keine erschienen. Keine göttlichen Offenbarungen. Keine Erleuchtung. Die ganze Sache war totale Zeitverschwendung gewesen.

Entweder du machst dich jetzt auf den Rückweg, sagte ich mir, oder du riskierst, so schwach zu werden, dass du es nicht mehr schaffst.

Zum letzten Mal ließ ich mich in die Schlucht hinunter und begann mit dem Abstieg. Hielt ich mich irgendwo fest, prüfte ich erst, ob der Halt sicher war. Langsam wurde es weniger steil, und dann fand ich mich auf einer Kammlinie wieder, von der es links und rechts steil abwärtsging. Jetzt war äußerste Umsicht vonnöten, um nicht danebenzutreten – eine Zen-Konzentrationsübung.

Ganz vorsichtig erst den Ballen aufsetzen … dann die Sohle … danach die Ferse … Körpergewicht verlagern … Druck auf den Ballen ausüben … Ferse heben … Fuß nach vorne strecken …

Ein Fehler, und ich würde in der Schlucht landen.

Ballen – Sohle – Ferse … Ballen – Sohle – Ferse …

Es wurde zum Mantra, jeder Schritt eine Meditation. Ganz unverhofft befand ich mich plötzlich auf einem Trampelpfad, der beißende Geruch von Dung und der süße Duft trockener Erde nach einem Regen stiegen mir in die Nase.

Ballen – Sohle – Ferse … Ballen – Sohle – Ferse …

Felder machten weiß getünchten Häusern Platz, die von Dornenhecken eingefasst waren. Ein alter Mann, der in einer Tür stand, winkte mich heran.

»*Señor. Venga.*«

Die Wände seines Heims waren kahl. Er war sehr arm. Die Jungfrau von Guadalupe blickte von ihrem Platz in der Ecke misstrauisch auf mich herab.

»*Esperamos por usted.*« Wir haben dich erwartet.

Man bot mir weißen Reis und Wasser an und bedeutete mir, ich solle mich auf einem Feldbett ausruhen. Acht oder mehr Stunden waren vergangen, seit ich den Felsen verlassen hatte, und doch hatte ich keinerlei Erinnerung an den Weg.

Ich schlief. Und träumte.

Als ich erwachte, war es dunkel, aber der Traum war ganz klar. Ich befand mich auf dem Atlantik, schaukelte in der gemütlichen Enge des Rattenlochs hin und her und lauschte den Geräuschen des Meeres. Bald würde ich mit Strampeln an der Reihe sein. Ich wusste nicht, wie weit wir schon waren und wie viel wir noch vor uns hatten. Alles, was ich wusste, war, dass alles war, wie es sein sollte. Alles, was ich tun musste, war strampeln.

Mir über die Expedition und Theresa den Kopf zu zerbrechen war sinnlos, das wurde mir nun bewusst. In der Liebe hängt alles vom Timing ab, und der Zug war nun abgefahren. Die Vergangenheit konnte die Zukunft nicht zurückbringen, und die Zukunft würde immer bloß ein Gedanke bleiben. Beides sind Illusionen. Real ist nur die Gegenwart.

Ballen – Sohle – Ferse … Ballen – Sohle – Ferse …

Würde ich mich weiterhin in die Gegenwart versenken, würden Entscheidungen von selbst getroffen werden, die Zukunft würde sich manifestieren, wie bei meinem Abstieg vom Cerro del Muerto. Schließlich hatte ich nicht die falsche Entscheidung getroffen und war in die Schlucht gestürzt. Ohne dass sich mein Kopf mir in die Quere stellte, hatte ich komplizierte Manöver bewerkstelligt und war heil dort angekommen, wo ich sein sollte.

Im Hier und Jetzt.

TAGE IN MONTEREY

PIRATEN WERDEN NICHT VERHAFTET

Darin gleicht eine Reise der Ehe: Die sicherste Art zu scheitern ist zu meinen, man habe sie fest im Griff.

– JOHN STEINBECK, *Die Reise mit Charley*

Ich blieb vorerst in Palmillas, um mich von meinem selbstgewählten Martyrium zu erholen. Chon und Angel umsorgten mich wie rivalisierende Eheleute und brachten mich mit ihren großartigen Kochkünsten im Nu wieder auf die Beine. Nata und seine Freunde von der Sekundarschule drehten inzwischen einen Film für das Videoaustauschprogramm und fotografierten für das Projekt, das Theresa in Baja ins Leben gerufen hatte. Dann belud ich mein Raleigh-Rad, erpicht darauf, Ollie und Carole aufzuspüren. Aber die Nachricht, die im Postamt von Matzatlán auf mich wartete, war enttäuschend. Ihnen war das Geld ausgegangen, und sie waren nach Europa zurückgekehrt, um sich einen Job zu suchen.

Also fuhr ich allein weiter Richtung Peru, arbeitete unterwegs mit den unterschiedlichsten Jugendgruppen – von Graffitikünstlern mit Skateboards in Mexiko City bis hin zu den eingeborenen Quiché, die zur Großgruppe der Maya gehören und im Hochland von Guatemala in Lehmhütten leben. Ihr Dorf lag einen Tagesmarsch entfernt von der nächstgelegenen Stromquelle, an der man die Kameraakkus aufladen konnte. In Guatemala City heftete der Direktor einer von gewalttätigen Gangs heimgesuchten Schule bloß einen Zettel für mich an seine verschlossene Bürotür, auf dem er mir Glück wünschte. Und in El Salvador ruinierte ich mir zwei Reifen und musste einen Riesenumweg durchs Hinterland des Distrikts San Miguel machen, um eine der UNESCO angeschlossene Einrichtung zu erreichen.

Kaum zu glauben, aber keine einzige Kamera wurde beschädigt oder gestohlen. Ein kleines Drama gab es nur, als ich in einer katholischen Mädchenoberschule in Mexico City um Freiwillige für den Videoaustausch warb. Zu diesem Zeitpunkt hatte ich schon vollkommen vergessen, dass ich für den Tapón del Darién ein zartrosa Flatterkleidchen dabeihatte. Es steckte ganz unten in einer meiner Satteltaschen und polsterte die Ersatzvideokamera. Ich sprach vor der ganzen Schule, etwa 500 heranwachsenden Mädchen und diversen Nonnen und Lehrerinnen, und erinnerte mich erst dran, als ich das Bündel bereits aufgewickelt hatte. Doch da war es schon zu spät. Schallendes Gelächter brach aus, und die Farbe meines Gesichts konnte es mit der des Kleides aufnehmen.

In Tegucigalpa, der Hauptstadt von Honduras, erwarteten mich wieder schlechte Nachrichten – diesmal von Steve. Er und Eilbhe waren aus Irland zurück und bereits in Quito, Ecuador, wo sie sich auf die Pazifiküberquerung vorbereiteten. Das ecuadorianische Innenministerium hatte vor Kurzem eine Warnung herausgegeben, dass 1997 eines der schlimmsten El-Niño-Jahre werden würde. Massive Flut- und Sturmflutschäden drohten entlang der Küste, sodass Straßen wie die Panamericana durch Erdrutsch und Unterspülungen unpassierbar werden konnten. Für die Expedition gab besonders die Vorhersage der National Oceanic and Atmospheric Administration (NOAA) Anlass zur Sorge, die vorherrschenden Oberflächenströmungen im Südostpazifik, normalerweise gegen den Uhrzeigersinn, könnten sich umkehren.

Uns blieben also nur zwei Möglichkeiten. Entweder blieben wir in Südamerika und riskierten, unter Umständen zwei Jahre lang in einer Warteschleife zu hängen, bis sich das gewohnte Strömungsmuster, gegen den Uhrzeigersinn, wieder durchsetzte, oder wir zogen uns nach San Francisco zurück und versuchten Australien zu erreichen, indem wir diagonal über den Pazifik strampelten – der ursprünglich weniger favorisierte Plan B.

Schließlich brachen wir die Mittelamerikaetappe notgedrungen ab. Wir hatten ein Jahr verloren und waren fast 8000 Kilometer umsonst unterwegs gewesen.

*

In den ersten Monaten unserer Reise nach Süden durch Amerika hatte die *Moksha* in einem Drahtverschlag gut versteckt hinter dem Monterey Maritime Museum gestanden. So musste Stuart all seinen Charme und seine Erfahrung daransetzen, um potenzielle Interessenten in eine Falle zu locken, aus der sie sich dann mit 20 Dollar für ein T-Shirt oder ihren Namen auf dem Boot wieder freikaufen konnten. Beeindruckt von seiner Beharrlichkeit, willigte Donna Penwell, die Museumsdirektorin, schließlich ein, das Boot prominenter zu platzieren, nämlich vor dem Haupteingang. Von da an kamen die Kunden in Scharen, fasziniert von dem verrückten gelben Ding zwischen Karten und Informationstafeln. Die Besucherzahlen des Museums schnellten ebenso in die Höhe wie die Einnahmen, die halfen, die Expedition über Wasser zu halten.

Kinder wurden dazu angehalten, das Innere der Hauptkajüte mit Kunstwerken und guten Wünschen für die Pazifiküberquerung zu schmücken. »Strampelt weiter, ihr Weicheier. Piraten werden nicht verhaftet«, lautete ein Stimmungsaufheller direkt neben der Zeichnung eines Hais, der den Kopf aus einer Toilettenschüssel streckt, bereit, seine Zähne in jemandes Hintern zu graben. Stuarts Erklärungen, was die Bordtoilette anging, waren offenbar zumindest bei einem Kind durch die Übersetzung etwas falsch rübergekommen.

Wie sich herausstellte, leitete der Vater des fünfjährigen Autors der Zeile »Strampelt weiter, ihr Weicheier« den Sicherheitsdienst des nahe gelegenen Double-Tree-Hotels. Ian Satchell wurde zum engagiertesten Unterstützer der Expedition vor Ort. Er ging sogar so weit, seine Zweizimmerwohnung als temporäres Hauptquartier zur Verfügung zu stellen. Steve und Eilbhe kamen im September aus Ecuador zurück. Als ich kurz darauf aus Tegucigalpa eintraf, hausten wir schon zu fünft in der Wohnung.

Uns blieb ein Monat, um das Boot für den Pazifik flottzumachen, bevor die Winterstürme einsetzten, und um ein Programm zum Thema ökologischer Fußabdruck zu entwickeln. Parallel zu unserer Reise sollten Schulkinder aus den teilnehmenden Ländern die Auswirkungen menschlichen Raubbaus an unserem Planeten untersuchen. Die Zeit war allerdings gegen uns. Der Tag hatte einfach nicht genügend Stunden, um sowohl die *Moksha* mit allem Notwendigen auszurüsten als auch das Bildungsprogramm auszuarbeiten – und trotzdem noch im Herbst zu starten.

Eine dritte Möglichkeit kam ins Spiel, bei der wir weder die Überfahrt verschieben noch die Arbeit mit Schülern vernachlässigen mussten, die Steve und ich als notwendig betrachteten, um die Nachhaltigkeit zu fördern. Unser bahnbrechendes Gespräch im Garten des Bay View Boat Club ein Jahr zuvor hatte das Ergebnis gebracht, dass jeder einen Ozean aus eigener Kraft überqueren kann. »Gewöhnliche Menschen sind sehr wohl zu Außergewöhnlichem fähig«, hatte Steve gesagt. Warum also das nicht in die Tat umsetzen und ein paar neue Gesichter einladen, damit die Youngsters die erste Etappe bis Hawaii strampelten?

Casey Dunn, ein Kalifornier Anfang zwanzig mit einer wilden Frisur, mit dem wir auf einer Wellenlänge lagen, war einer der Stanford-Studenten, die das Antriebssystem der *Moksha* umgestaltet hatten. Er bildete ein Team mit John Walker, einem älteren, eher zurückhaltenden britischen Marineoffizier, der am Defense Language Institute Farsi studierte. Beide Männer waren körperlich fit und ausgesprochen intelligent, für die bevorstehende Aufgabe also bestens gerüstet. Aber das Schicksal hat die lästige Angewohnheit, auch den besten Plänen seine eigene, eng gefasste Agenda aufzuzwingen. Fünf Tage nachdem sie bei fast perfekten Bedingungen von Monterey Bay aus in See gestochen waren, wurde der Wind heftiger und erreichte schließlich Stärke 7, sodass die beiden den Treibanker auswerfen mussten. Es blieb ihnen nichts übrig, als dem Barometer zuzusehen, das kontinuierlich fiel. Das Tiefdrucksystem, das den Vorhersagen der Meteorologen zufolge »wenig mehr als ein Windchen« bringen sollte, wuchs sich zum ersten Sturm der Wintersaison aus.

Fast immer lassen sich Katastrophen auf ein einzelnes Ereignis zurückführen, ohne das andere verursachende Faktoren nichts ausgerichtet hätten. Im Fall von John und Casey begann das Desaster damit, dass sie einen Flügel des Windgenerators verloren. Das war, für sich gesehen, nur eine kleine Panne. Sie hatten Ersatzflügel an Bord, und sobald das Wetter besser wurde und das Boot zu schlingern aufhörte, konnten sie einen davon montieren. Doch als die Wolken immer dichter und damit die Sonnenkollektoren nutzlos wurden, John aber darauf beharrte, aus Sicherheitsgründen bei Nacht die Navigationslichter brennen zu lassen, war ihr Schicksal besiegelt. Die beiden Gelbatterien entluden sich unter das Spannungsminimum von zehn Volt, das erforderlich war, um die Kommunikation aufrechtzuerhalten. Daraufhin beschlossen sie umzukehren. Das war ihr zweiter Fehler. Wenn ein Sturm sich zusammenbraut, bewegt sich der kluge Seemann stets weg vom Land, nicht darauf zu.

Nach zwei Tagen bei tobendem Unwetter erspähten sie durch Nebel und Regen die gezackte Küstenlinie von Big Sur. Das Handfunkgerät hatte gerade noch genug Saft, um das Notsignal abzusetzen. Sofort startete von San Francisco aus ein Hubschrauber, und von Morro Bay raste ein Kutter der Küstenwache los.

Steve, Eilbhe, Stuart und ich hasteten von Monterey nach Big Sur und versammelten uns im hell erleuchteten Kontrollraum der Küstenwachestation. Zu uns gesellte sich ein grauhaariger ehemaliger Soldat Ende sechzig, Caseys Großvater.

»Die Mutter des Jungen hat mich gebeten, hier herunterzukommen«, brummte er zur Begrüßung. »Sie ist, wie ihr euch vorstellen könnt, außer sich vor Sorge. Mir geht es vor allem darum, dass Casey heil zurückkehrt.«

Der diensthabende Beamte erklärte das naheliegende Szenario: Der Helikopter würde John und Casey erreichen, die beiden Männer in Sicherheit bringen und das Boot sich selbst überlassen.

»Aber der Verlust der *Moksha* bedeutet das Ende der Expedition«, protestierte Steve.

»Das ist nicht das Problem der Küstenwache der Vereinigten Staaten, Sir«, erwiderte der Verantwortliche kurz angebunden. »Wir sind verpflichtet, Leben zu retten, nicht Eigentum.«

Das stimmte natürlich. Aber über die Jahre war die *Moksha* zu einer eigenständigen Persönlichkeit geworden, sie war ebenso Teammitglied wie wir alle. Zuzulassen, dass sie an Klippen zerschellte, war fast unvorstellbar. Während wir auf Nachrichten warteten, traktierten wir den Küstenbewacher mit lang erprobten Geschichten über das tapfere kleine Wasserfahrzeug, das auf dem Atlantik der Hölle und dem Hochwasser getrotzt hatte. Und als schließlich die Stimme des Kutterskippers aus dem Funkgerät knisterte, der erklärte, sie seien besser vorangekommen als erwartet und sogar noch vor dem Hubschrauber eingetroffen, war der Beamte gerührt genug, um einen persönlichen Appell an den Skipper zu richten. Er solle doch bitte die *Moksha* ins Schlepptau nehmen und von den Felsen wegziehen.

In den folgenden zwölf Stunden sah es aus, als hätte sich das Glück zu unseren Gunsten gewendet. Die Rettungsbootmannschaft brachte John und Casey wohlbehalten nach Morro Bay zurück und ließ das Boot an einer Muringsboje vertäut in der geschützten Bucht von San Simeon zurück. Dann aber kam die nächste Hiobsbotschaft. Am Morgen des 4. Dezember klingelte in Ians Wohnung das Telefon. Wieder war es die Küstenwache. Die *Moksha* sei in der Nacht gekentert, hieß es, und würde langsam sinken.

Sie bot einen traurigen Anblick – allein ihr rötlicher Rumpf lugte zwischen den Brechern hervor, das Kielschwert wedelte uns entgegen wie ein anklagender Finger. Das Einzige, was das alte Mädchen vor dem Untergehen bewahrte, war eine in ihren hölzernen Lungen gefangene Luftblase.

Das preiswerteste Angebot einer Bergungsfirma belief sich auf 30 000 Dollar – eine Fantasiesumme angesichts der 226 Dollar auf unserem Expeditionskonto. Uns blieb nur, selbst eine improvisierte Rettung zu versuchen. Stuart schwatzte Verleihern Rabatte ab, sodass wir uns eine Minimalausrüstung zusammenschnorren konnten: Sit-on-Top-Kajaks, Tauchflaschen, eine Maske, ein Atemregler und Neoprenanzüge.

Eine weitere Grundvoraussetzung war Geduld. Zwei Tage lang blieb die Dünung zu hoch. Wir konnten nur am Kai stehen und zusehen, wie die *Moksha* sich wie ein sterbender Wal herumwälzte und dabei kraftlos an den Leinen zog. In der Nacht kauerten wir sechs – Steve, Eilbhe, Stuart, Casey, John und ich – uns in durchnässten Schlafsäcken unter Picknicktischen am Strand zusammen und fantasierten von warmen Mahlzeiten. Bei unserem eiligen Aufbruch aus Monterey hatten wir unsere Zelte ebenso zurückgelassen wie alles, was man zum Kochen braucht.

Am Nachmittag des dritten Tages ließ der Seegang so weit nach, dass wir es probieren konnten. Ian kam aus Monterey angefahren, um uns behilflich zu sein. Als ehemaliger Navy Seal hatte er bei derartigen Unternehmungen am meisten Erfahrung – so hofften wir jedenfalls. Vor dem Regen hatten wir uns in den Bootsschuppen des Verwalters geflüchtet, als er, ausgerüstet mit Texashut und Cowboystiefeln, hereinmarschiert kam. War das vielleicht das vorgeschriebene Kostüm für Bergungsaktionen auf See?

»Okay, Jungs.« Er grinste, dass man alle Zähne sah, und stieß die Faust in die Luft, eine draufgängerische Show, die die Truppen motivieren sollte (niemand von uns glaubte ernsthaft, dass unser Plan von Erfolg gekrönt sein könnte). »Lasst uns das Schwein stechen.«

Stuart und Eilbhe platzierten sich am Ende des Kais, bereit, Fender, Bojen und Seile zu reichen. Wir Übrigen starteten vom Strand aus in den Kanus, kämpften uns durch die Brandungszone und paddelten die Viertelseemeile bis zur *Moksha*.

»He, Ian!«, rief Steve. »Hast du immer noch Lust, runterzugehen und nachzugucken?«

Der Seemann von den Spezialkräften nickte, stellte seinen Atemregler ein und verschwand in einer Wolke von Luftblasen über die Seite seines Kanus. Wir, die über Wasser blieben, knoteten unsere Gefährte aneinander und warteten. Es war 16.05 Uhr, und die Sonne stand schon tief im Westen.

Ian tauchte schließlich wieder auf und trat neben Steves Boot Wasser. »Scheiße! Echt Scheiße!«, prustete er. »Es ist so verdammt gefährlich. Die Halteseile vom Windgenerator haben sich um das des Treibankers gewickelt, und all die Rationspäckchen sind aufgegangen – unmöglich, da unten was zu sehen. Aber ich werde versuchen, so viel Wrackgut wie möglich wegzuräumen.«

Er verschwand erneut, zehn Minuten später tauchte er dann wieder auf, in der Hand ein tellergroßes Stück Decksbelag. Die einen guten Zentimeter dicke Schicht war noch verbunden mit einem der Stage, was das mysteriöse Kentern erklärte. Die Mannschaft des Rettungsboots hatte die Schleppleine nicht durch die dafür vorgesehene Ringschraube gezogen, sondern um den sehr viel schwächeren Vorstag. Durch die heftigen Schlingerbewegungen des voll beladenen Bootes war das darunterliegende Holz herausgerissen, sodass Meerwasser in das Rattenloch und die Hauptkabine geflutet war. Mit zwei von drei vollgelaufenen Abteilen war es nur eine Frage der Zeit gewesen, bis die *Moksha* den Auftrieb verlor und kenterte.

Nachdem er seinen Teil getan hatte, kehrte Ian zurück an Land, um rechtzeitig zu seiner Nachtschicht zu kommen. Wir Übrigen banden unsere Kajaks am aufwärtsragenden Steuerruder der *Moksha* fest und ließen uns ins Wasser hinunter.

»Uff!« John schnitt eine Grimasse. »Affenkalt!«

Dank des Zuflusses aus dem Kalifornienstrom, der von Alaska südwärts rauscht, erreicht das Wasser vor der Westküste der USA im Winter selten Temperaturen über zehn Grad. Die Neoprenanzüge waren hilfreich, bloß hatte ich ein ärmelloses Sommermodell erwischt.

»Also, Leute«, sagte Steve, seine Augen blinzelten gegen die Kälte an. »Probieren wir, ob wir sie aufrichten können.«

Während ich auf die gegenüberliegende Seite schwamm, um dort als Gegengewicht zu dienen, kletterten Steve, John und Casey auf das Seitendeck steuerbord und schnappten sich die Spitze des Kielschwerts. Synchron schiebend und ziehend, bauten wir Schwungkraft auf. Beim zehnten Mal Ziehen drehte sich der Rumpf weiter, und alle fielen ins Wasser. Die *Moksha* blieb kurz in der Schwebe, schwankend wie eine Betrunkene, und vollendete dann eine 360-Grad-Drehung, sodass sie wie zuvor kieloben im Wasser lag. Im nächsten Augenblick krachte direkt neben Casey der zweiundzwanzig Kilo schwere Windgenerator ins Wasser.

Er grinste. »Das war knapp!«

Wir waren wieder da, wo wir angefangen hatten – nur dass die *Moksha* nun noch tiefer im Wasser lag, weil sie bei der Drehung kostbare Luft verloren hatte.

»Sie ist zu instabil«, sagte John kopfschüttelnd. »Wahrscheinlich liegen auf dem Dach eine Ladung wasserdurchtränkter Lebensmittel und eine Menge Ausrüstung.«

Wir starteten einen nächsten Versuch. Diesmal befestigten wir backbord einen großen orangefarbenen Fender für einen positiven Auftrieb. Er sollte eine weitere volle Umdrehung verhindern. Es brachte nichts. Die *Moksha* zögerte bloß ein wenig länger, bevor sie sich wieder in ihre vorige Position drehte.

»Wir erreichen einzig, dass die Lufttasche kleiner wird«, sagte ich frustriert.

Die Situation war aussichtslos. Nur ein paar Zentimeter Boot befanden sich noch über der Oberfläche, Wellen schwappten mit alarmierender Leichtigkeit darüber weg. Unser Stolz und unsere Freude, das Symbol unserer Hoffnungen und Träume, 10 000 Seemeilen Blut, Schweiß und Tränen seit Greenwich hingen an einem seidenen Faden.

Wie um den letzten Vorhang herabzusenken, verschwand die Sonne hinter dem Horizont und nahm den letzten Rest Wärme und Licht mit sich. Wir waren seit gut einer Stunde im eiskalten Wasser gewesen, und da ich den miesesten Neoprenanzug abbekommen hatte, zitterte ich inzwischen unkontrollierbar. Als ich etwas über das rasch schwindende Licht sagte, merkte ich, dass ich vor Unterkühlung lallte.

»Machen wir Schluss für heute«, seufzte Steve resigniert. »Versuchen wir morgen etwas anderes.«

Aber wir wussten alle, dass die *Moksha* am Morgen nicht mehr da sein würde.

»Moment mal«, rief Casey zähneklappernd. »Ich habe eine Idee. Wenn ich unter das Boot tauche, die Luft aus Ians Reserveflasche ins vordere Abteil strömen lasse und dann das Schott dahinter zumache, könnte die Luft so viel Wasser verdrängen, dass sie aufrecht bleiben kann.«

Wir hatten nichts zu verlieren. Casey schnappte sich die Tauchausrüstung und verschwand unter Wasser, die Ersatzflasche im Schlepptau. Eine Minute später war er wieder da, den Sauerstofftank hatte er platziert. Wir vier bezogen Position zu beiden Seiten des Bootsrumpfs.

Zunächst geschah gar nichts. Die *Moksha* taumelte immer noch wie ein Wal im Todeskampf und gab dabei ein tiefes, sonores Stöhnen von sich, während ihre wässrigen Eingeweide sich mit Gas füllten. Dann kam sie Stückchen für Stückchen weiter aus dem Wasser. Anderthalb Zentimeter … drei Zentimeter … sechs Zentimeter …

Steves Gesicht lag fast im Dunklen. »Jetzt!«, rief er.

Das Boot richtete sich mühelos auf, und eine große Menge Wasser rauschte von seinen Decks. Zuerst schwankte es noch, kämpfte um Gleichgewicht wie ein neugeborenes Fohlen. Während wir die Seitendecks abstützten, kletterte Steve mit einem Eimer hinauf in die Kabine und begann wie wild zu schöpfen.

PLATSCH … PLATSCH … PLATSCH

John hebelte sich als Nächstes an Bord. »Lass mich auch mal, Steve«, zischte er. »Ich friere mich sonst zu Tode.«

Nach fünfzehn Minuten angestrengten Schöpfens war der Wasserstand weit genug zurückgegangen, um die Bilgenpumpe zum Einsatz zu bringen. Wir alle kauerten um die Luke herum und wechselten uns ab mit Pumpen oder Schöpfen, auch eine erfolgreiche Abwehr gegen Unterkühlung. Ich spähte in die gespenstisch weißen Gesichter um mich herum. Jeder von uns sah erschöpft, von der Anstrengung gezeichnet und starr vor Kälte aus. Aber da war noch etwas: ein unverkennbarer Funken Triumph. Wir hatten es geschafft. Allen Widrigkeiten zum Trotz hatten wir den Traum aus den Klauen jener gerettet, die eine Katastrophe favorisierten. Wir hatten die *Moksha* wiederauferstehen lassen.

*

In Wahrheit war es keine vollkommene Auferstehung. Es gelang uns an diesem Tag in San Simeon lediglich, ihr Herz wieder zum Schlagen zu bringen. Ein Jahr lang mussten wir die *Moksha* pflegen, bis sie wieder völlig genesen war. Zunächst mussten ihr die Eingeweide herausgerissen und der Rumpf bis aufs blanke Holz abgeschliffen werden, um sie hinterher innen wie außen komplett neu anzustreichen. Dann mussten die Einbauten und sämtliche Ausrüstung ersetzt werden – Elektronik, Verkabelung, Solarpaneele, Windgenerator, Funkgerät, Rettungswesten, Rettungsflöße, Inmarsat C, Laptop, Kocher, Utensilien und Verpflegung – alles in allem mehrere Zehntausend Dollar wert.

Steve stationierte sich in Fort Baker auf der Nordseite der Golden Gate Bridge und restaurierte tagsüber die *Moksha*, während er nachts in einem alten Lieferwagen schlief, der hinter dem Jachtklub stand. Ich wohnte in Bernal Heights bei Shirley und ackerte am Computer und am Telefon. Wieder mussten Bootsausrüster als Sponsoren gewonnen werden, und wo man keine Gegenleistung in Form von Produkt-Placement anbieten konnte, hatten wir in klingender Münze zu bezahlen, die durch Reden verdient sein wollte. Monate über Monate die gleiche Plackerei, genau wie in London, Miami, Colorado, San Francisco, Monterey und jetzt erneut in San Francisco. Für jede Stunde dieser Reise mit menschlicher Körperkraft waren drei Stunden Geldbeschaffung vonnöten, kalkulierten wir.

Ein Schritt vorwärts, ein Schritt zurück – das schien der neue Status quo zu sein. Bisher waren zwei Versuche, den Pazifik zu überqueren, gescheitert. Der erste, von Peru aus, war durch El Niño verhindert, der zweite, über Hawaii, von einem Zehn-Dollar-Windgeneratorflügel ausgehebelt worden. Drei Jahre nachdem Steve und Eilbhe zum ersten Mal in San Francisco eingetroffen waren, hatte sich die Expedition keinen einzigen Schritt mehr Richtung Westen auf Greenwich zubewegt.

PAZIFIK

MIT DEM TRETBOOT NACH HAWAII

> *Wenn Sie ein tapferer Mann sind, tun Sie nichts,*
> *sind Sie ängstlich, tun Sie zu viel, und nur*
> *die Feiglinge müssen ihren Mut beweisen.*
>
> – APSLEY CHERRY-GARRARD, *Die schlimmste Reise der Welt*

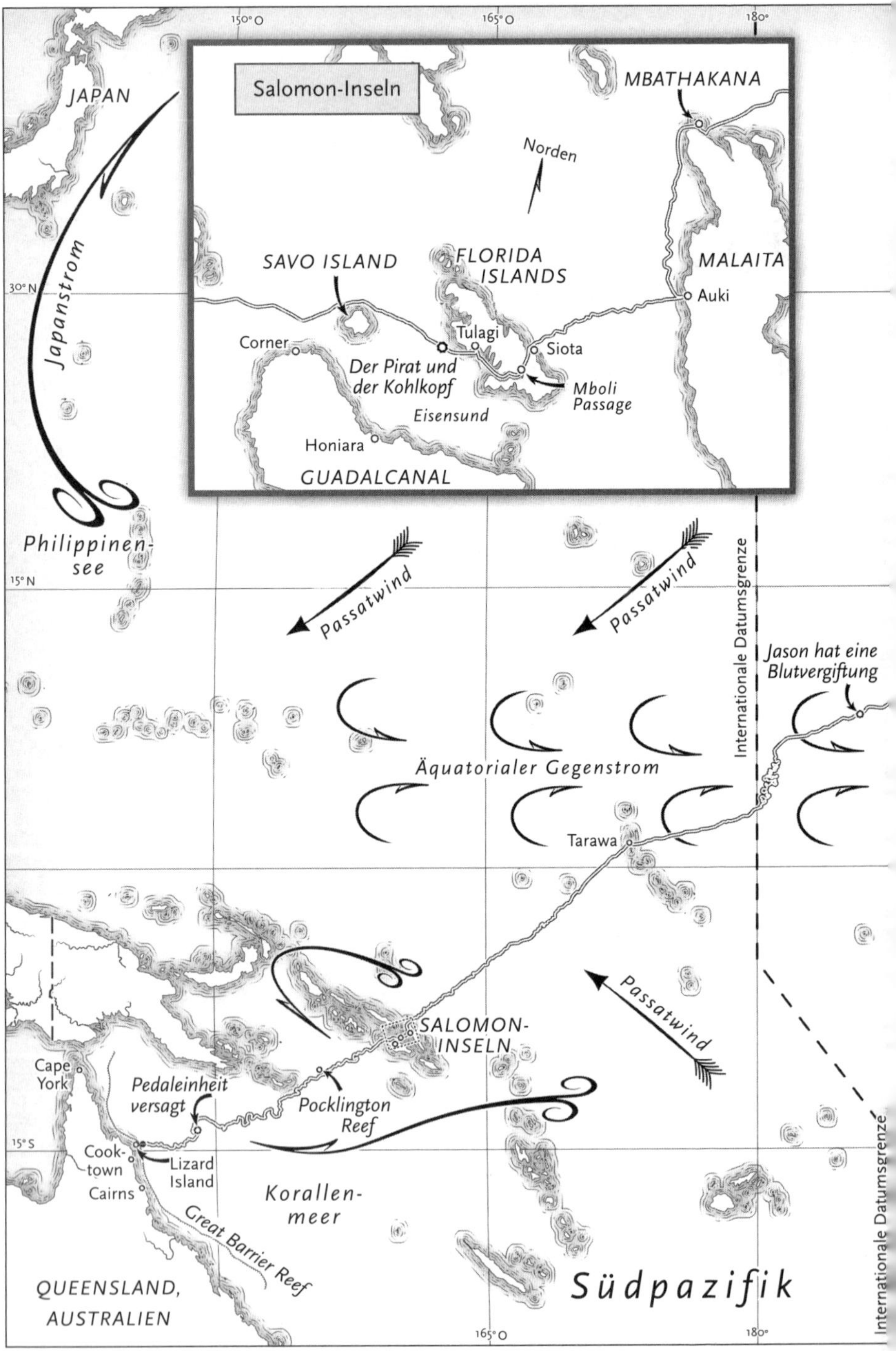

150° O
165° O
180°
Salomon-Inseln
MBATHAKANA
Norden
SAVO ISLAND
FLORIDA ISLANDS
MALAITA
Auki
Corner
Tulagi
Siota
Der Pirat und der Kohlkopf
Mboli Passage
Eisensund
Honiara
GUADALCANAL
JAPAN
Japanstrom
30° N
Philippinen-see
15° N
Passatwind
Passatwind
Internationale Datumsgrenze
Jason hat eine Blutvergiftung
Äquatorialer Gegenstrom
Tarawa
Passatwind
SALOMON-INSELN
Cape York
Pedaleinheit versagt
Pocklington Reef
15° S
Cook-town
Lizard Island
Cairns
Korallen-meer
Great Barrier Reef
QUEENSLAND, AUSTRALIEN
Südpazifik
165° O
180°
Internationale Datumsgrenze

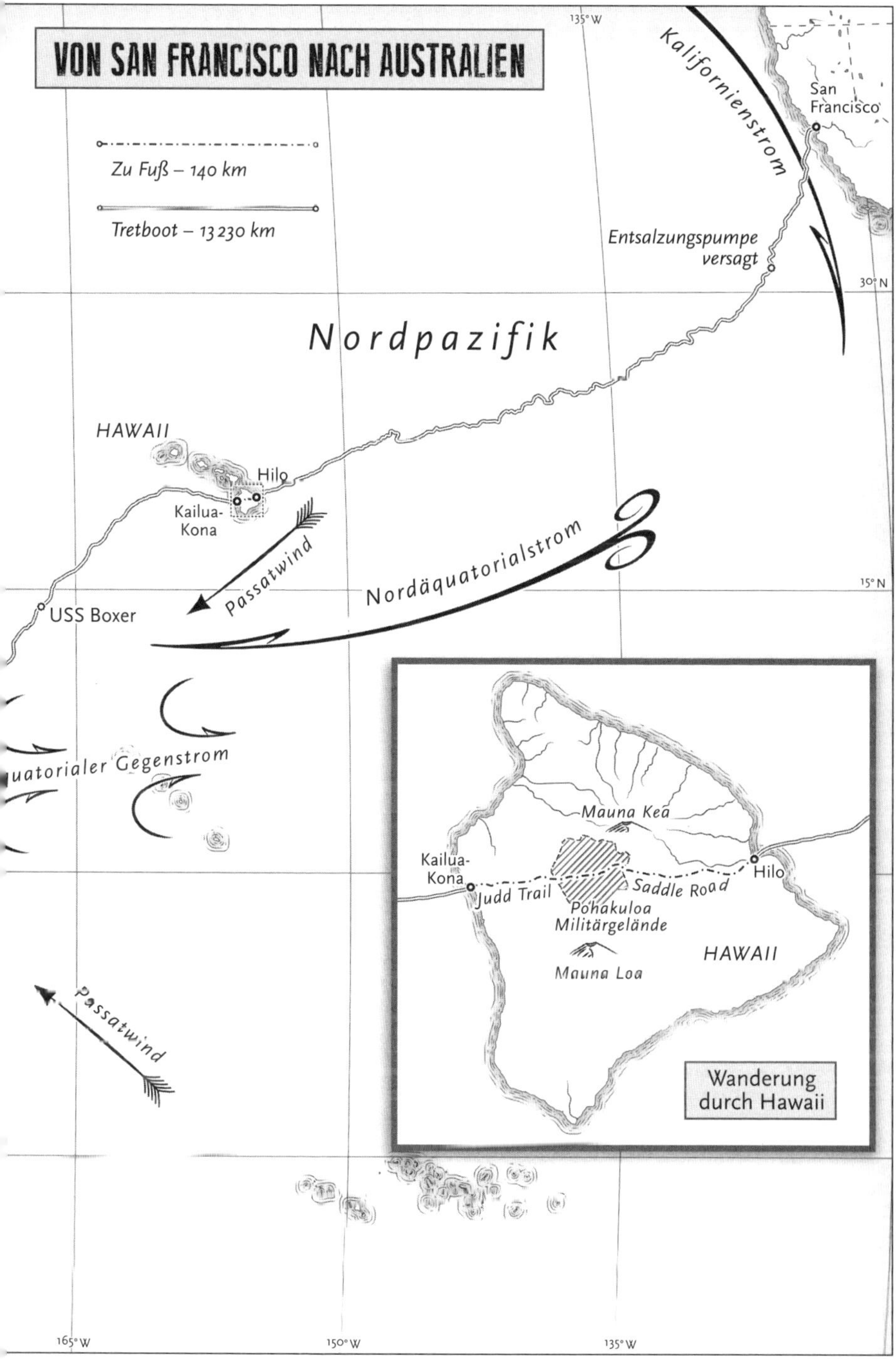
VON SAN FRANCISCO NACH AUSTRALIEN
Zu Fuß – 140 km
Tretboot – 13 230 km
135° W
Kalifornienstrom
San Francisco
Entsalzungspumpe versagt
30° N
Nordpazifik
HAWAII
Hilo
Kailua-Kona
Passatwind
Nordäquatorialstrom
15° N
USS Boxer
uatorialer Gegenstrom
Passatwind
Mauna Kea
Kailua-Kona
Hilo
Judd Trail
Saddle Road
Pohakuloa Militärgelände
HAWAII
Mauna Loa
Wanderung durch Hawaii
165° W
150° W
135° W

20. SEPTEMBER 1998

»Hey, Kenny, gut siehst du aus, Kumpel!«

Das war gelogen. Er sah beschissen aus. Jedenfalls im Vergleich zum letzten Mal, als ich ihn gesehen hatte, also zwei Jahre zuvor in Colorado. Jetzt hatte er nicht nur einen bandagierten Fuß, sondern auch an Gewicht zugelegt, und er rauchte Kette. Die rüsselartige Haarsträhne war weg und mit ihr auch eine gewisse jugendliche Vitalität. Er wirkte härter, kam mir zynischer vor.

»Wie läuft's?«, fuhr ich fort.

»Nicht schlecht, und bei dir?«

»Ach, wie immer.«

»Also Chaos?«

Ich lächelte. »Genau. Das Boot flottzukriegen wird offenbar nicht einfacher und die To-do-Liste nicht kürzer.«

Im Mai waren Steve und ich übereingekommen, etwas zu tun, was uns ein Jahr zuvor noch unvorstellbar erschienen war: zusammen nach Hawaii zu strampeln. Fünf Monate später war die *Moksha* komplett überholt, und wieder einmal stand ein Aufbruch bevor. Die ganze Expeditionssippschaft hatte sich im Presidio Jacht Club versammelt, um bei den letzten Vorbereitungen zu helfen.

»Also, aus welchem Teil der Welt kommst du gerade, Ken?«

»Kosovo.«

»Ein Auftrag der BBC?«

Er nickte und zog an seiner Zigarette.

»Was ist mit deinem Bein passiert?«

»Irgend so ein Mistkerl hat auf mich geschossen, als ich in Mazedonien über ein Feld rannte. Knöchel gebrochen.«

»Jesus!«

»Nein, ein Serbe. Ist aber bloß ein Haarriss. In ein paar Wochen kann ich wohl wieder arbeiten. Gut, dich und Steve wieder strampeln zu sehen. Wie kommt's?«

Ich dachte an El Niño und an Johns und Caseys Feuerprobe. »Na ja, wenn Mutter Natur dich ein paarmal in den Hintern getreten hat, wird es Zeit, sie ernster zu nehmen.«

Natürlich gab es auch noch andere Gründe. John und Casey hatten genug mit ihrem eigenen Leben zu tun und konnten nicht elf Monate darauf warten, dass wir die *Moksha* wieder seetauglich machten. Außerdem waren Steve und ich gelassener geworden – milder sozusagen, der Ärger war verraucht. Das hatte nicht zuletzt damit zu tun, dass die *Moksha* beinahe gesunken wäre. Wie so oft, wenn man loslässt, war es auch hier zu einem seltsamen Paradox gekommen. Als wir unseren Traum fast aufgegeben mussten, brachte uns das wieder zusammen.

Außerdem war inzwischen das Projekt »Ökologischer Fußabdruck« gestartet. Seit über vierzehn Tagen kamen ganze Schulbusflotten nach Fort Baker und spuckten plappernde Viert-, Fünft- und Sechstklässler aus, die eine halbtägige Einführung erhielten. Jede Klasse durchlief vier Lernstationen. Steve erklärte, wie die *Moksha* funktionierte: das Pedalsystem, die Solarpaneele, der Windgenerator und so weiter. Shirley und Stuart zeigten einen Dokumentarfilm, den Kenny kurz zuvor an den Discovery Channel verkauft hatte. Suzanne Geller, Lehrerin einer fünften Klasse, die am Currikulum des Programms mitgewirkt hatte, brachte den Kindern das System der Längen- und Breitengrade bei. Ich erläuterte die Sicherheits- und Kommunikationsausrüstung, darunter den auf hohe Belastung ausgelegten Laptop, den wir benutzt hatten, um während der Reise mit den Schülern Mailkontakt zu halten.

»Gut«, sagte Kenny und humpelte davon. »Dann bring ich mal das Mikro an dem wasserdichten Kameragehäuse an. Bis gleich dann.«

Oben war die Abschiedsparty schon in vollem Gange. JimBo Trout and the Fishpeople vollführten ihren Bluegrass-Zauber, und Alkohol floss in Strömen. Ich schnappte mir Steve, um noch die letzten Vorbereitungen durchzusprechen. In weniger als zwölf Stunden würden wir zusammen in See stechen, 2400 sehr einsame Seemeilen auf dem Pazifik bis Hawaii standen uns bevor.

Hinter uns hustete jemand, und wir wandten uns um. Es war Scott Morrison, der die Schiffsschraube der *Moksha* angefertigt hatte. Verlegen grinsend, hielt er die Antriebseinheit in der Hand.

Gerade war er unten am Kai gewesen, um sie einer letzten Überprüfung zu unterziehen. Er drehte das Teil auf den Kopf, und aus einer Reihe von Löchern über die gesamte Länge strömte Meerwasser.

Steve und ich sahen einander ungläubig an.

»Elektrolyse«, erklärte Scott. »Von den Booten im Hafen.«

Wieder eine schmerzhafte Lektion, nämlich dass verschiedene Metalle einen Batterieeffekt hervorrufen, wenn sie in ein positiv geladenes wässriges Umfeld getaucht werden, zum Beispiel in einem Hafen. Schwächere Metalle lösen sich dann, durch chemische Zersetzung ihrer Ionen beraubt, schlichtweg auf. Die dünne, aus einer Legierung bestehende Hülle der Pedaleinheit war in Ermangelung einer Opferanode aus Zink in kaum einer Woche weggefressen worden.

»Verdammtnochmalichfassesnich«, fluchte ich leise. »Und was jetzt?«

»Ein paar Bier natürlich«, sagte Steve mit schiefem Lächeln.

*

EINE WOCHE SPÄTER

Splitter aus reflektiertem Sonnenlicht tanzten auf den kleinen Wellen, während die Golden Gate Bridge im Kielwasser der *Moksha* immer kleiner wurde. Eine Möwe kreischte uns an, und die samtig-grünen Finger der Marin Headlands verjüngten sich steuerbords ins Wasser hinein. Langsam und fast unmerklich entschwand der nordamerikanische Kontinent hinter den Wellen.

»Wie fühlst du dich, Stevie?«

Meinem Teamkollegen, der sich gerade an den Pedalen abarbeitete, lief der Schweiß in Strömen herunter. »Erstaunlich normal.« Er lächelte. »Es ist ein ganz gewöhnlicher Tag. Ich bin nicht so angespannt und verkrampft wie anfangs auf dem Atlantik.« Plötzlich erwachte das Funkgerät zum Leben: *Formosa Eight, Formosa Eight. Lotsenboot San Francisco. Kanal sechzehn.*

»Warum, glaubst du, ist es dieses Mal einfacher?«, fragte ich.

Steve überlegte einen Moment. »In den letzten vier Jahren ist so viel passiert. Ich wünschte, ich wäre schon der gewesen, der ich jetzt bin, als wir in Portugal losfuhren. Aber das ist natürlich nicht möglich. Es ist ja alles ein Prozess.«

Die Woche seit Scotts zufälliger Entdeckung war von hektischer Betriebsamkeit erfüllt gewesen. Während aus der Fabrik in Michigan eiligst ein Ersatzantrieb geliefert wurde, musste die ganze bereits in den Stauräumen der *Moksha* untergebrachte Ausrüstung wieder herausgeholt werden, damit wir das Boot aus dem Wasser ziehen konnten. Das Antriebsgehäuse aus Edelstahl erhielt einen Anstrich mit Korrosionsschutzfarbe sowie Zinkanoden. Es war ein Wettlauf gegen die Zeit, denn wir wollten es bis zur nächsten günstigen Gezeitenströmung schaffen. Aber die *Moksha* war rechtzeitig wieder im Wasser und fahrbereit, sodass wir uns im TWO AM CLUB in Sausalito noch einen letzten Drink hatten genehmigen können.

Nach zwei Stunden tauschten wir, und ich war sogar froh darüber. Die Ablenkung durch das Treten half, die Seekrankheit und den einsetzenden Kater im Zaum zu halten. Steve ließ sich in den Beifahrersitz fallen; sein Kopf hing herab und bewegte sich im Takt der Dünung wie ein Pendel.

»Verdammt blöde Angewohnheit, was?«, bemerkte ich, schnappte mir die Steuerleinen und trat kräftig in die Pedale.

Steve war etwas vernünftiger gewesen als ich und hatte die Bar um Mitternacht verlassen, um die letzten Zutaten für das Brot einzupacken, das wir unterwegs backen wollten. Trotzdem litt er. Er hob den Kopf und sah mich mit rot unterlaufenen Augen an. »Was?«, knurrte er.

»Sich die Hucke vollzusaufen, bevor man in See sticht.«

Er nickte müde. »Hmm, stimmt. Aber man muss sich an die Tradition halten. Das hier ist die ganz große Nummer, vergessen?«

Der Pazifik, der ein Drittel des Planeten in Anspruch nimmt, würde wohl immer die größte geografische Hürde für eine Weltumrundung mit reiner Körperkraft darstellen. Wenn wir Hawaii verpassten, konnten wir erst wieder auf dem winzigen Atoll Tarawa, 2500 Seemeilen südwestlich, anlegen. Verpassten wir beide, bedeutete das nochmals 2600 Seemeilen bis Australien – eine wahrlich sehr lange Reise. Wir wären bis zu einem Jahr ununterbrochen auf dem Wasser.

Das Unterstützungsboot, die *Penelope*, zog ein letztes Mal an uns vorbei, damit Kenny seine Abschiedssequenz filmen konnte, dann drehte es ab. Von Medienpflichten befreit, rollte sich Steve mit seinem gelben Südwester auf dem Passagiersitz zusammen und versuchte zu schlafen. Sich ganz auszustrecken war unmöglich. Das Rattenloch war vollgestopft mit allen möglichen Utensilien, die in letzter Minute hereingeworfen worden waren: Tüten mit Obst und Gemüse, einem Laib Brot, Laptop, Stromkabel, Waschbeutel und einem aufblasbaren Schaf namens Dolly.

Als ich in einem der Netze unter der Decke nach meinem Ozeanring fischte, drehte sich das Boot um 220 Grad. Eine Freundin in Pueblo, Cynthia Ramu, deren Kunststudenten ein Wandbild von der *Moksha* auf den Damm des Arkansas River malten, hatte ihn mir an dem Morgen in die Hand gedrückt, als April und ich uns zur Westküste aufmachten. »Ein Glücksbringer«, versprach sie, »für den Pazifik.«

Der Ring war schön, silberne Wellen, verwoben zu einem Rad ohne Anfang und Ende. Ich streifte ihn mir über den Ringfinger und formulierte mein Gelöbnis: *Von nun an sind wir eins*.

Gewöhnlich bin ich nicht abergläubisch, aber John und Caseys Erlebnis hatte mir wieder einmal vor Augen geführt, dass ein Ozean nie besiegt ist, sondern allenfalls für die Dauer einer Passage Nachsicht übt. Jede Minute jeder Stunde, die ein Seemann ein Schiff über die unergründlichen Tiefen steuert, ist nur geborgte Zeit aus einem geheimen Reservoir ständig abnehmender Chancen. Indem ich mich mit dem Meer vermählte, würde ich, eingeweiht in seine Launen und diffizilen Eigenarten, unsere Überlebenschancen verbessern. Das zumindest war meine Theorie: mit demselben klaren Blick durch die stürmischen Gewässer zu navigieren, der an Land zu einer harmonischen Ehe führt. Und wirklich war mir der Ring schon bald ebenso unentbehrlich wie die Seekarten oder Wettervorhersagen: eine Erinnerung daran, dem Ozean und seinem Atem Aufmerksamkeit zu schenken, seinem wechselnden Rhythmus und den Falten, die sein Antlitz warf, wenn er sich ärgerte, sich verdunkelte, Speichel spritzte und zum Schlag ausholte.

Plötzlich erwachte Steve. »Woaah! Was ist los?« Er wandte den Kopf zu mir. »Wo bin ich?«

»Alles in Ordnung«, sagte ich ruhig.

Glupschäugig vor Müdigkeit, kämpfte er sich hoch. »Das war seltsam. Im Traum war ich auf einem Boot, das sich aus der Vertäuung gerissen hatte und aufs Meer hinaustrieb.«

»Stimmt ziemlich genau, Kumpel.«

Wir mussten beide kichern, als wir den Platz wechselten. Auf dem Atlantik war uns das Manöver zur zweiten Natur geworden, aber jetzt stellten wir uns wieder genauso unbeholfen und tollpatschig an wie beim ersten Mal. Wir verfehlten die Haltegriffe, verrenkten Kopf und Schultern. Wir streiften die Pedale und verletzten uns an deren scharfen Zähnen. Und damit wir nicht vergaßen, wie schön es an Land gewesen war, schwappte eine Welle über den Bootsrand und durchnässte uns beide bis auf die Haut.

»Ach ja«, murmelte Steve und benutzte seine freie Hand, um das Wasser von seinem Gesicht zu wischen. »Jetzt kommt mir alles wieder.«

Die ersten vierundzwanzig Stunden an Bord waren und blieben knallhart – geboxt, geprügelt, gezwickt, durchnässt und verbrannt von einem kapriziösen Universum mit sadistischen Anwandlungen. Die Seekrankheit hielt uns weiter in ihrem Griff und saugte uns noch das letzte bisschen Enthusiasmus aus. Über die Reling zu gehen wurde als Option immer attraktiver, da wir nichts anderes tun konnten, als zu strampeln, zu kotzen, Cracker mit Marmite, einer hefehaltigen Paste, zu knabbern und wieder zu strampeln und zu kotzen.

Die Nacht des 28. September war pechschwarz, die Sichel des jungen Mondes verdeckt von einer dicken Wolkenschicht. Ein Trick, um bei Dunkelheit die Seekrankheit zu lindern, bestand darin, sich auf die roten Gradmarkierungen auf dem Kompass zu konzentrieren: 210 Grad … 220 Grad … wieder 210 Grad – und im Musikhören. Während die *Moksha* auf jede Welle reagierte, indem sie hochfuhr und schlingerte, als bewegte sie sich durch die labyrinthischen Eingeweide eines Seeungeheuers, streifte ich die Kopfhörer über, um mir eine Dosis Creedence Clearwater Revival zu genehmigen.

Der zweite Morgen brach kalt und feucht an, der Himmel ein freudloses, stahlgraues Tuch. Heimtückische kleine Wellen bliesen zum Angriff auf die Luke und platzten unangekündigt herein. Das Meer nahm die kalte Farbe von Tinte an, rundum ein leerer Horizont, nirgendwo Land in Sicht. Wir glitten aus den küstennahen Untiefen hinein ins Tiefenwasser des Pazifiks.

Als wir uns den Farallon-Inseln näherten, bemerkte ich auf der Steuerbordseite eine Bewegung – eine Form, die mir intuitiv vertraut schien, brach das Spiel des Lichts auf dem Wasser.

»Hör auf zu treten, Stevie.«

»Was ist los?«

»Ein Hai.«

Die Kreatur glitt mühelos vorbei und winkte uns mit der Rückenflosse zu. Steve strampelte rückwärts, um sie sich näher anzusehen.

»Nicht, dass du ihn überfährst und wütend machst.« Ich lachte nervös.

»Heilige Scheiße«, flüsterte Steve. »Der ist riesig, oder?«

Wir befanden uns in einem Gebiet westlich der Halbinsel San Francisco, das als »Rotes Dreieck« bezeichnet wird – hier ereignen sich 40 Prozent aller großen Angriffe Weißer Haie in US-Gewässern. Die Raubfische werden von dem reichen Nahrungsvorkommen in dieser Region angezogen: Robben, Seeottern und Seelöwen. Hin und wieder landet auch ein Schwimmer oder Surfer in der Mischung.

»Das«, erklärte ich und deutete auf die abziehende Flosse, »ist ein sehr guter Grund für mich, heute *kein* Bad im Meer zu nehmen.«

Auch andere ozeanische Lebewesen statteten uns einen Besuch ab. In der Dämmerung tauchte eine Delfinschule auf. Die

Meeressäuger jagten wie in einer choreografierten Show von Unterwasserkometen hinter den phosphoreszierenden Schwänzen ihrer Genossen her. Und tags darauf schoss windwärts ein Pärchen Finnwale in die Höhe, überzog die *Moksha* mit einem feinen Regen aus Walgeifer und erfüllte die Luft mit einem fischigen Geruch, der uns die ohnehin angeschlagenen Mägen umdrehte.

*

5. *OKTOBER*

Es war, wie wenn man in ein Paar alter Schuhe schlüpft – nach einer Woche auf dem Meer wurden frühere Routinen und Gewohnheiten wieder ganz selbstverständlich: mit dem Schwamm Wasser vom Boden des Boots wischen, die Sonnenbrille in eines der Netze an der Backbordseite hängen, damit sie nicht verkratzte oder zerbrach, einen Holzklotz hinter den Fahrersitz stecken, um meine kürzeren Beine zu kompensieren. Wir konnten nun auch die Wellen besser einschätzen und wappneten uns jedes Mal, wenn wir ein verdächtiges Zischen hörten.

Ansonsten jedoch entwickelte sich diese Fahrt ganz anders als die Atlantiküberquerung. So verzichteten wir zum Beispiel auf strenge Schichten. Anstatt unerbittlich alle zwei Stunden zu wechseln, Tag für Tag, bis wir Land erreichten, gestalteten wir den Zeitplan nach unserem Befinden. Wenn einer von uns müde war oder mehr Schlaf brauchte, strampelte der andere eben länger. Die Gefälligkeit glich sich rasch wieder aus – auf dem Planeten *Moksha* kehrte, was man in die Runde warf, schnell zu einem zurück. Argwohn hatte Vertrauen Platz gemacht, Konkurrenz der Kooperation. Wir gingen achtsam und respektvoll miteinander um, und wenn jemand schlechter Stimmung war, reagierte der andere mit Mitgefühl statt mit kühler Distanziertheit.

»Ich glaube, bei der ersten Überquerung haben wir gar nicht gemerkt, wie anstrengend es war«, meinte Steve am Morgen des achten Tages. »Ich war unruhig, und Angst hatte ich auch. Ich weiß noch, dass ich dachte: Vielleicht werde ich ganz gefühllos, handlungsunfähig, bloß um das hier zu überstehen.«

Ich machte gerade Frühstück, während er strampelte. Diesmal hatten wir keine Armeerationen mit abgelaufenem Haltbarkeitsdatum dabei, sondern eine Auswahl gefriergetrockneter Mahlzeiten einer Firma, die sich auf Hightechkost spezialisiert hatte. Das klang zwar gut, aber das meiste war trotzdem ekelhaft, insbesondere die Frühlingsvorspeise, die sich in nichts von flüssigem Zement unterschied. Das einzige genießbare Essen war der Haferbrei, da konnte wohl auch der mieseste Nahrungsmittelproduzent nicht viel falsch machen.

»Ich wünschte, du hättest mir das damals sagen können«, erwiderte ich. »Ich habe gedacht, du wärst arrogant.«

Steve wirkte überrascht. »Arrogant, echt?«

Die Haferflocken verdickten sich zu einem zähflüssigen Brei, Luftblasen stiegen durch den körnigen Fraß auf und zerplatzten dann wie Hautblasen, sodass die Oberfläche einer von Kratern durchzogenen Mondlandschaft glich.

»Tja, ich hatte Mühe, dir überhaupt irgendwas zu sagen«, setzte er mir entgegen. »Du hast mich ziemlich oft auflaufen lassen.«

Das stimmte. Mein Streben nach Erleuchtung hatte mich auf dem Atlantik zum Egoisten gemacht, zu einem so schlechten Teamkameraden, dass wir schließlich getrennt weiterreisen mussten. Aber spirituelles Forschen erfordert per definitionem Isolation; der Geist muss zur Ruhe kommen, nur dann kann sich die Kraft des Unbewussten entfalten. Der Suchende meidet typischerweise Familie und Freunde und zieht sich häufig die Missbilligung von Nichtsuchenden zu, die nur nichtsnutzige Selbstbezogenheit wahrnehmen können. So hatte ich also, da ich auf der Reise die Einpünktigkeit des Geistes kultivierte, meine Aufmerksamkeit nach innen gerichtet, weg von äußerlichen Ablenkungen, Steve eingeschlossen.

Das gab ich nun zu und legte gleich ein weiteres Geständnis ab: »Ich war immer noch wütend auf dich. Wütend darüber, wie du Chris und Hugo behandelt und wie du damals Entscheidungen getroffen hast – zielfixiert, total ehrgeizig. Die Expedition war dein Baby, aber ich habe unsere alte Freundschaft vermisst, wo keiner von uns der Chef war. Ich habe mich in die Zeit bei der Armee zurückversetzt gefühlt. Darum habe ich, wenn du down warst, gedacht: sein Problem, wenn er damit nicht zurechtkommt. Bin heute nicht gerade stolz darauf, aber so ist es eben gewesen.« Ich hielt einen Moment inne. »Diese Reise allerdings ist eine andere Geschichte.«

Besänftigt durch meine Offenheit, wurden Steves Züge weicher. »Wie das?«

»Zum einen kommunizieren wir. Oder bist du da anderer Meinung?«

Mein Partner blickte durch das Plexiglas hinaus zum wogenden blauen Horizont. Es sah aus, als würden sich die Wolken im Norden heben, ein rosafarbener Streifen kündigte die erste Wetteränderung seit Tagen an.

»Bin ganz bei dir. Und das geschieht einfach dadurch, dass wir keine festen Rollen oder Zeitpläne haben, glaube ich. Auf der Überfahrt von Portugal war alles so strikt geregelt, dass jeder von uns ein Eigenleben führen konnte. Weil wir alle zwei Stunden wechselten, brauchten wir nie die Frage zu stellen ›Wie geht es dir?‹. Es spielte keine Rolle, weil man weitermachen musste, und nichts anderes war von Bedeutung.«

Ich lächelte, weil mir etwas einfiel. »Wie heute Morgen, als du eine Zusatzschicht im Rattenloch hattest. Auf dem Atlantik hätte ich sofort direkt neben deinem Kopf mit einem Kochtopf geklappert!«

Wir schüttelten die Köpfe, weil das jetzt so lächerlich schien, und waren dankbar und erleichtert, dass diese Zeit vorbei und unsere Freundschaft endlich wieder intakt war. Außer bei dem einen Mal, als wir zusammen einen Joint geraucht hatten, wäre ein Gespräch wie dieses auf unserer Jungfernfahrt unvorstellbar gewesen.

Ich zog den Haferbrei von dem neuen Spirituskocher und teilte ihn auf, wobei ich nicht vergaß, Steve einen Extraschlag zu geben. Bei dieser Gewohnheit waren wir geblieben. Um den leisesten

Anflug von Misstrauen zu vermeiden, teilten wir die Mahlzeiten immer noch am Boden des Boots auf, wo der andere einen freien Blick darauf hatte.

Gerade wollte ich Steve seine Schüssel reichen, als ich ein leises, rollendes Zischen hörte. Eine Welle krachte gegen das Steuerbord und kippte die *Moksha* nach Backbord, sodass ich zur Wand der Kabine geschoben wurde. Als ich den Blick hob, sah ich gerade noch, wie sich ein Wasserschwall elegant durch die Luke schlängelte und mit einem selbstgefälligen FLOP in unseren Schüsseln mit Porridge landete.

Wir starrten uns einen Augenblick an und brachen dann in Gelächter aus. Nachdem ich den jetzt ungenießbaren Porridge ausgespült hatte, fing ich wieder von vorne an.

*

Der erste Wassermacher gab am Morgen des vierzehnten Tages den Geist auf. Steve zog das Reservegerät aus dem Grabbelsack und befestigte ihn am Ruder.

Gott sei Dank sind wir auf Nummer sicher gegangen, dachte ich.

Er verzurrte den letzten Knoten, warf den Luftansaugschlauch über den Bootsrand und begann mit dem kleinen schwarzen Griff zu pumpen. Die eigentlich für Rettungsflöße gedachte Vorrichtung produzierte nur ein Viertel der Menge des ursprünglichen Geräts. Nun würden wir zusätzlich zur Strampelei jeden Tag sechs Stunden pumpen müssen, um unsere Grundversorgung mit Wasser zu gewährleisten.

»Ein bisschen lachhaft, was?«, sagte ich, schnappte mir die Videokamera und drückte den Aufnahmeknopf. »Wie so ein Spielzeug aus einem Überraschungsei.«

Eine Prozession von Luftblasen wanderte langsam durch den Schlauch, an dessen Ende sich ein einzelner Wassertropfen bildete, hängen blieb und dann hinunterfiel. Erst mehrere Sekunden später kam der nächste. Steve griff nach dem roten Benzinkanister, den wir als Wasserbehälter benutzten. »Schneller wird es nicht gehen«, sagte er für die Kamera. »Auf der ganzen Strecke bis Hawaii. Aber, hey, es funktioniert.«

Am Morgen darauf erwachte ich vom Geräusch klappernder Töpfe und Pfannen. Der Regen trommelte auf das Dach des Rattenlochs. Ich sah zu, wie Steve aufs Deck hinauskletterte und das rasch zusammengesammelte Kochgeschirr mit Spanngurten darauf befestigte. Anschließend zog er sich aus und breitete die Arme weit gen Himmel aus. Eine Süßwasserdusche war auf der *Moksha* ein rares Privileg. Abgesehen von den wenigen Malen, wo wir im Kochtopf einen Waschlappen unter Dampf setzten, war das Leben auf dem Meer eine ganz und gar salzige Angelegenheit.

Die Sturmbö ließ nach. Steve füllte den Inhalt aller Töpfe in den roten Behälter, um sie danach wieder in den Kielräumen zu verstauen, in die ein Schlauch von den Seitendecks hineinführte (bei der Konstruktion der Aufbauten der *Moksha* war das Sammeln von Regenwasser berücksichtigt worden). Er griff unter eine der Abdeckungen, drehte einen Absperrhahn und löste damit eine kleine Sintflut aus.

»Bisschen salzig«, murmelte er, nachdem er mit dem Zeigefinger probiert hatte. »Aber zum Kochen geht's.«

An diesem Nachmittag gab auch der Ersatzwassermacher den Geist auf. Keiner der Schraubenschlüssel aus der Werkzeugtasche war groß genug, um den Zylinderaufsatz abzuschrauben. Also konnten wir nicht nachsehen, ob er vielleicht noch zu reparieren war. So blieben uns nur noch fünfundvierzig Liter Trinkwasser in Canvas-Säcken – die Reserve für Notfälle – und vier Liter gesammeltes Regenwasser. Während ich zusah, wie die letzten Tropfen aus dem Schlauch fielen, wurde meine Zunge bügellledertrocken.

»Wir können ein Schiff anhalten«, schlug Steve hoffnungsvoll vor.

Sein Optimismus, wenn auch gut gemeint, brachte mich auf. »Ach ja? Und wenn wir gar keines zu sehen bekommen?«

Den ganzen Vormittag lang hatte ich versucht, das Hauptgerät zu reparieren, hatte es auseinandergebaut und die Ventile neu eingeschliffen, um es dann behutsam wieder zusammenzusetzen.

Der einzige Druck, den aufzubauen mir gelang, war in mir selbst. Mit wachsender Beklemmung dachte ich daran zurück, wie es auf der Isla Tiburón und auf dem Cerro del Muerto ohne Wasser gewesen war. Dass jetzt auch die Ersatzpumpe versagte, brachte mich fast um den Verstand.

»Verdammtes nutzloses Scheißteil!«, schäumte ich und griff nach dem Klauenhammer, um das Ding kaputt zu schlagen. »Warum probieren diese Leute nicht aus, ob ihr Zeug richtig funktioniert, bevor es die Fabrik verlässt. Also echt. Vor allem, wenn Leben auf dem Spiel stehen.«

»Jason, nicht!«

Bereits mit dem Hammer ausholend, zögerte ich. Steve hatte recht. Wir brauchten alles, sogar den defekten Wassermacher. Wir konnten ihn ausschlachten und Teile davon verwenden, um den anderen zu reparieren.

Mein Vater las in unserem täglichen Blog von unserer Wasserkrise. Zu Beginn der Expedition waren meine Eltern von der Unternehmung wenig begeistert gewesen (kein Wunder, nach unseren lächerlichen Testfahrten in Devon). Aber nun, nachdem sie jahrelang unsere verschiedenen Rückschläge mitangesehen und nachempfunden hatten – die gebrochenen Beine in Colorado, die vielen vergeblichen Kilometer in Peru, den ständigen Mangel an Spenden –, waren sie zu der Überzeugung gelangt, dass dies nicht bloß ein wilder Schabernack war, zum Scheitern verurteilt. Jetzt hatte uns mein Vater, mit dem ich eigentlich nie einer Meinung war, bei den Vorbereitungen für den Pazifik logistisch unterstützt. Es war eine weitere jener glücklichen Wendungen auf dem Weg gewesen, der mich weit fort von zu Hause und meiner Familie geführt und dann schließlich eine Aussöhnung mit meinem Vater bewirkt hatte. Und damit war ein weiterer Vorteil verbunden. Ein Mensch aus Fleisch und Blut würde alles ihm Mögliche tun, um seinem Sohn aus der Klemme zu helfen.

Als ich am nächsten Morgen seine E-Mail las, verschluckte ich mich fast. »Hör dir das an«, sagte ich zu Steve. »Mein Vater hat Kontakt zum US-Marinekommando aufgenommen. Offenbar befindet sich ein Zerstörer in unserer Gegend. Er braucht lediglich unsere Koordinaten, dann werden sie versuchen, uns einen Ersatzwassermacher zu liefern.«

Steve grinste wie ein Honigkuchenpferd. »Der gute alte Sebert!«

Ich zog die Nase kraus. »Ein bisschen übertrieben ist es schon, oder?«

»Ja, sicher. Wir stehen ja nicht gerade an der Schwelle des Todes. Also, folglich lieber doch nicht das Pentagon einschalten.«

Eine Woche später, als wir nur noch fünfzehn Liter übrig hatten und unsere Lage düster schien, fand Steve beinahe zufällig einen Weg, den Aufsatz des Reservewassermachers aufzuschrauben. Nichts an Bord hasste er mehr als den »Magic Arm«, eine Klemme mit Gelenkarm, die Kenny uns mitgegeben hatte, damit wir aus verschiedenen Kamerawinkeln filmen konnten. Als er sich zum dritten Mal an diesem Morgen den Kopf daran stieß, sah ich mit neuen Augen, wie groß der Abstand zwischen den Backen war.

»Das Scheißding schmeiße ich jetzt sofort über Bord!«, schwor Steve, während er sich den schmerzenden Kopf rieb und den Magic Arm entfernte.

»Tu's nicht«, sagte ich.

Im Nu war die Pumpe zerlegt und die lose Schlauchklemme, die schuld gewesen war, wieder befestigt. Sekunden später begann frisches Wasser zu fließen, und Steves belastete Beziehung zu unserem Magic Arm besserte sich.

*

»Wie bringt man eine Blondine um?«, fragte Steve, der beim Strampeln las.

»Keine Ahnung.«

»Bring am Boden eines Swimmingpools einen Duftsticker an.«

Ich zuckte zusammen. »Wie alt sind diese Kinder gleich wieder?«

Immer wenn die Nachmittagshitze einer angenehmen Kühle wich, pflegten wir ein paar Rituale: Wir kochten Wasser für Tee, schnitzten eine Kerbe in das Kabinenholz, um einen weiteren Tag zu markieren, und öffneten einen Brief von einer der Schulklassen, die der Reise folgten. Die bunten Umschläge enthielten Witze und Cartoons, die uns zum Lächeln und Lachen bringen sollten – oder, wie heute, zum Stöhnen. Der E-Mail-Verkehr funktionierte mit dem neuen Inmarsat C-Datenendgerät ziemlich gut, aber eine tiefer gehende Beziehung entstand doch eher durch handgeschriebene Nachrichten.

Ja, die Technologie, die wir nun bei der Expedition benutzten, hatte einen versteckten Preis. Computer, Satellitentelefone und Internet bedeuteten eine Echtzeitverbindung zu den Schülern, die ein Jahr zuvor noch unvorstellbar gewesen wäre, und erlaubte ihnen, uns virtuell auf der Reise um die Welt zu begleiten – dafür war das Einswerden mit der Natur nur noch eine ferne Erinnerung. Ganz in den Augenblick versunken Sonnenuntergänge betrachten? Gab es nicht mehr. Stattdessen starrten wir auf einen flimmernden Bildschirm und beschrieben die Sonnenuntergänge.

Steve steckte den Witz in einen Umschlag mit der Aufschrift »Tag 22« in großen orange- und lilafarbenen Lettern und schnappte sich die Videokamera. »Also, welche Lektion ist heute dran, Jase?«

Unser Projekt »Ökologischer Fußabdruck« ging in die vierte Woche. Während Steve filmte, begann ich unseren Müll von einer Woche in drei Kategorien einzuteilen – biologisch abbaubar, nicht biologisch abbaubar und wiederverwertbar –, um anschließend jeden Packen mit einer Fischwaage zu wiegen. Dann ging der biologisch abbaubare Müll über Bord. Wiederverwertbare Sachen wie Deckel von Essensbehältern, mit denen man Seepocken vom Bootsrumpf kratzen konnte, blieben an Bord. Plastik und Metall legten wir ebenfalls beiseite, um es zu recyceln, wenn wir in Hawaii ankamen.

Die Schüler würden die gleiche Aufgabe erhalten, bloß dass sie den Müll bei sich zu Hause und im Klassenzimmer sortierten und nicht auf einem Boot. Die einzelnen Gruppen, darunter auch die Crew der *Moksha*, würden jede Woche dem Webmaster ihre Daten mailen, der sie anschließend online stellte. Mehr als

300 Teams aus fünf Ländern nahmen teil, dargestellt als Icons in der Form eines menschlichen Fußabdrucks. Je mehr Daten gespeichert wurden, desto größer wurden die Fußabdrücke, sodass man interpretieren, vergleichen und gegenüberstellen konnte.*

Um die weitreichenden Folgen menschlichen Konsums zu illustrieren, hatten wir sieben Fußabdruckbereiche ausgewählt: Essen, Wasser, Energie, Lebensraum, Materialien und Güter, Abfall und Verschmutzung sowie Reisen und Transport. Wie Steve in seiner Übersicht erklärte: »Überall, wo wir hingehen, und bei allem, was wir tun, hinterlassen wir eine Spur wie Fußabdrücke am Strand. Jedes Mal, wenn wir eine Mahlzeit zu uns nehmen, uns duschen, in die Schule gehen, Sport treiben, ein Paar neue Schuhe kaufen oder sonst etwas machen, verändern wir ein ganz klein wenig unsere Umwelt.«

Da wir zusammen an der London University Geografie und Biologie studiert hatten, interessierten Steve und ich uns für die Menschen, die Gesellschaften, die sie errichten, und die Welt der Natur, die letztlich Daseinsgrundlage für alles Leben ist. Im Fach Geografie wurden die Wechselwirkungen zwischen den Bewohnern unseres Planeten und ihren jeweiligen Milieus beleuchtet. In der Biologie, insbesondere in der Evolutionslehre, widmeten wir uns der Entwicklung des menschlichen Gehirns, der gerade entstandenen Kognitionswissenschaft und der Fähigkeit des *Homo sapiens*, mithilfe des Bewusstseins zu überleben.

Die Geschichte von Rapa Nui im Südpazifik war ein Paradebeispiel. Auf der für ihre von Hand bearbeiteten Statuen bekannten, 170 Quadratkilometer großen Insel lebten einst etwa 20 000 Menschen, deren polynesische Vorfahren in einem Auslegerkanu gekommen waren. Innerhalb nur weniger Hundert Jahre war die Einwohnerzahl auf 111 Menschen geschrumpft. Was war geschehen?

Aufgrund von Ausgrabungen glauben Archäologen heute, dass ein ökologischer Zusammenbruch, den die Inselbewohner selbst

* Den Titel des Projekts borgten wir uns von *Unser ökologischer Fußabdruck*, einer von Mathis Wackernagel und William Rees verfassten bahnbrechenden Anleitung zur Reduktion der Auswirkungen menschlicher Aktivitäten auf der Erde.

verschuldet hatten, die Hauptschuld trug. 1722, als der niederländische Entdecker Jacob Roggeveen auf die Küste traf, waren alle einheimischen Bäume gefällt worden, um immer größere und eindrucksvollere Moai – die sozioreligiösen Denkmäler, die von den Stammesoberhäuptern benutzt wurden, um ihre Autorität glaubwürdig zu machen – zu errichten. Mit desaströsen Folgen. Daraufhin führten Erosion und eine massive Bodenverschlechterung verbreitet zu Missernten. Während Hungersnöte um sich griffen, bewirkte die Konkurrenz um Proteine und andere lebenswichtige Ressourcen einen albtraumhaften Abstieg in gesellschaftliches Chaos, Bürgerkrieg und Kannibalismus. »Das Fleisch deiner Großmutter hängt mir zwischen den Zähnen«, ist bei den Einwohnern von Rapa Nui bis heute eine geläufige Beleidigung.

Was die Geschichte so überzeugend machte, war die schaurige Parallele zur Kolonisierung der Erde durch den Menschen. Rapa Nui war vor dem 20. Jahrhundert eine von Meer umgebene Insel – es bestand somit keine Möglichkeit der Versorgung von außerhalb, noch konnten Einwohner ausreisen, um den Bevölkerungsdruck zu lindern. Der Planet, auf dem wir leben, ist ebenfalls isoliert, durch den Weltraum. So stellt sich also eine naheliegende Frage: Erlaubt Rapa Nui einen Einblick in das Schicksal der Menschheit, wobei multinationale Konzerne den Part der Stammeshäuptlinge übernehmen, die um schwindende Ressourcen konkurrieren?

In unseren Experimenten mit dem ökologischen Fußabdruck diente die *Moksha* als wissenschaftliche Kontrollgröße. Das Boot war faktisch ein geschlossenes System, ein Versuchsaufbau wie im Labor, bei dem Steve und ich die Ratten waren. Über tausend Seemeilen vom Festland entfernt gab es wenig Chancen, uns zu versorgen, und wenn die Vorräte knapp wurden, konnten auch wir das Schiff nicht ohne Weiteres vorzeitig verlassen. Mit Solarpaneelen und dem Windturbinengenerator erzeugten wir Strom, wir filterten Meerwasser, um Trinkwasser herzustellen, und wir bewegten uns mit unserer Muskelkraft fort. Wir konnten Sprossen ziehen und Fische fangen, aber wenn wir nicht vernünftig mit unseren Ressourcen umgingen, konnte das Leben an Bord ganz schnell ungemütlich werden.

Wer wen zuerst verspeisen würde, war unser Running Gag.

Das größere Bild war natürlich alles andere als witzig. Dass der Mensch auf Rapa Nui beinahe ganz ausgestorben war, wurde bei Diskussionen über Nachhaltigkeit und einen bewohnbaren Planeten für künftige Generationen, die wir in Schulklassen anregten, zur kraftvollen Metapher. Hätten die dem Untergang geweihten Insulaner, als sie den letzten Baum fällten, gewusst, was bevorstand, hätten sie sich dann anders entschieden? Angesichts der allgemein verbreiteten Haltung musste man das wohl verneinen. Trotz der unwiderlegbaren Beweise dafür, dass für Klimawandel, Artensterben und Abnahme der Artenvielfalt der Mensch die Verantwortung trug, und trotz einer Fülle von Informationen darüber, wie man einfacher leben konnte, taten die Leute immer noch, als würde es ewig so weitergehen. Joseph Conrads vernichtendes Urteil in *Herz der Finsternis* über die *Conditio humana* traf offenbar zu: »Schätze dem Lande abzupressen war ihr Begehren, mit dem gleichen sittlichen Rückhalt, wie ihn Räuber haben mögen, die in einen Banksafe einbrechen.«

Gibt es Hoffnung? Für die Kinder, die das Schicksal der Welt werden tragen müssen, *muss* es sie geben. Es war nicht das Hauptziel unserer Lektionen, die Aufmerksamkeit auf den vorhersehbar kleinen Fußabdruck der *Moksha* zu lenken. Ebenso wenig, irgendjemanden aus den reichen, verschwenderischen Gesellschaften in Verlegenheit zu bringen. Wir hofften einfach nur, in den Schülern das zu wecken, was wir für das effektivste Werkzeug hielten, um zu verhindern, dass das Schicksal der ganzen Welt einen ähnlichen Lauf nimmt wie das der Rapa Nui: einen Geist, der hinterfragt.

Das kritische Bewusstsein fragt: Was sind meine wahren im Gegensatz zu meinen vermeintlichen Bedürfnissen? Wie wird sich meine Art der Lebensgestaltung auf meine Kinder, Enkel und Großenkel auswirken? Spielt es überhaupt eine Rolle, wenn die Menschheit ausstirbt? Und wenn, was kann ich persönlich tun, um das zu verhindern?

*

Am neunundzwanzigsten Tag hatten wir die halbe Strecke geschafft. Der Ersatzwassermacher funktionierte immer noch, aber wir benutzten inzwischen unsere dritte und letzte Antriebseinheit. Auf langen Strecken war es normal, dass Teile der Ausrüstung kaputtgingen. Die Salzwasserwelt war rau und gnadenlos, insbesondere für Metall und Elektronik, und so verbrachten wir zahllose Stunden damit, zwischen wippenden Knien Hardware auseinanderzunehmen und Schrauben, Muttern und Unterlegscheiben im Schoß zu balancieren. Rost rückten wir mit Drahtbürsten und Schmirgelpapier zu Leibe, mit Fett versuchten wir den weiteren Verfall aufzuhalten. Dass allerdings das Antriebssystem, in dessen Überholung wir so viel Zeit und Mühe gesteckt hatten, versagen könnte, hatten wir am allerwenigsten erwartet.

»Komm schon, bist doch 'n großer Junge«, sagte Steve sanft und streichelte es wie ein durchgegangenes Rennpferd. »Du bist unsere letzte Chance.«

»Nur noch 1200 Seemeilen, das schaffst du!«, fügte ich aufmunternd hinzu.

Steve drückte einen Kuss auf den Metallkasten, den Scott mit einem treffenden Beinamen verziert hatte: »The Dog's Bollocks«, »Die Hundeklöten« – denn schließlich war die Antriebseinheit so viel Zuwendung und Aufmerksamkeit wert, wie sie der Hund seinen Eiern widmet.

Da wir uns einen maßgeschneiderten Antrieb nicht leisten konnten, hatten wir uns für ein System entschieden, das eigentlich für Amateurfahrzeuge auf Flüssen und Seen gedacht war. Die Antriebswellen waren das schwächste Glied, obwohl wir sie für unsere Zwecke verstärkt hatten. Die Kräfte, die nötig waren, um eine 1800 Kilo schwere Masse auf Tausenden von Seemeilen stürmischer See anzutreiben, waren schlicht zu groß.

Steve befestigte die Schiffsschraube und die Zinkanode an der neuen Welle, montierte die Tretkurbeln wieder und schob die Einheit durch den Edelstahlkasten ins Wasser. Viermal knackte es vernehmlich, als er die Schnappriegel betätigte. Zum Schluss legte er den Schraubenzieher, zwei Rollgabelschlüssel und ein Sortiment Inbusschlüssel zurück in die Werkzeugtasche und wischte sich mit einem alten T-Shirt den Dreck von den Händen.

»Daumen drücken«, sagte ich.

Steve nickte. »Ich drücke auch alles andere.«

Nachdem er ein schweißgetränktes Handtuch unter seinem nackten Hintern platziert hatte, brachte mein Teamkollege den Pedalsitz wieder in Position und machte ein paar Probeumdrehungen. Der Antrieb funktionierte reibungs- und fast geräuschlos. Doch die Stille sollte nicht von Dauer sein.

*

Nach eineinhalb Monaten auf See überquerten wir den Wendekreis des Krebses: 23° 26' nördlicher Breite. Der Ozean war hier kristallklar, so klar, dass wir eine Reihe exotischer Meeresbewohner beobachten konnten. Eine wunderschöne, purpurgoldene Schildkröte von der Größe eines Gullydeckels paddelte vorbei. Und was ich kurz für einen unsicher über dem Wasser balancierenden, durchscheinenden Schmetterling gehalten hatte, offenbarte sich als junge Portugiesische Galeere *(Physalia physalis)*, deren tödliche Tentakel noch kaum ausgeprägt waren.

700 Seemeilen östlich von Hawaii bliesen die Passatwinde ständig mit zehn bis fünfzehn Knoten aus Nordost, und abgesehen von vereinzelten Streifen scheinbar hingetupfter Wolken blieb der Himmel mehrere Tage hintereinander wolkenlos blau. Die Bedingungen waren ideal, und wir kamen hervorragend voran; sechzig Seemeilen am Tag waren keine Ausnahme. Nur gelegentlich ein wenig aufgewühlt, erwies sich der Pazifik im Vergleich zu seinem rüpelhaften Cousin, dem Atlantik, als sehr viel kultivierter. All das wirkte sich auch positiv auf die Beziehung zwischen Steve und mir aus. Bisher hatten wir nur einmal kurz gestritten, wegen eines fehlenden Päckchens M&M's (das, wie sich herausstellte, irrtümlich in einem der Nahrungsmittelbehälter gelandet war). Ansonsten waren diese Überfahrt und die erste über den Atlantik so verschieden wie Tag und Nacht. Steve für seinen Teil war bei der zweiten Tour ganz anders auf das Meer vorbereitet,

denn er hatte sich schon in San Francisco Bewältigungsstrategien überlegt. Sie sollten dafür sorgen, dass er in Gedanken nicht ständig bei unserem Ziel, Hawaii, war und sich stattdessen auf den Alltag an Bord einließ.

So hatte er sich zur Unterstützung einen Stapel Comichefte mitgenommen. (Wohingegen inhaltsschwere Bücher und insbesondere alles, was mit Kognitionswissenschaften zu tun hatte, verboten waren.) Eine weitere Strategie bestand darin, in der Küche kreativ zu werden. Wir hatten Weizen-, Alfalfa- und Sesamsamen mitgenommen, die wir in Gläsern keimen ließen. Jeden Tag wässerten wir die Keimlinge mit einem Teelöffel voll Süßwasser, und nach einer Woche konnten wir ausgewachsene Sprossen ernten. Eine Handvoll frisches Grün knabbern zu können, nachdem das letzte Gemüse längst verfault war, stärkte uns psychisch enorm.

Außerdem buk Steve frisches Brot – eine willkommene Ergänzung zu den gefriergetrockneten Mahlzeiten, die trotz unserer Bemühungen, ihnen mit Gewürzen Leben einzuhauchen, einfach nicht genießbarer werden wollten. »Die haben Nerven«, murmelte er jedes Mal finster, wenn »Pasta Primavera« auf dem Speiseplan stand, »dieses Zeug *Gourmet* zu nennen.«

Als Erstes füllte er eine Tasse Meerwasser und zwei Tassen Süßwasser in einen Reißverschlussbeutel mit vorgemischtem Mehl, Hefe, Saaten und gehackten Nüssen. Nach gründlichem Kneten kam der teigige Klumpen in eine Metallschüssel und anschließend für eine halbe Stunde in den Dampfkocher. Das Ergebnis war ein volleyballgroßer Knödel, blass wie eine Leiche und ein wenig schwitzend. An Land hätte man es sich zweimal überlegt, ob man etwas davon in den Mund steckte, aber auf dem Meer und bei unserem Bärenhunger erschien es uns als das köstlichste Brot, das wir je gegessen hatten. Besonders in getoasteter Form lief uns schon beim Anblick das Wasser im Mund zusammen. Eines der Highlights der Reise waren die mitternächtlichen Pausen während der Nachtschicht, wo wir uns auf dem Kocher eine Scheibe heiß machten und sie dann, dick mit Aprikosenmarmelade beschmiert, verschlangen.

Und doch schien Steve, trotz all seiner Versuche, die Reise erträglicher zu gestalten, häufig abwesend.

»Ich habe in letzter Zeit oft an zu Hause gedacht«, verkündete er eines Morgens. »Und wo das überhaupt ist. Unterwegs? In England?«

Er wirkte noch verschlafen, denn gerade erst war er nach einer Stunde unruhigen Schlafs auf einem Segeltuchviereck erwacht, das wir in der mittleren Kabine aufgespannt hatten. Wenn der Schleichende Graubammel sein hässliches Haupt reckte und wir beide eine Pause brauchten, war die »Hüpfburg«, wie wir es nannten, die bevorzugte Alternative zum Heckabteil mit den stinkenden Mülltüten. Aber es hieß aus gutem Grund Hüpfburg. Ohne eine Möglichkeit, sich gegen das heftige Schaukeln des Bootes zu wappnen, besaß die provisorische Hängematte alle Eigenschaften einer schlingernden Foltermaschine.

Auch ich hatte gerade erst meine Glieder gereckt, allerdings nach vier Stunden komfortablen, ungestörten Schlafs im Rattenloch. Entsprechend ausgeruht, hatte sich meine Sicht auf das Leben vollkommen verändert. Ich befand mich auf einem anderen Boot, einem anderen Ozean. »Glaubst du, du könntest dich je wirklich daran gewöhnen, hier draußen zu sein?«, fragte ich, während ich meine Beine hinausschwang und in die Sandalen schlüpfte.

Steve war in seinen Schlafsack gewickelt wie eine Larve in ihren Kokon und rollte im Rhythmus der Wellen hin und her. Er stützte sich auf die Ellbogen, rieb sich mit den Handballen die Augen und erwiderte: »Weiß nicht. Vielleicht gibt es auf dem Boot einfach nicht genügend Sachen, die ich wirklich mag. Ich stehe gern bei Sonnenaufgang in der Luke, trinke eine Tasse Kaffee und esse eine Packung M&M's, ich schwimme gern – das sind die einzigen Fluchtwege aus der täglichen Tretmühle.«

»Würdest du lieber in einem Büro sitzen?«

»Lieber Himmel, nein! Aber ich bin mir ziemlich sicher, dass ich nie an den Punkt komme, wo es mir gleichgültig ist, wieder Land zu sehen, und ich einfach zufrieden bin, hier draußen zu sein. Ich werde immer ein wenig« – er hob den Blick und suchte über meinem Kopf nach den richtigen Worten – »woanders sein, wenn ich ganz ehrlich bin. Es ist so beengt und unnatürlich, einschränkend in so vieler Hinsicht. Es ist einfach nicht das richtige Umfeld für jemanden wie mich. Auf diesem Boot zu sein entspricht nicht meinen Vorlieben.«

Ich griff nach dem Wasserbehälter, um den Kessel zu füllen. »Schlechte Berufswahl also?«

Er zog ein albernes Gesicht und sagte mit gekünsteltem Verkaufsakzent: »Komm in die Tropen, haben sie gesagt. Hol dir ein bisschen Sonne!«

Draußen war es kalt und grau, zum ersten Mal seit einer Woche war das Wetter unbeständig.

Steve kratzte sich am Hinterkopf und gähnte. »Na, zumindest weht der Wind zur Abwechslung mal aus der richtigen Richtung. Jede armselige kleine Welle bringt uns dem Ausstieg aus diesem Scheißding einen Schritt näher.«

»Was würdest du an diesem Sonntagmorgen lieber tun?«, fragte ich, stellte den Kessel auf und zündete das Gas an.

Bei dem Gedanken hellte sich sein Gesicht auf. »Mal überlegen ... ein perfekter Sonntagmorgen wäre für mich, aufzustehen und einen Strandspaziergang in Salcombe zu machen, während es noch schön frisch ist. Dann in Captain Morgan's Frühstückscafé ein Riesensandwich mit Schinken, Eiern und ...« Ein lautes Donnern unterbrach ihn, gefolgt von einer Ladung Wasser, das durch die Schiebeabdeckung schwappte und auf seinem Kopf landete.

»Bist du dir sicher?«, kicherte ich, während ich zusah, wie die Bächlein seinen Hals entlang in seinen Schlafsack sickerten.

Entschlossen, sich nicht seinen perfekten Sonntag vermiesen zu lassen, redete Steve unverdrossen weiter. »Mit großen rosa Speckscheiben, dazu eine Kanne dampfenden, süßen Tee. Bis ungefähr elf würde ich dasitzen und die Sonntagszeitungen lesen. Dann würde ich mit meiner Patentochter und meinem Neffen am Strand Sandburgen bauen oder segeln gehen und irgendwo in einer kleinen Bucht picknicken. Und auf dem Heimweg auf ein paar Pints im Ferry Inn einkehren.«

»Und dann?«

»Nach Hause, aufs Sofa fallen und einen Schwarz-Weiß-Film gucken, bis …«

Er sprach weiter, erschuf ein Fantasieland voll herzhafter Speisen und netter Gesellschaft, eine übermütige Szenerie von Behaglichkeit und Tafelfreuden. Das Wasser im Kessel begann geräuschvoll zu kochen. Ich löschte die Flamme und goss heißes Wasser in unsere Thermobecher. Der Ersatzwassermacher hielt zum Glück immer noch durch, ebenso die letzte Antriebseinheit, obgleich sie ein unangenehmes Knirschen von sich gab.

Ich steckte in jeden Becher einen Teebeutel, fügte Milchpulver und Zucker hinzu und rührte dann um, während ich an Steves Worte dachte: *Auf diesem Boot zu sein entspricht nicht meinen Vorlieben.* Draußen heulte der Wind. Ein durchnässter Socken wanderte in den Kielräumen hin und her. Es war Tag einundvierzig der Überfahrt.

*

Wir hatten keine 200 Seemeilen mehr vor uns, als zwischen Steve und mir ein zweiter, aber auch letzter Streit ausbrach. Besorgt, dass wir Hawaii verpassen könnten, falls der Wind wieder auf Nord drehte und uns Richtung Süden trieb, war Steve für eine Kursänderung auf 240 Grad, um nicht zu weit von unserem Nordkurs abzukommen. Ich drängte auf 210 Grad, um möglichst bald den Breitengrad von Hilo zu erreichen, wodurch sich die Gefahr verringerte, zwischen Hawaii und Maui in den bekanntermaßen rauen Alenuihaha-Kanal gezogen zu werden. Beide Vorschläge hatte Vor- und Nachteile. Aber anstatt uns anzuschreien wie auf dem Atlantik, taten Steve und ich etwas Unglaubliches. Wir einigten uns auf 225 Grad – ein Kompromiss, der sinnbildlich für die ganze Reise stand.

Am Morgen des dreiundfünfzigsten Tages nahm die Küste von Hawaii durch eine graue Wolkendecke hindurch allmählich Gestalt an wie eine Fotografie in einer Entwicklungsschale. Als Erstes kamen die schwarzen Lavagebilde von Leleiwi Point an der östlichsten Ecke von Hilo Bay in Sicht. Als Nächstes sah man in mittlerer Entfernung die verschwommenen, sich im feuchten Nebel auflösenden Umrisse grüner Hügel mit dichter, tropischer Vegetation. Und schließlich hob sich der Nebel ganz, und das oberste Drittel des Bildes wurde deutlich: die majestätischen, nussbraunen Hänge des Vulkans Mauna Kea, der in den Himmel ragte, und seine in der Morgensonne schneeweiß leuchtende Spitze.

Erst jetzt, wo ich mir sicher war, dass ich es mir nicht bloß einbildete, formte ich mit den Händen einen Trichter und rief: »Land ahoi!«

Der knirschende Antrieb kam sofort zum Stehen. Steve trat zu mir in die Luke, sein Gesicht zeigte vorsichtigen Optimismus. »Endlich«, schnaufte er, während er begierig die zerklüfteten Umrisse und erlesenen Farben in sich aufnahm. »Erst jetzt, wo ich es sehe, glaube ich, dass wir schon so nah dran sind!«

Am vorhergehenden Nachmittag hatten wir bereits geahnt, dass wir uns Land näherten, denn die Wasserfarbe hatte von Aquamarinblau zu Milchig-Grün gewechselt, und Pflanzenteile waren vorbeigetrieben. Unser Schwarm Doraden, die gleichen treuen Gefährten, die uns den ganzen Weg von Kalifornien über begleitet hatten, spürten es ebenfalls und kehrten zurück in tiefere, saubere Wasser.

Bei Tagesanbruch sagte uns das GPS, dass uns nur noch zehn Seemeilen von einer Landmasse trennten, doch wegen des Nebels war keine Spur davon zu sehen. War das GPS falsch kalibriert? Hatten wir uns bei den Berechnungen vertan? Würden jeden Moment Felsen den Bootsrumpf aufschlitzen? Abwechselnd hielten wir Wache am Vordeck, blickten angestrengt in die Trübnis und lauschten auf das erste Geräusch von Wellen, die an das fremde Ufer schwappten.

Da die Landung nun unmittelbar bevorstand, wühlte ich im Rattenloch herum auf der Suche nach der Segeltuchbrieftasche, in der mein Pass steckte. Hier drinnen irgendetwas auszugraben war reinste Archäologie, und ich fand haufenweise Krempel wieder, der einem längst vergangenen Zeitalter angehörte:

Bankkarten, Führerschein, Schlüssel, Pass, Bibliotheksausweis, Adressbuch und 43 Dollar. Nichts davon konnte mir auf See in irgendeiner Weise dienlich sein, aber für das Navigieren in den unbeständigen Gewässern der menschlichen Zivilisation war das alles unentbehrlich. Ich spürte, wie sich meine Eingeweide in der gleichen dumpfen Angst zusammenkrampften wie vor unserer Ankunft in Miami. Gleich würden wir in eine andere Dimension katapultiert werden, der Frieden und die Einfachheit des Lebens auf See würden erschüttert werden, sobald die zermürbende Logistik der Expedition wieder zuschlug.

Ein weißes Motorboot namens *Force Play* kurvte vor der Mole. Als es sich über die Brandung hüpfend näherte, sprangen mir gebräunte Beine unter einem Hula-Röckchen aus Gras ins Auge. Die Inselschönheit, weiße Blüten um Kopf und Hals gewunden, lehnte sich über die vordere Reling, winkte und warf uns provozierend Kusshände zu. Neben ihr stand ein älterer Mann, den Arm entspannt um ihre Schulter gelegt.

»Da legst du dich nieder!« Steve schluckte schwer und spähte durch das salzwasserverkrustete Fenster. »Wer wohl dieses dreckige Glücksschwein ist?«

Ich sah näher hin. Der Hut kam mir bekannt vor.

»Hmmm. Es ist dein Dad, Steve.«

Das war typisch Stuart – irgendwo im Nirgendwo eine dunkelhäutige hawaiianische Jungfer aufzugabeln. Genau für diese Art Unfug war er bekannt; so hatte er nach meinem Unfall einmal eine Krankenschwester ins Parkview Medical Center geschmuggelt, die auf Wunsch für Patienten strippte.

Steve blinzelte. »Moment mal, das ist doch gar keine hawaiianische Braut. Ist das nicht Nancy Sanford?«

Tatsächlich waren es unverkennbar die vertrauten Züge unserer in Florida lebenden Koordinatorin. Ein weiteres Gesicht tauchte auf, in dem ich Jake erkannte, einen Produzenten der in San Francisco ansässigen Mediengesellschaft Video Free America. Er vertrat Kenny, der wieder in irgendeiner Kriegshölle unterwegs war. Der arme Jake war weiß wie ein Leintuch. Er winkte kurz, stellte dann die Kamera ab und begann über die Reling zu kotzen.

Nach einer weiteren Stunde Strampelei stieß die *Moksha* an den öffentlichen Anlegesteg. Ich warf ein Seil, eine Gruppe Menschen applaudierte, und dann traten echte hawaiianische Mädchen vor und wanden uns süß duftende Blütenketten um den Hals – der traditionelle Willkommensgruß auf der Insel.

»Aloha!«

Unsere ersten Schritte an Land waren unsicher, aber nicht zu vergleichen mit dem trunkenen Getorkel, als wir an Weihnachten mitten im Atlantik auf die USCS *Charles L. Brown* geklettert oder als wir sechs Wochen später in Miami von Bord gegangen waren. Auch gab es keine netten alten Damen, die über ihre kranken Katzen jammerten. Ich wandte mich zwei Jungs zu, in deren Gesichtern eine Lawine von Fragen geschrieben stand.

»Wie ist denn das Strampeln so?« Ein sommersprossiger Neunjähriger mit roten Haaren wollte das wissen.

»Wie heißt du?« Ich antwortete mit einer Gegenfrage.

»Zachary.«

»Ist das dein Bruder, Zachary?«

Er nickte.

»Würdet ihr zwei das gern selbst ausprobieren?«

Die beiden sahen einander mit gehobenen Augenbrauen an. Jacob war der Ältere von beiden: dunkles Haar und hinter schweren Lidern eine weise Seele. »Jetzt gleich, meinen Sie?«

Ich lachte. »Nein, jetzt brauchen Steve und ich eine Verschnaufpause und müssen uns mal das Salz abwaschen. Wie wär's mit morgen? Wir könnten nach dem Frühstück eine Runde im Hafen drehen.«

Zachary deutete auf eine Frau mit fröhlichem Gesicht und Sonnenbrille, die gerade mit Stuart sprach. »Das ist unsere Mama. Wir fragen sie lieber erst.«

Während die Brüder eilig abzogen, um sich die Erlaubnis zu holen, sah ich mich nach Steve um. Er stand ganz allein am Ende des Kais, seinen geschorenen Kopf mit einem blauen Bandana bedeckt und in Gedanken offensichtlich weit weg. In Salcombe vielleicht? Und in diesem Moment erinnerte ich mich an eine Geschichte, die er mir einst erzählt hatte: von einer Wahrsagerin, die in seiner Kindheit zu ihnen nach Hause gekommen war, um seiner Mutter Spitzenborten zu verkaufen. »Du wirst ein großer Reisender werden«, hatte die alte Zigeunerin zu dem Jungen gesagt, nachdem sie auf der Schwelle in seiner Hand gelesen hatte. »Aber es wird nicht zu deinem Vorteil sein.«

Dann fand ein fehlendes Puzzleteilchen plötzlich seinen Platz. *Das ist das Ende seiner Reise.* Tief in mir wusste ich es.

»Ich werde bei dieser Expedition nicht mehr Tretboot fahren«, bestätigte Steve später an diesem Abend. Wir saßen in der Bar des Naniloa-Hotels, in dem Stuart für diese Nacht ein weiteres Zimmer gebucht hatte, bei einem Bier zusammen. Abgesehen von den sieben vergangenen Jahren hätten wir auch in Paris sein können, wo wir damals um zwei Uhr morgens Kronenbourg 1664 getrunken und die haarsträubende Idee diskutiert hatten, die Welt ohne Motor- und Windkraft zu umrunden. »Es ist ... schwer zu erklären«, sagte er zögernd.

»Brauchst du nicht«, brach ich rasch das unangenehme Schweigen.

Er sah mich zweifelnd an.

»An diesem Morgen auf der Hüpfburg«, fuhr ich fort, »als du deinen perfekten Sonntag beschrieben hast ... da hatte ich schon so eine Ahnung.«

Die Bangigkeit wich aus seinem Gesicht. »Jase, erinnerst du dich an unser Gespräch in dem Pub in Dorset vor Jahren?«

Ich bejahte. Wir waren damals übereingekommen, dass wir die Reise, konnten wir sie nicht mehr von ganzem Herzen bejahen, abbrechen würden. Dieses Gelöbnis war Teil unseres Leitbilds geworden, nämlich das Leben in vollen Zügen zu genießen.

»Hm, ich glaube, ich habe etwas herausgefunden«, sagte Steve. »Alles, was ich auf der Expedition mit einem gewissen Genuss tun kann, lässt sich woanders besser verwirklichen. Ich könnte ein paar weitere Monate auf See rechtfertigen, obwohl ich lieber an Land wäre. Aber ich kann nicht zehn weitere Jahre rechtfertigen, in denen ich lieber etwas anderes machen würde.«

Dazu würde absolut jeder etwas zu sagen haben, besonders die britische Boulevardpresse und andere, die mit Häme reagieren würden, obwohl sie ihn nie kennengelernt hatten. *Er hat aufgegeben. Hat es nicht mehr ausgehalten. Hat seinen Partner hängen gelassen!*

Egal. Das war genau die Art engstirniger Schwachköpfe, die nie begreifen würden, dass Reisen eines der größten Paradoxien des Lebens ist. »Es ist gut«, schrieb die amerikanische Autorin Ursula K. Le Guin einmal, »auf einer Reise ein Ziel zu haben, auf das man zustreben kann; letztendlich jedoch ist es die Reise selbst, auf die es ankommt.« Und wenn man ehrlich und offenherzig und willensstark genug ist, kann sich die Reise zu etwas anderem entwickeln, zu einem Sprungbrett für das, was du als Nächstes tun musst, um zu erfahren, was es für dich zu lernen gibt: vor allem, dir selbst treu zu bleiben und dabei ein gesünderer und glücklicherer Mensch zu werden, der für die Erde und ihre Menschen eher ein Gewinn als eine Belastung ist.

Steve und ich mussten nichts weiter erklären. Mein alter Freund hatte das Rätsel der Wahrsagerin gelöst. Er scheute das Reisen um des Reisens willen und das Risiko, sich lächerlich zu machen. Er folgte seinem Herzen, nicht seinem Kopf und ganz bestimmt nicht den Erwartungen anderer. Er tat das, von dem wir beide wussten, dass es das Richtige war.

Wir hoben unsere Gläser und stießen auf die Expedition an.

EINE GROSSE INSEL

DIE EISERNE EDIE

Das eigentlich Wichtige sind die Erfahrungen,
die man macht, die Erinnerungen und die triumphale,
überschäumende Freude, die einen durchströmt,
wenn man das Leben in vollen Zügen genießt.

Aus den Tagebüchern von Christopher Johnson McCandless

Plötzlich, mitten im Pazifik, erhebt sich ein schmaler Streifen Sand bloß drei Meter über den Meeresspiegel: Tarawa, eines der dreiunddreißig Koralleninselatolle, aus denen der wenig bekannte pazifische Inselstaat Kiribati besteht. Die ehemaligen Gilbert- und Elliceinseln, eine britische Kolonie, boten auf der Langstrecke bis Australien die letzte Gelegenheit, Vorräte an Bord der *Moksha* zu nehmen.

Ich konnte es kaum erwarten, wieder in die fließende Leere zurückzukehren, mich erneut von der grausamen, aber leidenschaftlichen Umarmung der See verführen zu lassen. Leer. Lebendig. Trostlos. Absolut. Die Mutter aller Wildnisse lockte mich mit ihrem Sirenengesang.

Auf dieser Fahrt würde es keine Ablenkungen geben. Keine Menschenseele außer mir. Ich sehnte mich danach, wieder nach Samadhi zu streben und diesen Zustand zu erlangen, den ich auf dem Atlantik erlebt hatte, der mir aber inzwischen wieder abhandengekommen war, jenen Zustand nicht-dualistischen Bewusstseins, dem gegenüber die normale, monochrome Realität verblasste. Und dieses Mal würde ich ihn für immer aufrechterhalten, sagte ich mir.

Natürlich hätte ich, wäre ich damals nicht so von Hybris verblendet gewesen, gewusst, dass es zwangsläufig zu Problemen führen muss, wenn man sich der Wahrheit auf so ungeschickte, tollpatschige Weise zu nähern versucht. Sie ist nicht einfach ein Kostüm, in das man schlüpfen kann, wann immer man Lust dazu hat. Wie jeder Erkenntnis dessen, was weise Hindus als höchste Realität bezeichnet haben, kann man sich auch der Wahrheit nur auf Umwegen nähern, um sie dann wie aus Versehen, aber nicht absichtslos zu finden. Nicht dies, nicht das, haben die Mystiker gesagt. Sieh direkt hin, und du wirst nichts sehen. Spähst du jedoch aus einem Winkel deines geistigen Auges, dann wird vielleicht, nur vielleicht – wenn die Pünktchen sich verbinden und die Bilder sich ausrichten –, deine Wahrnehmung so durchgerüttelt, dass die Wahrheit ins Blickfeld kommt. Um sie aber festzuhalten, musst du sie sofort loslassen.

Ein Paradox.

Zuvor musste ich Hawaii wandernd durchqueren, 145 Kilometer bis Kailua-Kona auf der Westseite. Von dort aus waren es 2400 Seemeilen bis Tarawa. Bei der Wanderung blieb Steve an meiner Seite, und loyal wie immer half er mir auch, die *Moksha* für die nächste Etappe vorzubereiten. Die dreitägige Treckingtour war außerdem eine gute Gelegenheit, ein paar Freunde mitzunehmen. Edie Leitner, eine sechsundzwanzigjährige Spanischlehrerin von der Monterey High School in Kalifornien, begleitete einen ihrer älteren Schüler, Travis Perkins, der für das Videoaustauschprogramm gefilmt hatte. Ein Einheimischer aus Waikoloa, Avery, bot sich uns als Führer an. Scott, der die Schiffsschraube der *Moksha* angefertigt hatte, machte die Truppe komplett, weil er »Lust auf eine Wanderung hatte, um ein paar Pfunde loszuwerden«.

Es war eine Feuerprobe. Mit fast dreißig Kilo schweren Rucksäcken trotteten wir im Morgengrauen in Hilo los und taumelten den steilen Anstieg zwischen den beiden Vulkanen Mauna Loa und Mauna Kea hinauf. Schon mittags gab es die erste Krise. Scott erklärte, es sei ein Fehler gewesen, diesen Urlaub anzutreten, setzte sich auf die Straße und weigerte sich, noch einen Schritt zu tun.

»Geht ihr nur weiter, Jungs«, sagte er erschöpft und lehnte sich an seinen unglaublich sperrigen grünen Rucksack, den er nach einem Song von Fleetwood Mac »The Green Manalishi« getauft hatte. »Ich kehre mit dem alten Manalishi um.«

Erst nachdem wir ihn mit der Verteilung eines Teils von Manalishis Inhalt auf unsere Rucksäcke bestochen hatten, willigte Scott ein weiterzugehen. Und von da an war der 113 Kilo schwere Mechaniker zu allem entschlossen. Als unser Weg aus dem feuchten Nebel hinausführte und sich auf etwa 2000 Meter Höhe einpendelte, waren er und Travis, der zuvor über Knieschmerzen geklagt hatte, nicht mehr zu bremsen. Wir mussten ihren Rucksäcken Gewicht hinzufügen, damit die Mistkerle ein bisschen langsamer gingen.

Unser Weg führte an Hibiskussträuchern und Kleidervögeln vorbei, die in den purpurfarbenen Blüten von Ohia-Bäumen tanzten. Avery, der gute botanische und ornithologische Kenntnisse besaß, schlug einen ungeplanten Umweg ein, bei dem wir einheimische Kuriositäten zu sehen bekamen, zum Beispiel die Kīpukas, einzigartige, von Lava umgebene ökologische Inseln. Fußkrank und murrend folgte ihm die Gruppe.

Als wir die Saddle Road verließen und auf das Militärübungsgelände Pohakuloa kamen, mussten wir unseren Weg zwischen kuhfladenförmigen Pahoehoe-Lavafeldern sorgfältig wählen und aufpassen, nicht in die Öffnungen der eingestürzten Lavaröhren zu fallen, die einst in Zeiten von Stammeskämpfen als Unterschlupf gedient hatten. Wir marschierten jeden Tag bis zur Dämmerung, kochten uns ein schnelles Essen, rollten dann die Schlafsäcke aus und schliefen wie ein Stein.

Am Morgen des vierten Tages – wir waren müde, und unser Wasser ging zu Ende – stießen wir zufällig auf eine Jagdhütte mit einer Regentonne. Von hier aus wanderten wir auf dem historischen Judd Trail weiter, der zum Meer hinunterführte. Scott war bester Laune und nahm seine bereits beliebten Gorillanachahmungen wieder auf. Auf dem Abstieg durch Gruppen hoch aufragender Eukalyptusbäume machte er fast die ganze Zeit seine Scherze und lenkte uns mit seinem Gebabbel von unseren schmerzenden Füßen und protestierenden Muskeln ab. Edie hatte am meisten zu leiden – beide Füße waren inzwischen voller aufgeplatzter Blasen, da die Stiefel nicht richtig passten. Trotzdem schritt sie tapfer weiter und weigerte sich, langsamer zu gehen oder sich etwas von ihrer Ausrüstung abnehmen zu lassen. So verdiente sie sich den Titel »die eiserne Edie«.

»Sie lässt nicht mit sich handeln«, zitierte Scott aus dem Film *Terminator*. »Sie fühlt weder Mitleid noch Reue, noch Schmerz, und sie wird vor nichts haltmachen.«

Ganz einmütig erreichten wir Kona, erschöpft, glücklich und nachdenklich nach unserem Streifzug durch die hawaiianische Wildnis. »Ich habe auf der Suche nach dem Glück die Insel Hawaii durchquert«, bloggte Travis nach seiner Rückkehr. »Und jetzt weiß ich nicht mehr, ob ich am Ende meiner Ferien bin und fieberhaft nach einer Offenbarung suche oder ob ich immer noch in den Lavafeldern meditiere, wobei mir bewusst ist, wie ungeheuerlich das wäre. Im Wald habe ich mich flink und ruhig von einem Gedanken zum anderen bewegt. Jetzt läuft das Leben wieder so schnell, dass ich nicht hinterherkomme, und es scheint mich nur zurückzuwerfen.«

*

Die *Moksha* wurde auf einem geliehenen Anhänger nach Kona geschleppt und am Stadtrand neben einer offenen samoanischen *fale* abgestellt, die einem Orchideenfarmer namens Lima Tamasese gehörte.* Wir Übriggebliebenen – Steve, Nancy, Stuart, seine Freundin Renee aus Arizona und ich – machten uns daran, inzwischen ausgetrocknete und halb verweste Seepocken abzukratzen und die Tüten mit dem Recyclingmüll hervorzuzerren. Zu den Abschlussarbeiten nach jeder Etappe gehörte außerdem die Auswertung des Currikulums »Ökologischer Fußabdruck«. Die Schüler hatten Berichte geschrieben, in denen sich zeigte, dass sie die Kursarbeit begriffen hatten, und praktische Möglichkeiten aufgelistet, wie sie künftig ihren Fußabdruck verkleinern und Familie und Freunde ebenfalls dazu anregen könnten. Die Mary Farmers School in Benicia hatte Wurmkompostierer gebaut, um aus den Bioabfällen der Schulküche Erde zu produzieren, in der Gemüse angebaut werden konnte. Die Nueva School in Burlingame hatte das Currikulum selbstständig erweitert: Die Schüler hatten Prototypen von Geräten konstruiert, mit denen man bei geringer Umweltbelastung verschiedene Tätigkeiten verrichten konnte, wie zum Beispiel das pedalbetriebene Vacuum Vehicle for a Cleaner Environment der elfjährigen Aliya Chaye Weiss.

Das *fale* war ein guter Übergang zwischen Wildnis und Zivilisation, eine Dekompressionskammer für Steve und mich, in der wir unsere Meerköpfe abschrauben und die Landköpfe wieder aufsetzen konnten. Allerdings gab es weder Elektrizität noch ein

* *Fale* ist das samoanische Wort für »Haus«. Traditionell werden *fales* aus vor Ort vorkommenden Materialien wie Holz, Stroh, Kokosfasern, Lava und Korallen erbaut.

Telefon, die einfache Unterkunft war als Basislager für die Vorbereitung der nächsten Etappe also nicht geeignet. Nach vierzehn Tagen zogen wir in die Kellergarage der Familie Thrasher um, deren Söhne, Zak und Jacob, in der *Moksha* eine Runde im Hafen von Hilo gedreht hatten. Ein Lagerraum diente zugleich als provisorisches Büro. In der Garage war genug Platz, um alle Werkzeuge und sämtliche Ausrüstung auszubreiten, Vorräte zusammenzustellen und zu schlafen. Eine am äußeren Dachvorsprung aufgehängte Plane schützte die *Moksha* vor den Elementen.

Das einzige Problem war der Lärm.

»Herrgott noch mal, Zachary! Ich habe dir schon vor einer Stunde gesagt, du sollst dein Bett machen und den Boden wischen!«

Laurie Ann war die amtierende Zuchtmeisterin, eine alle dominierende Piratenkönigin mit entsprechender Lunge. Ihre polternden Tiraden, die durch die Decke zu uns herunterdrangen, waren zunächst verstörend (»Dann werden die, die tot sind, die Glücklichen sein!«), bis wir begriffen, dass die Matriarchin damit einfach nur auf spielerische Weise ihre stets zu Streichen aufgelegten Jungs in Schach hielt. Denn sie hatte zwar ein starkes *Mana*, aber zugleich ein ganz weiches Herz. Und ihre weitverzweigte Familie machte die Expedition von Anfang zu ihrem Anliegen.

Da wir bis zum Ende der Hurrikansaison noch Zeit totschlagen mussten, wandten wir uns wieder der Bildung zu. Weiterführende Schulen aus der Gegend wurden für das Video- und das Fotoaustauschprogramm gewonnen, Mittelschüler konnten Kurse in Papierherstellung belegen und Schreiben für Brieffreunde verfassen, die ich in der *Moksha* zu Schulen auf Tarawa transportieren würde. In einer neuen Initiative namens »Junge Entdecker« wurden Kindergruppen zu kleinen Tagesexpeditionen in die Umgebung von Kona geführt. Manche von ihnen waren noch nie über die Grenzen ihrer Stadt hinausgekommen. Insgesamt nahmen 1500 Kinder aus zwölf Schulen teil. Die öffentliche Bibliothek von Kona veranstaltete eine Fotoausstellung mit dem Titel »Step Into My World« (»Komm in meine Welt«). Gezeigt wurden Schwarz-Weiß-Fotos, die von Kindern in Nord- und Mittelamerika mit den Kompaktkameras aufgenommen worden waren.

So viel Zeit und Energie in Bildungsarbeit zu investieren wäre normalerweise undenkbar gewesen, da wir zwischen den einzelnen Etappen mit der Geldbeschaffung immer alle Hände voll zu tun hatten. Aber kurz zuvor hatte sich, was unsere Finanzen betraf, der Wind zu unseren Gunsten gedreht. Während Steve und ich von San Francisco herübergestrampelt waren, hatte ein Gericht in Colorado mir für die Schmerzen, das Leiden und künftige Komplikationen mit meinen gebrochenen Beinen eine Entschädigung zugesprochen. Nach dem Begleichen alter Schulden würde davon nicht genug übrig bleiben, um die ganze Umrundung zu finanzieren, doch wenn ich die Summe in ertragreiche Technologiewerte investierte, würde die Rendite ausreichen, um die elementaren Lebenshaltungskosten und die laufende Bildungsarbeit abzudecken.

Nachdem wir jahrelang auf Basis von Spenden um die 20 Dollar herumgedümpelt waren, konnte sich die Expedition nun endlich selbst tragen.

VON HAWAII NACH TARAWA

GAR GEKOCHT IM GEGENSTROM

Der Geist ist selbst sein eigner Ort und macht
Aus Himmel Hölle sich, aus Hölle Himmel.

— JOHN MILTON

4. MAI 1999

Ich hatte Kenny über die Jahre schon in manch heikler Lage erlebt, wenn er die Aufnahme schlechthin in den Kasten zu kriegen versuchte: etwa indem er sich an der Spitze eines Krans festklammerte, als die *Moksha* auf dem Exe gekentert war, sich hinten aus einem dahinjagenden Lieferwagen beugte, als Steve und ich die Pyrenäen hinaufschnauften, oder über den Bahamas unter einem Leichtflugzeug hing. Dieses Mal jedoch trieb er es ein bisschen zu weit, als er auf einer Luftmatratze, die nur mit einer Schnur an seiner Taille befestigt war, auf dem Nordpazifik herumschwamm.

»Um Himmels willen, lass bloß das verdammte Ding nicht fallen«, rief ich durch die Luke der *Moksha* und deutete auf den digitalen Camcorder, den er über den Kopf hielt. »Einen neuen können wir uns nicht leisten.«

Während er mit den Füßen paddelte, bewegte er die freie Hand vor und zurück, um die Balance zu halten. »Reg dich nicht auf, du Angsthase. Jetzt mach 'ne große Schleife, und komm direkt auf mich zu. Keine Sorge, ich bin in letzter Minute aus dem Weg.«

Die neue Antriebseinheit war verglichen mit der, die bei unserer Ankunft in Hilo in den letzten Zügen gelegen hatte, wunderbar leichtgängig. Die *Moksha* nahm Fahrt auf, ich warf das Ruder hart steuerbord und sah durch das Kabinenfenster zu, wie der Mauna Kea Richtung Süden verschwand. Als das Boot den Kreis vollendet hatte, setzte ich mich aufrecht und fuhr schnurstracks auf den tanzenden Kopf des Schotten zu.

Benommen vor Erschöpfung, war ich bei strahlendem Sonnenschein vom Hafen in Kona in See gestochen. Am Bug der *Moksha* hing, der polynesischen Seefahrertradition entsprechend, ein Bündel grüner Teeblätter. In der vorhergehenden Nacht hatten wir schlecht geschlafen, weil Laurie Ann lauthals Seemannslieder gesungen hatte, während sie in der Garage das letzte getrocknete Gemüse in Beutel verstaute. Bewaffnet mit einer Flasche Jose-Cuervo-Tequila, einer Kiste Steinlager-Bier und begleitet von Tante Ta-Ta, die gern ihre Brüste entblößte, hatte unsere hawaiianische

Helferin ihre beispielhafte Gastfreundschaft abgerundet, indem sie bis in die Morgenstunden »All For Me Grog« und andere anzügliche Lieder aus ihrem bevorzugten Repertoire schmetterte.

»Ookay.«

Ich drehte mich um und sah durch das Bootsfenster achtern. Erleichtert stellte ich fest, dass sich Kenny inklusive Kamera immer noch über Wasser hielt. Während ich die letzten fünfzehn Meter blind auf ihn zusteuerte, erwartete ich schon, den misstönenden Aufprall von Holz auf Knochen zu hören.

»Warte mal. Ich glaube, meine Therm-a-Rest hat 'n Leck.«

Ich hörte auf zu treten und streckte den Kopf aus der Luke. Der Kameramann befand sich bereits ein gutes Stück entfernt und sah, umgeben von so viel Wasser, klein und verletzlich aus. Und er lag deutlich tiefer im Wasser.

»Ähm, Tatsache, ich sinke. Hol mich, ja?«

Ich sah ihn weitertreiben. »Kommt ganz drauf an«, erwiderte ich. (Ich hatte nicht oft Gelegenheit, Kenny aufzuziehen.)

»Wieso meinste *kommt ganz drauf an*? Auf was denn?«

»Die 20 Mäuse, die du mir schuldest.«

Kenny blickte finster drein. »Welche 20 Mäuse?«

»Die 20 Mäuse, die ich dir neulich abends in der Kneipe geliehen habe, weißt du noch?«

»Einen Scheißdreck hast du. Hör auf rumzuquatschen, Jas'n.«

»Ich hätte gern Zinsen dafür. Sagen wir, 20 Prozent?«

Wie jeder echte Schotte war Kenny äußerst gewitzt, wenn es um Geld ging. Vorhin, beim Umsteigen aus dem Unterstützungsboot, hatte er mir sein Rezept gegen Seekrankheit verraten: Er hängte sich, eine 50-Pence-Münze zwischen den Zähnen, über den Bootsrand.

Ich erstarrte und deutete auf einen Wasserwirbel. »Oh, Mist.«

»Was iss'n?«

»Hai.«

Die Farbe wich aus seinem Gesicht. »Echt jetz?«

Ich senkte den Arm. »Nee. Bloß Spaß.«

»Mistkerl!«, zischte er. »Jetz komm mich holen, du Arsch, bevor ich samt deiner Scheißvideokamera absaufe.«

Eine Viertelseemeile von uns entfernt luvte das schneeweiße Segel der *Goodewind* in der leichten Brise. Der für hohe Geschwindigkeiten ausgelegte Fünfzehn-Meter-Kutter sah jetzt, wo er mit drei Knoten dahindümpelte, plump und unbeholfen aus. Ich barg Kenny und manövrierte die *Moksha* an die Längsseite der *Goodewind*, damit er auf ihr mit nach Kona zurückfahren konnte. Während Kenny umstieg, ging die Sonne unter. Dann kam das schreckliche Abschiednehmen.

Steve und ich fassten uns von Boot zu Boot an den Unterarmen, wie wir es vor vielen Jahren beim Verlassen von Greenwich getan hatten. Mein Freund sah mit seinem Strohhut, unrasiert und mit vor Müdigkeit wässrigen Augen ziemlich fertig aus. Oder war es etwas anderes?

»Bist du dir sicher, dass das für dich passt?«, fragte ich, während sich in meiner Kehle ein Kloß bildete. »Dass ich die *Moksha* nehme, meine ich.«

Er blickte ein letztes Mal auf seine Schöpfung. »Ja, ja.« Er lächelte. »Schließlich und endlich ist sie ja bloß ein Boot. Aber du, pass auf dich auf. Lass das Sicherheitsseil immer am Fußgelenk, okay?«

Der gute alte Steve, dachte ich, macht Wirbel bis zur letzten Minute. »Danke, Kumpel. Danke für alles.« Ich rempelte das größere Gefährt heftig an.

Neben seinem Sohn tauchte Stuart auf. »Derselbe Engel in Portugal hat mir versprochen, dass alles okay sein wird, Jase.«

Ich lächelte und winkte. »Gut zu wissen. Danke, Stuey.«

Endlich bekam die *Goodewind* ihren Willen und schoss nach vorn, blähte majestätisch die Flügel wie ein Schwan im Flug, zeigte, wie viel schneller und leichter es wäre, nach Tarawa zu segeln, statt zu strampeln. Die Skipperin, Kapitän Nancy, nahm Fahrt auf und drehte das Steuerrad, es ging zurück nach Kona. Ich winkte und winkte, wechselte die Arme und winkte immer weiter, bis die *Goodewind* zu einem weißen Fleck in einem Universum von Blau schrumpfte, und dann war sie weg.

Plötzlich war ich allein, das einzige Lebewesen, so weit das Auge reichte.

»Beginn eines neuen Kapitels dieser Expedition.« Meine Stimme klang unsicher, während ich den Camcorder westwärts hielt. Angesichts der überwältigenden Weite und der Größe der vor mir liegenden Aufgabe war mir das Selbstvertrauen abhandengekommen. »Vor mir, 2400 Seemeilen entfernt, liegt Tarawa, mein nächster Anlaufhafen. Es wird sein wie die Suche nach der Nadel im Heuhaufen, aber ich *muss* sie finden.«

Ich senkte die Kamera und stand einfach nur da, fing mit den Knien die schlingernden Bewegungen des Boots ab und nahm die Atmosphäre dieser neuen Welt in mich auf – einer vertrauten und doch, nun, da ich ganz allein war, seltsam veränderten Welt. Das ist es doch, was du wolltest, rief ich mir in Erinnerung. Wochen der Kontemplation und Meditation, ganz allein. Ungefähr einen Monat, so schätzte ich, würde es dauern, bis der Zivilisationsmüll von mir abfiel, die Leere der Wildnis zu greifen begann und den Weg zu Samadhi ebnete.

Bei dieser Aussicht besserte sich meine Laune.

Weniger begeistert war ich, dass ich die Intertropische Konvergenzzone überqueren musste, einen 400 Seemeilen breiten Gegenstrom zwischen zwei und acht Grad nördlich des Äquators. Der Kalmengürtel, der seit der Segelschiffära immer wieder Seeleuten zum Verhängnis geworden war, zeichnete sich durch häufige Unwetter, wenig oder keinen Wind und glatte, träge Wasser aus, sodass Boote wochenlang in der Flaute dahindümpelten. Aus der nördlichen Hemisphäre schwappendes Wasser trifft auf Wasser aus dem Süden, bevor sich beide mischen und Richtung Mexiko strömen. Um die südliche Hemisphäre und schließlich Australien zu erreichen, musste ich mich durch annähernd 200 Seemeilen Gegenströmung kämpfen, was Segelcracks in San Francisco für eine schiere Unmöglichkeit gehalten hatten, wenn man allein auf Muskelkraft angewiesen war.

Während ich über all das und meine erste Nacht allein auf See reflektierte, senkte sich die Dunkelheit herab. Insgeheim fürchtete ich mich davor zu schlafen, ohne dass ein Augenpaar auf den Horizont gerichtet war. Ja, ich hatte zwar das weiße Rundumlicht und den Ocean-Sentry-Radar, der vor sich nähernden Schiffen warnen sollte. Aber bekanntermaßen schalten Handelsschiffe oft den Radar aus, sobald sie die stark befahrenen Küstengebiete verlassen. Die *Moksha* war, während ich döste, ein wehrloses Opfer, ein Stück besseres Treibholz, das geradezu auf eine Kollision wartete.

Ich griff ins Rattenloch und zog meinen Ozeanring von dem rostigen Haken über dem Elektroschaltbrett, streifte ihn über den Finger, hielt die silbernen Wellen an meine Lippen und bekräftigte nochmals mein Gelöbnis an das Meer: *Von nun an sind wir eins.* Ich schaltete das rote Kompasslicht ein, schob mich auf den Fahrersitz und machte mich an die Arbeit. Dann geschah etwas Seltsames. Plötzlich war die Luft um die Luke herum vom Geräusch schlagender Flügel erfüllt. Ein einzelner Meeresvogel, braun mit weißer Zeichnung und einem langen konischen Schnabel, landete mit einem sanften Bums auf dem Achterdeck.

Ich war also doch nicht allein. Vielleicht Stuarts Schutzengel, dachte ich verschmitzt und erfreut über die Gesellschaft.

Der Engel, wenn es denn einer war, schien unter Verdauungsstörungen zu leiden. Als ich am Morgen aufwachte, zierte ein riesiger Haufen Kot den rückwärtigen Sonnenkollektor. Der Schuldige, meinem Vogelbuch zufolge ein junger Rotfußtölpel, war längst verschwunden. Es wäre mir nie in den Sinn gekommen, dass ein Bote Gottes eine Toilette genauso dringend brauchen könnte wie ich Gesellschaft.

Von da an hatte ich ständig meine Kämpfe mit diesen armen, auf den Meeresautobahnen für ihr Schmarotzertum bekannten Geschöpfen, um zu verhindern, dass sie die *Moksha* vollkommen mit Guano überzogen. Als hätte ich nichts Besseres zu tun gehabt. Ich strampelte, kochte, aß, navigierte, schrieb Updates für die Website, beantwortete E-Mails, stellte den Schulklassen neue Aufgaben zum ökologischen Fußabdruck und verscheuchte in jeder freien Minute die Tölpel.

Wenigstens war es, da ich das Rattenloch nun ganz für mich hatte, kein Problem mehr, genug Schlaf zu bekommen. Trotzdem überfielen mich schon nach einer Woche Perioden der Mattigkeit. Es war, stellte ich fest, schwerer, motiviert zu bleiben, wenn kein anderes Menschenwesen da war, mit dem man in Konkurrenz treten konnte und das jedes Nachlassen registriert hätte. Um aktiv zu bleiben, teilte ich meinen Lebensraum in vier Bereiche auf – Büro, Küche, Schlafzimmer und Erholung – und regelte meinen Tagesablauf wie ein Freiberufler, der zu Hause arbeitet. Nicht weniger als vierzehn Stunden am Tag widmete ich dem »Büro«, also der Fortbewegung, aufgeteilt in Zwei-Stunden-Pedalschichten. Zum Essen gönnte ich mir auf dem Beifahrersitz eine Pause – zehn Minuten für den Vormittagstee, je eine halbe Stunde für Frühstück und Mittagessen und eine volle Stunde zum Zubereiten und Verzehren des Abendessens. Das Schlafen im Rattenloch war auf sechs Stunden beschränkt. Zur Erholung hielt ich mich jeden Tag mindestens fünf Minuten lang auf dem Vor- oder Achterdeck auf. Mit einem Becher Tee in der Hand die Sonne untergehen zu sehen kam dem Verlassen einer Wohnung zu einem Spaziergang immer noch am nächsten. Soweit ich Platz dafür hatte, machte ich sogar ein wenig Yoga.

Und dann war da noch der Ozean selbst. Während die *Moksha* in Richtung Äquator glitt und die Tagestemperaturen stiegen, wurde das Eintauchen ins Meer nach einer schweißtreibenden Schicht zu meinem wichtigsten psychischen Anreiz. Die Bleistiftpünktchen auf der Karte rückten jetzt, wo ich aus den unwägbaren Winden und Strömungen um Hawaii heraus war und wieder der Nordostpassat wehte, weiter auseinander und zeigten Strecken von über fünfzig Seemeilen am Tag an. Allerdings musste ich, um nach Tarawa zu kommen, pro zwei Seemeilen gen Westen eine Richtung Süden zurücklegen. Das bedeutete, nach vierzehn Tagen den Kurs genau nach Süden zu ändern, also auf 180 Grad, woraufhin das Wasser über Bord schwappte und in der mittleren Kabine alles durchtränkt wurde. Nach einer Woche in diesem Stil wurde mein Nervenkostüm langsam dünn, und mein Hintern glich dem eines Pavians. Nach einer besonders turbulenten Nacht fand ich drei Fliegende Fische, die das Cockpit als Aquarium benutzten, und weitere sechsundzwanzig lagen tot an Deck. Als ich zu meiner ersten Pedalschicht den Platz einnahm, erwachte etwas Kaltes, Schlüpfriges zum Leben – noch ein schuppiger blinder Passagier –, und ich machte einen Satz in die Luft.

Zu seinem Glück war ich ja Vegetarier.

Am einundzwanzigsten Tag stampfte ein amerikanisches Kriegsschiff am Horizont entlang. Ich schaltete das Funkgerät ein und verlangte eine Prüfung der Funkverbindung. Das war natürlich nur eine Ausrede für ein Schwätzchen. Immerhin hatte ich seit drei Wochen mit keiner Menschenseele gesprochen. Nach drei Versuchen antwortete eine lakonische Stimme: »*Muckshower*, hier USS *Boxer*.«

»USS *Boxer*, hier *Moksha*, bitte Funkverbindung prüfen. *Over*.«

»*Muckshower*, höre Sie laut und klar.«

»Könnten Sie mir sagen, ob mein Boot auf dem Radar zu sehen ist? Ich befinde mich etwa drei Seemeilen backbord von der USS *Boxer* entfernt.«

»Fehlanzeige.«

»Es ist ein kleines Boot. Pedalbetrieben. Ohne Motor oder Segel. Bewegt sich also ziemlich langsam.«

»Fehlanzeige.«

Und das, entnahm ich der abgehackten, gleichgültigen Redeweise, war es dann. Ich wandte meine Aufmerksamkeit einem Fliegenden Fisch zu, der im Wasser von einer Dorade und in der Luft von einem Vogel verfolgt wurde. Der tapfere kleine Fisch sprang und tauchte, die Verfolger dicht an seinem zuckenden Schwanz. Der Funk schaltete sich wieder ein.

»Äh, *Muckshower*, hier USS *Boxer*.«

Immer noch gefesselt vom Schicksal des Fliegenden Fischs, knipste ich das Mikrofon an und sagte dem Bordfunker, er solle weitersprechen. Die unglückliche Kreatur hatte keine Chance, sich in Sicherheit zu bringen. In einem umwerfenden luftakrobatischen Akt entriss der Vogel den Fisch den Kiefern der schnappenden Dorade und schluckte ihn ganz herunter.

»*Muckshower*, bist du etwa der verrückte Hurensohn, der um die Welt fährt? Der, über den vor ein paar Wochen in der *West Hawaii Today* berichtet wurde?«

Ja, erwiderte ich, ich sei tatsächlich dieser verrückte Hurensohn. Und wie bei vielen Eröffnungsgesprächen, die ich mit Amerikanern geführt hatte, kamen wir auch diesmal bald auf die Königinmutter zu sprechen, auf lauwarmes Bier, Biskuitkuchen und Cricket. Die schrankenlose Anglophilie wurde weiter geschürt durch die Enthüllung, dass die *Boxer* nach einem im Krieg von 1812 beschlagnahmten britischen Kriegsschiff benannt war.

Zehn Minuten später sagte der Bordfunker, er müsse nun die Frequenz freimachen. »Aber bevor wir dich ziehen lassen, *Muckshower*, will der Erste Offizier noch wissen, ob du gern einen Salat zu Mittag hättest.«

Ich lachte. »Nehmt mich nicht auf den Arm.«

»Du sagtest, dir ist das Obst ausgegangen«, fuhr der Bordfunker fort. »Wir würden dir gern einen Hubschrauber herüberschicken.«

Meine letzten Orangen hatte ich zwei Tage zuvor gegessen, eine spirituelle Erfahrung angesichts des Wissens, dass nun zwei Monate lang kein frisches Obst und kein Grünzeug über meine Lippen kommen würden.

»Das ist wirklich nett«, erwiderte ich. »Bloß bin ich kein großer Fan von Salat.«

Die Wahrheit war, dass ich ein Dutzend Salatköpfe hätte verdrücken müssen, weil ich so viele Kalorien verbrannte, und das Angebot einer der mächtigsten Armeen der Welt, mir auf dem Luftweg ein paar Tomatenscheiben auf einem Salatbett zukommen zu lassen, war fast zu komisch, um es auszuschlagen. Aber um einen Hubschrauber aufsteigen zu lassen, wären mehrere Hundert Liter Flugbenzin verbraucht worden – was wäre das für eine Botschaft an die Schulklassen gewesen, die nach Wegen suchten, die Emissionen durch fossile Brennstoffe zu reduzieren?

*

Nach einem Monat zeigten sich, genau wie auf dem Atlantik, die gefürchteten Salzwassergeschwüre. Die mit Salz verstopften Schweißporen riefen zunächst leichte Schwellungen der Haut hervor, die sich anschließend zu ausgewachsenen septischen Beulen entwickelten, aus denen sich ein Strom widerlichen, übel riechenden Eiters ergoss. Sie waren unhygienisch, quälend schmerzhaft, und man wurde sie nicht mehr los, insbesondere dort, wo sie der meisten Reibung ausgesetzt waren – am Hintern.

Auf dem Atlantik hatte sich zu diesem Zeitpunkt auch ein Bewusstseinswandel bei mir vollzogen. Jene ersten vierzig Tage und vierzig Nächte waren im Grunde eine Zeit selbst auferlegten Rückzugs gewesen, in denen ich mich verzweifelt an die Fäden eines vergangenen Lebens geklammert hatte und wie ein Junkie Kisten voller Standbilder, Filmchen in Sepiafarben und kurzer Soundclips aus dunklen Winkeln der Erinnerung durchwühlt hatte: Kindheit, Familie, Schule, Beziehungen, Hoffnungen und Ängste, Triumphe und Reue. Besonders das nächtliche Strampeln war diesen Tagträumen förderlich – eine Art posthumer Inventur, vorgenommen durch einen Geist, der auf dem Dachboden eines alten Hauses spukt und die Menschen, die in den Stockwerken darunter leben und lachen, hören und sich bildlich vorstellen kann, ohne sich wieder mit ihnen verbinden zu können.

Dann kam das Abstreifen der alten Haut: Ich ließ die Denkweise, die das Funktionieren an Land erfordert, los und ging zu einer geistigen Haltung über, die dem Planeten *Moksha* angemessener war. Meine Aufmerksamkeit, gefügig gemacht durch Meditation, hatte sich ganz der Gegenwart zugewandt und dadurch die Wahrnehmung verstärkt wie ein Mikroskop. Die Transformation vollzog sich schnell genug, um die Form einer Auferstehung anzunehmen – Tod des alten Lebens, Geburt des neuen. Die bösen Geister verblassten, ebenso die Erinnerungen. Ihrer Farbe und Kraft beraubt, wurden sie überflüssig und schrumpften zu trockenen, blutleeren Artefakten zusammen, die wie angestaubte Motten am hauchzarten Gobelin der Zeit klebten. Der Weg zur Klarheit des Geistes, die Samadhi vorausgeht, war damit frei.

Auf dieser Reise jedoch entwickelte sich alles anders. Allein und Sklave der ständigen Erfordernisse der Technologie, fand ich wenig Zeit zum Meditieren. Meine Aufmerksamkeit war nicht fokussiert, sprang hin und her. Außerdem fühlte ich mich einsam. Anstatt die Einpünktigkeit zu pflegen, suchte ich Gesellschaft.

»Komm schon, Homer, du gieriger kleiner Scheißkerl.«

Nach jedem Essen spülte ich im Meer meinen Teller und lockte dadurch eine Schar schwarz-weiß gestreifter Pilotfische herbei, die unter dem Rumpf der *Moksha* herumflitzten. Den dicksten hatte ich Homer genannt, wie bei den Simpsons. Er war eine Art Haustier für mich geworden.

»Hier, bitte sehr. Werd schön fett, dann taugst du für die Speisung der Fünftausend.«

Am zweiunddreißigsten Tag zog ich Flossen und Tauchermaske an und sprang über Bord, um Seepocken abzukratzen. Die Krustentiere waren bereits drei Zentimeter lang und wuchsen in einem dichten Wald, wodurch die Geschwindigkeit der *Moksha* merklich abnahm. Systematisch schabte ich mit einem Plastikdeckel alle Seiten ab, ständig bedrängt von den Pilotfischen. Als ich das Heck erreichte, stellte ich fest, dass sich eine Familie biskuitfarbener Krabben um das Ruder herum angesiedelt hatte. Der Gedanke, dass die *Moksha* ein Netz symbiotischer Beziehungen unterhielt, gefiel mir. Die Krabben fanden einen Zufluchtsort. Die Rankenfüßer filterten mit ihren zarten Beinchen mikroskopisch kleine Nahrungspartikel. Die Pilotfische verschlangen meine Reste. Und ich? Was hatte ich davon? Wohl ein Gefühl von Gemeinschaft. Gesellschaft. Ich beschloss, die Tierchen am Ruder in Ruhe zu lassen.

Am nächsten Tag waren die Salzwassergeschwüre noch viel schlimmer geworden.

*

Ein kratzendes Geräusch weckte mich. Das war nicht ungewöhnlich. Das Treibankerseil, das zusammengerollt in der Luke lag, scheuerte bei Nordostwind. Aber das hier war anders. Deutlicher. Beharrlicher. Wie ein Nagen am Rumpf. Und es bewegte sich langsam vom Bug zum Heck.

Dann nichts mehr.

In einem halb wachen Zustand zwischen Schlaf und vollem Bewusstsein lag ich da, starrte das Dach des Rattenlochs an und lauschte. Hatte ich es mir eingebildet? Nach ungefähr einer Minute griff ich nach dem Handlauf, entlastete meinen Oberkörper so von Gewicht und schob Kopf und Schultern hinaus in die Kabine. Der Himmel war tiefblau, und der Wind blies mit fünfzehn Knoten. Perfekte Bedingungen, dachte ich. Vielleicht schaffe ich sogar die höchste Tagesleistung der Reise, sechzig Seemeilen.

Gerade wollte ich mich ganz hinausschieben, als die *Moksha* plötzlich von Steuerbord kippte und ich unsanft gegen das Schott krachte.

Dann war das Kratzen wieder da, es klang wie ein Scheuern am Dollbord.

BUMM!

Etwas Dichtes und Gummiartiges landete auf dem Achterdeck. Als ich meinen Kopf drehte, sah ich, wie sich ein langer, rüsselartiger Arm mit grauen Saugnäpfen den Mast des Windrads hinaufwand. Mein Herz setzte einen Schlag lang aus. Ich wusste, was das war.

BUMM!

Ein weiteres Tentakel plumpste auf das Mittelabteil. Auf der Suche nach Nahrung begann es, sich durch die Kabine zu tasten. Ich schlüpfte rasch zurück ins Rattenloch und warf die Luke zu – gerade noch rechtzeitig. Das Tentakel holte aus, und ein Hagel von Saugnäpfen prallte wie nasse Tonklumpen auf das getönte Plexiglas.

Immer mehr Arme schlängelten sich aus dem Wasser. Dann folgte etwas wirklich Grauenvolles: rot, gebläht, pulsierend, grotesk – ein tropfender Bauch hievte sich an Bord. Die *Moksha* kippte weiter, und Wasser ergoss sich in die Kabine. Auch wenn beide Schotts gesichert waren, war das Boot dem Gewicht der Kreatur keinesfalls gewachsen.

Ich hatte zwei Möglichkeiten: im Schlafabteil zu ertrinken oder draußen mein Glück zu versuchen.

Ich wühlte nach dem Tauchermesser, öffnete die Luke und schob mich in die geflutete Kabine. Sofort umschlangen mich ledrige Arme, winzige Widerhaken bohrten sich in meine Haut. Ich kämpfte, aber es war hoffnungslos. Ein trübes, wässriges Auge, groß wie eine Radkappe, sah unbeteiligt zu, während die Tentakel mich zu ihm hinzogen. Zwei Seevögel segelten geräuschlos über mich hinweg. Der Ozean, blau und phlegmatisch, rollte weiter ins Nichts.

Klick! Klick! Klick!

Die Luft erfüllte sich mit einem fauligen Gestank. Eine Hautfalte am Körper des Monsters schob sich nach hinten und enthüllte einen elfenbeinfarbenen Schädel, der sich vor und zurück bewegte wie eine mechanische Schere.

Klick! Klick! Klick!

Ich hob den Arm, um mit dem Messer zuzustoßen, aber ich war wie gelähmt, meine Hand wurde von einer unsichtbaren Macht an jeder Bewegung gehindert. Etwas kratzte jetzt an meinem Bauch, etwas Zinkenartiges, das sich in Nahrung vergrub. Geschmolzenes Metall schnitt durch meinen Körper, und ich öffnete den Mund, um zu schreien.

Von dem Schrei wachte ich auf. Ich fuhr in die Höhe, schweißgebadet, und mein Herzschlag glich einem Trommelwirbel.

Es ist nur ein Traum. Ein schlechter Traum.

Denselben schlechten Traum hatte ich jetzt seit fünf Nächten, und immer endete er gleich. Der Krake riss mir die Eingeweide aus dem Leib.

Behutsam schob ich mich aus dem Rattenloch. Mein Körper war inzwischen eine Masse von dicken Beulen und nässenden Wunden. Über den ersten Beulen brach jetzt eine zweite Schicht auf. Die schlimmsten, eitrig und blutend, hatten sich dort gebildet, wo meine Schienbeine gebrochen waren.

Die einzige Lösung war eine Süßwasserdusche – natürlich ein Ding der Unmöglichkeit. Entschlossen, eine Alternative zu finden, hatte ich begonnen, an vier betroffenen Stellen zu experimentieren. Meine linke Pobacke rieb ich dreimal täglich mit Calamine ein, einer Lotion mit viel Zinkoxid, die rechte mit ein wenig Trinkwasser. Bei den Armen war ich kreativer: ein Spritzer WD-40 (Kriechöl] unter dem rechten und ein Rezept mit gedämpften Kohlblättern, das eine fünfte Klasse aus Indiana gemailt hatte, unter dem linken (ich hätte inzwischen so ziemlich alles probiert). Die Bruchstellen ließ ich als Kontrollgröße unbehandelt.

Das WD-40 schien die Abszesse bereits nach einem Tag auszutrocknen, half aber nicht gegen meine Kopfschmerzen, die Übelkeit und die Taubheit in den Fingern der rechten Hand. In der Vermutung, Dehydrierung könnte die Ursache sein, begann ich Elektrolyte zu nehmen, um essenzielle Salze zu ersetzen. Oder war mein Körper mit irgendeinem Nährstoff unterversorgt?

Behutsam auf dem Beifahrersitz balancierend, dachte ich über meine Ernährung nach, während ich bei jeder Bewegung des Boots das Gesicht verzog. Die ziemlich unappetitlichen Rationen auf den letzten beiden Reisen hatten mich inspiriert, diesmal selbst hergestellte Lebensmittel mitzunehmen: In Laurie Anns Garage hatte ich Karotten, Brokkoli, Pilze, Kürbis und Paprika in mehrstöckigen Trocknern gedörrt. Robustere Gemüse wie Zwiebeln, Kohl, Ingwer und Knoblauch konnte ich ganz gut auch im frischen Zustand aufbewahren. Porridge und Reis waren weiterhin mein Hauptnahrungsmittel. Proteine bekam ich in Form von getrocknetem Sojaquark und Tofu in sterilen Boxen. Vielleicht fehlte mir ein wichtiges Vitamin oder Mineral?

Ich machte mir einen schwarzen, ungesüßten Tee – beim Gedanken an Zucker konnte ich mich nur schütteln – und begann mit meiner ersten Schicht. Das Strampeln war die einzige Ablenkung vom Wundschmerz. Sobald die Pedale sich nicht mehr drehten, kreischten die Beulen nach Aufmerksamkeit.

Während der Mittagspause warf ich den Satellitenterminal an und lud E-Mails herunter. Eine besorgte Nachricht von April. Sie warnte mich, meine Blog-Einträge seien inzwischen reinster Wortsalat. Einer Vermutung folgend, Dehydrierung könnte der Grund sein, hatte sie eine Dermatologin kontaktiert, die sie aus den Gelben Seiten gefischt hatte. Doktor Sharon Kessler hatte geraten, ich solle sie sofort anrufen, obgleich es in Colorado später Sonntagabend war.

»Ich höre Sie so klar«, sagte die Stimme fröhlich, »als wären Sie an der Tankstelle um die Ecke. Ich höre das Wasser, das Knirschen der Pedale.«

Ich strampelte, während ich zuhörte. Das Satellitentelefon war mit einer Antenne in der Größe eines Eishockeypucks auf dem Kabinendach verbunden.

»Also, meine erste Frage«, fuhr die Ärztin fort. »Wie um alles in der Welt kommen Sie darauf, über den Pazifik zu strampeln?«

Was sie damit eigentlich meinte, war: Hat die Gesellschaft Sie abgelehnt? Hat Ihre Mutter Sie als Baby auf den Kopf fallen lassen? Nur ein Irrer tut so was, mein Freund. Und entsprechend würde die Prognose lauten.

Frau Doktor Kessler widmete sich ein paar Minuten meiner Patientengeschichte. Als ich meine Symptome aufzählte – Taubheit in den Fingern, Übelkeit, wiederkehrende Albträume, nässende Wunden –, wurde ihre Stimme ernst.

»Ich bin in Sorge, Sie könnten sich so etwas wie eine Staphylokokken-Erkrankung eingefangen haben, und wegen der von Ihnen beschriebenen Geschwüre könnte eine Sekundärinfektion auf die Titanstäbe in Ihren Beinen übergehen. Dann hätten Sie eine Osteomyelitis, und es müssten Antibiotika gespritzt und die Metallstäbe entfernt werden. Übrigens, wie weit sind Sie vom nächsten Krankenhaus entfernt?«

»Jetzt gerade ungefähr 1000 Seemeilen.«

»O Gott. Und wie lange würden Sie dorthin brauchen, wenn es notwendig wäre?«

Ich dachte einen Moment nach. Weder ein Schiff noch ein Hubschrauber der Küstenwache konnten mich erreichen.

»Wenn ich Glück habe«, erwiderte ich, »und von einem Schiff mitgenommen werde, dann vielleicht eine Woche oder zehn Tage – vorausgesetzt natürlich, es fährt in die richtige Richtung.«

»Ha! Schön, vergessen Sie's. Das geht also nicht.«

Am folgenden Morgen rief ich noch einmal an. Die Dermatologin hatte einen Spezialisten für Infektionskrankheiten konsultieren wollen. Mein Zustand hatte sich inzwischen weiter verschlechtert: Ich hatte Schüttelfrost und 40 Grad Fieber.

»Also, wie lautet das Urteil?«, erkundigte ich mich.

»Tja, wir sind uns ziemlich sicher, dass Sie sich beim Schwimmen im Wasser etwas geholt haben.« Das war allerdings eine

Neuigkeit. Der Ozean, der die *Moksha* umgab, sah vollkommen sauber aus. »Meerwasser ist dreckig«, erklärte die Ärztin. »Schleim, Fischurin und die gleichen Bakterien wie an Land. Zudem gibt es ein paar spezielle Erreger, die nur im Meer vorkommen und ganz schön eklig sein können, wie zum Beispiel Vibrionen, spezielle Bakterien.«

»Aber wie sollten die in meinen Körper gekommen sein?«

»Durch offene Wunden. Auf diese Weise gelangen die Mikroorganismen direkt in Ihren Blutkreislauf. Und dann dauert es nicht lange, bis eine Infektion den ganzen Körper befällt.«

Ich brauchte ein paar Sekunden, um den Ernst der Lage zu begreifen. »Sie wollen damit sagen, ich habe eine Blutvergiftung?« Einleuchtend war das schon. Übelkeit, Kopfweh, Fieber und Erschöpfung sind Symptome einer ganzen Reihe von Krankheiten, darunter auch einer Sepsis.

»Das nehmen wir an«, erklärte die Ärztin.

»Wie lange habe ich noch?«

»Achtundvierzig Stunden. Wahrscheinlich weniger.«

Bei diesen Worten fiel mir ein, dass der Stiefvater meiner Mutter in Kenia von einem Büffel aufgespießt worden und wenige Tage darauf an Blutvergiftung gestorben war.

Frau Doktor Kessler unterbrach meine Grübelei. »Haben Sie irgendwelche Antibiotika dabei?«

Ich zog den Erste-Hilfe-Kasten unter dem Fahrersitz hervor und ging die orangefarbenen Plastikfläschchen durch. »Hier ist ein Zeug, das Doktor Danylchuk mir für meine Beine gegeben hat, aber es ist seit drei Jahren abgelaufen.«

»Steht ein Name drauf?«

Mit zusammengekniffenen Augen versuchte ich das mehrsilbige Wort zu entziffern. »Cipro … floxa … cin.«

Ein Schnauben kam durch den Hörer. »Sie müssen wirklich einen Schutzengel haben, Jason. Cipro ist, wenn man keinen Bluttest machen kann, eines der wenigen Antibiotika, die ein breites Spektrum an Pathogenen abtöten, darunter auch Vibrionen.«

»Aber es ist abgelaufen.«

»Egal. In Tablettenform halten die weit über das angegebene Datum hinaus.«

Und wirklich, schon vierundzwanzig Stunden nach der ersten 750-mg-Tablette waren das Fieber, die Kopfschmerzen und die Übelkeit weg. In meine Finger kehrte nach und nach das Gefühl zurück, und nach drei Tagen hatte ich wieder normalen Appetit. Sogar die Wunden trockneten jetzt auch ohne WD-40 aus.

In den darauffolgenden Wochen dachte ich viel über die Doppelbödigkeit der Technik nach. Ob es klug gewesen war, sie in die Expedition einzubeziehen, hatte ich anfangs stark bezweifelt. Das Satellitentelefon, der Laptop und all die anderen Dinge waren wie ein Abfluss, durch das jede wache Minute dahinrann, und machten die einpünktige Aufmerksamkeit unmöglich. Meine Achtsamkeit hatte sich reduziert, weil ich täglich sehr viele Aufgaben schnell bewältigen musste. Sie war dünn geworden wie Teig, den man immer mehr ausrollt – eine Tiefe, wie Samadhi sie verlangt, war einfach nicht drin. Und doch hatte sich in diesem Fall die Technik selbst übertroffen. Zusammen mit den Antibiotika und Frau Doktor Kesslers detektivischen Fähigkeiten hatte sie mir die höchste Form der Befreiung überhaupt gewährt.

Das Überleben.

*

Als ich am Morgen des fünfundvierzigsten Tags erwachte und den spiegelglatten, ohrenbetäubend stillen Ozean betrachtete, wusste ich, dass ich den Kalmengürtel erreicht hatte. In der Luke stehend wie ein Schauspieler auf einer Bühne im Meer, hielt ich eine Teetasse in die Höhe, um die Morgendämmerung zu begrüßen. In meinen Ohren pulsierte das Blut, untermalt von einem hohen Klingeln wie von einem schlecht eingestellten Funkgerät.

Dann begannen die Sturmböen, heftiger Platzregen stürzte aus dicken Klumpen schwarzer Wolken. Tagelang sah ich immer wieder Blitze über den südlichen Horizont zucken. Das Wasser fühlte sich wärmer an, und die Luft war gesättigt und stechend wie vor einem Unwetter. Von Panik ergriffen, mailte ich John Oman, dem Webmaster jener Seite, auf der mein Blog erschien, und erkundigte mich nach Blitzschlägen auf See. Seine Antwort war alles andere als beruhigend. Es sei durchaus schon vorgekommen, dass Blitze ungeschützte Boote trafen, schrieb er, den Mast heruntergerast wären und ein Loch in den Rumpf gesprengt hätten.

Im Falle der *Moksha* kam als Leiter der Mast des metallenen Windgenerators infrage. Ich durchsuchte die Heckkabine nach dem Kabelschloss für mein Fahrrad (um weniger Sachen über den Ozean transportieren lassen zu müssen, hatte ich möglichst viel Ausrüstung, die an Land gebraucht wurde, eingepackt) und nach dem Stahlgriff des elektrischen Wassermachers. Hinzu kamen eine Gabel und ein Sammelsurium anderer Metallgegenstände – daraus bastelte ich einen Blitzableiter zwischen der Stange und dem Wasser. Blitze gehen nicht gern um Ecken, hatte John geraten, also mach die Route so direkt wie möglich.

Die ersten 200 Seemeilen der Intertropischen Konvergenzzone waren kein Problem, zumal das Wasser nach Süden in den Gegenstrom trieb. Aber bei fünf Grad Nord, etwa auf halbem Weg, stieß ich an eine Wand. Die durch die Erdrotation verursachte Corioliskraft beeinflusste das Wasser von der südlichen Hemisphäre und lenkte es mit anderthalb Knoten nach Osten. Der Gegenstrom hatte mich eingekesselt – ich kam weder Richtung Süden noch Richtung Westen voran.

Mir blieb nichts anderes übrig, als weiterzustrampeln. Historische Aufzeichnungen zeigten, dass sich die Breite des Gegenstroms mit den Jahreszeiten verändert und außergewöhnliche Strudel mittels unter der Oberfläche verlaufender Strömungen verbunden hatte. Vielleicht hatte ich ja Glück. Am ersten Tag pedalte ich achtzehn Stunden und schaffte gut zehn Seemeilen, um anschließend erschöpft ins Rattenloch zu schlüpfen. Vier Stunden später schaltete ich das GPS ein und stellte entsetzt fest, dass ich mich wieder dort befand, wo ich am Morgen zuvor gestartet war. Am zweiten Tag dasselbe. Ebenso am dritten. Und am vierten.

Solange sich die *Moksha* vorwärtsbewegte, gab es immer noch Hoffnung. Selbst bei schlimmsten Bedingungen, wenn das Bootsinnere unter Wasser stand und die Salzgeschwüre nicht heilen wollten, konnte ich mich, sofern ich jeden Tag wenigstens ein paar Seemeilen vorankam, weiter abrackern. Wenn ich aber auf der Stelle trat und keinerlei Fortschritte machte, war es fast unmöglich, die Hoffnung aufrechtzuerhalten. Zunächst war es der Kontakt mit der Außenwelt, der mich vom Elend meines Dilemmas ablenkte. Eine Freundin rief mich aus dem Backoffice ihrer Technologiefirma in Silicon Valley auf dem Satellitentelefon an, und mein Vater schickte jeden Tag einen seiner »schwachen Witze«.

Frage: Warum überquerte die Seemöwe den Ozean?

Antwort: Um zur anderen Gezeit zu gelangen.

In der zweiten Woche im Gegenstrom schwand allmählich mein Optimismus, seinem Klammergriff zu entkommen. Es war eine dunkle Zeit, die mit jedem vergehenden Tag noch dunkler wurde. *Lesestoff ausgegangen*, kritzelte ich eines Morgens in mein Tagebuch. *Schreckliche Aussicht. Jetzt bin ich meinem eigenen Geist ausgeliefert.*

Am sechsundfünfzigsten Tag begann alles schiefzugehen.

Eine Brillenseeschwalbe, die mit dem Windgenerator kollidierte, war der Auslöser. Ich drehte zurück, dorthin, wo sie im Wasser lag – Kopf schlaff nach unten hängend, Flügel ausgebreitet –, und schnappte mir den Körper, als die *Moksha* vorbeitrieb. Auf den ersten Blick sah der Vogel unversehrt aus. Nur betäubt, dachte ich. Dann bemerkte ich die Delle an der rechten Schädelseite, durch die der Augapfel aus der Höhle gedrückt wurde.

Dass Seeschwalben sich dem Boot näherten, kreischend um mich herumsegelten, kam häufig vor. Es war nur eine Frage der Zeit gewesen, bis es eine von ihnen erwischte. Trotzdem war ich wütend auf mich selbst. Die Zwölf-Volt-Batterien waren voll aufgeladen, und die Turbine war unnötigerweise gelaufen. Ich verfluchte meine Dummheit. Dann verfluchte ich die Fische.

»Hey. Englischer Saftsack. Warum suchst du dir nicht einen gleich starken Gegner?« Den Akzent kannte ich irgendwoher. Schroff. Nordirisch. Wie mein alter Freund aus Belfast. »Ich bin Gary von der IRA.«

Ich beugte mich über den Bootsrand und schrubbte den Topf, in dem wir immer Porridge machten. »Ach ja? Na, dann halte deine irische Nase mal besser aus Sachen raus, die dich nichts angehen, Gary von der IRA.«

»Sonst passiert was?«

»Sonst verpasse ich dir einen Tritt, dass du über Bord fliegst.«

Er lachte. »You And Whose Army?* Hör mal, Kumpel, wenn du nicht machst, was ich dir sage, und zwar sofort, dann spreng ich dir die Eier weg.«

Wir zankten eine Weile herum. Dann schaltete sich eine weitere Stimme ein.

»Was machst du?«

Diesmal war der Akzent deutsch. Unverkennbar stark. Wie der des alten U-Boot-Kommandeurs, den wir bei der Atlantiküberquerung auf Madeira kennengelernt hatten.

»Heinz?«

»Jawohl.«

»Was machst du denn hier?«

»Ich habe mitangesehen, wie du die Reise verpfuschst. Seit zwei Wochen fährst du im Kreis. Verlierst du langsam den Verstand?«

»Komisch, dass du das sagst, ich …«

»Sag mal, Engländer, bist du je um das Horn gefahren?«

»Das was?«

»Das Horn.«

»Das Horn? Nein, bin ich nicht.«

»Dann bist du ein totaler Grünschnabel. Es braucht einen richtigen Kapitän mit echter Seeerfahrung, um aus diesem Gegenstrom herauszukommen.«

Am nachsten Tag gesellte sich ein unausstehlicher Franzose zu uns, dessen französisch-englisches Gelaber direkt aus *Monty Python und der Heilige Gral* zu stammen schien.

»Ach, du Blödgesicht, dummer Engländer. Deine Mutter war ein Hamster, und dein Vater stank nach Holunder. Ich furze in deine Richtung, englischer Pieselhund.«

---

* Songtitel von der englischen Band Radiohead.

»Und wer bist du?«

»Serge. Und ich bin derjenige, der hier das Sagen haben sollte!«

Die Situation geriet außer Kontrolle. »Also«, sagte ich mit Nachdruck. »Das hier ist mein Boot. Hier bin ich der Chef.«

»Na schön, verbrenn dir ruhig den Arsch, *Rosbif*«, spöttelte Serge.

»Ein Scheißdreck bist du, englischer Saftsack«, unterstützte ihn Gary.

»Jawohl! Gib's auf, Engländerschwein.«

Klarer Fall, ich drehte langsam durch. Aber wen interessierte das schon? Solange ich selbst das Gefühl hatte, bei Verstand zu sein, konnte ich weiter in die Pedale treten. Nur das zählte.

»Heute Abend hätte ich gern das Sauerkraut«, sagte Heinz, als ich darüber nachdachte, was ich zu Abend essen sollte.

Serge widersprach als Erster. »Leck mich, Krautschwuchtel. So 'n Scheiß gibt's hier gar nicht an Bord.«

»Französischer Schweinehund. Du hast einfach keinen Geschmack!«

»Hältst du dich für einen Feinschmecker, Deutscher? Du bist eine Kartoffel mit dem Gesicht eines Meerschweinchens und dem Hirn eines Käsesandwichs. Leck mich am Arsch, *putain*.«

»Ihr seid alle Drecksäcke«, unterbrach Gary. »Aber ein schönes Glas Guinness – das wär doch jetzt das Richtige, oder, Jungs?«

»Oh nein, diese irische Begeisterung für ekliges Moorwasser.«

»Fick dich, Serge. Sollen tausend haarige Schwänze deine Schwester auf dem Grab deiner toten Mutter schänden.«

Und so weiter.

Jenseits solcher Intermezzi aber bröckelte meine Entschlossenheit. Die Tage verstrichen, und immer noch bewegte sich die *Moksha* nicht vorwärts. Wie ein riesiger, chloroformgetränkter Wattebausch vernebelte die Verzweiflung meine Sinne, ließ meine Gehirnzellen erstarren und tötete den Impuls voranzukommen ab. Ein kanadischer Diskjockey interviewte mich mit dem Iridium-Satellitentelefon.

»Ist dir manchmal nach Aufgeben zumute?«, fragte er.

»Nein«, log ich. »Niemals.«

Gerade erst an diesem Morgen, dem fünfzehnten im Gegenstrom, war ich auf dem Bootsboden zusammengebrochen, ein Bündel heulendes Elend, das sich, in der Mittagssonne schmorend, in Selbstmitleid suhlte. »Ich kann einfach nicht mehr«, flüsterte ich vor mich hin. Doch wie sich in den kommenden Tagen und Wochen zeigen sollte, kann man fast immer noch mehr, als man denkt. Der Körper hält unglaublich viel aus, hatte ich auf dem Atlantik herausgefunden, aber nur, wenn der Geist mitmacht. Zwischen dem Erschaffen fiktiver Freunde und dem *Ich kann nicht mehr* liegt nur eine papierdünne Wand. Alles, was es braucht, ist ein mentales Umschalten. Die menschliche Vorstellungskraft kann alles erfinden, was der Körper zum Durchhalten braucht.

Die Wand war da, das spürte ich: der Gegenstrom, die niederschmetternden GPS-Messwerte, die Hoffnungslosigkeit. Doch eine kleine Perspektivänderung genügte, und schon sah alles ganz anders aus. Es gab keine Wand. Es war alles mental. Alles.

Du machst weiter, weil du musst.

So einfach war das. Auf der Stelle zu treten war besser, als sich rückwärtszubewegen. Besser, als wie ein Blatt vom Wind getrieben zu werden, bis das Essen ausging und man verhungerte.

*

Zu meiner Gemütsverfassung passend, war es ausgerechnet ein Gemüse, dass mich aus dem Gegenstrom befreite. Fast drei Wochen lang hatte die *Moksha* sich ungefähr dreißig Seemeilen von der Internationalen Datumsgrenze entfernt herumgetrieben, der Grenze zwischen Heute und Morgen. Über den gleichen Zeitraum hatte ich meine letzte Zwiebel aufbewahrt. Ich plante, sobald ich die Nord-Süd-Zeitgrenze und gleichzeitig den von Greenwich am weitesten entfernten Meridian überquert hatte, die halbe Strecke der Umrundung zu feiern, indem ich die Zwiebel kurz in Olivenöl anbriet und damit ein ansonsten fades Abendessen aufpeppte.

Besessen wie ein preisgekrönter Gemüsebauer, kontrollierte ich die Zwiebel und stellte mir dabei schon vor, wie sie schmecken würde: herzhaft, aromatisch und köstlich knusprig. Am neunzehnten Tag im Kalmengürtel entdeckte ich an den äußeren Schalen ein paar schwarze Flecken. Voller Angst, das Gemüse könnte faulen, gab ich alle Bemühungen, Richtung Süden voranzukommen, auf und konzentrierte mich nur noch auf das greifbare Ziel: das Morgen. Wenn das Südende des Gegenstroms stur außer Reichweite blieb, würde vielleicht eine Zeitreise in die Zukunft helfen, mein Glück zu wenden.

Die Strategie ging auf. Ein zufälliger Rückstrudel erlaubte es mir, mich nach Westen zu kämpfen, und zwei Tage später, am 3. Juli 1999, um exakt 21.56 Greenwich Mean Time (GMT) überquerte die *Moksha* die Internationale Datumslinie, eskortiert von sechzehn Doraden, fünf Pilotfischen und elf Krabben von der Größe eines Silberdollar.

Kein rotes Band, kein Banner verkündete »Willkommen im Morgen«. Nur glattes, klares Wasser, so weit das Auge reichte. Das GPS zeigte 180:00:00, und ich ließ einen lauten Jauchzer los. Fünf lange Jahre hatte es gedauert, bis ich es von Greenwich in East London mit eigener Kraft hierhergeschafft hatte, buchstäblich um die halbe Welt. Dann begannen die Ziffern auf dem Display rückwärts zu laufen: 179:59:59 … 179:59:58 … 179:59:57 … Wenn alle wieder auf null standen, würde ich wieder da sein, wo ich zu dieser Reise angetreten war.

Jetzt, in der östlichen Hemisphäre, schlug ich wieder einen südlichen Kurs ein und ergab mich erneut in das Schicksal eines eingesperrten Hamsters, der sein Rad dreht, ohne irgendwohin zu gelangen. Mindestens musste ich meine Position halten. Zurück ins »Gestern« zu rutschen wäre zu deprimierend gewesen. Das durfte nicht passieren.

Am darauffolgenden Nachmittag jagte von Südosten her ein Windstoß übers Wasser. Ich lehnte mich in der offenen Luke nach vorn, um die kühlende Wirkung auf meinem Gesicht zu genießen, so kurz sie auch sein mochte. Aber anstatt nachzulassen, wurde der Wind stärker, und ich spürte, wie sich der Ozean unter mir bewegte, geweckt aus seinem langen Stillstand. Wochenlang hatte es Wind nur als Begleiterscheinung von Gewittern gegeben, er hatte aus allen Richtungen geblasen, um dann einfach zu verpuffen. Jetzt hingegen war er konstant und wehte nur aus einer Richtung.

Der Südostpassat, endlich!

*

»Also, dem Gegenstrom sind wir endlich entkommen, ja?«

»Ja, Heinz. Wir hatten Glück. Der südliche Rand muss uns entgegengekommen sein, sonst wären wir immer noch drin.«

»Was soll das heißen, Glück? Es war mein seemännisches Können, die Nase eines alten U-Boot-Kommandeurs.«

»Unsinn, du Krautmiststück. Mir ist es zu verdanken, *Le Fleur de Courage*, der Blume des Mutigen, dass eure erbärmlichen Ärsche nicht weiter in der Kalmenzone feststecken.«

»Scheiß auf euch alle. Die IRA ist der Grund, warum wir da raus sind.«

Meine Reisebegleiter, die mir in der schlimmsten Lage Gesellschaft geleistet hatten, waren lauter als je zuvor. Aber die Reise war noch nicht ganz gelaufen.

Die nächsten Tage verliefen ziemlich reibungslos. Die *Moksha* schaffte jetzt wieder das gleiche Pensum wie vor der Intertropischen Konvergenzzone, fünfzig Seemeilen am Tag. Und ein Rotfußtölpel, jener Kotverbreiter, der mir am ersten Abend der Reise einen dampfenden Haufen Exkremente hinterlassen hatte, sorgte ununterbrochen für Unterhaltung, wenn er versuchte, auf einer der Zargen des Windgenerators zu balancieren. Ich fühlte mich sogar fit genug, um ins Wasser zu springen und Seepocken abzukratzen. Zuvor versiegelte ich die verbleibenden Salzwasserwunden mit Lithiumfett, eine Anregung der Schüler am Budmouth College in Dorset, die der Reise im Netz folgten. Ich war fast fertig, als ein riesiger Kopf in mein peripheres Gesichtsfeld kam. In Panik zog ich mich mithilfe der Sicherheitsseile an Bord und verlor dabei unabsichtlich den Klauenhammer, den ich zu meinem Schutz an der Taille trug. Während ich zusah, wie die provisorische Waffe in den Abgrund stürzte, merkte ich, dass mein vermeintlicher Mörder in Wirklichkeit eine freundliche Dorade war, deren Kopf durch meine dicke Maske aus Fett unverhältnismäßig vergrößert schien.

Der Hammer war ein wichtiges Werkzeug, für das ich keinen Ersatz besaß, und ich verfluchte meine Paranoia.

In den folgenden Tagen kratzte etwas an der Unterseite des Rumpfs, und der Antrieb wurde blockiert. Ich griff nach vorn, um »The Dog's Bollocks« zu öffnen, und entdeckte eine lange Bauchflosse, die von Steuerbord vorbeiglitt. Es war ein Weißspitzen-Hochseehai, *Carcharhinus longimanus*, wie ich feststellte, als ich rasch meinen Ozeanführer durchblätterte. Der berühmte Ozeanograf Jacques Cousteau beschrieb ihn als den »gefährlichsten aller Haie«, verantwortlich für mehr Todesfälle als alle anderen Haiarten zusammen.

Das kaum drei Meter lange Tier bewegte sich lässig, machte eine lang gezogene Schleife nach rechts und probierte es dann noch einmal.

SCHNAPP!

Eine blitzende Schiffsschraube erschien dem hungrigen Hai offenbar als schmackhafte Mahlzeit, und es fiel ihm schwer zu akzeptieren, dass es nur harter, rostfreier Stahl war. Ein paar Sekunden später waren die Kurbeln wieder frei. Ich konnte weiterstrampeln, bis das einfältige Vieh wieder eine Schleife drehte und seinen Vorstoß wiederholte.

Über eine Stunde ging das so.

Am 12. Juli war ich noch siebzig Seemeilen von Tarawa entfernt. Der Endspurt verlangte mir alles ab, was ich an seemännischem Know-how und Navigationskünsten aufbieten konnte, galt es doch, die Strömungen zwischen den Inseln zu überwinden und genau eine Stunde vor Einsetzen der Flut in die im Westen liegende Lagune einzufahren. Kam ich zu früh, riskierte ich, an dem Atoll vorbeigetrieben zu werden, während ich auf den Gezeitenwechsel wartete; der nächste Halt, die Salomon-Inseln, waren 1100 Seemeilen entfernt. War ich zu spät dran, würde ich auf dem Riff auf Grund laufen wie die vielen Landungsboote, die beim Angriff der US-Marines auf Tarawa am 20. November 1943 Schiffbruch erlitten hatten.*

An diesem Abend, Tag einundsiebzig der Reise, ging der Griff der Entsalzungspumpe kaputt. Keine Katastrophe, sagte ich mir. Du hast ja noch das Ersatzgerät für Notfälle im Grabbelsack. Dabei handelte es sich um dieselbe, inzwischen überholte kleine Pumpe, die Steve und mich auf dem Weg von San Francisco nach Hawaii neunundvierzig Tage lang am Leben gehalten hatte. Sie produzierte ein paar Schlucke nach Leim schmeckenden Wassers und weigerte sich dann, einen weiteren Tropfen herzugeben.

Also doch Katastrophe!

Eigentlich hätte ich noch fünfundvierzig Liter Trinkwasserreserve haben sollen, aber im Gegenstrom, wo ich alles getan hatte, um nicht rückwärtszufahren, hatte ich in meinen zwei täglichen Pumpstunden lieber in die Pedale getreten – und die Trinkwasserreserve aufgebraucht. Sie wieder aufzufüllen, sobald ich den Kalmengürtel verlassen hatte, wäre logisch gewesen. Das hatte ich natürlich nicht getan. Wie groß war schon das Risiko, dass beide Wassermacher den Geist aufgaben?

Abgesehen von einem gelegentlichen Knabbern an einem Powerriegel hörte ich auf zu essen (auch der Verdauungsprozess benötigt Wasser). Jeden Topf, jede Pfanne, jeden Behälter, den ich finden konnte, band ich auf dem Kabinendach fest. In den frühen Morgenstunden regnete es ein wenig. Bei Sonnenaufgang gab es gerade genug Regenwasser, um eine Tasse zu füllen.

Wenn ich mir aussuchen könnte, ob ich in der Wüste oder auf einem Ozean an Dehydrierung sterbe, schrieb ich in mein Tagebuch, *dann würde ich die Wüste wählen. So durstig zu sein und doch von so viel Wasser umgeben hat etwas zutiefst Widernatürliches.*

Kurz nach der Morgendämmerung am Tag dreiundsiebzig zeigte sich am westlichen Horizont ein graues Band. Land zu sehen war einfach wunderbar. Aus dunklen Umrissen wurden im Lauf des Morgens klare Strukturen: Bungalows mit bunten Dächern,

* Wegen einer Nippflut, die die Planer der Seeschlacht nicht vorhergesehen hatten, kamen die Higgins-Boote, die anderthalb Meter Tiefgang hatten, nicht vom Riff weg, sodass die Soldaten durchs Wasser an Land waten mussten.

Lichtungen, in denen die Sonne staubartige Partikel glitzern ließ, Autos, die eine schmale, von Kokospalmen gesäumte Dammstraße entlangfuhren. Tarawa lockte mit all seiner tropischen Schönheit.

Ich machte eine Pause und nahm, im Cockpit stehend, alles in mich auf.

»Land, sieht ziemlich toll aus, was?«, sagte Gary.

»Aber hundertpro«, stimmte ich zu. »Worauf freust du dich, wenn wir von Bord gehen, Gary?«

»Eine Kneipe, ein Guinness, eine Möse, ein Zimmer.«

»Typisch irischer Pieselhund«, fauchte Serge. »Nichts als Bauch und Schwanz im Kopf. Wie wär's«, seine Stimme wurde weich und verträumt, »mit Blumenduft, Erde in den Händen spüren, Sand zwischen den Zehen. Dem Lied der Vögel in den Bäumen lauschen.«

»Ausnahmsweise«, gab Heinz zu, »muss ich dem Franzosen zustimmen. Auch ich freue mich darauf, den Boden unter den Füßen zu spüren, auf den Klang menschlichen Lachens, auf Musik. All das fehlte mir auf dem Wasser.«

Während ich dem Gejammer meiner Kameraden zuhörte, kam mir etwas Befremdliches in den Sinn. Eines der Bücher, das ich während des Strampelns gelesen hatte, war *Insel der Geister*, verfasst von einem jungen Verwaltungsbeamten namens Arthur Grimble, der 1914 auf die Gilbert- und Elliceinseln abgesandt wurde. Die Beobachtungen des Autors waren klug und amüsant, insbesondere zu Anfang, wo sie vom Zusammenprall zweier völlig unterschiedlicher Kulturen inspiriert waren. Hier, in einer der entlegensten Ecken des britischen Empire, war Grimble, Inbegriff des englischen Gentleman, zutiefst verwirrt angesichts der Sitten und Gebräuche der mikronesischen Einwohner. Nicht anders erging es den Inselbewohnern angesichts seiner gestärkten Shorts, der kalkweißen Beine und des Tropenhelms. Sie kamen zu dem Schluss, der fremde Eindringling müsse wohl harmlos sein, gehöre aber kaum der menschlichen Rasse an. Wenn ich bei meiner Ankunft mit fremder Zunge lallte, dann würden sich wohl ebenfalls die Augenbrauen heben.

Der angesehene englische Psychologe Professor Richard P. Bentall schrieb einmal: »Es ist schwierig, Kriterien für die Unterscheidung zwischen geistiger Gesundheit und Geisteskrankheit aufzustellen, da der Boden dazwischen so schwankend ist.« Wahnsinn, so argumentierte er, lasse sich nicht mit Schwarz-Weiß-Denken fassen, sondern sei ein relatives Konzept, abhängig von der Toleranz der Mehrheit, und die Grenze werde im Namen der Gesellschaft von Psychiatern und Richtern gezogen. Aus diesem Grund würde mein Geisteszustand, der auf dem Ozean »funktioniert« hatte und also gesund war – die Gesellschaft von Personen, die mich im Gegenstrom bei der Stange gehalten hatten –, an Land dafür sorgen, dass ich in einer psychiatrischen Anstalt landete.

Kurz, ich musste als Jason Lewis ankommen, nicht als Heinz, der verrückte U-Boot-Kommandeur, oder als der vulgäre Franzose aus der *Monty-Python*-Serie oder als verstörter IRA-Terrorist.

»Serge, Gary, Heinz«, sagte ich. »Es war ein Vergnügen, mit euch Jungs unterwegs zu sein, aber jetzt müsst ihr abhauen.«

»Blödsinn, scheiß drauf, wir gehen nirgendwo hin.«

»*Oui!* Rutsch mir den Buckel runter, *Rosbif*.«

»Jawohl. Wir verlassen dich nicht, Engländerschwein.«

In mir stieg eine Welle von Emotionen auf. Es waren nicht so sehr die schillernden Figuren einer zügellosen Fantasie, die ich jetzt losließ. Es war der Teil von mir, der sich so lange verzweifelt gewunden und getan hatte, was nötig war, um ganz zu bleiben, um mich nicht vollkommen zu verlieren, selbst wenn das bedeutete, ein bisschen verrückt zu werden. Denn manchmal bleibt uns nichts anderes übrig, wenn wir uns aufrechthalten wollen. Doch zumindest einer Sache können wir uns im Leben sicher sein, dass nämlich nichts bleibt, wie es ist. Und wenn wir bloß irgendeine Möglichkeit finden, um weiterzustrampeln, egal, wie, dann *werden* die Bedingungen sich schließlich zu unseren Gunsten verändern.

Langsam breitete sich in mir das befreiende Gefühl aus, alle bösen Geister in mir vertrieben zu haben, und mein Kopf war wieder erfüllt von den Geräuschen des Meeres, flüsternd, wie lange vergessene, in einer Muschel eingeschlossene Geheimnisse.

REPUBLIK KIRIBATI

DAS LÄCHELN EINES FREMDEN

Der Zweifel ist ein Schmerz, der zu einsam ist, um zu wissen, dass das Vertrauen sein Zwillingsbruder ist.

— KHALIL GIBRAN

Als ich den südwestlichsten Punkt des Atolls Tarawa umrundete, drang Kinderlachen über das Wasser an meine Ohren und bereitete dem lähmenden Gefühl von Isolation ein Ende.

Wie betrunken trat ich in die Pedale, die Kehle brannte vor Durst, und meine Beine waren nach zwei durchwachten Nächten, in denen ich wie wild gestrampelt hatte, weil ich auf keinen Fall die Flut verpassen durfte, nur noch Wackelpudding. »Kühles Bier, kühles Bier«, war mein Mantra. Ich blinzelte in das blendende Licht der Lagune.

Jake wartete mit seiner Kamera auf der Höhe der ersten Markierungsboje am Bug eines großen Fischerboots. Noch ein paar Seemeilen – dann lag die *Moksha* am Pier von Betio. Ich stand am offenen Cockpit und schaute in die Runde dunkler Gesichter. Es waren Fischer, und sie blickten mich weder bedrohlich noch freundlich an, eher mit höflichem Desinteresse. Doch als sich herumsprach, dass die *Moksha* weder Motor noch Segel hatte, machten sie große Augen und fingen an zu flüstern.

Leicht schwankend und vor Erschöpfung alles wie durch einen Nebelschleier wahrnehmend, nickte ich zur Begrüßung und lächelte. Hinter den Köpfen der Schaulustigen war ein Streifen Grün zu sehen, davor ein weißer Sandstrand. Ein Idyll, das den Hintergrund von einer der blutigsten Offensiven des Zweiten Weltkriegs abgegeben hatte.* An den seichten Stellen waren immer noch die Hinterlassenschaften des Krieges erkennbar: rostige Panzer, massenweise Granatenhülsen, nicht zu identifizierende, muschelbewachsene Metallgebilde, auf denen nun Kinder in der Brandung herumtollten.

Eine Kokosnussschale tauchte in meinem Blickfeld auf, dargereicht von einem gebräunten, wettergegerbten Arm. Der Inhalt war eiskalt, extra für mich gekühlt. Ich prostete in die nun freundlicher blickende Runde und hob die Schale an die Lippen.

---

* Die Schlacht von Tarawa war Auftakt der Eroberung zahlreicher Pazifikinseln, von deren Flughäfen aus Japan bombardiert werden sollte. Der Angriff dauerte zweiundsiebzig Stunden, 1113 Marines verloren bei der Eroberung der Landebahn von Betio ihr Leben. Von den 3500 japanischen Verteidigern überlebten lediglich siebzehn.

Der erste Schluck verfehlte sein Ziel und rann mir die Brust hinab. Ich setzte noch einmal an. Der zweite Schluck erreichte seinen Bestimmungsort und fühlte sich an wie flüssiges Feuer. Verzückt schloss ich die Augen und trank gierig. Die Umstehenden murmelten beifällig.

Zwei barfüßige Zollbeamte mit Panoramasonnenbrillen schoben sich durch die Menge und streckten ihre Nasen ins Cockpit.

»Passpott, bittä«, sagte der eine und machte dazu ein Gesicht, als würde er eine Mülltonne inspizieren. Das war Eena, klein und untersetzt wie sein Partner, mit einem Kopf wie eine Bowlingkugel. Die kurzärmligen weißen Hemden der beiden zeigten tadellose Bügelfalten, ein Erbe der britischen Kolonialzeit.

Ich hielt ihm mein rotes Büchlein hin.

»Letzte Hafen?«, fragte Eena und blätterte bedächtig durch die Seiten.

»Hawaii.«

»Ausreisestempel?«

Es war völlig zwecklos, ihm zu erklären, dass meine Abreise aus Kona auf einen Sonntag gefallen war, kein Einreise- oder Zollamt geöffnet hatte und es für mich viel wichtiger war, nicht die Ebbe zu verpassen, als mich den Launen von Bürokraten zu beugen. Doch die Zollbeamten dieser Welt scherten sich nicht um Ebbe und Flut. Sie interessierte nur, ob man den richtigen Stempel auf dem richtigen Wisch hatte.

»Die Amerikaner wollten mir keinen geben«, flunkerte ich.

Eena runzelte die Stirn. »Wieso nicht?«

»Sie dachten, ich würde es nie bis Tarawa schaffen. Sie fürchteten, sie müssten mich retten.«

Eenas Partner nahm die Nase zwischen Daumen und Zeigefinger und schnäuzte sich kräftig auf die Mole. Ich nahm es als Zeichen von Missbilligung.

Und wenn sie mir nun die Einreise verweigern?, dachte ich. So grausam die Vorstellung war, dass sie mich zurück aufs Meer zwangen, ausschließen konnte man sie nicht. Je unbedeutender ein Land ist, desto größere Korinthenkacker sind seine Beamten, und unbedeutender als Kiribati ging nicht mehr. Kein Mensch, dem ich von meiner Reise dorthin erzählte, hatte je von Kiribati gehört. Nur einmal pro Woche startete von den Fidschi-Inseln ein Flugzeug dorthin, und einmal im Monat kam ein Schiff aus Australien mit Konserven und anderen lebensnotwendigen Gütern. Diese Beamten hatten so wenig – falls überhaupt jemals etwas – zu tun, dass sie die spärlichen Besucher von Tarawa sicherlich gern end- und ziellosen Befragungen unterzogen, bevor sie mit dem Einzigen herausrückten, über das sie wirklich Macht hatten: ihrem blauen Einreisestempel. Ich machte mich auf etwas gefasst. Es war sicherlich Eenas Höhepunkt der Woche, mit dem Flohkamm durch meinen Pass zu gehen.

Da bemerkte ich, dass die Zehennägel beider Männer mit pinkfarbenem Nagellack verziert waren. Eena folgte meinem Blick. Er hüstelte leicht verlegen, warf sich in die Brust und reichte mir meinen Pass zurück. »Können Sie Montagmorgen in unser Büro kommen, bittä?«, fragte er höflich. »Ich Stempel dann in Ihre Passpott.«

Da war mir klar, dass ich in der Republik Kiribati bestens zurechtkommen würde. Wie kann das auch anders sein in einem Land, in dem sich Beamte die Fußnägel bunt anmalen?

*

VIER MONATE SPÄTER …

Chris Tipper hielt eine Gitarre in der einen und einen lilafarbenen Rucksack in der anderen Hand. Mit seinen eins fünfundachtzig überragte er die übrigen Passagiere, die aus dem Bonriki International Airport schlenderten – zumeist Bürger Kiribatis, die im Ausland arbeiteten –, um einen guten Kopf.

»Ich hatte gehofft, ich könnte mir einen Monat Urlaub gönnen, bevor ich hierherkomme«, waren seine ersten Worte. Er sprach in einem Ton, als würde er ein Gespräch fortsetzen, das wir vor vier Jahren in Colorado abgebrochen hatten. »Mich ein bisschen in Form bringen, ein paar Sachen für die Reise besorgen.«

»Was für Sachen denn?«

»Haischutzmittel. Solches Zeug.«

Ich musste daran denken, wie ich auf der letzten Fahrt den Hammer verloren hatte. »Ach so. Stimmt, du hast ja diese Haiphobie.«

»Aber dann hatte ich keine Zeit mehr. Da war einfach zu viel Arbeit liegen geblieben.«

Chris sah viel besser aus, als man es von jemandem erwartete, der sechsunddreißig Stunden in einem besseren Zigarrenröhrchen von London via L. A. und Fidschi gesessen hatte. Im Unterschied zu unserer letzten Begegnung, bei der er Stein und Bein geschworen hatte, nie mehr etwas mit der Expedition zu tun haben zu wollen, war er erfreulich guter Laune, strahlte und riss Witze.

Steves Ausstieg aus der Expedition hatte die Möglichkeit eröffnet, Chris einzuladen, mit mir auf der Fahrt zu den Salomon-Inseln das Boot auszuprobieren, das er mit Hugo gebaut hatte. Seine humorvolle und schlagfertige Art versprach eine willkommene Abwechslung zu den ewigen Querelen mit den Kontinentaleuropäern auf der letzten Etappe meiner Reise.

Wir quetschten uns in einen der gefährlich überladenen Minibusse vor dem Terminal, und los ging es auf der holprigen Straße nach Betio. Unsere Trommelfelle wurden von einem europäischen Ohrwurm gequält, der die ganze Insel infiziert hatte:

Boom boom boom boom
I want you in my room
Let's spend the night together
From now until forever

»Ich habe auch ein Saxofon dabei«, rief Chris und tätschelte eine Tasche, die er auf den Knien trug. Er hatte sich neben eine voluminöse Frau mit überquellendem Brüsten gezwängt, die keinen Zentimeter zur Seite rückte. »Unterwegs ein Instrument lernen, das wäre doch was, dachte ich.«

Ich schaute ihn groß an. »Das ist doch nicht dein Ernst.«

»Und ob.«

Chris hatte einen solch trockenen Humor, dass man oft nicht wusste, ob er etwas ernst meinte. »Wirklich?«, fragte ich.

»Ich übe gerade *Three Blind Mice*. Du hast doch nichts dagegen, oder?«

Quäkende Noten erklangen in meinem Kopf. Und ich stellte mir vor, wie sie Tag für Tag wiederholt wurden, ohne dass ich eine Möglichkeit hatte, ihnen zu entkommen. »Die Tröte geht über Bord, sobald wir aus dem Hafen sind«, erklärte ich finster.

Er lachte amüsiert auf. »Keine Angst! Ich habe gar kein Saxofon dabei.«

Nach einer geschlagenen Stunde Folter durch die Vengaboys (*Boom boom boom boom, I wanna double boom*) erreichten wir einen himmelblauen Bungalow, den Strandwohnsitz eines australischen Paars, das uns helfen wollte. James war Ingenieur und hatte eine leitende Stellung im Bauministerium inne. Seine Frau Joanne war als Anwältin am Obersten Gerichtshof zugelassen. In einem Akt humanitärer Großzügigkeit ersparten sie uns die besonders fiesen Kakerlaken im völlig überteuerten Betio Motel und nahmen uns in ihrem Haus auf, um hier das Ende der Taifunsaison abzuwarten.

Unsere Gastgeber waren noch nicht von der Arbeit zurück. Eine lebhafte junge Frau mit wippenden braunen Locken öffnete uns die Tür. Annie war Filmproduzentin von Video Free America in San Francisco. Während ich am Morgen Chris abholte, hatte sie im Rahmen eines kulturellen Austauschprogramms einen Videoworkshop mit Schülern der King George V & Elaine Bernacchi High School, kurz KGV, durchgeführt. Die Schüler erhielten eine Einführung in die technischen Grundlagen und die Aufgabe, in ihrem Freundes- und Familienkreis zu filmen. Anschließend sollten sie lernen, wie man das Material zu einem kurzen Video schneiden und mit einem Kommentar versehen kann, wozu Apple Laptops spendiert hatte. Die UNESCO wollte helfen, die entstandenen Filme in Schulen anderer Länder zu zeigen.

Dass wir es uns nun finanziell leisten konnten, mit solch hoch motivierten Leuten zu arbeiten, war ein großer Vorteil für das

Anliegen unserer Expedition – die nur scheinbar vorhandenen Grenzen zwischen Menschen zu überwinden und junge Leute für Nachhaltigkeit und Umweltschutz zu sensibilisieren. Höchstes Ziel war es, sofern es die Mittel erlaubten, ein kleines professionelles Team vor Ort zu haben, das Partnerprogramme mit allen Ländern organisierte, durch die die Expedition kam. Und so wie die Aktienkurse an der Technologiebörse NASDAQ in die Höhe schossen, schien dieser Traum in greifbare Nähe zu rücken.

Da wir unserem Bildungsprogramm inzwischen genauso viel Aufmerksamkeit wie der Weltumrundung widmeten, hatten wir nicht oft Gelegenheiten, uns mal auszuklinken und die Nachbarinseln zu erkunden. Während Annie an ihren Videoprojekten arbeitete, hielt ich Vorträge in Schulen, arrangierte eine Fotoausstellung in der örtlichen Bibliothek, half bei der Vermittlung von Brieffreundschaften und erstellte mit kleineren Kindern Fotoalben, die für einen Austausch gedacht waren.* Das übliche Programm. Hinzu kamen Klassenausflüge, bei denen Schülern gezeigt wurde, wie die *Moksha* für die nächste Reise vorbereitet wurde.

Eine Klasse der Dai Nippon Elementary war die erste in einer ganzen Reihe, die die alte Lagerhalle des Tarawa Technical Institute aufsuchte, wo die *Moksha* vorläufig untergekommen war. Die kreischende Schar in ihren properen magenta-weißen Schuluniformen traf in einem Konvoi von rostigen Pick-ups ein. Chris hatte den ganzen Morgen damit zugebracht, die Hinterlassenschaften einer Rattenfamilie zu beseitigen, die es sich sinnigerweise im Rattenloch gemütlich gemacht hatte. Als er den Tumult hörte, streckte er seinen verschwitzten Kopf heraus. Sein gereizter Blick signalisierte unmissverständlich: *Wenn diese verdammten Kinder hier auf meinem Boot herumklettern, gibt's Ärger.*

Aber die Schüler erwiesen sich als ausgesprochen liebenswert, pflegeleicht und aufmerksam. Sie waren gegenüber uns *I-Matang* (Europäern) so freundlich, wie es die Inselbewohner schon

* Die Kinder der Grundschule Dai Nippon kamen auf die Idee, für ihre Brieffreundschaften ihr eigenes Papier zu benutzen, das sie aus Kokosfasern herstellten.

bei der Ankunft der ersten Seeleute im 16. Jahrhundert gewesen waren. Das I in *I-Matang* bedeutet in der Sprache von Kiribati »von«, und *Matang* heißt wörtlich, Arthur Grimble zufolge, »das ursprüngliche Vaterland, das Paradies, das süßer als alle Paradiese ist«. Die englische Übersetzung verkürzt dies gewöhnlich zu »aus der Heimat unserer Vorväter«, ein Glücksfall für uns. Der Legende nach sollen die *I-Kiribati* vor Urzeiten hellhäutig gewesen sein.

Mit anderen Worten: Statt in den Kochtopf geworfen und aufgegessen zu werden, wie es anderswo im Pazifik Sitte war, wurden die Bleichgesichter von den Einheimischen für Botschafter ihrer Vorfahren gehalten und umstandslos wie Häuptlinge willkommen geheißen.

*

Am 10. März 2000 erreichte der NASDAQ-Aktienindex ein Allzeithoch von 5048 Punkten. Der Wert hatte sich innerhalb eines Jahres verdoppelt, ein spektakulärer Anstieg, der das finanzielle Polster der Expedition in die Höhe schnellen ließ. Unser Portfolio, in dem wir am Anfang 65 000 Dollar hatten, stand nun bei 492 000 Dollar.

Ich schickte eine E-Mail an meinen Anlageberater: *Lass uns Kasse machen, wenn das Portfolio eine halbe Million erreicht.*

Jeder erinnert sich daran, was er gerade tat, als etwas ganz besonders Tragisches passierte: die Ermordung von Präsident Kennedy, die Anschläge vom 11. September, der erste Liebeskummer. Um 15.10 Uhr am 16. März machte ich mir gerade ein Spiegelei in der Küche von James und Joanne. Als Vegetarier hatte ich es auf Tarawa nicht leicht. Es wächst praktisch nichts Frisches auf der Insel, der Sandboden gibt Pflanzen wenig Halt und trocknet schnell aus. Das Versorgungsschiff, das auf seinem weiten Weg durch den Westpazifik einmal im Monat hier anlegte, hatte zwar auch Obst und Gemüse an Bord, aber bis es ankam, war das meiste davon nicht mehr frisch oder schon halb verfault. Waren die Läden leer gekauft, blieben mir fast nur noch Eier.

Ich nahm meinen Teller mit ins Wohnzimmer, setzte mich an meinen Laptop und loggte mich auf dem E*TRADE-Account der Expedition ein. Mal sehen, ob die halbe Million schon geknackt ist, dachte ich gut gelaunt.

Ich ging auf die Saldenliste und klickte auf *Nettovermögen*.

Komisch. Ich starrte ungläubig auf die Zahl. *Wahrscheinlich ist der Server außer Betrieb.*

Ich startete den Computer neu und loggte mich noch einmal ein.

Die rote Linie des Aktienindex, die wie ein Blitz in den Keller fuhr, ließ keinen Zweifel. Wie so viele andere Investoren hatte auch uns der Dotcom-Crash in die Tiefe gerissen. Um 16.13 Uhr Ortszeit Tarawa hatten die Manager unseres E*TRADE-Accounts das ganze Portfolio liquidiert. Schneller als man ein Spiegelei braten kann, war die Expedition pleitegegangen.

Noch ganz unter Schock, verließ ich das Haus und ging wie benommen ins Zentrum von Betio, um wie verabredet einen Drucker von Mike Strubb abzuholen, einem Schweizer, der dort ein Internetcafé betrieb. Kaum dass er mich sah, erzählte er mir eine Geschichte von seinem deutschen Freund, von allen »Pflaster-Thomas« genannt, weil er eigenhändig einen Pflasterweg zu seiner Pfahlhütte in der Lagune gebaut hatte.

»Ein Jahr hat er dafür gebraucht, dann ist eine Kiribati-Frau bei ihm eingezogen.« Mike rollte die Augen und schnalzte mit der Zunge. »Samt ihrer ganzen weitläufigen Familie, versteht sich. Sie haben ihm die Haare vom Kopf gefressen, heute dies, morgen das von ihm verlangt.«

Normalerweise war ich ganz Ohr für Mikes bunten Tarawa-Klatsch, aber heute hörte ich ihm kaum zu.

»Er ist sie nicht mehr losgeworden«, sagte Mike. Es war die alte Geschichte zwischen den *I-Matang* und den *I-Kiribati*. Wer über ein Einkommen verfügt, so verlangt es die Inseltradition, muss sämtliche, auch noch so entfernte Verwandten unterstützen. Deshalb war auf Kiribati niemand reich – andererseits litt auch niemand Hunger. Alles wurde geteilt, selbst das Geld. Für Menschen aus der westlichen Kultur ist das schwer nachzuvollziehen. »Also packte er eines Tages einfach seinen Krempel zusammen und verschwand«, schloss Mike seine Erzählung. »Jetzt pflastert er irgendwo anders in der Lagune einen Weg.«

Zufällig lief ich dem unglücklichen Deutschen dann auf der Straße über den Weg. Er trottete, in Selbstgespräche versunken, dahin, sein blondes Haar stand wild in alle Richtungen. Ob er mit seinem Pflasterweg vorankomme, fragte ich ihn, mehr aus Mitgefühl als aus Interesse. »Ja.« Er nickte. »Okay.« Ob seine Frau und seine Familie nicht versuchten, ihn zurückzuholen? Pflaster-Thomas machte ein finsteres Gesicht und ballte die Fäuste. »Verdammte Bagage!«, knurrte er. »Die melken mich und melken mich und melken mich. Verdammte Bagage!«

An jedem anderen Tag, um es noch einmal zu sagen, hätte ich es genossen, zu dieser Stunde durch die Straßen von Betio zu spazieren. Die Nachmittagshitze hatte nachgelassen, die Einwohner waren in Scharen unterwegs, es herrschte eine Atmosphäre von Karneval. Drei Mädchen vergnügten sich mit Seilspringen; zwei Jungs spielten Pingpong auf einer Sperrholzplatte, die auf einem Ölfass balancierte, ein Brett diente ihnen als Netz. Ein paar junge Männer schraubten an einem Moped herum. *»Mauri!«*, riefen sie mir zum Gruß zu, als ich vorbeiging. Zwei fette Frauen packten einen riesigen, von Fliegen umschwirrten Fisch auf eine Waage und schwatzten dazu derb und mit viel Gekicher; Rudel armseliger, räudiger Hunde durchstöberten die Abfälle; eine Frau wusch sich das Gesicht vor einem Spiegel.

Aber heute war ich nicht in Stimmung. Heute brauchte ich den Trost des Meeres.

Mein Mund war ausgetrocknet, die Beine drohten mir den Dienst zu versagen. Allmählich ging mir das ganze Ausmaß der Katastrophe auf: Bis zum Ende des Monats brauchten wir 15 000 Dollar für die Satellitenverbindung, den Outdoor-Laptop, für das Honorar von Annie. Und wovon sollte der Proviant für die nächste Etappe bezahlt werden?

So stolperte ich den Strand entlang, ohne überhaupt zu wissen, wohin ich ging. Wie sollte das alles weitergehen? Noch Zehntausende Kilometer lagen vor mir, endlose Jahre, in denen ich mich mühselig westwärts schleppen würde, völlig mittellos und in den ärmeren Ländern von Asien und Afrika auch ohne die Möglichkeit, Sponsoren aufzutreiben. *Wie soll ich das ohne Geld schaffen?* Das ganze Unternehmen schien mir auf einmal als Ding der Unmöglichkeit. Eine gewaltige Last drückte auf meine Schultern, und ich sank auf die Knie, überwältigt von dem unwiderstehlichen Bedürfnis, mich einfach in den Sand zu legen und lange zu schlafen, sehr lange. *Und wenn ich dann aufwache, stellt sich heraus, dass das alles nur ein böser Traum war.*

Ein Lachen riss mich aus meinen finsteren Gedanken. Ein Mädchen saß im Schatten eines Schraubenbaums, einen Frangipani-Blütenzweig im Haar. Sie schaute mich mit einem breiten, glücklichen Südpazifiklächeln an, strahlte wie ein Leuchtturm über den finsteren Ozean. Und auf einmal wich all die Verzweiflung von mir. Dieses Kind hatte nichts, und doch gehörte ihm die ganze Welt. Sie war reicher als Krösus, ihr Lächeln allein war ein Vermögen wert.

In diesem Augenblick begriff ich, dass man durchhält, solange noch etwas da ist, was von Bedeutung ist, und sei es nur das Lächeln eines fremden Menschen. Denn es existieren Dinge im Leben, die einfach zu wichtig sind. Dinge, von denen man – wenn man nur mal einen Blick auf die andere Seite des Spiegels erhascht und verstanden hat, dass ein Zurück nicht möglich ist – tief in seinem Herzen weiß, dass sie so groß sind, dass man alles dafür geben muss. Bis zum letzten Quäntchen Kraft, bis zum letzten Penny. Selbst wenn man dann alles verliert. Und wenn man dann tut, was man tun muss, hat man offen für die Wahrheit zu bleiben, hat tapfer ins Unbekannte zu schreiten, im Bewusstsein, dass der Morgen kommen wird und die ersten Strahlen der Sonne die Schatten vertreiben werden. Denn überall ist Gutes zu erkennen, wenn man sich nur umschaut, selbst in den hintersten Winkeln dieses Planeten, den wir unser Zuhause nennen, und in den dunkelsten Falten der menschlichen Seele, in die selten Licht dringt.

Dann, und nur dann, wenn man sich aus allen Fesseln gelöst hat, von der Illusion des Ich und dem Trugbild des Besitzes, kann man spüren, dass die Hoffnung siegt, weil sie einfach siegen muss. Weil es am Ende nichts anderes gibt. Das Wesen dessen, was man ist. Des Lebens selbst. Was die ganze Sache zusammenhält. Nicht das Fleisch, nicht das Blut, nicht die Gedanken. Sondern der Überlebenstrieb. Das ursprüngliche Feuer. Der unermüdliche Kampf gegen alle Widrigkeiten im großen Spiel der Nichtigkeit, in dem wir alles verlieren und alles gewinnen können. Und dann fasst man sich ein Herz, weil man weiß, dass am Ende alles gut ausgeht, wenn man sich nur an das Einzige hält, was man immer wirklich besessen hat.

Vertrauen.

ZU DEN SALOMON-INSELN

FINE YOUNG CANNIBALS

Er schwang sich gemächlich von Fels zu Fels,
manchmal machte er richtiggehend Tanzschritte,
kreuzte die Beine, links-rechts, links-rechts,
und eine Zeit lang machte ich ihm jeden Schritt
nach. Aber dann kam ich dahinter, dass ich mir
besser meine eigenen Felsen spontan aussuchte
und meinen eigenen Zickzacktanz veranstaltete.

– JACK KEROUAC, *Gammler, Zen und hohe Berge*

»Jetzt sind wir unterwegs, Chris. Wie fühlst du dich, Matrose?«

»Erleichtert ... Erleichtert und ein bisschen ängstlich. Aber hauptsächlich erleichtert.«

Chris trat kräftig in die Pedale. Ein Paar schwarz-weiße Plüschwürfel baumelten vor seinem knallroten Gesicht. Es war erst später Vormittag, aber in der Kabine herrschte bereits eine Temperatur von 38 Grad. Achtern verschwanden die rot-weißen Funktürme von Betio im Kielwasser der *Moksha*. Tarawa wurde wieder zu einem unbedeutenden Punkt auf der Seekarte. Aber immerhin zu einem unbedeutenden Punkt, an den sich für uns zahllose Erinnerungen knüpften: an die wunderbaren Menschen, denen wir dort begegnet waren, ihre herzliche Gastfreundschaft und ihre Lebensfreude, das glückliche Inselleben unter flüsternden Palmen, weitab von der sogenannten zivilisierten Welt. Ich zog die Karte hervor. 1100 Seemeilen im Südwesten war ein anderer unbedeutender Fleck markiert oder eher ein gelber Fleck: Guadalcanal, unser nächster Zielhafen.

Eine Stunde zuvor hatten sich all unsere Freunde von der Insel im Hafen versammelt, die Nasen über den durchdringenden Geruch von Kopra, dem getrockneten Fruchtfleisch der Kokosnüsse, gerümpft und uns nach traditioneller Sitte verabschiedet. Lächelnde und winkende Schulkinder hatten die Hafenmole gesäumt. Maere, eine Lehrerin vom KGV, beehrte uns mit einem Sack Kokosnüsse, kostbaren Gurken und Papayas aus ihrem Garten. Buutonga, ein fünfzehnjähriger Schüler, der geholfen hatte, die *Moksha* neu zu lackieren, erschien mit einer Muschelgirlande, die er und seine Mutter in tagelanger, mühevoller Arbeit aufgefädelt hatten.

Dann war da noch Brendan, ein Australier. Augenzwinkernd steckte er uns beiden ein Päckchen Kondome zu. »Die könnt ihr vielleicht brauchen auf der Reise, Jungs. Treibt's aber nicht zu wild!«

Einen traditionellen Verabschiedungsgruß der besonderen Art schickte uns ein anderer Australier hinterher.

»Schau dir das an«, sagte ich zu Chris, als wir aus der Hafeneinfahrt glitten. »Der Mond geht auf über Betio!«

Am Ende der Mole leuchteten zwei mehlweiße Hinterbacken. Sie gehörten unserem geschätzten Gastgeber James, der sich zum altehrwürdigen Down-under-Abschiedsgruß verneigte. Der arme Kerl was sicherlich froh, dass wir endlich Leine zogen und er sein Haus wieder für sich hatte.

Dieses erhebende Schauspiel prägte so ziemlich das Niveau unserer Reise. In seiner ersten Pause erhob sich Chris zu einer Ankündigung.

»Ich werde jetzt erst einmal einen abseilen. Hoffentlich. Ich fühle mich verstopft, könnte eine schwere Geburt werden. Aber dem Ozean auch mal was zurückgeben, ja, das hat was.«

Sofort hatte ich die Kamera vorm Auge. »Okay. Schieß los.«

»Zieht man eigentlich die Unterhose aus, bevor man sich hier über den Rand hängt?«

»Tja, wenn du das nicht tust, könnte die Sache in die Hose gehen.«

»Aber dann bin ich ja ganz nackig vor dir!«

»Du hast's erfasst, und vor der ganzen Welt. Geht alles live übers Internet, Schätzchen.«

Chris überlegte. »Ich sage dir was. Ich probier's erst mal mit der Hose, ich bin eben ein anständiger Mensch.«

»Sehr züchtig von dir.«

»Tja, hier ist eben alles ein bisschen anders, was?«

»Du wirst sich daran gewöhnen.«

»Und kein Klopapier.« Er kniff die Lippen zusammen und zog eine Grimasse. »Andererseits habe ich auch noch kein Scheißhaus mit so einer schönen Aussicht gehabt.«

Nachdem er sich schon mal um diese Information erleichtert hatte, kletterte er steuerbord auf das Dollbord, pellte sich die Boxershorts herunter und ging gleich neben meinen Sitz in die Hocke. Nur durch Plexiglas von mir getrennt, hing sein nackter Arsch wenige Zentimeter vor meinem Gesicht.

»Du musst das nicht unbedingt vor meiner Nase erledigen«, protestierte ich.

»Wohin soll ich denn sonst gehen?«

»Wohin du willst.« Ich deutete auf die vordere Luke. »Halt dich da an der Reling fest.«

»Welcher Reling denn?«

»Auf der vorderen Kajüte.«

»Oh, die vordere Kajüte.«

Er schlurfte mit herabgelassener Hose bis dorthin und ging wieder in Stellung. Die *Moksha* bekam Schlagseite.

»Wink mal«, rief ich und zoomte ihn heran.

Die Silhouette einer Hand bewegte sich im Sucher.

Ich kicherte vor Vergnügen. »Ja, so winken Sieger. Und jetzt Bomben los!«

Doch schon am nächsten Morgen war es vorbei mit der Stimmung von Klassenausflug. Mein Bordkamerad hing kreidebleich über dem Rand des Boots.

»Du schuldest mir zehn Pfund«, sagte ich und sah zu, wie er mit den Pfannkuchen, die wir zum Frühstück gegessen hatten, die Fische fütterte. Es war eigentlich nicht mein Stil, mich hämisch zu zeigen, nur weil ich die Wette gewonnen hatte, wer als Erster kotzen würde, aber Chris hatte sich einfach zu sehr als echter Seebär aufgespielt.

Er stöhnte, wischte sich den Mund mit dem Handrücken und ließ sich in den Beifahrersitz zurückfallen. »Das ist dieser Dreck, den du zum Frühstück zubereitet hast, Lewis.«

»Was heißt hier Dreck? Sie sind einfach eine hoffnungslose Landratte, Mr Tipper. Und ein schlechter Verlierer dazu.«

Er schaute mich finster an. »Dieses Pfannkuchenpulver, das du benutzt hast …«

»Was ist damit?«

»Vergammelt. Voller Maden.«

»Quatsch.«

»Schau doch selbst.«

Ich musste ihm recht geben. In der Ziploc-Tüte wimmelte es vor weißen, etwa einen Zentimeter langen Maden, die in dem Pulver kaum auszumachen waren. Das versprach nichts Gutes. Was Essen betraf, war Chris extrem empfindlich. Die durchaus reale Möglichkeit, dass das gesamte Pfannkuchenpulver an Bord mit Maden verseucht war, versetzte ihn ganz sicher nicht in gute Laune.

»Was soll's«, versuchte ich es mit Optimismus. »Wir haben ja noch die Haferflocken.«

Aber damit war Chris nicht gnädig zu stimmen. »Warum hast du die Vorräte vor der Abreise nicht inspiziert?«

Um die Wahrheit zu sagen, ich hatte mich davor gedrückt. Bezahlt mit dem Geld, das der eilige Verkauf eines Laptops und einer Videokamera eingebracht hatte, war der Proviant insgesamt nicht erste Wahl gewesen. Der Laden in Betio hatte ein Sonderangebot an Gemüse gehabt – Karotten, Kohl, Zwiebeln und Knoblauch –, aber das Zeug war schon halb verrottet, bevor wir es überhaupt nur an Bord verstaut hatten. Noch zweifelhafter waren die Dosensachen: Suppen, Maiskörner, Bohnen, Spaghetti in Tomatensoße, Pilze in Salzlake, Mandarinen, Erdnussbutter und so weiter, alles von ein und derselben australischen Billigmarke, mit Konservierungsstoffen in freudlos gelbe Dosen abgefüllt. Das Zeug war sicher nicht ganz unschuldig daran, dass 70 Prozent der Erwachsenen in Kiribati Übergewicht hatten und mehr als die Hälfte der Bevölkerung unter Diabetes litt, was nicht selten Amputationen zur Folge hatte.*

Das grauenhafte Essen beeinträchtigte das Leben auf der *Moksha* erheblich. Es ging mir ziemlich unter die Haut, dass Chris sich ständig beklagte. Doch schließlich nahm ich die Angelegenheit etwas lockerer und wies ihn darauf hin, dass wir wenigstens *etwas* zu essen hatten.

*

Ich stellte mich breitbeinig über die Luke, hielt mich mit einer Hand an dem Mast fest – der Windgenerator trug – und streckte mich, um ein schweißverkrustetes Handtuch einzuholen, das auf

* Innerhalb weniger Jahrzehnte wurde auf Tarawa die traditionelle, hauptsächlich aus Fisch und Kokosnüssen bestehende Ernährung durch importierte, fettreiche, industriell fabrizierte Lebensmittel verdrängt (insbesondere Burger waren auf dem Speisezettel sehr beliebt). Eine fatale Veränderung für Menschen mit einem Metabolismus, der genetisch darauf getrimmt ist, jede zusätzliche Kalorie in Fett zu verwandeln, um magere Zeiten überstehen zu können.

dem Vorstag trocknete. Gerade wollte ich wieder herunterklettern, als ich ein Zwicken in meinem Hodensack spürte.

»Vierzig fünfzehn!«, rief Chris triumphierend. »Matchball.«

Wir waren eine Woche unterwegs. So unglaublich kindisch es war, sich gegenseitig Wäscheklammern in die nackten Keimdrüsen zu zwicken, wir hatten einen Riesenspaß mit unserem Testikeltennis. Und da wir beide seit dem Tag, an dem wir Tarawa verlassen hatten, keine Faser am Leib trugen, hatte das Spiel ein ziemliches Tempo.

»Das ist unfair«, rief ich wütend. »Du hast mich gebeten, dir dein Handtuch zu geben.«

»Heul doch, Lewis. Du musst halt etwas mehr auf der Vorhaut sein – um's mal so zu sagen.«

Bei der nächsten Schicht wollte sich Chris, der mit seiner Hygiene nicht weniger pingelig als mit dem Essen war, waschen und rasieren. Er beugte sich aus dem Boot und begann, seinen Ziegenbart mit einem Trimmer zu bearbeiten.

»Ich rasiere mich gerne von Zeit zu Zeit«, bemerkte er beiläufig und reckte das Kinn in Richtung des kleinen Reisespiegels. »Dann fühle ich mich mehr wie ein, äh ...«

»Wie ein richtiger Mann?«, versuchte ich ihm auf die Sprünge zu helfen.

»Ja, genau, dann fühle ich mich wie ein richtiger Mann.« Er hielt in seiner Rasur inne und starrte sinnend auf das Meer hinaus. »Das gibt mir das Gefühl, alles unter Kontrolle zu haben.«

»Du bist also ein Kontrollfreak, Chris?«

Er sah mir direkt in die Augen. »Ich? Nein, es gibt mir eher das Gefühl, auf Patrouille zu sein.«

»Auf Patrouille? Du träumst also eigentlich davon, in der Armee sein!«

»Ja, ich bin ein Patrouillenfreak!«

»Ich fürchte, du hast dich bei der falschen Einheit gemeldet, mein Freund.«

Verbaler Schlagabtausch dieser Art war von unschätzbarem Wert. Das hob nicht nur die Stimmung, Humor bot auch Gelegenheit, auf nichtkonfrontative Art möglichen Konfliktstoff abzuhandeln: das abscheuliche Essen; wer damit an der Reihe war, die Website zu aktualisieren; ob einer von uns während der Nachtschicht heimlich CLIF-Bar-Energieriegel futterte und so weiter. Während unserer Atlantiküberquerung hatten Steve und ich auf manchmal schmerzliche Weise erfahren, wie wichtig es ist, jemandem, mit dem man auf so engem Raum zusammenlebt, die Möglichkeit zu lassen, das Gesicht zu wahren.

»Also, wenn du mich fragst, das Bordleben ist eine reine Lust.« Chris schnappte sich einen kleinen Plastikbecher. »Ich gehe jetzt mal duschen.«

Ich begann wieder zu filmen. »Sollen wir dich begleiten?«

Er machte eine aufmunternde Kinnbewegung. »Nur zu.« Chris kletterte auf das Dollbord, stülpte das Gefäß über seinen Penis und sagte mit australischem Akzent: »Ich hab heut meinen anständigen Tag und halte meine Männlichkeit bedeckt.« Sich mit beiden Händen an die Reling klammernd, hangelte er sich nach hinten. »Schau mal! Man sieht, dass ich schon ein paar Tage an Bord bin, oder?«

»Sehr beeindruckend«, räumte ich ein. Viel bemerkenswerter fand ich, dass der Plastikbecher so ohne Weiteres an seinem Platz blieb.

Chris setzte sich rittlings aufs Achterdeck und goss sich Meerwasser über den Kopf, das er mit dem Becher schöpfte.

»Jetzt dreh ich die Dusche mal voll auf.« Er schöpfte schneller und schneller. »Da kommt wirklich was aus der Brause.« Zum Glück war es ein ruhiger Tag und die Wahrscheinlichkeit, dass er über Bord fiel, sehr gering. »Verdammt!«, rief er aus. »Hat denn hier draußen noch niemand was von der Wasserknappheit gehört?«

Neben solch komischen Einlagen waren auch die idyllischen Bedingungen dem friedlichen Zusammenleben förderlich. Der Wind blies zuverlässig mit zehn Knoten aus Nordost, und so schafften wir an den meisten Tagen ohne große Mühe sechzig bis fünfundsechzig Seemeilen, trotz der Hitze. Wenn wir Glück hatten, kreuzte auch mal eine Böe unseren Weg und blies die stickige Luft davon, die sich wie Schimmel in unserem überfüllten Quartier breitmachte.

Im Meer zu schwimmen wagten wir nur einmal, am Nachmittag des zehnten Tages. Wir setzten Taucherbrillen auf und ließen uns über den Rand gleiten. Dabei hielten wir ängstlich nach Dreiecksflossen und schleichenden Schatten Ausschau. Unter uns zog ein großer Schwarm glitzernder Fische vorbei. Ihre Körper bewegten sich im perfekten Gleichklang von Jalousielamellen hin und her, die kristallklare Tiefe wechselte in rascher Folge von dunkel zu hell, von hell zu dunkel.

Am selben Abend, Chris spielte gerade an Deck Gitarre, brach diese Überfülle von Tiefseeleben in einer atemberaubenden Explosion durch die Oberfläche des Ozeans. Eine Million glitzernde Silberstückchen peitschten das Wasser bis zum Horizont auf und erfüllten die Luft mit dem ohrenbetäubenden Rauschen eines Flusses, der Hochwasser führt.

Doch so schnell, wie die Fische auftauchten, waren sie auch wieder verschwunden.

*

8. JUNI

»Habe gerade eine E-Mail von meinem Vater über die Lage auf Guadalcanal bekommen«, sagte ich, während ich weiterhin auf den Laptop starrte, den ich mir zwischen die Knie geklemmt hatte. »Sieht so aus, als hätte es dort einen Staatsstreich gegeben. ›Die derzeitige Empfehlung lautet, nicht, ich wiederhole, nicht Honiara anzusteuern. Die Kämpfe rund um den Flughafen dauern an. Flugverbindungen sind sehr unregelmäßig. Als ungefährdete Anlaufstationen in der Nähe kommen Tulagi und die Florida Islands infrage. Unmöglich zu sagen, wie die Sicherheitslage in einer Woche aussieht. Alles ändert sich von Tag zu Tag.‹«

Das warf alles über den Haufen.

Da riss ich mir ein Bein aus, um all den komplizierten Strömungen, den Winden und den jahreszeitlich bedingten Wetterveränderungen ein Schnippchen zu schlagen, damit wir den nächsten gelben Fleck auf der Karte erreichten, und nun machte mir der Faktor Mensch, der uns bislang noch kaum in die Quere gekommen war, einen Strich durch die Rechnung.

»Was, wenn ich Guadalcanal nicht verlassen kann?«, fragte Chris besorgt. Er dachte daran, dass er wieder an seine Arbeit musste.

Ein weiteres logistisches Problem war ebenfalls mit den politischen Ereignissen verbunden. April, jene Lehrerin, die schon vier Jahre zuvor von Colorado bis San Francisco an der Expedition teilgenommen hatte, sollte in zwölf Tagen in Honiara eintreffen und mich auf dem letzten Pazifikabschnitt begleiten. Aber zu dritt konnten wir unmöglich in der *Moksha* bis nach Australien fahren.

»Wenn du nicht wegfliegen kannst, kann die Maschine, mit der April kommen soll, wahrscheinlich auch nicht landen. Dann musst du wohl oder übel mit mir bis nach Australien strampeln«, sagte ich.

Die Lage verschlimmerte sich in den darauffolgenden Tagen. Der Flughafen wurde komplett geschlossen. Fünf Malaitaner starben bei einem Überfall auf ihr Boot durch Rebellen, die Banden der Guadalcanalesen angehörten. Auf dem Marktplatz von Honiara fand man einen enthaupteten Leichnam, ein besonders abscheulicher Zwischenfall.

Wie angesichts der langen Geschichte von Rachefeldzügen unter Kopfjägern kaum anders zu erwarten, ließ der Konflikt jahrhundertealte Fehden zwischen der rivalisierenden Inselbevölkerung von Malaita und Guadalcanal aufflammen und wurde als Gelegenheit genutzt, alte Rechnungen zu begleichen. Allerdings war die Ursache des aktuellen Zwists die weltweit gewöhnlichste: Es ging um Land. Die geschäftstüchtigen Malaitaner, die 1942 mit den amerikanischen Streitkräften nach Guadalcanal gekommen und dort geblieben waren, ergatterten die besten Jobs, kauften das beste Land auf und zogen sich so den Unmut der sesshaften einheimischen Bevölkerung zu.

Als wir uns der Nordspitze von Malaita näherten, begannen Chris und ich, jeden Tag eine Dosis Doxycyclin zur Vorbeugung gegen Malaria zu nehmen. David Stanley, *Lonely-Planet*-Autor, bezeichnete die Salomonen als idealen Ort zum Studium dieser Krankheit, schließlich seien dort 98 Prozent der Bevölkerung mit Malaria infiziert.

»Am häufigsten werden die Leute offenbar an den Knöcheln gestochen.« Chris las in unserem Reiseführer für Papua-Neuguinea und die Salomonen und aß dabei eine Schüssel Haferbrei, aufgepeppt mit Trockenfrüchten, Nüssen und Maden. »Zwischen sieben und acht, von montags bis freitags.«

Stanley beschrieb die Malaitaner zudem als »streitsüchtig und misstrauisch gegenüber Fremden«, und zumindest bis zum Beginn des 20. Jahrhunderts waren sie anscheinend dafür berüchtigt gewesen, »regelmäßig gestrandete Seeleute zu kochen und zu verspeisen«.

Chris blätterte durch die Seiten. »Klingt nach einem freundlichen Inselchen.«

»Wir sollten so an Land gehen, wie wir jetzt sind«, schlug ich vom Fahrersitz aus vor. »Nackt. Dann sehen sie, wie dürr wir sind. Dass an uns nichts dran ist.«

»Ja. Wenn am Strand ein großer Topf mit dampfendem Wasser steht, ist der bestimmt nicht für ein Bad gedacht.«

Chris erwähnte noch verschiedene andere lokale Besonderheiten. Dazu gehörte die Anbetung von Haien (sie verkörpern für die Insulaner die Seelen ihrer verstorbenen Vorfahren) und Cargo-Kulte, mit denen sie versuchen, Flugzeuge mit begehrten, westlichen Dingen anzulocken, natürlich gebracht von den Ahnen. Im Zweiten Weltkrieg waren Maschinen mit solchen Waren auf den von Amerikanern betriebenen Inselmilitärbasen gelandet. Selbst die Lingua franca, das Salomonen-Pidgin, klang ziemlich schräg. »Büstenhalter« hieß übersetzt in etwa *Korb gehören Titti*. Ein »Helikopter« war ein *Misch Meister im Besitz von Jesus Christus*. Aber am erstaunlichsten war der Ausdruck für »Klavier«: *Groß Kerl schwarze Kiste, der hat schwarze Zähne, der hat weiße Zähne, du ihn fest schlagen, er schreien auf.*

Dass es auf unserer zunehmend langweiligen und gleichförmigen Welt noch solch einen Ort voller Wunder, voller Skurrilität und Eigentümlichkeit gab, übte einen starken Reiz auf uns aus. Wir konnten es kaum erwarten, dort anzukommen.

*

MONTAG, 19. JUNI

Der Vogel war zunächst als schwarzer Punkt vor dem rötlichen Hintergrund des Westens zu sehen. Er kreuzte gegen den leichten Wind. Als er sich näherte, ließen die gebogenen Schwingen und der stark gegabelte Schwanz keinen Zweifel: ein Fregattvogel, der zielstrebig Land ansteuerte, wie es diese Tiere abends tun.

Am Bug der *Moksha* prangte ein Bild mit einem schwarzen Fregattvogel vor rotem Sonnenuntergang. Auf Kiribati hatte ich vor unserem Aufbruch den Kunstlehrer der KGV, einen stillen, äußerst bescheidenen Mann mit Namen Karawa, dafür gewonnen, den Schutzgeist, der das Boot sicher über den Ostpazifik geführt hatte, zu erneuern.* Die alten Matrosen von Kiribati, die Karawa um Rat fragte, schlugen einen Fregattvogel vor, in den melanesischen Seefahrergeschichten ein Glücksbote, weil er den Weg zum sicheren Hafen wies.

Kurze Zeit darauf erscholl ein Ruf vom Vordeck.

»Land, ich rieche Land, Skipper!« Chris dröhnte wie ein Pirat und sog in tiefen Atemzügen die Luft durch seine großen Nasenlöcher ein. »Duftet nach Misthaufen!«

Ich antwortete ihm, dass ihm wahrscheinlich das Innere des Boots in die Nase gestiegen sei. Da bemerkte ich eine verräterische Ansammlung weißer Kumuluswolken am südlichen Horizont. Darunter konnte sich nur unser Menschenfressereiland verbergen.

* Der erste Schutzgeist war ein heiliger Rabe gewesen, den ein Künstler namens Jason Lacy von den Quinault, einem seefahrenden Volk amerikanischer Ureinwohner in British Columbia, entworfen hatte.

Bei Einbruch der Dunkelheit tasteten wir uns still und leise die Nordküste entlang und versuchten, die schmale Durchfahrt zwischen Malaita und ihrer kleinen Schwesterinsel Mbathakana zu finden. Da tauchte vor uns im Mondlicht eine Reihe zerzauster Köpfe auf – Kokospalmen, deren sternförmige Silhouetten sich in stummer Verbeugung zu einem Band aus elfenbeinfarbenem Sand neigten, gegen den rauschend und seufzend die Brandung rollte. Der Geruch von feuchter Erde und von Kochstellen wehte uns vom Ufer entgegen, Anzeichen für Dörfer, die sich dort in der Dunkelheit verbargen.

In der offenen Luke stehend, beugte ich mich zu Chris hinunter und sagte in gedämpftem Ton: »Und jetzt stell dir mal vor, es gäbe dort wirklich Kannibalen, Mann.«

Der Bootsbauer hörte einen Moment auf, in die Pedale zu treten, und erhob sich ebenfalls, um diesen Robinson-Crusoe-Moment auf sich wirken zu lassen. Ein Halsband aus dunklen, samtigen Wolken, blauschwarzen, regengeschwängerten Bäuchen, hing um die höher gelegenen Regionen der Insel. Im Südwesten fiel das Kreuz des Südens wie ein Diamantschwert aus dem Himmel und durchbohrte den Rand der entferntesten Wolkenbank. Achtern schickte die fast volle Mondscheibe käsegelbes Licht über das Wasser.

»Fuck«, murmelte Chris.

»Vor nicht allzu langer Zeit hätten wir mit denen rechnen müssen.«

»Ich weiß. Wahnsinn, oder?«

»Stell dir weiter vor, die Kerle kommen jetzt alle in ihren Kanus daher.«

Aber Chris hörte mir nicht mehr zu. Er saß schon wieder strampelnd auf seinem Platz. »Ich glaube, ich … steuere ein Stück aufs Meer raus.«

Die *Moksha* bewegte sich nach Steuerbord und brachte uns vom Ufer weg.

*

Eine Horde Jungs in Einbäumen schwärmte zu unserem Empfang aus. Ihre nackten Oberkörper waren erdbraun, sie hatten wilde Wuschelfrisuren und kein Gramm Fett an ihren mageren, sehnigen Körpern. Mit angezogenen Knien kauerten sie auf dem Boden ihrer grob ausgehöhlten Boote, die bedrohlich auf den Wellen hüpften. Die kleinen Strolche von Auki, der Provinzhauptstadt von Malaita, umschwirrten die *Moksha* wie ein bösartiger Schwarm Stechmücken. In der Ferne waren hinter einem düsteren Vorhang aus Bäumen Pfahlhütten zu erkennen, die so aussahen, als stünden sie dort schon seit tausend Jahren – was wahrscheinlich tatsächlich der Fall war. Hähne krähten im staubigen Schatten, und in der Ferne ertönten Trommeln, die mir eine Gänsehaut verursachten.

Tah-duh-duh … Tah-duh-duh … Tah-duh-duh …

Was für eine großartige Ankunft in einem magischen Land, dachte ich. An einem Flughafen, einem Bahnhof oder auch in einem Hafen anzukommen war um das Jahr 2000 herum rund um die Welt eine äußerst banale Angelegenheit: sture Beamte, freudlose Imbissketten, gelangweilte Chauffeure mit einem Stück Pappe in der Hand, auf dem *Arthur Ellis Pty Ltd* oder dergleichen stand, und so weiter. Derartige Empfänge gaben wenig bis nichts über das Herz und den Charakter eines Landes und seiner Menschen preis. Was für eine authentische Erfahrung hingegen, hier am Arsch der Welt splitternackt in unserer nur mit der eigenen Muskelkraft betriebenen *Moksha* von Kindern in Booten umkreist zu werden.

»Gutes Kanu?«, fragte ich den erstbesten Knirps auf Englisch und wies auf das blaufleckige Boot, das er paddelte; es sah so aus, als würde es jeden Augenblick umkippen. Der Junge hieß Alphones und war vielleicht zwölf Jahre alt, mit einem von der Sonne verbrannten Afro, den natürliche Strähnen zierten. Er trug eine Jogginghose von adidas und sprach ein wenig Englisch.

»Ja«, antwortete er. »Serr gutt.«

»Schnell?«

»Ja. Serr snell.«

Sein Kanu hüpfte und schlingerte auf den Wellen, Wasser schlug über den Rand.

»Unseres ist schneller, wetten?«, fragte ich herausfordernd.

Alphones schaute mich grinsend an und enthüllte dabei eine Reihe perlweißer Zähne.

»Nein. Wir gewinnen ganz leicht.«

»Unsinn.« Ich lachte und schaute ihn provozierend an. »Kleines Wettrennen?«

Und natürlich schlug er uns mit Leichtigkeit, obwohl sich Chris mächtig ins Zeug legte. Anschließend geleiteten uns Alphones und seine Freunde zu einem baufälligen hölzernen Pier, der im Schatten der *Ramus II* lag, einer großen, stählernen Personenfähre, aus deren Schornstein dicke Wolken qualmten.

Wir hatten uns in letzter Minute entschieden, Auki anzulaufen, das ungefähr fünfundzwanzig Seemeilen vor der Westküste von Malaita liegt, um dort unsere Einreisepapiere in Ordnung zu bringen und uns über die Sicherheitslage zu informieren. Den ganzen Tag über hatten wir gegen eine frustrierend starke Strömung ankämpfen müssen. Die Zeit dehnte sich endlos, während unsere Ungeduld, endlich von Bord gehen zu können, immer größer wurde, verstärkt durch den Anblick von Rauchsäulen, die wir auf der Backbordseite in einer Distanz von nur etwa einer Meile aus dem Dschungel aufsteigen sahen. Eine halbe Stunde vor Sonnenuntergang erreichten wir die Einfahrt der Lagune, aber da wir keine brauchbare Karte hatten, entschieden wir uns abzuwarten. Über Nacht wechselten wir uns damit ab, die Position zu halten, bevor wir am Morgen die letzten Seemeilen zurücklegten.

Als wir um das Heck der *Ramus II* herum in den Hafen fuhren, blickten Hunderte Köpfe vom Kai auf uns herab, die jede nur denkbare Haartracht, jede nur mögliche Hautfarbe zeigten: das kohlrabenschwarze Gesicht eines mürrisch dreinblickenden Mannes aus der autonomen Region Bougainville hier, das erschrockene eines Albinos dort. Chris warf die Fangleine einem Teenager zu, der den perfekten Reggae-Look zur Schau stellte: gefälschte Designersonnenbrille, schulterlange Dreadlocks und ein Hanfblatt auf dem T-Shirt. Ein weiterer Bob-Marley-Jünger schaute müßig zu. Trotz der Hitze trug er eine Wollmütze in Rot, Gelb und Grün, den Rastafari-Farben.

Viele der Anwesenden waren Flüchtlinge von Guadalcanal, die mit wilden Augen um sich blickten und noch von den Kämpfen traumatisiert waren. Einige schubsten und gafften. Andere bleckten furchterregend die Zähne und zeigten ihr schwarzes Zahnfleisch. Lachten sie? Schwer zu sagen. Vielleicht hatte David Stanley recht: Die Malaitaner waren ein streitsüchtiges Volk, egal, ob sie nun gerade mit ihren Nachbarn im Konflikt waren oder nicht. Und wo waren die Frauen? Beim Blick in die Gesichter – ausnahmslos Männer – fiel mir ein weiterer gemeinsamer Zug auf, einer, der mich erstarren ließ. Alle Lippen waren mit frischem Blut verschmiert. Sogar die Zähne zeigten Blutspuren.

Ich musste daran denken, wie wir über Kochtöpfe gewitzelt hatten, stupste Chris an und wies mit den Augenbrauen auf die gruseligen Gesichter.

»Betelnüsse«, murmelte er.

»Was?«

»Sie kauen Betelnüsse.«

Da fiel bei mir der Groschen. Es war ein in Ozeanien weitverbreiteter Brauch, Betel- oder Arekanüsse mit Betelpfefferblättern und gelöschtem Kalk zu vermischen, was im Mund einen rötlichen Schaum produzierte und beim Kauen eine leicht euphorisierende Wirkung hatte.

Ein dicker Mann mit einem kleinen flachen Hut, das Hemd von Betelsaft besprenkelt, drängte sich vor. »Ihr kommen von wo?«, fragte er und deutete auf die *Moksha*.

»Tarawa«, antwortete ich, bemüht, mir meine Angst nicht anmerken zu lassen.

Der Dicke runzelte die Stirn. Von Tarawa hatte er offenbar noch nie gehört. Er räusperte sich, spuckte einen Klumpen rötlichen Schleim auf den Kai und beäugte uns misstrauisch.

»Von Guadalcanal?«

Chris zeigte nach Norden. »Nein. Kiribati. Aber ursprünglich aus England.«

Das schien er schon mal gehört zu haben. »Motor?«

»Kein Motor.«

»Segel?«

»Keine Segel. Muskelkraft!«

Der Dicke hatte keine Ahnung, wovon Chris sprach. Zum besseren Verständnis löste Chris die Pedaleinheit, stellte sie auf das Dach des Cockpits und setzte die Schraube in Bewegung. »Wie ein Fahrrad, alles klar?«

Ein leises Murmeln ging durch die Menge.

»Lass mal sehen«, sagte der Dicke und nahm die Einheit in die Hand.

Mit äußerster Vorsicht, so als könnte das Ding jeden Moment explodieren, inspizierte der Dicke die Schraube, die Welle, die Pedale und die Schelle, die alles mit dem rostfreien Stahlkasten verband. Er drehte an den Kurbeln und schüttelte den Kopf, als sich die Schraube in Bewegung setzte. Schließlich blieb sein ungläubiger Blick an der Inschrift hängen, die Scott Morrison in das Gehäuse gehämmert hatte.

»So heißt die Pedaleinheit«, erklärte Chris grinsend. »Das heißt so, weil Hunde eben, äh …«

Der Dicke setzte ein verständnisloses Gesicht auf. »Hm?«

»Das … ach, egal. Das ist eben der Motor.«

»Seht her. Diese Männer …« Der Dicke wandte sich nun an die Menge und hielt die Pedaleinheit hoch über seinen Kopf. »… sind gekommen nur mit diese Ding! Ganze weite Weg von England nach Auki. Kein Benzin!«

Ein Raunen ging durch die Menge, und einen Augenblick lang sah es so aus, als würden alle gleich auf die Knie fallen und unsere »Hundeklöten« anbeten. Dann gab der Dicke Chris die Einheit zurück, zeigte in breitem Lächeln seine mit Betel verschmierten Zähne und sagte: »Bitte, ihr herzlich willkommen auf Malaita.«

Und damit kletterten Chris und ich auf den Pier. Die Menge teilte sich vor uns wie das Rote Meer und gab den Weg frei für unsere ersten vorsichtigen Schritte ins Reich der sogenannten Glücklichen Inseln.

*

Allerdings war die Lage auf den Salomon-Inseln gerade alles andere als glücklich. Benzin und Lebensmittel wurden knapp, und die alten Leute fingen an, in ihren Gärten Taro, auch bekannt als Wasserbrotwurzel, anzubauen.* Die jüngere Generation, längst an die Geldwirtschaft gewöhnt, lief ziellos umher, wie Exilanten im eigenen Land. Nur die Kirchen und die Geldwechsler schienen von der Krise zu profitieren.

Ein australischer Kriegsberichterstatter, unterstützt von einem einheimischen freien Journalisten, schnüffelte überall auf der Suche nach einer Story umher. Ansonsten waren wir die einzigen Fremden auf Auki, alle übrigen Ausländer hatten sich in Sicherheit gebracht. Eine allgemeine Atmosphäre von Verzagtheit schlug uns entgegen, als wir völlig erschöpft durch die staubigen Straßen stolperten. Wir waren auf dem Weg zur Polizeistation, um dort unsere Einreise zu regeln. Eine zudringliche Menge folgte uns und bombardierte uns mit Fragen.

»Was ist, wenn große Welle?«

»Und die Monster?«

»Diese Expedition ist sehr interessant. Wir haben so etwas auf Auki noch nie gesehen.«

Ein schwitzender Mann, der eine Ansammlung von Holzschnitzereien mit sich herumschleppte, vertrat uns den Weg und schaute uns flehentlich an. »Wo ihr herkommen? Wo ihr hingehen? Wann ihr abreisen?« Dabei fuchtelte er mit einer hölzernen Salatschüssel vor meinem Gesicht herum. Ich schüttelte nur den Kopf. Für eine Salatschüssel hatten wir auf der *Moksha* eher selten Verwendung. Außerdem mussten wir das wenige Geld, das wir noch hatten, für den Kauf von Proviant zusammenhalten, wenn wir Australien erreichen wollten.

Ich versuchte, ihm das zu erklären.

»Aber ich brauchen Essen für meine Familie«, empörte er sich.

Auf der Polizeistation meldeten wir uns bei den beiden diensthabenden Beamten, George und Basil.

---

* Kein Tanker wagte es, sich der Insel zu nähern, aus Furcht, von Rebellen gekapert zu werden.

»Kommt um neun wieder vorbei«, sagte Basil, nachdem wir unser Anliegen vorgetragen hatten. »Die Leitung nach Honoria ist unterbrochen.«

Es war acht. Wir gingen, wechselten ein wenig Geld in einem chinesischen Laden und fanden eine Bäckerei, die Gebäck mit Zuckerguss verkaufte.

»Bloß ein bisschen Kokosnussglasur auf frisch gebackenen Brötchen«, sagte Chris und schob sich ein großes Stück davon in den Mund. »Trotzdem köstlich.«

Um neun waren wir wieder auf der Polizeistation. Man sagte uns, wir sollten um elf wiederkommen. Um elf hieß es, wir sollten es um zwei versuchen. Es blieb uns nichts anderes übrig, als mit den Schultern zu zucken, höflich zu lächeln und uns in unser Schicksal zu fügen. Hätten wir Stunk gemacht, hätte alles nur umso länger gedauert.

Um zwei bat uns der Polizeichef, ein großer Mann mit bereits ergrautem Haar, in sein Büro. Auf einem Schild an der Wand waren die drei Leitsätze des guten Polizisten zu lesen: *Unterscheide Sinnvolles von Unsinn! Höre gut zu! Informiere dich über die Fakten!* Auf seinem Schreibtisch standen vier Ablagefächer, beschriftet mit *Eingang*, *Ausgang*, *Zu erledigen*, *Dringend*. Sie waren leer.

»Die Leitung nach Honiara ist immer noch unterbrochen«, erklärte er. Er sagte es ihm Brustton der Resignation, der nicht so recht zu der Art passen wollte, wie er fröhlich einen Kugelschreiber seine Finger hinauf- und hinabwandern ließ. »Wir haben es auch über Funk versucht, ohne Erfolg.« Er beugte sich über den Schreibtisch, schürzte die Lippen und sagte mit gespieltem Mitgefühl: »Tut mir leid, Freunde, aber ihr könnt nicht auf Auki bleiben. Ihr müsst so bald wie möglich nach Tulagi weiter.«

Das war ein ziemlicher Schlag. Wieder in unser Tretboot zu steigen, ohne uns auch nur das Salzwasser abwaschen zu können, war nicht der Empfang, auf den wir gehofft hatten. Da kam mir die Erleuchtung. »Ich habe eine Idee. Sie könnten unser Satellitentelefon benutzen!«

Das brachte ihn aus dem Konzept. Der Polizeichef fing an zu schnaufen und stach mit seinem Kugelschreiber Löcher in die

Luft. Er hatte ganz offensichtlich keinerlei Lust, Kontakt mit seinen Vorgesetzten auf Guadalcanal aufzunehmen. Solange die Leitung tot war, übte er ungestörte Herrschaft über sein kleines Reich aus und konnte sich ein paar schöne Tage machen. Ein Satellitenanruf würde ihm alles verderben.

Am Ende schafften Chris und ich es, ihm unter Verweis auf technische Probleme, ungünstige Gezeiten und den Zorn ihrer Majestät Königin Elisabeth II. für den Fall, dass wir unterwegs ertrinken sollten, eine achtundvierzigstündige Liegegenehmigung abzutrotzen. Wir beauftragten Alphones und seinen Freund Calvin, ein Auge auf die *Moksha* zu haben, und buchten uns für eine Nacht im Auki Motel ein, einem gelben Ziegelsteinbau, gut gefüllt mit leicht erregbaren jungen Männern – wie sich herausstellte, Kämpfern der Malaita Egale Force (MEF). Sie warteten auf den Befehl zum Übersetzen nach Guadalcanal.

Einer von ihnen wollte uns unbedingt sein Gewehr zeigen. Er führte uns in ein Zimmer, griff unter das Bett und zog einen gelben, wasserdichten Sack hervor, in dem sich eine Kalaschnikow befand.

»Ich habe viele Gewehre«, prahlte er und ließ ein Magazin einrasten. »Ich bin ein Kommandant!«

Wir hatten unsere Zweifel. Er sah aus wie zehn.

»Wo bist du ausgebildet worden?«, fragte Chris zweifelnd.

Der Junge tippte sich an den Kopf. »Alles hier drin.«

Wir verabschiedeten uns von ihm und beeilten uns, ins Auki Lodge zu kommen, wo wir mit George, dem Polizisten, verabredet waren. Um den Salatschüsselmann, der auf der Lauer lag, machten wir einen Bogen. Wir hatten dem Polizisten zum Dank dafür, dass er die *Moksha* über Nacht bewachen wollte (»Die Erwachsene nichts anfassen«, hatte uns George gewarnt »aber die Kinder vielleicht nehmen Sachen«), zum Essen eingeladen. Es gab nur ein Angebot auf der Speisekarte, ein fade schmeckendes Omelett mit Reis. Drei Portionen kosteten 35 Salomon-Dollar – Touristenpreis.

Nachdem ich mehr Geld vom Boot geholt hatte, unterhielt sich Chris angeregt mit einem MEF-Kämpfer namens Paul, der nach reichlichem Genuss von Arrak, einer aus Palmsaft gewonnenen und im gesamten Pazifikraum sehr beliebten Spirituose, schon ziemlich jenseits von Gut und Böse war. Sie verstanden sich prächtig, lachten und redeten ohne Punkt und Komma. Das zeigte wieder einmal, wie einfach es ist, über alle Sprach- und Kulturgrenzen hinweg spontane Freundschaften zu schließen, wenn man sich in einem ganz bestimmten Thema wirklich gut auskennt.

Fußball.

England hatte gerade Deutschland eins zu null in der Europameisterschaft geschlagen.

*

Am Abend des zweiten Tages legten wir in der Dunkelheit von Auki ab. Am Kai hatte sich eine Menschenmenge versammelt, um uns eine gute Fahrt zu wünschen. George und Basil waren gekommen, auch der ziemlich verkaterte Paul, zusammen mit den anderen MEF-Kämpfern aus dem Auki Motel und einem freundlichen Möbeltischler namens Eekai aus Papua-Neuguinea. Eine einsame Glühbirne am Ende des Piers beleuchtete die vielen erhobenen Hände.

»Danke, Malaita«, rief Chris und winkte, während ich in die Pedale trat. »Alles Gute.«

Die letzten Abschiedsrufe verklangen, und wir fuhren in die Nacht hinaus, begleitet von einer Armada spritzender Einbäume unter der Anführung von Alphones. Am Übergang des Hafens zum offenen Meer blieben sie zurück.

»Das war schon ein sehr besonderes Fleckchen«, sagte ich.

»Ja«, stimmte mir Chris zu und griff ins Rattenloch nach seiner Jacke. Der Nordostwind hatte aufgefrischt, peitschte die Wellen auf und Gischt ins Cockpit. »Wirklich liebenswerte Menschen. Was man in den Büchern über sie liest, stimmt einfach nicht – finde ich jedenfalls. Die Malaitaner sind ein fantastisches Völkchen.«

Obwohl ihnen der Treibstoff ausging, trotz all der Angst, der quälenden Unsicherheit und des astronomischen Preises, den sie für ein Pfund Reis bezahlen mussten, hatten uns die Menschen von Auki aufgenommen und beschützt, als gehörten wir zur Familie. Das bestätigte wieder einmal, dass sich auf Reisen oft die Orte, vor denen alle anderen warnen, als Geheimtipps erweisen.

*

Die grünen Hügel von Siota tauchten aus dem Morgennebel auf. Ich fühlte mich an Chesil Beach erinnert, an den Strand von South Dorset, den ich schon seit sechs Jahren nicht mehr zu Gesicht bekommen hatte. Als wir uns ihnen näherten, sahen wir, dass überall Lichtungen geschlagen worden waren, offenbar um die gegenwärtige Krise durch den Anbau von Kulturpflanzen zu lindern. Diese pragmatische Notmaßnahme hatte zur Folge, dass die Insel etwas zerzaust und mottenzerfressen wirkte. Auch das weckte in mir Erinnerungen an meine Heimat, und zwar an die karge Landschaft der Isle of Purbeck. Doch dann kamen der typische weiße Sandstrand und die Palmen in den Blick, und ich wusste wieder, dass ich in den Tropen war.

Ich saß auf dem Vordeck und hielt nach Felsen Ausschau, und Chris steuerte das Boot vorsichtig in die Mündung der Mboli Passage, eines Brackwasserkanals, der zwischen den Nggela-Inseln hindurchführt, eine Abkürzung auf unserem Weg nach Tulagi. Der Mündungstrichter verengte sich rasch, bald erhob sich links und rechts von uns ein wildes Gewirr aus Ranken und Blättern, und wir atmeten die feucht-schwüle, modrige Luft des Regenwalds ein. Eine Orgie rivalisierender Geräusche, eine wahre Dschungelkakofonie, wild und gefährlich, beschwor Bilder von Mr Kurtz herauf, der dort, im Herz der Finsternis, vielleicht irgendwo im Fieberwahn lag – wenn wir uns auch nicht gerade im Kongo befanden.

»Ich würde gern mal ein Krokodil sehen«, sagte Chris.

Ich schaute ihn ungläubig an. »Ist das dein Ernst?«

»Ja, warum nicht« – er zog die Nase kraus –, »so ein Vieh kippt ja wohl kaum unser Boot um, oder?«

Am Ostufer tauchte eine Ansammlung von Grashütten auf. Als die Entfernung geringer wurde, setzte sich ein kleines Geschwader Einbäume in Bewegung. Es waren Fischer, sehr freundliche Menschen, wie sich herausstellte, wenn auch offenbar nicht gewohnt, dass jemand mit einem Tretboot auf ihrem Fluss herumkreuzte. Sie banden ihre Kanus in einer langen Reihe an das Heck der *Moksha*, kletterten an Bord, vierzehn an der Zahl, schwatzten und lachten und waren schamlos neugierig.

Unsere Gäste standen auf den Planken, klimperten reihum auf Chris' Gitarre herum und stellten uns die üblichen Fragen: Woher? Wohin? Motor?

Chris löste wieder einmal die Pedaleinheit und ließ die Schraube rotieren.

»Einfach«, sagte er grinsend. »Gut, nicht wahr?«

Einer mit glasigem Blick und buschigem, langem Haar lümmelte sich auf dem Vordeck in einem Muskelshirt mit der Aufschrift »Cleveland, USA«. »Wie lange … habt ihr … von Kiribati zu den Salomonen gebraucht?«, fragte er. Der Joint wippte zwischen seinen Lippen.

»Einundzwanzig Tage«, antwortete ich.

Er blinzelte mich durch den Rauch an. »Und von Honiara … jetzt du fahren … wohin?«

»Cairns, Australien.«

»Aha.«

Zufrieden mit meinen Antworten, schnappte er sich die Gitarre und versuchte ein paar Akkorde, legte sie aber schnell wieder beiseite. Er war einfach zu bekifft. Einer seiner Freunde kommentierte das, und alle lachten.

»Aargh … Ich nicht spiele diese blöde Ding.«

Die ganze Zeit über plapperten sie munter in ihrer Muttersprache, warfen kurze Sätze hin und her, rhythmisiert mit vielen Knacklauten. Für mich klang ihre Sprache fast wie Arabisch, voller Dramatik, an- und abschwellend wie in einem Lied.

Chris beugte sich vor und tippte auf eines der Einbäume. »Mahagoni?«

Der Besitzer schüttelte den Kopf.

»Wie heißt dieses Holz?«, fragte Chris.

Der Mann dachte einen Augenblick nach und sagte dann: »Apkwa.«

»Apkwa«, wiederholte Chris. »Nie gehört.«

Der Fischer legte seine Hände auf die *Moksha*. »Woraus das gemacht?«

»Sperrholz«, erklärte Chris und tätschelte die Aufbauten. »Und das«, er wies auf den Rumpf, »das ist aus Zeder und Cachimbo.«

Die *Moksha* lag unter dem Gewicht der Männer gefährlich tief, schon schwappte Wasser über das Edelstahlgehäuse von »The Dog's Bollocks«.

»Jase«, sagte Chris besorgt, »wir müssen ein paar von ihnen bitten, das Boot zu verlassen.«

Am Ende blieb nur Peter übrig, ein neunjähriger Junge mit dunkelblauen Shorts und einem gelben, aus einem alten Reissack genähten Beutel, den er sich um den Hals gehängt hatte.

»Meine Bruda«, hatte einer der Männer gesagt, bevor sie sich verzogen, »er kann mit euch gehen zu seine Dorf?« Er wies stromabwärts. »Ist okay?«

»Kein Problem«, sagte ich.

Wir machten sein Kanu längsseits fest, und der Junge von den Florida Islands ließ sich wie ein Vogel auf dem Bug nieder. Ab und zu warf er uns einen Blick zu. Chris bot ihm das letzte unserer Zuckergussbrötchen aus der Hot Bread Bakery von Auki an, um das Eis zu brechen. Doch Peter blickte das Gebäck nur entsetzt an, als fürchte er, es sei vergiftet. In einem herzerweichenden Akt von Diplomatie nahm er es schließlich mit spitzen Fingern und ließ es in seine Umhängetasche fallen, wohl um es später zu entsorgen.

Aber als ich ihm die Gitarre hinhielt, griff er sogleich zu. *Vielleicht wenn ich singe, die weißen Teufel mich nicht auffressen!* Erst schlug er leise ein paar Akkorde, dann stimmte er ein Kirchenlied an. Er war so nervös, dass er sich bei der ersten Strophe mehrmals verschluckte. Aber bei der zweiten wurde er sicherer und sang lauter, bei der dritten ging es noch besser, und bald erfüllte die harmonische Stimme des Jungen die Luft mit solch süßen

Tönen, dass Chris und ich ganz hingerissen waren. Da waren wir, verloren im Südpazifik, glitten über einen ungezähmten Wasserweg, und ein dunkelhäutiges Inselkind sang uns ein Lied. Die Vögel kehrten zurück, um die Nacht an Land zu verbringen, denn die Sonne stand schon tief. Sie steckte den Himmel im Westen in Brand und verwandelte ihn in einen glühenden Lichtteppich.

FORTSETZUNG DER EXPEDITION
IN BAND 2 …

Der Verlag dankt für die Genehmigung zum Abdruck aus:

Robert W. Service, *The Men That Don't Fit In*: © Estate representative M. William Krasilovsky, Attorny At Law; Paul Theroux, *Die glücklichen Inseln Ozeaniens*: © The Wylie Agency LLC und Hoffmann und Campe, Hamburg 1993, Übersetzung Erika Ruetz; Bernard Moitessier, *Der verschenkte Sieg*: © Delius Klasing & Co. KG, Bielefeld 1977, Übersetzung Wolfgang Rittmeister; Robert M. Pirsig, *Zen und die Kunst ein Motorrad zu warten*: © Robert M. Pirsig 1974 und S. Fischer Verlag GmbH, Frankfurt am Main 1976, Übersetzung Rudolf Hermstein; John Steinbeck, *Die Reise mit Charley. Auf der Suche nach Amerika*: © Paul Zsolnay Verlag, Wien 2002, Übersetzung Burkhart Kroeber; Apsley Cherry-Garrard, *Die schlimmste Reise der Welt*: © Semele Verlag, Berlin 2006, Übersetzung Simon Michelet; John Milton, *Das verlorene Paradies*: © Reclam, Stuttgart 1968/2008, Übersetzung Hans Heinrich Meier; Jack Kerouac, *Gammler, Zen und hohe Berge*: © Rowohlt Verlag GmbH, Reinbek bei Hamburg 1963/2010, Übersetzung Werner Burckhardt, Bearbeitung Michael Kellner.

Der Verlag hat sich redlich bemüht, alle Rechteinhaber zu ermitteln. Rechteinhaber, die nicht ausfindig gemacht werden konnten, bitten wir um Nachricht an den Verlag.

DIE ERSTE WELTUMRUNDUN

74 842 Kilometer in 13 Jahren,

Tretboot	Kajak	Ruderboot	Schwimmen
26 411 km	3 285 km	2,7 km	0,725 km